外国语言文学核心概念与关键术语丛书

庄智象◎总主编

语言哲学
100核心概念与关键术语

杜世洪◎编著

清华大学出版社
北 京

内 容 简 介

《语言哲学：100核心概念与关键术语》呈现的是语言哲学的核心内容，它包含语言哲学的重要主题和关键术语。语言哲学的五大主题——真、意义、语言的本性、语言与现实的关系，以及语言与思维的关系——都以不同方式获得了清晰的阐述。本书重点阐述了语言哲学的经典问题，同时还注重新观点、新思想、新方法的引介。本书阐释的核心概念与关键术语不仅对哲学领域的普通读者、哲学思想者、人文社科研究者与高校师生等颇有帮助，而且对热爱语言、使用语言、渴求理解以及求真务实的诸君都大有裨益。

图书在版编目（CIP）数据

语言哲学 100 核心概念与关键术语 / 杜世洪编著.

北京：清华大学出版社，2024.11. -- （外国语言文学核心概念与关键术语丛书）.
ISBN 978-7-302-67597-6

Ⅰ. H0

中国国家版本馆 CIP 数据核字第 2024XQ6114 号

策划编辑：郝建华
责任编辑：白周兵
封面设计：李伯骥
责任校对：王荣静
责任印制：宋　林

出版发行：清华大学出版社
　　　　网　　址：https://www.tup.com.cn, https://www.wqxuetang.com
　　　　地　　址：北京清华大学学研大厦 A 座　邮　编：100084
　　　　社 总 机：010-83470000　　　　邮　购：010-62786544
　　　　投稿与读者服务：010-62776969, c-service@tup.tsinghua.edu.cn
　　　　质量反馈：010-62772015, zhiliang@tup.tsinghua.edu.cn
印 装 者：涿州汇美亿浓印刷有限公司
经　　销：全国新华书店
开　　本：155mm×230mm　　印　张：25.5　　字　数：377 千字
版　　次：2024 年 12 月第 1 版　　印　次：2024 年 12 月第 1 次印刷
定　　价：108.00 元

产品编号：093966-01

总 序

何谓"概念"？《现代汉语词典》（第 7 版）的定义是："概念：思维的基本形式之一，反映客观事物的一般的、本质的特征。"人类在认识世界的过程中，把所感觉到的事物的共同特点提取出来，加以概括，就成为"概念"。例如，从白雪、白马、白纸等事物里提取出它们的共同特点，就得出"白"的概念。《辞海》（第 7 版）给出的定义是："概念：反映对象的特有属性的思维方式。"人们通过实践，从对象的许多属性中，提取出其特有属性，进而获得"概念"。概念的形成，标志着人的认识已从感性认识上升到理性认识。概念都有内涵和外延，内涵和外延是互相联系、互相制约的。概念不是永恒不变的，而是随着社会历史和人类认识的发展而变化的。权威工具书将"概念"定义为"反映事物本质特征，从感性或实践中概括、抽象而成"。《牛津高阶英汉双解词典》（第 9 版）中 concept 的释义是："concept: an idea or a principle that is connected with sth. abstract"（概念 / 观念：一个与抽象事物相关的观念或原则）；~(of sth.) the concept of social class（社会等级的概念）；concept such as 'civilization' and 'government'（诸如"文明"和"政府"的概念）。"《新牛津英汉双解大词典》（第 2 版）对 concept 词条的界定是："concept: (Philosophy) an idea or thought which corresponds to some distinct entity or class of entities, or to its essential features, or determines the application of a term (especially a predicate), and thus plays a part in the use of reason or language [思想 / 概念：（哲学）一种观念或思想，与某一特定的实体或一类实体或其本质特征相对应，或决定术语（尤其是谓词）的使用，从而在理性或语言的使用中发挥作用]。"权威工具书同样界定和强调概念是从事物属性中抽象出来的理念、本质、观念、思想等。

何谓"术语"?《现代汉语词典》(第7版)就该词条的解释是:"术语:某一学科中的专门用语。"《辞海》(第7版)给出的定义是:"术语:各门学科中的专门用语。"每一术语都有严格规定的意义,如政治经济学中的"商品""商品生产",化学中的"分子""分子式"等。《牛津高阶英汉双解词典》(第9版)中 term 的释义是:"term: a word or phrase used as the name of sth., especially one connected with a particular type of language (词语;术语;措辞); a technical/legal/scientific, etc. term (技术、法律、科学等术语)。"terminology 的释义是:"terminology: the set of technical word or expressions used in a particular subject [(某学科的)术语,如 medical terminology 医学术语]。"《新牛津英汉双语大词典》(第2版)中 term 的释义是:"term: a word or phrase used to describe a thing or to express a concept, especially in a particular kind of language or branch of study (专门名词,名称,术语); the musical term 'leitmotiv' (音乐术语'主导主题'); a term of abuse (辱骂用语;恶语)。"terminology 的解释是:"the body of terms used with a particular technical application in a subject of study, theory, profession, etc. (术语): the terminology of semiotics (符号学术语); specialized terminologies for higher education (高等教育的专门术语)。"

上述四种权威工具书对"概念"和"术语"的界定、描述和释义及给出的例证,简要阐明了其内涵要义,界定了"概念"与"术语"的范畴和区别。当然,"概念"还涉及名称、内涵、外延、分类、具体与抽象等,"术语"也涉及专业性、科学性、单义性和系统性等方面,因而其地位和功能只有在具体某一专业的整个概念系统中才能加以规定,但基本上可以清晰解释本丛书所涉及的核心概念与关键术语的内涵要义等内容。

从上述的定义界定或描述中,我们不难认识和理解,概念和术语在任何一门学科中,无论是自然科学学科还是人文社会科学学科,都扮演着重要的角色,在任何专业领域都起着至关重要的作用。它们不仅是学科知识的基石,也是专业交流的基础。概念和术语的内涵和外延是否界定清晰,描写、阐述是否充分、到位,对学科建设和专业发展关系重大。

清晰界定学科和专业的核心概念与关键术语，能更好地帮助我们构建知识体系，明确学科研究对象、研究范围和研究方法，为学科建设和发展提供理论支撑；在专业发展、学术研究、学术规范、学术交流与合作中，为构建共同语言和话语标准、规范和体系，顺畅高效开展各类学术交流活动发挥积极的重要作用。无论是外国语言研究、外国文学研究、翻译研究还是比较文学与跨文化研究、国别与区域研究，厘清、界定核心概念与关键术语有利于更好地推进学科建设、专业发展、学术研究、人才培养、学术交流和国际合作，对于研究生的培养、学术（位）论文的写作与发表而言尤其重要。有鉴于此，我们策划、组织编写了"外国语言文学 100 核心概念与关键术语丛书"。

本丛书聚焦外国语言学、外国文学、翻译学、比较文学与跨文化研究、国别和区域研究等领域的重点和要点，筛选出各领域最具代表性的 100 核心概念与关键术语，其中核心概念 30 个，关键术语 70 个，并予以阐释，以专业、权威又通俗易懂的语言呈现各领域的脉络和核心要义，帮助读者提纲挈领地抓住学习重点和要点。读懂、读通 100 核心概念与关键术语便能抓住并基本掌握各领域的核心要义，为深度学习打下扎实基础。

本丛书的核心概念与关键术语词目按汉语拼音编排，用汉语行文。核心概念 30 个，每个核心概念的篇幅 2000—5000 字，包括"导语""定义"（含义）、"功能""方法""讨论""参考文献"等，既充分发挥导学、概览作用，又能为学习者的深度学习提供指向性的学习路径。关键术语 70 个，以学习、了解和阐释该学科要义最不可或缺的术语作为选录标准，每条术语篇幅约 500 字，为学习者提供最清晰的术语释义，为学习者阅读和理解相关文献奠定基础。为方便查阅，书后还提供核心概念与关键术语的附录，采用英—汉、汉—英对照的方式，按英语字母顺序或汉语拼音顺序排列。本丛书的读者对象是外国语言文学和相关专业的本科生、研究生、教师和研究人员及对该学科和专业感兴趣的其他人员。

本丛书的策划、组织和编写得到了全国外语界相关领域的专家、学者的大力支持和热情帮助。他们或自己撰稿，或带领团队创作，或帮助推荐、遴选作者，保证了丛书的时代性、科学性、系统性和权威性。不少作者为本丛书的出版牺牲了很多个人时间，放弃了休闲娱乐，付出了诸多辛劳。清华大学出版社的领导对本丛书的出版给予了极大的支持，外语分社的领导为丛书的策划、组稿、编审校工作付出了积极的努力并做了大量的默默无闻的工作。上海时代教育出版研究中心为本丛书的研发、调研、组织和协调做了许多工作。在此向他们一并表示衷心的感谢和深深的敬意！

囿于水平和时间，本丛书难免存在疏漏和差错，敬请各位读者批评、指正，以期不断完善。

庄智象

2024 年 4 月

前　言

　　什么是语言哲学？关于这个问题，我们既可从普通人的角度来思考，又可从哲学家的立场来阐释。人们容易把握语言哲学这个词的内涵，却不太容易把握语言哲学的实质。

　　为什么这么说呢？一方面，不少人倾向于认为，只要知道这个语词，也就知道这个语词的意思。诚然，人们可以凭借熟悉的语词进入某种理解状态，而且还会获得一定程度上的理解。然而，实验研究证明，不同的人对同一语词存在不同程度的理解。例如，对于 AIDS 而言，会有多种理解。首先，不懂英文且文化程度不高的一些人，鲜有知道 AIDS 到底是什么符号。其次，知道 AIDS 是从四个英文单词缩写而来的人，自然就知道 AIDS 指的是艾滋病，然而即便在这群人中，也会呈现出不同层次的理解。

　　何以见得？下面几个问题就足以证明，不同的人具有不同的理解。试看下面几个问题：①作为有知识的普通人，你对 AIDS 的理解等于艾滋病专家的理解吗？②艾滋病专家的理解等于艾滋病病人的理解吗？③同样是艾滋病病人，知道 AIDS 这个名称的病人的理解等于不知道艾滋病这个名称的病人的理解吗？对于这三个问题，我们凭直觉或者凭本能，都会直接回答说，普通人的理解不等于专家的理解，因为专家是权威，拥有关于 AIDS 的专门知识；然而专家的理解却不等于病人的理解，因为病人有病痛的亲身感受，病人有直接经验知识，而专家只有间接经验知识；同样是病人，也分为两类人：知道这病后果严重的病人，他们对这病的理解根本不同于那些对此一无所知的病人，因为对这病一无所知，就不太会有恐惧感，正所谓无知者无畏。然而，一旦把这病名告诉那些无知者，情况却又有变化。为什么会这样呢？是语词或者语言统一了我们的理解吗？

多数人的理解，即不同层次、不同形态的理解，貌似一样，这是因为人们的理解统一在同样的语词层面。然而，同样的语词只是理解的开始，若不求甚解，理解多半会停留在开始的层面。语言具有统一力，可以把不同思想的人统一在语言的表层上。然而，说着同样的话，却想着不同的事，而且思想的深度也不尽相同。

对于 AIDS 的理解是这样，对于语言哲学的理解更是这样。

关于语言哲学，我们的理解处于什么样的理解层次呢？这问题不是重锤，也不是对我们灵魂的拷问，但必定是衡量我们思想深度的工具。我们也许听说过语言哲学这个名称，而且会天真地认为，语言哲学 = 语言 + 哲学。对于这样的认识，我们还不好说这不对。我们只好追问：把语言哲学分解成这么一个等式，其中的道理是什么？如果一讲道理，我们就开始从事哲学活动了。毕竟，哲学尤其是语言哲学，正是讲理或者论理的活动。

如果我们不是热爱哲学的人，我们恐怕就难以明白哲学的讲理活动到底是什么，甚至我们很难折服于他人的讲理。诚如陈嘉映所说，永远不要试图通过讲理来说服那些固执己见的人。只有那些和我们处于"同温层"的人、同向同行的人，方能理解讲理，方能理解语言哲学的价值，方能窥其堂奥。

我们的世界离不开语言，我们的生活离不开语言。若没有语言，我们的世界和生活定会失色不少。如果按此类推，可以断言，我们的生活离不开语言哲学。对此，很多人会堆满一脸讥笑，脑海里浮现出卖瓜的王婆来。倘若如此，我们就有必要隆重推出语言哲学，让语言哲学走入语言使用者的生活。

路德维希·维特根斯坦（Ludwig Wittgenstein，1889—1951）说，想象一门语言就是想象该语言对应的生活形式。我们把这话反过来说也未尝不可，想象我们的生活形式就是想象我们赖以生活的语言。四川人有句土话："宁输脑袋，不输耳朵。"这话的意思是为了追求话语的理通耳顺，宁愿以脑袋作为代价。语言的重要性，对于个人、群体、国家乃至全世界不言而喻。

什么是语言哲学呢？这个问题自然牵涉着"什么是语言"和"什么是哲学"。我们真的知道我们的语言吗？我们真的知道我们自以为知道的哲学吗？

哲学并非专属于哲学家，哲学也并非远离我们每个人的工作、学习与生活。哲学始于困惑，也止于困惑。这话怎么理解呢？面对所处的世界，人类一直持有困惑：这世界是什么呢？为什么这世界会有这样或那样的事物，以及事物之间的联系与发展变化是什么呢？为什么看见的仅仅是看见的呢？在一切看得见的背后到底有什么存在或者隐藏着呢？我们能够描述我们看得见的一切，可是我们却很难解释清楚所看到的一切，为什么呢？哲学始于困惑，这就是说，人类发现世界总是扑朔迷离。世界让人不得不思考。可以说，人类的演化史就是一部人类思维的发展史：从神话思维到迷信思维，经宗教思维，最终发展出哲学思维，然后又从哲学思维中派生出科学思维。

在有限的时空中，面对眼前呈现出来的一切和发生的一切，我们的思维似乎遵守一个定律，即思维守恒定律：神话思维＋迷信思维＋宗教思维＋哲学思维＋科学思维＝恒定量。这个定律可以用来衡量我们思维的形态。如果某个思维占比太多，那么在这种情况下呈现出的就是相应的思维。从事哲学活动自然是以哲学思维为重。那么，语言哲学会给我们带来什么样的思维形态呢？

带着这些问题，或者说为了正视这些问题，案头上的这本书《语言哲学：100核心概念与关键术语》以负责任的态度告诉你：对于不懂的领域，我们可以从核心概念和关键术语入手；把握住了这些核心概念和关键术语，我们就会渐入澄明之境。

到底什么是语言哲学呢？

语言哲学（philosophy of language）有广义和狭义之分：广义的语言哲学泛指从古至今一切借助于语言研究而进行的哲学活动或哲学追

问；狭义的语言哲学（也叫现代语言哲学）主要指，在 19 世纪末和 20 世纪初西方哲学发生语言转向（the linguistic turn）之后所形成的聚焦语言而进行哲学研究的现代哲学。在非严格意义下，或者在不加类别性质限定的情况下，"语言哲学"这一术语主要指狭义的语言哲学，其英文术语为 "philosophy of language"，不同于语言论哲学（linguistic philosophy）和语言学哲学（philosophy of linguistics）等术语。

语言哲学的基本要义是，哲学家们试图通过逻辑分析、概念分析或者语言分析等手段，消解哲学中的伪命题或者伪问题，分析语言表述中的惑众妖术，识别语言中的理论玩偶，指出造成思想混乱的语言诱因，治疗由语言而生的心智疾病，从而达到认识世界、理解世界和表述世界的澄明之境。概而言之，在语言哲学家眼里，许多哲学伪命题和哲学伪问题反映的是思想混乱，而这些混乱状况都是由人们误用语言而造成的。

纵观现代语言哲学的发展过程，语言哲学家所从事的工作是语言分析、概念考察、哲学治疗和概念工程建设。语言哲学家的工作身份则是语言分析师、概念考察师、哲学治疗师和概念工程师。

一言以蔽之，语言哲学追求澄明之境。借用著名语言哲学家罗伯特·布兰顿（Robert Brandom，1950—　）的话来说，语言哲学的终极目的可以用三个词来概括：希望、信心和澄明。

我们满怀希望，我们充满信心，而且我们一定要在语言世界中活个明明白白。

西南大学杜世洪

2024 年 8 月 1 日于北碚

目　录

核心概念篇

本体论信守

ONTOLOGICAL COMMITMENT

本体论信守（ontological commitment）是威拉德·V. O. 蒯因（Willard V. O. Quine，1908—2000）在其 1948 年发表的论文《论何物存在》（*On What There Is*）中创造而出的（Quine，1948：28；Krämer，2015：17）。英文中的 ontological commitment 多被译作"本体论承诺"，偶有译名是"本体论付托"。由于"承诺"一词有偏重口头许诺的意味，"付托"一词有交给他人之意，二者都未恰当地凸显对许诺的相信与执守，因而译作"本体论信守"为宜。本体论信守是指相信本体存在而且执守本体存在，而在此基础上或者以此为前提所提出的概念、观点、信念或者形成的命题、理论、学说等就有本体论信守。

只要某个概念或观点或理论，都信守有相应的本体对象存在，这就可以说该概念或观点或理论具有本体论信守。科学理论中的概念具有本体论信守。如果在观点表达中预设了某种本体对象存在，这就有本体论信守。例如，风水先生相信风水，坚持说有龙脉存在，这就是关于龙脉的本体论信守。具体地讲，事物、句子、命题、理论、话语、信念、人物、断言等都可能有本体论信守。某人信守某物存在和某理论信守某物存在，二者当然有别。蒯因说，如果我们说在 1 000 与 1 010 之间有几个素数或质数，我们就有本体论信守，即认定有对象存在（Quine，1948：21，28）。本体论问题可由三个字表达："有何物（What is there）"。如果在表达中直接或间接地给予肯定回答，即认定有某物存在，那就是本体论信守。

○ 本体论信守的两种情况

对于一项陈述（statement），如果我们要追问它有什么样的本体论信守，那么大体上就是追问这项陈述具有什么样的本体论主张（ontological claim），以及如何确定它的真值。此时，我们需要注意两种情况：第一，就一项陈述而言，若有本体论信守，就有理由相信这项陈述为真；这里的理由可能包含在某理论中，或者作为理论的组成部分，已经获得学术共同体的普遍接受；知道某项陈述的本体论信守，就有利于就存在对象进行阐述或者做出结论，而不必担心阐述或结论的可靠性。因此，在这种情况下，本体论信守这一观念在本体论的方法论中占有重要地位，具有关键作用。

第二，知道陈述中的本体论信守，有利于我们在不同的理论之间做出正确的选择；尤其是当我们面临几种不同的观点或者理论甚至不同的概念时，如果我们知道其中某理论或某概念或某观点具有本体论信守，而且有相应的真值，那么我们就应选择它。如果没有相应的真值作为支撑，那么就应恪守奥康剃刀（Occam's Razor）原则，避免设立没有根据的本体对象，优先选择不需要本体论信守的概念或理论或观点。坚持本体论吝啬（ontological parsimony），即不轻易增加本体的数量，这是一种理论美德（a theoretical virtue）（Krämer，2015：15，16）。因此，在这种情况下，本体论信守这一观念在科学的方法论上占有重要地位，具有重要作用。

上述第一种情况涉及的是本体论的方法论，在这种情况下，我们需要弄清以至依靠理论陈述中的本体论信守，把握存在对象，为哲学思辨提供支持。第二种情况涉及科学的方法论，在这种情况下，我们应该尽量避免不必要的本体论信守，即没有必要牵扯更多的本体对象。总之，从方法论看，知道本体论信守的两种情况之后应力求：哲学思辨不要妄言，科学解释不要多言。

♋ 本体论信守的量化解释

20 世纪中叶以来，蒯因建立的本体论信守的量化解释标准被誉为分析哲学和语言哲学的正统观。量化解释的核心在于计量本体论成本的大小，即需要的本体对象越多，本体论成本就越大。蒯因的量化标准有两种用途：第一，本体论信守可以用来衡量理论的本体论成本

（ontological cost），根据本体论成本的多少来做理论选择；第二，本体论信守可用来进行问题论辩，即根据对手观点所涉本体论成本的情况来做辩论。蒯因在《论何物存在》一文中说，如果根据某理论而做出的陈述要为真，那么条件就是该理论所信守的实体数量作为理论的有界变量，能够有确定的指称对象（Quine，1948：33）。

根据蒯因的观点，如果一项理论包含量化语句"∃x 电子（x）"，那么句中的有界变量 x 必须在"各种电子"的分布范围内，只有这样，该理论才为真。这就是说，有界变量 x 必定有对应的存在对象，在这种条件下，根据这项理论生成的量化语句"∃x 电子（x）"才为真。就乔治·雷科夫（George Lakoff，1941—　　）和马克·约翰森（Mark Johnson，1949—　　）的概念隐喻理论而言，如果"X 是 Y"为真，那么条件就是"X 所在的目标域"和"Y 所在的源域"都有对应的存在对象，而且从源域到目标域的映射（mapping）本身也有存在对象。否则，如果概念隐喻理论所涉实体没有存在对象，那么从"X 是 Y"做出的陈述就不是真陈述。无法为真的陈述可能就是信念（belief）或者看法（opinion）的表达，而信念和看法不以真假作为衡量标准。如果一项理论只是一些看法，那么这项理论就不值得推崇。如果一项理论需要太多的本体论信守，那么这项理论的本体论成本就太大，就不是经济型理论，就不具有本体论吝啬这一理论美德。

需要特别注意的是，commitment（信守）一词很容易让人联想起人在信守，然而蒯因的意思是理论本身所表现出的对存在对象的信守（Quine，1953：103）。哲学思辨和观点陈述所涉对象或事物会让人信以为真、信以为有，这就是关于该对象或事物的本体论信守。理论、观点或概念中所显示的本体论信守，只是从理论、观点或概念本身去看，有相应的本体论信守。无论哲学家本人是否相信某对象或某事物具有本体存在，只要他 / 她表达的观点、理论或者概念是以某对象或某事物的存在为基础，我们就可以说有相应的本体论信守。正如一个根本不相信有鬼神存在的人，只要他 / 她的观点陈述是以鬼神存在为基础的，我们就可以说这里有关于鬼神的本体论信守。

本体论信守的量化解释有两层意思：第一，关于作为本体而存在的对象的量化解释，这些对象出现在哲学思辨、理论陈述、观点表达、概念提炼等活动中；第二，关于本体对象的分布范围的量化解释，如"在从 1 到 9 的自然数中存在小于 9 的质数"，这里的表达就可进行本体论信守的量化解释。

本体论信守是描写性概念，而非规定性概念。本体论的一般方法既有规定性，也有描写性，而本体论信守则是描写性的。本体论方法的要义大致有三点：第一，用一阶谓词逻辑组织几项具有竞争性的理论；第二，在这些理论中确定具有最佳认识的理论，而在认识上属于最佳理论的部分原因在于实用性，如简单性和成效性；第三，选择具有最佳认识的理论。基于这三点，我们基本上可以说：一项理论对于实体具有本体论信守，就在于这些实体是有界变量的取值，这些取值使所选的具有最佳认识的理论为真。换言之，本体论信守取决于具有最佳认识的理论，而具有最佳认识的理论又取决于理论的简单性，本体论信守就是具有理论简单性的理论。

本体论信守不同于意识形态信守（ideological commitment）。一项理论的本体论信守，大体上是这项理论存在的基础，如以信守量子作为存在的理论，它就要求量子真的存在。然而，一项理论的意识形态信守大体上却是意识形态概念，是在该理论中表达出来的有逻辑或者没有逻辑的意识形态概念。简而言之，意识形态信守的基础不是存在对象，而是某些意识形态概念，本体论信守的基础却是具有实在性的本体对象。

⻏ 本体论信守的关系

本体论信守从表层上看是理论与实体的关系。理论是什么呢？理论是语言内一些语句的集合，或者一项理论可能就是一个句子，即一项理论既可能是由多个句子组成的集合，也可能是由一个单句组成。本体论信守与理论以及一阶谓词逻辑有关。这样一来，蒯因的理论标准就是，理论包含在一阶谓词逻辑形式中，即只有存在性外延量词和普遍性量词，而没有其他变量约束算子；有谓词，包括相等性，但没有函数符号或者个体常量。因而，一切专有名词和特称描述语都应从理论语言中排除掉，而指称全部依赖于变量。在理论中消除单称词项的使用，目的是简化标准而且也避免老大难的混淆问题。与有界变量不同的是，单称词项有时能承担本体论信守，而有时又不能承担本体论信守。例如，"孔子是博学的"，这里大致有本体论信守，而"飞马不存在"就没有本体论信守。凡是单称词项具有本体论信守，这个词项就会反映在有界的约束性理论的变量赋值中，即单称词项是以取值的变量来承担本体论信守。凡是含有特称描述语的句子围绕某实体具有本体论信守，而该实体与描述相符，那么这个具有约定性的句子，就是源于伯特兰·罗素（Bertrand Russell，1872—1970）特称的描述语理论运用。一项理论总是与本体论信守有关。

从本体论信守看，理论总是意味着是"解释的理论"。非解释的理论无所言说，也就没有本体论信守。在一阶谓词逻辑中进行理论限制，这种做法太过严苛。因此，很多哲学家对这种逻辑框架中的本体论信守并不感兴趣。如果一项理论标准在哲学家中间存在本体论争论，那么这项标准就应该能够在日常语言里表达。这样一来，蒯因就不得不对本体论信守的理论标准进行延展：一项理论在本体论上具有对某个实体或某种实体的信守，条件就是当且仅当该理论的每条可接受的、具有一阶谓词逻辑形式的解释，都在本体论上是对那个实体或那种实体的信守。如果理论陈述与实体之间需要有如此严苛的关系，即每一句陈述都是在本体上对某个实体的严格信守，那么这就会让一些哲学家另辟蹊径，寻求新的解释方法，而不必陷入本体论信守中。

本体论信守的另外一种关系是关于特殊实体的关系。例如，如果我们说"孔子存在"，在严格的逻辑表达上，语句"$\exists x$ 孔子（x）"只信守的是孔子这个特殊实体。然而，本体论信守的一般情况都是对一类实体或者多个实体的信守，而最高层面是对普遍性的信守。这里的问题是，从特殊个体的信守无法得出普遍性的信守。那么，特殊个体的本体论信守到底是关于什么的信守呢？这是本体论信守有待深究的问题。

❧ 本体论信守的方式

本体论信守是对哲学思辨中的观点陈述所关涉的对象的信守，那么这个信守的本体对象是以什么样的方式表达的呢？即本体论信守的存在方式有哪些呢？它有直接与间接、内隐与外显之分。如果有位哲学家说"张三打开了任督二脉而武功陡增"，那么这位哲学家就直接把信守的本体对象"任督二脉"外显出来了。至于到底有没有任督二脉，这是关于存在的另一种争论。如果这位哲学家又说"通则不痛，痛则不通"，那么他/她就间接地把信守的对象经脉内隐在话语中。本体论信守的存在方式多样，删因区分了外延方式、元语言方式和模态方式。

本体论信守的外延方式的核心是所在语句属于存在性语句，即在表达有何物存在时，就应信守该物有实在性，其中的语词陈述对应外物。例如，在语句"$\exists x$ 熊猫（x）"中，这里就信守熊猫是存在的本体，而且只信守熊猫是存在的本体。就外延方式而言，这个语句不能用来表达某位长得像熊猫的人或物。外延方式或许会涉及虚假外延的本体论信守，如"$\exists x$ 貔貅（x）"，把它转写成自然语句的意思就是世界上有貔貅存在，那么这里的本体论信守关涉的就是不存在的对象，或者说这里不存在外延对象。

如果要避免虚假外延而又不脱离指称论，这就需要借助语义上行（semantic ascent），这时就需要元语言方式。对于某个 K 在本体论上要做信守，就必定要涉及谓词 K。一项理论 T 在本体论上要对一类 Ks 进行本体论信守，条件就是当且仅当理论 T 在逻辑上蕴含"$\exists x$ Kx"这个语句，而且该语句的每一种阐释都能使理论 T 为真。这样一来，本体论问题在元语言层面就转化为语义问题。当然，元语言方式充满了争议。比较严重的问题就是把这里涉及的蕴含问题当成纯形式问题，这就遮蔽了理论与实体的关系问题。另一个问题就是本体论信守陷入对象语言中，对于在语言形式无法外显的本体论信守，就不能给予足够阐释。一项理论陈述可能会有内隐的本体论信守，而无法在语言层面上表达出来。这些问题是本体论信守尚待深究的问题。

外延方式和元语言方式都暴露出一些问题，这就需要从模态方式来阐释本体论信守。为了让理论陈述为真，我们就需要认真考虑什么样的实体必然是有界变量的值。"必然"是形而上学的必然性，而必然性在理解上就成了所有形上可能世界的必然性。必然性与偶然性、可能性与不可能性，这些模态关系在本体论信守中会转化为关于存在对象的阐释方式问题。模态方式的阐释标准就是模态蕴含标准。一项理论 T 在本体论上对一类 Ks 有本体信守，条件是当且仅当在所有可能世界中，理论 T 为真，而且条件是可能世界的域至少包含一个 K。换句话说，只有当一项理论必然隐含一类 Ks 存在，才可以说该项理论对一类 Ks 有本体论信守。除了模态蕴含标准，还有模态量词标准。模态量词标准是对模态范围的不同限定。

ൠ 简评

本体论信守是本体论的方法论概念。本体论信守把本体论问题同量化问题联结起来，从量化过程、信守方式等角度来看待本体对象的存在问题。对于"飞马不存在""金山不存在"等这样的有虚假外延的断言，在本体论信守概念下，关于本体存在的断言就可转化为量化谓词表述，而不需要预设非存在体的存在。量化过程的核心要义是严格区分对象与概念，拒斥不确定对象。在蒯因的本体论信守视域中，在真的陈述中，本体的"是（或存在）"乃是一个有界变量的值。因此，在实际运用中，本体论信守主要是用来分析理论陈述所涉对象的存在问题，大致可以分为四大步骤：第一，把代表某项理论的一组陈述分离出来；第二，用量化逻辑把这些陈述形式化，而且把所有单称词项约束在内；第三，推论所有断言的逻辑结果：有些本体论结果可能处于内隐的陈述方式中而没有牵涉存在量词；第四，精选出一组具有存在量词的陈述，而这些陈述就是这项被分析的理论在本体论信守方面的详细情况。

本体论信守在语言哲学中属于一个备受关注的概念，关于这个概念的研究存在许多争议和尚待解决的问题。日常语言中不乏断言，而具有断言形式的表述并不一定具有本体对象作为支撑。在本体论信守面前，哲学家要避免虚言妄语，而科学家要避免多言多语。一切没有本体对象的本体式论断都应接受本体论信守的分析。

参考文献

Krämer, S. 2015. *On What There Is for Things to Be: Ontological Commitment and Second-Order Quantification*. Frankfurt: Vittorio Klostermann.

Quine, W. V. 1948. On What There Is. *The Review of Metaphysics*, 2(5): 21–38.

Quine, W. V. 1953. *From a Logical Point of View*. New York: Harper.

布兰顿的意义理论
BRANDOM'S THEORY OF MEANING

当代美国分析哲学家、语言哲学家罗伯特·布兰顿，在于尔根·哈贝马斯（Jürgen Habermas，1929— ）眼里，是哲学界里程碑式的人物（Habermas，2000：322）。布兰顿创造性地把伊曼努尔·康德（Immanuel Kant，1724—1804）、格奥尔格·威廉·弗里德里希·黑格尔（Georg Wilhelm Friedrich Hegel，1770—1831）、维特根斯坦、戈特洛布·弗雷格（Gottlob Frege，1848—1925）、查尔斯·S.皮尔斯（Charles S. Peirce，1839—1914）、威廉·詹姆斯（William James，1842—1910）、约翰·杜威（John Dewey，1859—1952）等哲学家的思想整合到自己的哲学研究中，形成了分析的实用主义，开启了新的研究课题——布兰顿的意义理论（Brandom's theory of meaning）。

布兰顿的意义理论的基本观点是：意义是不可还原的规范性意义；对语词意义的考察应该同语词使用时的推论结合起来进行，因为意义与推论结为一体，密不可分。因此，要追问意义，就应该从语言实践来解释语言意义。力求通过语言使用来解释语言活动的意义，这种解释策略首先要考虑社会实践，在实践活动中鉴别出语言实践的具体结构，然后考虑各种语义内容怎样传递给语言活动和语言表达（Brandom，1997：153）。

∽ 布兰顿及其贡献

布兰顿生于 1950 年，是当今美国实用主义分析哲学家，曾执教于匹兹堡大学，直到退休，在语言哲学、心灵哲学和逻辑学等领域著述颇丰，被誉为当今美国哲学新的里程碑式人物。布兰顿于 1972 年以优异成绩毕业于耶鲁大学并获得哲学专业的本科学位，后进入普林斯顿大学读研究生，导师是理查德·罗蒂（Richard Rorty，1931—2007），并于 1977 年以《实践与对象》（*Practice and Object*）为毕业论文获得哲学博士学位。布兰顿的哲学研究虽然直接受到了罗蒂、威尔弗里德·塞拉斯（Wilfrid Sellars，1912—1989）、迈克尔·达米特（Michael Dummett，1925—2011）、约翰·麦克道尔（John McDowell，1942— ）等人的影响，但是在哲学渊源上，布兰顿秉承美国实用主义传统，而且创造性地把康德、黑格尔、维特根斯坦、弗雷格等哲学家的思想融入自己的哲学研究中，形成了他自己的特点——分析的实用主义。

布兰顿的突出贡献之一在于对语言意义的研究。其代表作是《使它外显——推理、表征和话语信守》（简称为《使它外显》，原书名为 *Making It Explicit: Reasoning, Representing and Discursive Commitment*）。该书于 1994 年出版后，在哲学界引起了广泛注意。罗蒂、哈贝马斯、麦克道尔等大牌教授对布兰顿的推论主义（inferentialism）做了积极的评价。虽然布兰顿在《使它外显》中认为他的思想属于规范表象主义（normative phenomenalism），但人们都认为布兰顿是推论主义者、分析的实用主义者和规范语用学（normative pragmatics）的倡导者。

布兰顿称得上是分析哲学新的里程碑式的人物。布兰顿把分析哲学和传统哲学结合起来，即把康德和黑格尔哲学整合到分析哲学中，把美国的实用主义同分析哲学整合起来，形成了分析实用主义（analytic pragmatism），算得上分析的语言哲学的新流派。

❦ 意义理论的核心内容

布兰顿认为，意义是不可还原的规范性意义，对语词意义的考察应该同语词使用时的推论结合起来进行，因为意义与推论结为一体而密不可分；另外，我们应该从语言实践来解释语言意义。通过语言使用来解释语言活动的意义，这种解释策略首先要考虑社会实践，在实践活动中鉴别出语言实践的具体结构，然后考虑各种语义内容是怎样传递给语言活动和语言表达的（Brandom，1997：153）。

1. 实践的规范性态度

在布兰顿看来，社会实践是一种普遍形式，而语言实践则是社会实践的一种具体形式。语言实践是有意义的社会行为合乎规范地相互交换。这就是说，语言实践要遵守规范。由此看来，布兰顿的意义理论包括两部分内容：第一，描述语言实践的结构特点；第二，根据所描述的语言实践来解释语言意义及语义规范。

在布兰顿看来，在语言实践中至关重要的意义解释的特点是规范性态度（normative attitudes）。规范性态度是话语参与者相互看待对方以及看待语言活动时所持有的态度。这就是说，在具体的话语实践中，我们会以多种方式来看待双方话语交换是否正确、是否恰当、是否有保障等；同时，我们还会多层面地考虑具体情况下的话语交换，如双方有无义务、有无权利、有无遵守规定、是否正确地进行语言实践活动等。

布兰顿把这些规范性态度都看成语言实践的特征，这些特征既是控制语言实践活动的规范，也是交换中所用语句的意义。实际上，这就是布兰顿的语义解释信条，人们称之为规范表象主义。

2. 规范表象主义与意义的四条限制

布兰顿的规范表象主义认为，一切语言活动均受语义规范所控制，因而，对意义的解释就是解释话语双方看待对方的态度，就是解释双方在看待对方时所遵循的语义规范是什么（Brandom，1994）。从布兰顿的意义学说中，我们可以概括出四条限制：非自然化限制、非循环性限制、反实在论限制、客观性限制。

（1）非自然化限制。这是指表象主义不能用纯粹的非规范性术语来解释语义规范，因而用于解释的规范性态度这一概念本身必须是自成一类的规范（*sui generis* normative）。

（2）非循环性限制。这是指表象主义作为解释信条一定不能受到语义规范和规范态度二者相互依赖这一细小循环的控制，因而规范态度与语义规范必须在概念上保持足够的距离。

（3）反实在论限制。这是指表象主义必须把规范态度明显确定为语义规范的最终解释者（ultimate explainer）。一方面，规范态度的规范特点不能从任何超验语义实体中派生，如不能从柏拉图（Plato，公元前428—前348）的理型这样的超验语义实体派生出规范特点来，不能从心灵中超验的语义特征派生出实践来等。另一方面，规范态度不能就是实践与超验语义实体之间的中介而已。

（4）客观性限制。这是指表象主义必须显示语义规范具有客观的权威性，语义规范必须与同一言语社群的每个人绑定，就算人们不把语义规范当成绑定来看，语义规范也必须具有这种绑定的客观的权威性。此外，在语义规范方面，人们必须承认存在着整个言语社群都会犯错这样的可能性。

这四条限制是理解布兰顿意义理论的基本出发点。在此基础上，我们才能够深入理解布兰顿意义理论的一些核心概念。

3. 断言实践、断言信守与推论信守

布兰顿认为，语言实践中有自洽的断言实践（assertional practice）。

这就是在语言实践的交换活动中，在一定条件下话语双方要交换某种断言或者某种声称。正如所有社会实践一样，断言实践由规范控制。规范决定着话语参与者在特定的话语条件下发表断言时的信守（commitment）、行权（entitlement）和道义状态（deontic statuses）。这样一来，断言实践就成了断言信守（assertional commitments），断言信守就是断言实践中最突出的道义状态。

这就是说，话语参与者在特定的话语条件下有责任、有义务、有权利进行语言实践活动，并使用恰当的断言语句，而且在直接的言语交换中认同断言内容。在布兰顿看来，一项断言的意义就是断言的推论作用。

具体地讲，意义由推论与非适配性（incompatibility）的规范组成。一方面，这样的规范把任何一种断言同其他断言语句联系起来，一门语言的断言语句形成关于推论与非适配性关系的一张密网。另一方面，一些非推论的规范性联系要么是充满经验内容的断言语句和非语言的可观察情况之间的联系，要么是充满经验内容的断言语句和非语言意向行为的结果之间的联系，即非推论的规范性把现实中的非语言部分联系起来也是意义的组成成分。

语义规范除了决定着断言信守之外，还决定着另一种道义状态——推论信守（inferential commitment），即说话者有遵守推论规范的责任（obligation），而所遵守的推论规范控制着断言实践。说话者在进行新的断言时有责任正确使用断言语句来作为推论的理由，有责任从可观察的情况里得出正确的非语言的行为结果。推论规范和相应的推论信守把说话者的断言信守联合成一个系统。

把布兰顿的上述两个信守（断言信守和推论信守）同规范态度联系起来看，话语实践者在具体的实践中持有两个基本态度：一个态度是自己要认同（acknowledge）或担负（undertake）这两种信守；另一个态度是要把这两种信守归属（attribute）于他人。简单地讲，自己和他人都有这两种信守：承认自己有这两种信守是一种基本的规范态度，承认他人也有这两种信守是另一种基本的规范态度。

4. 内隐内容的外显

布兰顿的著作《使它外显——推理、表征和话语信守》的副标题给出的含义是，推理、表征和话语信守这些属于内隐内容。在断言实践、断言信守和推论信守中，说话者自己认同或担负这两大信守就是有心性地去实施某种行为或者做某种推论，以便与所认定的规范保持一致。这样的心性（dispositions）包括对规范的敏感性，而且这样的心性在实践中并非是纯自然的特征。注意：语言实践者对规范的敏感性这种心性是内隐的（implicit），而非外显的（explicit）。

由于这种敏感性是内隐的，所以对规范内容的部分识别并不代表对两大信守的总体认同。认同两大信守所涉及的关于规范的敏感性是技能知识，而不牵涉语言实践者是否知道或是否相信正是如此这般的规范控制着实践。当然，在复杂的语言实践中，话语参与者可能会把他们所注意到的规范外显，但是这种让规范得到外显的能力并不是担负两大信守的本质要求（Brandom，2000：8–9，52–61）。

这就是说，在话语实践中，我们一定要认同或担负断言信守和推论信守，这是基本要求，而且也是我们的规范态度，更是我们的心性。在这种心性的驱使下，我们会去执行语言实践行为，去做相应的推论。我们这样做有一个前提，那就是我们具备一种关于规范的敏感性，但这种敏感性不是外显的，而是内隐的。我们间或可以通过归纳出某种规范而把内隐的敏感性外显出来，但是在本质上，我们并非一定要这样做。在语言实践中，我们暗暗地遵守着规范而又没有必要把规范外显出来。

除了自己认同这两大信守以外，在语言实践中，我们还把这两大信守归属于他人，即认为他人也担负着这样的信守。注意：当我们把信守归属于他人时，这也是内隐的，我们并不可能去量化它。在丰富的表达中，发话者并不会明显地去计算他人如何担负两大信守，发话者也不会去衡量他人的规范态度。发话者要做的只是在实践中显示自己如何认定他人担负着两大信守（Brandom，2000：165–178）。

5. 信守与数据累积

认同信守或自己担负信守，以及把信守归属于他人，这是语言实践中的两种基本态度。在语言实践中，这两种态度处于不断采用或变换的状态中，属于现场认知活动。布兰顿把这种认知活动称为数据累积（scorekeeping）。在布兰顿看来，一个有能力的说话者（competent speaker）就是在断言实践中做一位有能力的数据累积者（competent scorekeeper）。数据累积就是随着对话的展开，话语双方不断地担负起合适的断言信守和推论信守，并不断地调整自己的信守，而且还要把这些信守归属于对方，以便适应对话的展开。这样一来，表象主义把规范态度当成推论的规范，而规范态度就处于"数据累积"的态度之中了。

数据累积者自己要担负起断言信守，同时还要把断言信守归属于他人。在布兰顿看来，这种信守归属分为两种：涉名信守归属和涉实信守归属。一个数据累积者也就是一个颇有能力的说话者，他之所以有能力，是因为他拥有足够的表达资源，更重要的是他善于区分涉名（*de dicto*）和涉实（*de re*）两种不同信念的信守归属。

断言信守的涉名信守归属在语义方面具有描述性特征，而不具有评价性特征，也就是数据累积者（善于说话的人）不把这种归属的相关推论看成对方固有的推论，即不认为对方一定会得出某种固定的推论。

涉实信守归属关涉语义的规范态度。在确定的态度下，数据累积者会认定对方一定会得出某种推论，而且推论正确。在布兰顿看来，涉名信守归属并不是表象主义者的解释对象，涉实信守归属才是表象主义者进行语义规范解释的对象。

因此，布兰顿认为，涉实信守归属所牵涉的语义规范态度，恰恰是信守归属者自己所认定的断言信守体系的功用之一。也就是说，无论说话者真真切切地得出什么样的推论，我们都会认定他一定会得出此时此景的推论，而且认定他的推论有效。我们自己所认定的断言信守体系，即由一个个具体的推论信守所联成一体的断言信守体系，正是我们用来考量他人语义的基础（Brandom，1994：596–597）。

6. 替换信守与回指信守

要理解布兰顿的意义理论，除了上述关键概念之外，还有两个概念也至关重要：替换信守（substitutional commitments）和回指信守（anaphoric commitments）。布兰顿认为，断言语句的意义由控制该语句的推论规范构成。就这一认识而言，布兰顿考察的是语句的意义，而不是语词的意义；在逻辑上，布兰顿探讨了命题的意义，而没有考察逻辑主词和谓词的意义。布兰顿的替换信守和回指信守就是要解决这一问题。

什么是替换信守呢？我们先看两个语句："张三在梧桐树的树荫下睡着了。""张三在一棵树的树荫下睡着了。"这两句具有推论上的关联性，关于前者意义的信守实际上也是对后者的信守。从前者到后者就是只有一个前提的一步推论，布兰顿把这样的一步推论称为替换推论（substitution inference）。替换推论的特点是，只有一个有效前提，而且推论的结论只需要一步就可以得出，得出结论的方法是替换前提的词项或替换前提的谓词。这样一来，每个单称词项都有一系列的替换词项，每一个谓词都有一系列的替换谓词。控制着有效替换推论产生的替换性特征组成一种新的道义状态，这就是替换信守。

一个替换信守至少关涉一对有序的替换词项，替换信守规定了关于这些替换词项的替换推论的模式。具体地讲，一组替换词项（包括谓词）{A，B} 是由一个替换信守控制，控制的条件是当且仅当每一组含 A 句和含 B 句且满足以下条件：第一，通过一步替换，可以把含 A 句的 A 替换成 B，而得到有效的含 B 句；第二，A 和 B 处于同一外延语境（extensional context），而含 A 句作为前提，含 B 句作为结论。这样的推论就是有效的替换推论（Brandom，1994：360–399）。

于是，布兰顿认为，某一单称词项的意义就是涉及该词项的各种替换信守的总和。在同一句法范畴类，替换信守把每一词项同相应的其他词项联系起来，这样一来，每一单称词项的意义就由涉及该词项的各种替换信守相加而成。布兰顿认为，推论信守指明语句的意义，而替换信守指明词项的意义。正确理解一个词项，就意味着在语言实践中去识别替换推论的相应模式。谈到这里，我们不由得想起维特根斯坦和弗迪南·德·索绪尔（Ferdinand de Saussure，1857—1913）来。维特根斯坦有一个他本人未加深入讨论的概念——共晓性，该概念旨在说明语句的意义是由与它相匹配的其他语句决定。在探究语句的意义方面，布兰顿多少有点维特根斯坦的影子。而在如何确定语词的意义上，布兰顿与索绪尔的横组合关系与纵聚合关系有些相似。

正如断言信守和推论信守一样，替换信守并不需要相应的关于替换规范的外显知识，而只需要属于技能性的内隐知识。这种关于替换信守的内隐知识本身能完全表明数据累积者进行替换推论的实践能力。当然，在较为复杂的话语实践中，话语参与者可能把替换信守的内隐知识外显出来。

断言信守和推论信守可以用来解释语句的意义，而替换信守可以用来解释语词的意义。那么，回指信守及其功用是什么呢？

7. 回指信守与句间关系

回指信守是布兰顿意义理论的重要概念，旨在解释语句之间的交叉关系。语言学的回指（anaphora）主要是指某些代词可以用来指代前面出现过的名词等。例如，"张三高兴得很，因为他要结婚了"，在这一语句里，后面的代词"他"就是回指，指代"张三"。布兰顿的回指这一概念要比语言学的回指广泛一些，它不局限于代词。凡是后面语句出现的成分是前面出现过的，而且具有意义链关系——后面出现的符记（token）的意义是对前面出现的符记的意义的继承，这样的成分都是布兰顿所说的回指（Brandom，1994：470–472）。

在布兰顿看来，回指在话语实践中很普遍，无处不在。回指的任务之一就是要把语词的意义从一个词传递到另一个词。每一个单称词项符记和每一个谓词符记在使用中都可能是一个回指符记。因此，任何断言语句都有多个符记，而这些符记会是回指的前项，或者本身就是回指符记。使用回指符记，必须符合专门的规范。也就是说，有专门的规范控制回指的使用。从这个意义上说，数据累积者除了有断言信守、推论信守和替换信守之外，还有回指信守（Brandom，1994：456–457）。

回指信守决定着出现在回指链条中的话语成分，即什么样的成分在前，什么样的成分在后，这是由回指信守决定的。回指信守属于数据累积者就回指成分所进行的事实处理。回指符记是语言活动中的组成部分，每一个回指符记可能有两种回指的前项：一种是自己口中说出的，另一种是对方说出的。也就是说，回指关系可以在一个人的话语中完成，也可以在话语双方共同的话语中完成。对于后者，听话者的回指完全可能指代的是说话者的前项。例如，甲乙两人有下列对话：

> 甲：<u>张三</u>终于要结婚了。
> 乙：有没有搞错？<u>他</u>可发誓永远单身呢。

在这一例子里，"他"与"张三"的回指关系就是用话语双方共同建立的。我们知道，语言学里有关于回指的描述，但没有挖掘为什么会有回指现象。布兰顿谈论回指，并不是停留在现象描述上，他是要说明这样的回指关系的背后，是话语实践者或数据累积者具有一种回指信守。回指信守背后有关于回指的规范，即规范决定回指。与其他信守一样，回指信守涉及的是内隐知识，只有在复杂的话语中，本为内隐的知识才可能外显出来。

8.《使它外显》的核心要义

布兰顿在《使它外显》中详细论述了他的意义理论，可谓是该书的核心内容。要理解《使它外显》或者说要把握布兰顿的意义理论，就要把握以下几个关键概念：规范态度、断言信守、推论信守、数据累积、替换信守和回指信守。

规范态度、断言信守、推论信守、数据累积、替换信守和回指信守等是理解布兰顿意义理论的核心概念。各种信守都属于内隐知识，只有在复杂、特殊的情况下，内隐知识才会外显出来。布兰顿《使它外显》这一书名的基本要义就是：我们是有理性的话语存在，我们在话语实践中具有正常的思维；在这种条件下，在具体的话语社交活动中，我们要使内隐的内容外显出来。

使它外显既不是清晰阐释，也不是明说出来，即不是为了把内隐知识弄清楚而特意说出一些话来，或者实施一些阐释活动，而是我们的规范态度以及我们所具有的信守自然而然地得出的推论。推论本身是内隐的，而不是要特意说出来的。例如，当我说"重庆已不再是火炉了"，其中内隐的知识有许多，我不需要把它们说出来，只要你具有我同样的规范态度并有同样的信守，你肯定会得出一些推论："重庆曾经是火炉""重庆的天气炎热""有一个城市名叫重庆"等，这些内隐知识在复杂的交际中会外显出来。

根据布兰顿的意义理论，我们的话语交往实际上就是话语实践，而实践的主体具有理性和规范态度。正常的人在话语实践中具有信守、行权和预先排除行权。信守是指，当一个人断言 P 时，这一断言就要求他／她要对若干个其他断言进行信守。例如，张三断言"哈尔滨市正在下大雨"，那么张三就要对"有一个叫哈尔滨的城市存在"这样的断言进行信守。行权是指，当一个人断言 P 时，这一断言就要求他对若干个其他断言行权。张三断言"哈尔滨市正在下大雨"，这时张三就有权认为"哈尔滨市的气温下降了"或"哈尔滨的空气湿度增加了"。预先排除行权是指，当一个人断言 P 时，这一断言就会让他／她对若干个不相关的断言预先排除掉。例如，当张三断言"哈尔滨市正在下大雨"时，张三就要预先排除掉"哈尔滨市正艳阳高照"等这样的断言。

概括起来讲，布兰顿的意义理论核心在于把意义追求看成推论，而不是对真的追求。人作为话语存在（discursive being）具有各种各样的话语信守（discursive commitments）。人在话语信守中把内隐知识（如各种实践规范以及语言规则等）通过具体的话语实践外显出来。使它外显就是推理、表征和话语信守的外显。

❀ 分析哲学的意义追问

有人认为分析哲学已经死亡，甚至错误地认为蒯因就是分析哲学的终结者。实际上蒯因只是分析性的终结者，而非分析哲学的终结者。从布兰顿的角度看，分析哲学并没有从哲学活动中消失。其实，不管分析哲学是否真的已经消亡，有两点毋庸置疑：第一，分析的方法仍健康地存活在哲学的活动中；第二，对意义的追问仍然是哲学的重要论题。

当布兰顿在普林斯顿大学读书时，即 20 世纪 70 年代，当时已经有人对他说，读哲学的学术文章应该读五年以内的，因为分析哲学已经开始腐烂，新的哲学从某种意义上来说，应该是从蒯因开始的。布兰顿当时对此感到惊讶，后来他才明白 20 世纪 70 年代正是人们对分析哲学强烈不满的时期。当布兰顿打算从实用主义角度出发，把康德和黑格尔哲学整合到分析哲学中去时，约翰·麦克道尔不无玩笑地说，他是要把实用主义健康的器官移植到已经腐烂的分析哲学的躯体中去（Brandom，2008：202）。

麦克道尔的话恰好反映了分析哲学所遭到的诟病。分析哲学之所以遭到诟病，原因大致如下：第一，分析哲学在剑桥三巨头乔治·E. 摩尔（George E. Moore，1873—1958）、罗素和维特根斯坦那里，逐步地同古典哲学剥离开来，所以一些人对分析哲学产生不出热情来，甚至怀疑弗雷格的新逻辑为什么会成为哲学走入新纪元的开启工具。对分析哲学的第二点不满是，分析哲学热衷于处理狭小的、技术性的谜团，沉迷于语言细枝末节的意义追问，让人感觉哲学没有什么宏大的抱负。第三点不满是，分析哲学家从不关心怎样把他们关注的问题整合到综合的理论框架里去。第四点不满是，人们认为分析哲学不应该把各种各样的哲学论题、哲学问题的具体层面、哲学的不同派别等都统统放到分析的台面上，而进行不分青红皂白的解剖。

布兰顿认为，分析哲学本身并没有错（Brandom，2008：213）。分析哲学有三大境界：信心、希望和澄明。其中，澄明为上。澄明就是关于人与世界的思想概念的澄明——确定和清晰。哲学离不开分析，分析从来就是哲学的方法，原因就在于对意义的追问。本体论哲学追问"世界的本原是什么""什么是存在"的时候，这是对意义的经典追问。

有哲学就有意义追问，而追问意义最直接的方法就是分析。其实，所谓分析哲学的终结不是分析哲学完全消失这样的终结，而是道路的延伸问题。走到一条路的尽头，面临的任务不是宣布任务终结，而是要想法延伸道路或者就此开辟新的道路。这才是哲学家的精神体现。哲学家不是安享现成的游客，而是拓宽认识疆域的先锋。

∞ 简评

布兰顿的意义理论代表了语言哲学发展的里程碑，其特点在于布兰顿不再满足于语言哲学的小敲小打式的细节追问，而是力图为语言哲学或者分析哲学构建出宏伟蓝图。分析哲学和语言哲学的前景仍然是要把人类的话语活动同世界联系起来，从微观问题分析入手去揭示人类话语能力和话语实践的普遍机制，以求达到哲学的最高境界——澄明。迄今为止，在意义研究上，出现了意义的微观研究和宏观研究。在微观研究中，哲学家们将研究焦点放到了具体的语词上，探讨具体的语词意义是什么。尽管就什么是意义这一问题出现了许多观点，提出了许多理论，形成了不少研究范式，但是意义问题仍然保留着，并没有获得完全解决。面对这样的情况，布兰顿在《为什么真在哲学里并不重要》（"Why Truth Is Not Important in Philosophy"，2009）一文里说，现代哲学研究对真的追求已经不再那么重要，而重要的是，甚至可以说紧迫的是，我们怎样理解意义和阐释意义。应该说，这就是分析哲学和语言哲学的前景与任务。

参考文献

Brandom, R. B. 1994. *Making It Explicit: Reasoning, Representing and Discursive Commitment*. Cambridge: Harvard University Press.

Brandom, R. B. 2000. *Articulating Reasons: An Introduction to Inferentialism*. Cambridge: Harvard University Press.

Brandom, R. B. 2008. *Between Saying and Doing: Towards an Analytic Pragmatism*. Oxfrod: Oxford University Press.

Brandom, R. B. 2009. *Reason in Philosophy*. Cambridge: Harvard University Press.

Habermas, J. 2000. From Kant to Hegel: On Robert's Brandom's pragmatic philosophy of language. *European Journal of Philosophy*, 8(3): 322–355.

Sawyer, S. 2010. *New Waves in Philosophy of Language*. New York: Palgrave McMillan.

戴维森纲领 DAVIDSON'S PROGRAM

戴维森纲领（Davidson's program）也叫戴维森语义纲领（Davidson's semantic program）：一方面是戴维森意义理论的集中反映；另一方面是唐纳德·戴维森（Donald Davidson，1917—2003）对语言哲学做出的一项重要贡献。戴维森纲领的核心思想是，要建立意义理论就应该在意义的主观性与客观性之间架起一座桥梁，即意义追问者应该站在中立的立场，不要一上来就给意义这一概念下这样或那样的定义，不要在先行框定的意义概念上去建立所谓的意义理论，而应该采取中立态度，进行语义描写。简言之，戴维森的意义理论是描写语义论（descriptive semantics），或者说是经验性的语义论（Stich，1976）。戴维森纲领的出发点是，意义并不是某种主观或客观的还原物，而是主观性和客观性的统一。意义的客观性在于意义并非必定依赖说话者的意图或信念，而意义的主观性在于意义是由说话者的意图或信念来支配。戴维森认为，不能把二者割裂开来，而应把它们贯通为一体，即意义是由词项或语句在使用中的推论来确定的，意义是主观性和客观性的统一。

戴维森纲领具有两项基本主张：第一，语句的意义由其成真条件决定；第二，词项的意义由它在使用中的推论来决定。在方法论上，戴维森的意义研究是以阐述（interpretation）为基础，而阐述则被视为一个过程，是确定说话者语词意义或语句意义的一个过程。在这个基础上，我们可以说阐述就是意义建构。

⊗ 自然语言意义理论的任务

戴维森关于自然语言的意义理论源于对阿尔弗雷德·塔斯基（Alfred Tarski，1901—1983）的真之理论以及既有的意义理论的批判。戴维森力图从意义理论的潜在性用途来追问：意义理论应该做什么？如何知道一个意义理论能够做什么？即在建立一个意义理论之前，我们就应该追问这个意义理论是用来做什么的。在戴维森看来，他所追问而且意欲建立的意义理论应该是关于自然语言的经验性理论。对于一门自然语言而言，要建立一个可接受的意义理论，就应该满足以下三项基本条件：第一，该理论必须指明自然语言中语句的意义对语句的成分有何依赖；第二，该理论的知识能让理论研究者准确阐述说话者的发话内容；第三，该理论必须具备有限的公理化特征，以便理论运用者正确理解自然语言中潜在的无限量的语句（Davidson，1984；Kirk-Giannini & Lepore，2017）。这三项条件在戴维森看来正是意义理论的中心任务。

一个意义理论到底应该做什么呢？戴维森给出了一些回答，其中有两点极为重要：第一，针对一门语言建立的意义理论，应该能够对这门语言的每个语句给出意义；这就是说，这个意义理论能够提供鉴别意义的方法，运用这个方法就能弄清每个具体语句或抽象语句的意义，而且还能弄清意义到底是什么。第二，这个理论必须赋予语句意义的解释方法，根据这个方法，我们可以根据有限的项目来分析每一个语句的成分；这就是说，语句被视为由成分构建起来的单位，语句的构建是基于有限量的结构的使用，而语句的意义是由句子组成部分或者说有限结构的语义属性来决定。对此，戴维森说："我给意义理论设想的任务是，不要去改变、改进或者改造一门语言，而是去描写并理解它（Davidson，1984：29）。"戴维森说这话，明显针对的是弗雷格和塔斯基等人，因为他们都力图建立理想语言来弥补自然语言的不足。

戴维森在谈论意义理论的任务时，透露出他对自然语言的看法。他认为，人们学习或者习得一门自然语言，是在有限的时间内完成的。根据这一事实，考虑到语言的可学习性（learnability），我们建立自然语言意义理论时，就要满足理论的公理化要求和有限量要求，即理论建立应该有利于语言的学习与掌握。我们应该通过有限的规则或步骤来掌握具有无限的语义能力（infinite semantic capacity）的语言。反过来说，我们掌握了一门语言，就意味着我们能从无限量的语句中去理解有限量的意义理论的规则，这就意味着我们能够通过有限量的意义理论规则来理解无限量的语义能力。这就是意义理论应该满足的基本条件。此外，另外一个需要满足的条件是，意义理论关于每个语句的不同意义的识别必须建立在用于语句识别的相同概念上；即我们根据一些具体指标来识别单个语句的意义，自然需要采用一些概念，而这些概念应该是我们在识别语句时所采用的概念。还有一个需要满足的条件是，要建立一个意义理论，就要考虑这个理论的可检测性或可验证性。当我们说要建立一个经验性的意义理论时，我们必须知道支持这个理论的经验证据是什么，而且还必须知道反驳这个理论的经验数据会是什么。只有把构成反驳的经验数据控制在极小范围内，我们才可以说所建立的理论在最大程度上经得起检验。

⊂ჳ 意义与真

在处理意义与真的关系时，戴维森直接批判塔斯基的真之理论。他认为，塔斯基的真之理论容易受到形式与经验的限制，因而需要建立一种意义理论来支撑真之理论。在戴维森看来，与其凭空建立一种真之理论，还不如建立一种基于经验的意义理论。从塔斯基的角度看，在一门语言中建立真之理论就意味着建立一条定理，而且该定理要适用于该语言的每一个陈述句：

（一门语言中的）句子 S 为真其条件是当且仅当命题 P。

在这条定理中，命题 P 可以通过陈述语句来表达。如果句子 S 刚好就是 P 的语句表达，那么关于这门语言的真之理论实际上就是关于该语言的陈述语句的语义结构的描写。塔斯基的 T 约定（也叫 T 公约）陈述的是任何真之理论需要满足的条件：谓词为真维系的只是形式正确和质料充足的语句。在真之理论中，语句的相关翻译，即阐述为真与否，并不需要语义资源，语句本身也未提及语义资源。因此，如果语句并未提及语义概念，如"可能世界中的外延""内涵"或"意义"等，那么在真之理论中的语句翻译也就不会涉及这些语义资源。塔斯基的 T 约定或者说塔斯基的真之理论，具有语义排除性，因为在塔斯基看来，"语义学与两种假设保持一致：科学统一性假设和物理主义统一性假设"（Tarski，1956a：406）。

戴维森不同于塔斯基，因为戴维森认为，在塔斯基的 T 约定所需要满足的条件中，成真条件的表征正是意义理论的关键所在，即对成真条件进行表征势必涉及说话者现有概念资源的使用。在戴维森看来，塔斯基的真之理论实质上是基于说话者概念内容的意义理论，因此塔斯基的 T 约定需要修正，经过修正后，T 约定就以经验为导向，从而避免陷入绕题虚论的方式（question-begging way）。塔斯基的 T 约定的表述如下：

T 约定：符号"为真语句 *Tr*"是元语言的表述，对它进行形式正确的定义，就是关于真的充分定义，但条件是对如下语句有效：（α）从 "$x \in Tr$ 为真语句，当且仅当 p（if and only if p $x \in Tr$ if and only if p）"中获得的所有语句，其中 x 由任一具体语句的结构性描述名称来替代，而表达式 p 则是语句翻译成的元语言；（β）语句"对于任何 x，如果 $x \in Tr$，那么 $x \in S$"。（Tarski，1956b：187–188）

这是塔斯基的 T 约定的原初表述，不够简明。后来塔斯基在定义真时，认为应该做到质料充足和形式正确，进而做出让人满意的定义。于是，塔斯基的 T 约定被简化为：

（T）X 为真，当且仅当 P。（Tarski，1986：668）

根据（T），X 是句子的名称，P 是具体语言中的实际语句。塔斯基的例子是：The sentence "snow is white" is true, if, and only if, snow is white.（句子"雪是白的"，当且仅当，雪是白的。）根据塔斯基的 T 约定，我们可以得出如下语句：

"下雪了"为真，当且仅当下雪了。
"草是绿的"为真，当且仅当草是绿的。

"人是要死的"，当且仅当人是要死的。（Baghramian，1998：42）

对于塔斯基的 T 约定，戴维森认为，这里会出现绕题虚论的困境：对于（T），左边的 X 是句子的名称，而右边的 P 是句子表述的实际情况，X 和 P 的关系却并没有明确界定。该如何区分如下两种表达式呢？

（S1）"雪是白的"为真，当且仅当雪是白的。
（S2）"雪是白的"为真，当且仅当草是绿的。

如果以（T）右边的实际语句为限制条件，（S1）和（S2）的实际表达都与现实相符合。这样看来，语句名称 X 和实际语句 P 的关系需要进一步限定。戴维森认为，塔斯基似乎把真当成了语句，反过来说，塔斯基是用语句来定义真，这就难免会出现绕题虚论的情况。戴维森认为，不应该把真当成语句来定义真，而是应该把真当成属性，当成发话或者言语行为的属性，这样一来，真就可被视为语句、人和时间的关系（Davidson，1984：34）。例如，对于"我累了"而言，"我累了"为真，是因为这话由某个人 p 在某个时间 t 说出来，而且只有当 p 确实在时间 t 累了，这时才可以说"我累了"这话为真。

戴维森认为，塔斯基的 T 约定暴露的问题有：其一，自然语言的普遍性会导致语义悖论或矛盾；其二，自然语言因其混淆性质和无规则性质而不适合直接使用形式方法。塔斯基试图用数学集合式的概念来限定自然语句的量与质，然而自然语言并不是按照数学集合性质来产生语句。就拿量化限定词而言，自然语言的分布范围就有差异。因此，我们不可能按照整齐划一的数学式规则来要求自然语言。另外，如果要使用塔斯基的形式语义规则或方法，那么我们首先就需要对自然语言进行改造。然而，改造自然语言，这根本不符合自然语言的实际情况。在戴维森看来，面对自然语言，弗雷格的最大贡献仅限于对"所有""一切""有些""每个""无"以及与代词相连的语词做了驯化处理（即约束在其理论中），而对自然语言中大量的实词和语句却无法进行完全的形式控制，即无法用形式方法给自然语言赋予完整的分析图景。塔斯基的抱负在于为自然语言建立形式语义学，这种努力值得肯定，但是注定无法达到理想的结果。

戴维森认为，弗雷格、塔斯基、鲁道夫·卡尔纳普（Rudolf Carnap，1891—1970）、诺姆·乔姆斯基（Noam Chomsky，1928—　）等人都想给自然语言找到完美的形式规则，他们的抱负值得赞赏，但他们所面临的困境或者困难却显而易见，并且难以克服。例如，自然语言中具有歧义性语词，它们的歧义性并不影响语法或者某种形式规则，然而若用具有歧义性的语词来翻译元语言，歧义仍然是歧义，这就无法得到令人满意的真的定义。除了歧义性以外，自然语言中还充满了信念句，如"某某相信什么与什么"。关于信念，语言哲学家很难用真与假来描写。归根结底，这里遇到的问题一方面是形式语义或语法问题，如逻辑形式或语法；另一方面是单个概念的问题。例如，对于语句"茅台是好酒"，究其真的定义而言，在语句形式上似乎并没有问题。然而，这里却未能区分描写与评价，评价性语句不适合用真值来衡量，因为评价性语句无法验证。张三说"茅台是好酒"，李四却说"茅台是劣酒"，二者都各有理据。如何把对象语言中的"好""劣"等翻译成元语言，这是谜一样的问题。这里暴露的问题是，逻辑形式和语义之间存在不和谐的问题。语言哲学若只停留在逻辑分析层面，就难以破译自然语言之谜。

塔斯基的 T 约定属于形式化手段很强的定理，在不经意中忽视了自然语言的实际使用。戴维森认为，自然语言中的指示词、指示代词、副词、隐喻、语气、命题态度等都是难以用形式方法来处理的对象。塔斯基的 T 约定或者关于真的定义，无法很好处理这些对象。于是戴维森认为，要把自然语言的主观因素纳入考虑范围，与其追求语句的真与假，还不如把真假之间化为语义追问。戴维森说，意义理论应该蕴含下列语句：

> "那本书被偷走了"为真，只有（潜在地）由某人 p 在某时说出这话，而且当且仅当该人 p 所指示的这本书在说话时间 t 之前确实被偷走了。（Davidson，1984：34）

从这个语句表达来看，真（理）这个概念其实是一个相对概念，即相对于某人 p 和某时 t 而言，某语句表达了相对的真。真（理）存在于言说之中而不在于永恒之中，戴维森持有这样的观点，道理就在于此。既然自然语言的说话者能够有效决定任意性表达的意义，那么意义理论的任务就是要显示意义表达的可能性。既然对于真的追问最终要落实到自然语言中来，那么真的谓词表达在结构上是为自然语言提供清晰的可验证的语义标准。

⌘ 原初翻译与原初阐述

原初翻译（radical translation）这个概念源于蒯因的原初翻译的思想实验。英语单词 radical 在这里不应被理解为"彻底的"或"极端的"，而从词源上看，radical 源于拉丁词根 *rā-* 和 *rād-*，意为从根部发端至枝叶，以及从根部升起。术语 radical translation 自然是指根源上的翻译，可被译为原初翻译或原始翻译，而不宜被译作彻底翻译或极端翻译。戴维森从蒯因的原初翻译这个概念上获得启示，提出原初阐述（radical interpretation）这一概念来。

什么是原初翻译呢？设想一位汉语语言学家来到一个土著部落，这位汉语语言家不懂土著语言，而且在汉语世界里还没有任何关于这个土著的文字记载，这位汉语语言学家的工作就是要编写第一部关于这个土著部落的语言词典，而且要用汉语解释他 / 她所观察到的每一个土著语词，即他 / 她要把土著语词翻译成汉语。在这种情况下，这位汉语语言学家的工作就是原初翻译。原初翻译可能存在的问题是，翻译并非一定准确。例如，这位汉语语言学家跟随一个土著小伙子来到山坡上，突然一只野兔跑了出来，这时土著小伙子发出声音 Gavagai 来。这位汉语语言学家听到 Gavagai，也看到了奔跑出来的兔子，于是把 Gavagai 记录成汉语的野兔。这时的原初翻译准确吗？土著小伙子说出的 Gavagai 真是一个名称吗？土著小伙子有没有可能说的是"瞧，这兔子"或者"龟儿子跑得真快"呢？注意这里有语境，有当事人，还有看见的客观对象，即便在这些条件下，原初翻译的准确性都值得怀疑。

戴维森从这个原初翻译的思想实验中得到启示，提出原初阐述和原初阐述者（a radical interpreter）。戴维森的想法是：

（1）路人甲是 K 语言的言语社群的成员，他在周六下午认为 Gavagai 为真，而且周六下午路人甲确实看见了一只野兔，另外他还从 K 语言的其他说话人的情景言语行为中获得证据，于是他做出推论。

（2）如果某个 X 是讲 K 语言的人，那么 X 在时间 t 认为 Gavagai 为真，当且仅当在时间 t 确实有一只野兔让 X 看见了。在经验研究中，推论（2）也许具有可变性而不那么确定，但是路人甲已经收集到了足够的信息，足以支撑 K 语言说话者对于 Gavagai 的判断为真，当且仅当确实有野兔从说话人面前跑过时，即路人甲的推论（2）得到了确认。

这样一来，路人甲的推论（2）就可用来证明 K 语言的塔斯基的为真语句，如（3）所示：

（3）Gavagai 为真，条件是由某人 X 在某时间 t 说出这话来，而且当且仅当有一只野兔在某个时间 t 刚好让某人 X 看见。

值得注意的是，戴维森并没有提及路人甲自己的语言是什么，到底是 K 语言还是别的什么语言。当然，路人甲肯定是按照他自己的语言来做出上述推论，但他的语句指向的是语言之外的事实。因此，与蒯因的原初翻译者不同的是，原初翻译者明确使用了自己的语言，而戴维森的原初阐述者采取的是语义立场（semantic stance）：他把语言之外的情景和对象描述为客观真（理）的条件，然后在转述 K 语言说话者的语句时，把客观真（理）的条件赋予这些语句。在这种条件下，戴维森的路人甲其实就是一名阐述者，戴维森把路人甲的这种情况称为阐述理论的建构（the construction of a theory of interpretation）。那么，什么是戴维森的原初阐述呢？

原初阐述这一概念来源于对完全不知的语言的一项思想实验（如前所述），要考察这种语言的实际发话（utterance）的意义，就会涉及关于意义的本性（the nature of meaning）的思考。戴维森说，原初阐述必须以证据为起点，"阐述这些证据而又不需要在本质上使用意义、阐述、同义关系等这样的语言概念（Davidson，1984：128）"。在进行原初阐述之初，我们不知道所考察的对象的信念、欲望和意义等，我们关于对象的知识相当有限，只把考察对象（比如一个人）当成一个物理系统。在这种情况下，我们如何从有限知识出发，最终获得我们所需要的一切知识呢？即对于一门完全不知道的语言，我们是如何获得关于这门语言的全部知识的呢？从蒯因的角度看，这需要原初翻译，而戴维森会说，这需要原初阐述。原初阐述就是在某门语言（特别是陌生语言）中追求真和意义时，不需要使用关于真或关于意义的既有的相关概念，而坚持从证据出发去阐述所观察对象的发话情况。原初阐述何以可能？这是一个颇具争议的问题。

☙ 宽容原则

原初阐述何以可能？围绕这个问题，戴维森提出了宽容原则（principle of charity）。戴维森的宽容原则由逻辑融贯（logical coherence）和相应一致（correspondence）两部分内容组成。正如经验科学家一样，原初阐述者要依靠方法论的假定，需要从自己的观察出发，到中间阶段的结论归纳，直到最后的理论形成。在这一过程中，原初阐述者依靠的至为重要的原则就是融贯原则（principle of coherence）和一致原则（principle of correspondence），这两个原则合在一起就是宽容原则。

既然戴维森的阐述理论发端于塔斯基的真之理论，那么戴维森的原初阐述者的首要任务就是要在陌生语言说话人的语句中去寻求融贯结构，即原初阐述者会假定陌生语言说话人的言语行为符合某种明显的规范性的限制条件，而且陌生语言说话人会按照某种逻辑法则来进行推理。基于这样的假设，原初阐述者会根据观察到的证据或收集到的信息，来绘制陌生语言说话人的言谈举止的逻辑模式。假定陌生语言说话人的言谈举止具有某种逻辑模式，这就假定了理性的存在，这就是原初阐述何以可能的基础，即按照逻辑融贯原则，原初阐述者会假定陌生语言说话人的言谈举止必定符合逻辑法则。

如果说原初阐述者可以运用逻辑宽容原则来回答原初阐述何以可能这个问题，那么接下来的一个问题就是，原初阐述者是如何知道陌生语言说话人语句的意义的。原初阐述者既不知道陌生语言说话人的信念或欲望，又不知道他／她的命题态度的内容。在这种情况下，原初阐述者如何解读语句的意义呢？戴维森认为，陌生语言说话人会把某个语句当成真的语句，这是因为有两种力的影响：说话人的语词本身拥有意义和说话人关于世界的信念。基于这种认识，戴维森说原初阐述者可以设身处地站在陌生语言说话人的立场来理解，即原初阐述者可以把自己当成一个陌生语言说话人。这就是戴维森的宽容原则中的一致原则，即原初阐述者和陌生语言说话人可能拥有相互一致的力之矢量：语词拥有意义和对世界有信念。基于一致原则，原初阐述就有可能成功实现。

对于原初阐述何以可能这个问题，戴维森提出的宽容原则似乎能够给予合理的解答。然而，融贯原则和一致原则都存在值得怀疑的内容。我们总是按照自己的理性或逻辑去理解他人，但我们没有足够的理据来证明陌生语言说话人拥有和我们同样的理性或遵守与我们同样的逻辑法则。如同"他心"问题一样，我们知道或者假定他人拥有和我们一样的心灵，但是我们确实没有足够的证据来证明"我心"与"他心"是一样的。这是哲学的一大难题。

❀ 阐述的不确定性

虽然戴维森可用宽容原则来解答原初阐述何以可能这个问题，但是宽容原则所暴露的问题也显而易见。面对这样的问题，正如蒯因提出翻译的不确定性一样，戴维森提出了阐述的不确定性（indeterminacy of interpretation）。戴维森认为，在方法论上，原初阐述脱颖而出，但是这并不意味着原初阐述具有唯一性，毕竟原初阐述具有不确定性。

不确定性是如何体现出来的呢？对于原初阐述者而言，他／她在情景中观察到陌生语言的语句，于是他／她按照自己的语句知识把所观察到的对象语句"$S_{对象}$"同自己知道的语句"$S_{自己}$"进行相关性对标，从而假设"$S_{对象}$"和"$S_{自己}$"同义。这是原初阐述者的基本出发点，然而这个出发点藏有许多不确定因素。其中之一就是，就算"$S_{对象}$"和"$S_{自己}$"

二者同义，也无法确定二者的组成相同或者结构相同。如果无法确定结构或者组成成分，那就反过来会对语句意义的确定性，尤其是对"S_{对象}"和"S_{自己}"二者是否真的同义，带来怀疑性挑战。就蒯因的例子 Gavagai 而言，如何切分 Gavagai，这本身就具有不确定性。对于这些问题的解决，我们无法确定地从陌生语言说话人的言谈举止直接观察出来，即陌生语言说话人不会直接提供证据。另外，原初阐述者的假定本身也存在可变性，即不同的阐述者如果做出不同的假定，那么对于同一现象的观察结果就会有不同的阐述。

不确定性会影响整个语句的翻译或阐述，原因之一就是翻译者或者阐述者不会对所观察到的语句进行逐一验证。这就意味着原初阐述实质上是建立在假定与猜测的基础上，其不确定性显而易见。对不确定性的处理方案就是承认语句的意义具有不确定性。于是，戴维森认为，意义具有恒定的结构，这是各种阐述的共同执念。若持有这种想法，那就意味着受到了意义整体论的影响：把某个意义赋予某个发话上，阐述者其实已经是在众多的可选项中做出了选择，而众多的可选项却是构成陌生语言说话人的所有语句的基础。这就是阐述者先有语言的整体画面，然后才在具体的语句阐述上进行结构与意义的选择与匹配。原初阐述在方法论上是提供阐述框架，根据所提供的框架，阐述者把语句的属性模式归因在说话人及其发话上。因此，理解一个人的语句势必包括对在情景中观察到的言谈举止的模式的审查。阐述者把陌生语言说话人当成理性的行为主体，根据自己的语句来反思说话人的语句，这在原则上可以断定说话人的一切言谈举止都可以获得他人的阐述与理解。如果阐述者无法阐述或理解说话人的语句，这就意味着说话人并不是理性的行为主体。然而，阐述者并无理由或证据来证明说话人是非理性的行为主体。戴维森做出这样的论断，并不是他有语言帝国主义的立场，而是根据塔斯基的真之理论得出的启示，追问语句的成真条件只是开始，最后势必要追问语句的意义，而意义在本质上是主体间性的（intersubjective）。把意义当成客观性的，其要义在于说话人的话语讲述的是客观世界的真，可是意义并不会停留在客观对象上。意义具有主体间性，是主观和客观的统一。

参考文献

Bagharamian, M. 1998. *Modern Philosophy of Language*. London: The Orion Publishing.

Davidson, D. 1984. *Inquiries into Truth and Interpretation*. Oxford: Clarendon Press.

Kirk-Giannini, C. & Lepore, E. 2017. De Ray: On the boundaries of the Davidsonian semantic programme. *Mind, 126*(503): 697–714.

Stich, S. P. 1976. Davidson's semantic program. *Canadian Journal of Philosophy, 6*(2): 201–227.

Tarski, A. 1956a. The concept of true sentence in the language of the calculus of classes. In A. Tarski (Ed.), *Logic, Semantics, Metamathematics: Papers from 1923 to 1938*. Oxford: Oxford University Press, 186–209.

Tarski, A. 1956b. The establishment of scientific semantics. In A. Tarski (Ed.), *Logic, Semantics, Metamathematics: Papers from 1923 to 1938*. Oxford: Oxford University Press, 401–408.

Tarski, A. 1986. The semantic conception of truth and the foundations of semantics. In A. Tarski (Ed.), *Collected Papers*. Vol. 2. Basel/Boston: Birkhäuser, 661–699.

断言　　　　　　　　　　　　ASSERTION

人们做出一项断言或断定（assertion），常用的表达结构是"主词 + 谓词"。罗素在维特根斯坦的《逻辑哲学论》（*Tractatus Logico-Philosophicus*, 1921）的导言中说："语言的本质事务就是对事实进行断定或否定。"（维特根斯坦，2019：2）无论是要肯定事实还是要否定事实，都要进行断言。"最近 100 多年来，断言这个概念在语言哲学中占有重要地位。"（Brown & Cappelen，2011：3）在许多语言哲学家眼里，关于断言的研究要比关于真的研究和关于意义的研究更为基本。

断言是一种行为：一种声称某人、某事或某物正是如此这般的言语
行为。断言必真，断言必诚，然而日常语言中的断言未必真，也未必
诚。就算具有断言的形式，做出了断言的行为，但未必就符合断言的
条件，未必具有断言的内容，也未必就遵守了断言的规范（杜世洪、吴
亚军，2021）。断言这一概念是语言哲学中概念分析的重要主题，正如
维特根斯坦所言，我们要探究"断言的本性（the nature of assertion）"
（Wittgenstein，1958：17）。真与假都会以断言的方式道出。关于断言
的研究可以分为哲学研究、语言学研究、语用学研究和心理学研究。这
里只介绍弗雷格和罗伯特·斯坦纳克（Robert Stalnaker，1940— ）的
断言研究。就语言哲学而言，断言研究所揭示的道理是，概念澄清和语
言分析面临着艰巨的任务。

✂ 弗雷格的断言研究

语言哲学的断言研究肇始于弗雷格（Jary，2010：1）。在弗雷格之
前，陈述出的概念内容与陈述行为之间的区别并未得到细致的分析。弗
雷格把陈述出来的概念内容认定为思想（thought），是命题的内容，到
后来干脆把思想内容当成命题内容。弗雷格重视命题内容或者说命题的
研究，而对断言行为的研究甚少。在弗雷格看来，真值条件的承担者是
命题，而不是断言。弗雷格强调真在断言中的作用，而后来的语言哲学
家，如布兰顿，则注重断言的意义。戴维森把断言的真和意义结合起来
研究，从而把关于真的断言转化为意义生成的条件，注重的是意义的真
值条件论。

弗雷格的断言研究是要澄清谓词与断言的混淆。弗雷格在其《概
念文字》（Begriffsschrift，1879）中用"├"（英文名叫 the judgment-
stoke）来表示断言，罗素和阿尔弗雷德·怀特海（Alfred Whitehead，
1861—1947）在他们的《数学原理》（The Principles of Mathematics，
1903）中把这个符号称作"断言符或断定符（the assertion sign）"。在
断言表达上，"A 是 A"和"A 是 B"代表两类不同的断言：前者是分析
性断言，后者是综合性断言。符号表达式是：├ A = A；├ A = B。这

个断言符的作用是什么呢？

首先，弗雷格断言符的使用可以澄清歧义问题。例如，在以下这两个表达式中，p 具有相同的意谓吗？

> 表达式 1：" m，如果 m，那么 p，因此 p"
> 表达式 2："非 m，m 或 p，因此 p"

如果 p 在上述两个表达式中意谓相同，那么就无推论所言，因为 p 已经成了前提的一部分；如果 p 在上述两个表达式中意谓不同，那么 p 的歧义性会削弱这里的推论。要解决这里的问题，我们就要借助弗雷格的断言符"⊢"。上述两个表达式可以书写成如下模式：

> 表达式 1'："⊢ m，⊢（如果 m，那么 p），因此 ⊢ p"
> 表达式 2'："⊢（非 m），⊢（m 或 p），因此 ⊢ p"

经过这样的明确表述，在"⊢ p"中断言的内容，出现在前提"⊢（如果 m，那么 p）"或"⊢（m 或 p）"中，但是这个断言内容并不在表达式 2' 的语境中得到断定。

其次，弗雷格断言符的使用，可以消解澄清归谬法或反证法的问题，如"假定一个 p，可以得出一个非 p，因此非 p"。这个反证法语句看上去具有自我摧毁性，就好像在建筑一座大楼时，先把地基摧毁掉，然后再来建造顶楼。事实上，利用弗雷格的断言符，可以把问题分析清楚。对于"假定一个 p，可以得出一个非 p"，不能把它写成自我摧毁性式子"⊢ p，因此 ⊢（非 p）"，而应表述为"⊢（如果 p，那么非 p）"，这样就可推论出"⊢（非 p）"，而不会有对已知错误步骤的撤销。

为了消除谓词与断言之间的混淆，弗雷格引入断言符，把所有谓词表达都还原成一个基本谓词"……是事实"或"……是真的"。这为语言哲学的发展开启了一条研究路向。然而，断言符毕竟只是一种形式手段，它能为形式语义或者意义的逻辑研究提供启示，但它并没有就断言的哲学性质进行深入研究。

∞ 斯坦纳克的断言研究

斯坦纳克的断言研究具有哲学性。他在《断言》("Assertion"，1978）和《再论断言》("Assertion Revisited"，2004）两篇文章中集中阐述了他的断言观。在斯坦纳克看来，断言是关于言说与思考的直觉反映，其中所包含的表征是两种可能性的区别方式：言说与事实的一致性，这是一种可能性，而言说与事实不一致，这是另外一种可能性。因此，这两种可能性代表着不同的表征：具有真值条件的命题内容的表征，以及完全脱离实际语境而以某种可能性为基础的表征。后者可以是一项建议的断言，也可能是完全错误的断言。

1. 断言类别

在斯坦纳克看来，断言可以分为以下四种。第一，以真为基础的断言，即基于真的断言应该具有实在的断言内容以及断言成真的条件。具有实在内容与成真条件的断言，就是真命题。表达真命题的断言行为，是对以某种确定方式而存在的世界的表征。第二，基于信念或意图的断言。有些发生在某些特定语境中的断言，凸显的却是断言者的意图或信念。例如，曹操为了激励饥渴难耐的士兵跑快点而断言说，"前面有片梅林"。这里的断言凸显的是说话者的意图，从而搁置了是真还是假的考虑。在日常生活中，我们时不时地会听见"天下男人都是酒鬼"这样的全称命题式的断言，但是这种断言表达的是个人信念，而非真命题。第三，完全依赖语境的断言。这种断言的内容完全依赖于语境因素：说话人、听话人以及断言发生的具体时间。例如，"最后五分钟是导致彻底失败的五分钟"，这句断言对语境具有高度的依赖性，否则难以判断它的真假，也无法确定这句话是否有什么意图或信念。假设在一场足球比赛中，某支球队在最后五分钟连丢两球，最后导致整场球赛的失败。在这种语境中，这句断言就有效。第四，对语境因素造成显著影响的断言。这种断言一说出来，可能会影响到听话人的态度，或者影响到在场环境因素的改变。例如，有专家断言说，"某药是治疗目前疫病的唯一特效药"，这个断言会影响到药店和听话人。断言必真，断言必诚，这只是关于断言的伦理要求，而不是关于断言的事实判断。

2. 断言理论

在对断言做了分类之后，斯坦纳克就断言的结构做了描述，并提出了他的断言理论。斯坦纳克的断言理论包含三个观念（notion）：命题、命题概念和说话者预设。这三个观念都可在可能世界中得到充分阐释。

可能世界是模态逻辑的重要概念，根据模态逻辑，一个命题可以分析为一个函数，即从可能世界到真值（真或假）的函数。大致可以说，一个命题作为事实的一个函数（或者作为世界存在方式的函数），是决定真值的一条规则。也可这么说，一个命题是识别由事态的可能状态组成的集合的一种方式，而对于其中的所有事态而言，这个命题都有真值。按照这样的认定就可以说，任何命题都决定着可能世界的一个集合，或者说，可能世界的每个集合都决定着一个命题。按照这种说法，两个断言或信念要对世界做同样的表征，条件就是当且仅当这两个断言或信念在所有同样的可能世界中都为真。如果我们假定用同一方式把世界表征成若干个命题，而且它们拥有同样的内容（即表达相同的命题），那么我们就可以得出如下结论，在可能世界的集合与命题之间就存在一一对应关系，即一个集合对应一个命题。若有这种一一对应关系，我们就有理由使用从可能世界到真值的函数来承担命题的角色。显然，斯坦纳克的断言理论是根据命题的本质函数，来确定命题对世界的表征。

既然可以使用（从可能世界到真值的）函数来充当命题的角色，那么就要注意我们可能会用不同的真值来表征同一个命题，而这个命题所取的不同真值对应不同的可能世界，如表1所示：

表1　可能世界与真值

i	j	k
T	F	T

表中的 i、j、k 代表三个可能世界，即由事实组成的三个不同的可能集合，它们决定着这个命题的真值 T 或 F。可能世界决定着命题的真值。然而，还有另外一种由事实来决定真值的方式，即发话（utterance）所表达的真值的决定方式还有事实：真值是一个事实，即一个发话具有

真值的事实内容。如果事实有所不同，那么一个人所说的话——表达的命题——其本身就是某种不同的事（即言说本身就是一种事实）。面对这样的情形，如果我们误解了一个人发话的真值，有时候就会把这个误解解释成对说话本身的误解，而不是对实际所说内容的真值的误解。

真值依赖于事实有两种方式。下面用一个例子来证明二者的不同："如果你把马的尾巴也叫成脚的话，那么马有几只脚呢？"对这个问题的两种不同回答（四只和五只），就是真值依赖于事实的两种不同方式：回答五只脚的，就是把发话本身当成事实来取真值，而回答四只脚的，坚持从可能世界中的实在世界来取真值。

为了进一步说明这个问题，下面再举一个例子。假设猪八戒是个懒鬼，孙悟空不是懒鬼，这是众所周知的事，但是猪八戒从来不认为自己是懒鬼。如果我对着猪八戒说："你是懒鬼。"那么我说的话是真的，但猪八戒却不会认为我的话是真的。我说话时，沙和尚也在场，沙和尚不是懒鬼，而且他知道自己不是懒鬼。当沙和尚听到我的话时，他有可能认为我是在对他讲。在这种情形下，猪八戒和沙和尚都认为我的话为假。这时的"假"有两种：第一，猪八戒虽然明白我的话，但是他并不认同大家知道的事实，所以他认为我的话为假；第二，沙和尚认同大家都知道的事实（即知道猪八戒是懒鬼），但是沙和尚却误解成我在对他说这话，于是沙和尚认为我的话为假。假设我们再增加一个条件，假定猪八戒一直错误地认为沙和尚是懒鬼，于是就会出现表 2 所示的可能世界与真值。

表 2　可能世界与真值

	i	j	k
i	T	F	T
j	T	F	T
k	F	T	F

注意：i、j、k 代表三个可能世界：i 是实际发生的可能世界，即"我"、猪八戒、孙悟空与沙和尚四人都在的实际世界；j 是猪八戒认为我们所

处的世界；k 是孙悟空认为我们所处的世界。

如果按照表 1 来解读"你是懒鬼"这句话，即在一维语义视域下解读"你是懒鬼"这句话，那么在实际世界 i，我的话为真；而在猪八戒 j 那里，我的话为假；在孙悟空 k 那里，我的话为真。

如果按照表 2 来解读"你是懒鬼"这句话，那么这里就要再引入一个语义维度，这就需要二维语义来解读这句话了，即这就有第二种方式来表征我的发话的真值，这个真值是事实的函数。在表 2 中，纵轴表示的是可能世界的角色，即语境，其作用是决定言说内容的真假。横轴表示的是可能世界作为函数的论元（argument），即这函数所表达的命题。表 2 中横轴上的不同取值字符行，表达的是在不同可能语境下发话内容的真或假。注意：横轴的第一行和第二行，即在可能语境 i 和可能语境 j 中，发话内容的取值是一样的。这表示的是猪八戒和我都认同发话的内容。同样要注意：纵轴 i 和 k 二者相同，这表示的是孙悟空和我有相同的真值认定，即我表达的命题的真值和孙悟空认为我所表达的命题，二者的真值相同。

就一定意义而言，我在语境 i 中说的是真的，而在语境 j 和 k 中说的是假的，即便我根本没有在任何可能世界中表达过这个命题，即根本没有表达过在 i 语境中为真，在 j 和 k 语境中都为假的命题。虽然没有表达过这样的命题，但表 2 中却存在这样的命题表征。这就是对角线命题（the diagonal proposition），这个命题的真值是按照表 2 从左上角到右下角的对角线来读取的。这里有个情况：一般来说，当且仅当发话 i 所表达的在语境 i 中为真，那么在语境 i 中表达任何论元或命题 i 都为真。

对于表 2 的各种情况，斯坦纳克把它们统一称为命题概念（propositional concept），即表 2 就是一个命题概念。一个命题概念就是从各种可能世界到相应命题的函数，或者同样可以说，命题概念是可能世界的有序对（an ordered pair）进入真值的函数。斯坦纳克说，关于命题概念的这个抽象理论可以被称为二维模态逻辑（two-dimensional modal logic），而这个抽象理论聚焦的是二维模态逻辑算子。一个二维模态逻辑算子就是把一个命题概念代入另一个命题概念的算子。

在介绍了命题和命题概念之后，斯坦纳克简述了说话者预设（the speaker presupposition）这一概念。大致可以说，说话者预设是一些命题，而这些命题的真值是由说话者认定的，可以当成会话背景使用的内容。说话者预设的命题，常常是说话者认定为真或者信以为真的命题。此外，说话者还把预设当成会话双方或参与会话的人共同拥有的知识基础或共有知识。因此，说话者预设可被看成会话参与者的共同基础。然而，在一些时候，由于说话者图方便，他／她所预设的命题有可能还不是真正的命题，而只不过是某种可能世界的集合。这个集合可能与预设相匹配，于是我们可以把这个集合称为语境集合。语境集合是说话者在实际会话中的实时选择内容。在语境集合中选定某个预设，而这个预设的命题要为真的话，那么条件就是该命题在所有可能世界中都为真。

对话中每个参与者都有自己的语境集合，但是只有说话者假定的那部分内容才会成为会话的实时预设内容。说话者会认为他／她的所有预设都是参与者的所有预设。这就会出现两种情况：无遗漏的语境集合和有遗漏的语境集合。无遗漏的语境集合是说话者和其他参与者享有同样的预设的集合，而有遗漏的语境集合则是说话者与其他参与者的预设没有达到均衡的集合，即存在预设的偏差或不一致的情况。在有遗漏的语境集合情况下，说话者误以为其他参与者拥有同样的语境预设，这就会导致交流失败。

既然断言包括命题、命题概念和说话者预设这三大观念，那么在这三大观念中任何一个观念出现了不确定性因素，都会影响到断言的性质。用一句浅白的话来说，具有断言形式的话还真不一定就是真正的断言。在现实生活中，很多断言的实质却是胡说八道。甚至学术界的一些断言，实质上却是谬言谬语穿着断言的外衣，把自己打扮成真实和诚恳的样子。

✑ 简评

语言哲学的主要任务之一就是要通过语言分析和概念分析而达到澄明，而断言却在通向澄明的道路上带来重重迷雾。因此，断言研究绝不是一桩简单的事情。断言既是关于语言形式的研究话题，又是关于语言内容的研究话题，更是关于语言使用者的事实与伦理状态的话题。断言研究的复杂情况和巨大任务，根本不可能在单一层面或单一维度中得到圆满解决。断言研究是哲学社会科学、人文科学、自然科学以及各种跨学科的重要论题。

参考文献

杜世洪，吴亚军. 2021. 直言判断类断言言语行为的认知语用探索. 语言、翻译与认知：第 1 辑. 北京：外语教学与研究出版社，27–40.

维特根斯坦. 2019. 逻辑哲学论. 杜世洪导读注释. 上海：上海译文出版社.

Brown, J. & Cappelen, H. 2011. Assertion: An introduction and overview. In J. Brown & H. Cappelen (Eds.), *Assertion: New Philosophical Essays*. Oxford: Oxford University Press, 1–17.

Jary, M. 2010. *Assertion*. New York: Palgrave Macmillan.

Russell, B. 2019. Introduction. In L. Wittgenstein (Ed.), *Tractatus Logico-Philosophicus*. Shanghai: Shanghai Translation Publishing House, 1–18.

Stalnaker, R. 1978. Assertion. In C. Peter (Ed.), *Syntax and Semantics*. Vol. 9. New York: Academic Press, 315–332.

Stalnaker, R. 2004. Assertion revisited: On the interpretation of two-dimensional modal semantics. *Philosophical Studies*, *118*(1/2): 299–322.

Wittgenstein, L. 1958. *The Blue and Brown Books: Preliminary Studies for the "Philosophical Investigations"*. Oxford: Blackwell.

弗雷格难题　　FREGE'S PUZZLES

弗雷格难题（Frege's Puzzles，也叫弗雷格谜题）一直是语言哲学研究的重要课题。弗雷格难题既可以作为一个大问题进行总体探究，又可以细分成两个甚至多个不同专题性的小问题而进行相应的剖析。

弗雷格是分析哲学之父（也有"分析哲学之祖父"的叫法），是语言哲学极为重要的思想缔造者。他于 1892 年用德文发表的论文《意谓与指称》（德文版题目是"Über Sinn und Bedeutung"，英文版题目多译为"On Sense and Reference"，也有译名是"Meaning and Reference"或者"Sense and Denotation"），是语言哲学的经典文献。这篇文章的"开篇段落极为著名"，因为文章一开头就提出了关于表达式"$a = a$"和"$a = b$"二者所关涉的"认知价值"差异问题，以及什么是"相等"的问题，哲学界称之为"弗雷格难题"（Corazza & Dokić，1995：151–152；Frege，1892/1948；Mendelsohn，2005：27；Valente & Boccardi，2020）。

语言哲学以《意谓与指称》这篇论文为基础，探讨的弗雷格难题主要是以语言问题（或称命题问题）为核心，而弗雷格难题还包括以其他论题为核心概念的问题探讨，如围绕"真""思想"等概念而进行的问题讨论。无论怎样，这些研究大都出自对弗雷格本人著述的解读或拓展，而在解读弗雷格的著述过程中，尤其是在对《意谓与指称》一文进行解读与拓展的过程中，学术界出现了彼此不同甚至相互对立的观点。

❧ 《意谓与指称》的主要观点

弗雷格的《意谓与指称》一文是他对 1891 年发表的论文《函数与概念》（"Funktion und Begriff / Function and Concept"）的拓展。在《函数与概念》中，弗雷格提出了"意谓与指称的理论（the theory of *Sinn and Bedeutung*）"（Klement，2002：8），提出语言中"意谓"与"指称"的区分，他认为语言符号在表达意谓与指称的问题上，类似于数学等式。例如，在"4 x 2 = 11–3"中，"4 x 2"与"11–3"的符号表达式不同，但数值却相等，指称的都是 8。正是从这样的数学等式上得到启发，弗雷格认为，数学表达式的这种相等可以应用到语言表达式上。于是，弗雷格在《意谓与指称》一文中开篇就说，"相等"引发的一些问题颇具挑战性，我们不太容易把它们一起解决。以此为出发点，弗雷格在《意谓与指称》中主要表达了以下观点：

1. 相等具有不同的相等方式

在弗雷格看来，表达式 $a = a$ 和 $a = b$ 表达了不同方式的相等。那么，相等到底是什么呢？相等是一种关系？相等是对象之间的关系，或者是名称之间的关系，抑或是表达对象的符号之间的关系？在《概念文字》中，弗雷格认为，相等是对象的符号表达式之间的相等，如 $a = a$ 和 $a = b$。

对于 $a = a$，这在康德看来是先天的相等，即一个东西与其自身相等，如"3 等于 3"，"鲁迅等于鲁迅"等，这样的相等具有分析性，不需要经验证明就能知道一个东西必定与其自身相等，这就是先天的相等。

对于 $a = b$，这里的相等不是先天的相等，它具有认知价值，即这样的相等是对我们知识的拓展，是在两个不同表达式之间建立起来的相等，如"启明星等于长庚星"（因为二者指称的是同一个行星，即金星，Venus），"鲁迅等于《狂人日记》的作者"（二者所表述的人恰是同一人）等，这样的相等属于经验性的，不是先天性的。于是可以说，$a = a$ 具有先天的分析性，而 $a = b$ 具有经验的综合性。

然而，为什么 $a = a$ 和 $a = b$ 具有不同的认知价值，即前者属于"无关紧要的真（trivially true）"，而后者却有明显的认知价值？另外，具有同一指称对象的不同表达式，如启明星（the morning star）与长庚星（the evening star）、鲁迅与《狂人日记》的作者，它们的意谓到底是什么？难道它们的意谓就是它们的指称对象吗？这些疑惑正是弗雷格难题的根源性问题（Torre & Weber，2022），是弗雷格在《意谓与指称》一文中着重处理的问题。就这篇文章内容而论（Mendelsohn，2005；Textor，2011），弗雷格难题常被细分为"关于相等的问题"（也被称为 the paradox of identity）、"关于替换原则的问题""关于空名的问题"以及"关于间接语境或信念语境的问题"。

2. 意谓与指称有别

弗雷格从符号表达式 $a = a$ 和 $a = b$ 想到了语言表达式，认为 $a = a$ 只有一个名称 a，而 $a = b$ 却有两个名称 a 和 b。一个名称与其自身相等，这在符号、对象以及意谓上都能被理解，可是两个不同的名称处于相等中，这肯定不是符号的相等，它们相等要么是基于同一个对象，要么是具有相同的意谓，要么是对象与意谓都相等。到底是哪种情况呢？在详细分析这个问题之前，弗雷格举出一个直观的例子，意在说明意谓与指称二者存在明显的区别。

如图1所示，三角形的三条中线分别定名为 a、b 和 c，而它们相交在一个共同点上，把这个相交点定名为 pi。这就显示出，pi 既分属于三条中线，即 pi 是 a、b 和 c 各自的一个点，又是三条中线交叉后共同拥有的一个点。同一个点却有不同的呈现方式，即这个点可以是"中线 a 和 b 的相交点""b 和 c 的相交点""a 和 c 的相交点"以及"a、b、c 三条中线共同的相交点"。这说明一个道理，相同的这个点却有不同的表述方式。把这例显示出的道理应用到语言上来，我们就能看出语言符号（如名称）、指称和意谓三者之间的关系了。

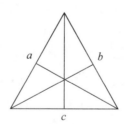

图1　三角形三条中线相交图

弗雷格认为，一个语言符号可以是名称或者单词组合或者字母，而这个符号（sign）应该拥有一个指称（the referent of the sign）以及符号所表达出来的意谓（the sense of the sign）。正如"中线 a 和 b 的相交点""b 和 c 的相交点""a 和 c 的相交点"以及"a、b、c 三条中线共同的相交点"这四个不同的符号表达式拥有同样的指称一样，启明星和长庚星这两个不同的名称却有同一个指称金星。这足以说明，指称和意谓并不相同，即指称是指称，意谓是意谓。

什么是指称？这个问题的答案显而易见，指称就是名称所指示出来的那个对象。启明星和长庚星指示出来的是同一个对象金星。那什么是意谓呢？对于这个问题，直接指称论者，如约翰·斯图亚特·穆勒（John Stuart Mill，1806—1873）认为，一个名称的意谓就是该名称所指示出来的那个对象。弗雷格显然并不满意这样的回答，即弗雷格明确反对穆勒等直接指称论者的意谓观。直接指称论者把意谓等同于指称，而弗雷格认为，意谓与指称并不是一回事。意谓是名称或者表达式的呈现方式（the mode of presentation），而指称只是名称或表达式所识别出来的那个对象。这里，弗雷格要强调的是，用不同的名称或表达式去识别出同一个对象，这肯定有不同的用意；也就是说，使用一个名称（尤其是在表达命题时使用一个名称），一般不会只停留在对象的识别上，而是要传递某种信息，或者显示某种认知价值。概括起来说，一个名称可能拥有它相应的指称，但必定拥有它的呈现方式；只要有呈现方式，这个名称或者说表达式就有它的意谓。

3. 专名的指称与意谓有别于联想性概念

弗雷格认为，在命题的语境中，我们可以弄清楚一个名称是不是专名，从而弄清专名是不是拥有确定的对象。专名在命题中表述的是对象，如果没有表述而成的概念（concept）和关系（relation），那就难以弄清专名以及对象。简单地说，表述一个简单对象可以是几个词或者其他类似的符号，而任何关于对象的表述方式都叫专名。显然，弗雷格谈论的专名是逻辑命题中的专名，与常规意义下的专名不同。常规意义下的专名局限在特定的人或物上，如秦始皇、北碚城、九寨沟等；在弗雷格看来，逻辑专名是指在逻辑命题中指示确定谈论对象的表达式，这个表达式可能是常规意义下的专名，也可能是短语或者别的符号等。

专名的意谓是什么呢？对于这个问题，穆勒认为，专名有指称对象，并非定有意谓。换句话说，在穆勒看来，专名有外延，但无内涵。弗雷格的观点却不同，即在学理上弗雷格并不认同穆勒的观点。弗雷格认为，只要足够熟悉专名所在的语言或者足够了解专名所指代的一切，每个人都能理解到专名的意谓。然而，这一点只能解释指称的一个方面，即只能解释有指称对象存在的专名。假设我们拥有关于指称的综合知识，那我们就能够立即判断是否每一个意谓都归属于指称，然而我们却无法获得这种综合知识。这说明指称与意谓的问题很复杂。

语词、语词的意谓和语词的指称，这三者之间正常的且有规律的联系应该是，一个语词对应一个确定的意谓，而且拥有一个确定的指称对象。然而，实际情况却比这复杂：一个指称对象并非只有一个语词；同一意谓在不同语言里甚至在同一语言里都有不同的表达式，即存在同指异述现象。在理想状态，语词、意谓和指称三者一一对应，在同一语境中，同一语词表达同一意谓，这当然是再好不过的事了，可是自然语言并不满足这个条件。有些表达式并没有确定的指称对象，但它们却有意谓，如"离地球最远的天体""最弱收敛级数"等。一言以蔽之，掌握一个意谓并非一定要确保一个指称对象的存在。显然，弗雷格要表达的意思是，意谓不总是由指称决定的，在一些情况下，意谓独立于指称。

在日常使用时，人们可能会谈论语词的指称，但有的时候人们谈论的是语词本身，如在转述他人话语、引用他人话语、加引号时或在其他相应场合中，人们不太会谈论语词的指称，但会论及语词的意谓。一句话，在转述性话语中，语词一般不会涉及其习惯指称（the customary referent of a word），但会涉及其习惯意谓（the customary sense）。这就有必要区分语词的习惯指称和间接指称（the indirect referent of a word），以及习惯意谓和间接意谓（the indirect sense）。什么是语词的间接指称呢？弗雷格直接断言说，语词的间接指称就是语词的习惯意谓。

认识到上述问题，我们就会认识到语词、意谓和指称三者并不总是一一对应。为什么呢？语词的指称和语词的意谓二者有别于联想性概念（associated conception）。如果一个语词的指称就是感官可以感知的对象，那么我们对这个对象的联想性概念就是一个内在意象（internal image），而我们的内在意象来源于对我们拥有的感官印象以及对我们做过的内外活动的记忆。这样的联想性概念常常布满了感觉，而它各个成分的清晰性并非都一样。于是，同一意谓并非总是与同一联想性概念联系在一起，因为联想性概念是主观的，张三的联想性概念并不是李四的联想性概念。同一意谓总是有不同的联想性概念，如对于"比赛佛勒斯（*Bucephalus*）"，即对于古代马其顿国王亚历山大大帝的爱马，画家、骑手、动物学家等会有不同的联想性概念；同样，对于三国时代的"赤兔马"，不同的人对它会有不同的联想性概念。这说明个人的联想性概念同语词的意谓具有本质的区别：前者是主观的，后者是大多数共有的公共属性，即意谓不会是个人心理的组成部分，也不是个人心理的模式。弗雷格用一句拉丁语——"*Si duo idem faciunt, non est idem*（When two are doing the same thing, it is not the same. 直译为：二人同做一事，但各有不同。）"，这里的意思是"当两个人想象同一个对象时，他们的意象并不相同"。人们能够把握住同一意谓，这无法阻止，但是人们却不可能拥有同一联想性概念。

4. 专名的意谓是在命题语境中确定的

弗雷格的专名是逻辑专名，但是在弗雷格看来，专名具有多种表示形式。一个专名可以是一个语词、一个符号、符合组合以及表达式等。专名表达意谓，指示或者指定它的指称对象。无论形式差异如何，弗雷格的专名主要是指语词层面上的专名。不过，在意谓问题上，弗雷格认识到有三个层面的差异：语词、表达式和整个句子。这三个层面的符号单位大小不一，不一定都会涉及指称，但一定会涉及意谓。当然，三个层面本身就不同，表达的意谓也就不同。对于第一个层面的语词而言，意谓与联想性概念并非定要同一，因为不同的人对同一语词具有不同的联想性概念。

在这点上，弗雷格特别指出，从原文到译文的翻译，其间存在的差异并不会跨越语词这一层面。翻译中的渲染（coloring）与淡化（shading）可能会给语词原来的意谓造成差异性，翻译者的诗意表达是通过渲染与淡化来助推意谓的表达，但渲染与淡化二者并不是客观的，它们必须通过诗人（指具有诗意的翻译者）或说话者的提示才能激发读者或听众的想法。弗雷格利用翻译的这种情况来阐明一个观点：一个语词在读者或听者心中产生的联想性概念（或者想法），决不能同语词的意谓与指称混为一谈。

弗雷格为什么要反复强调一个语词或者符号在读者或听者心中所引起的联想性概念不同于语词的意谓和指称呢？这是因为弗雷格并不认同当时语言学流行的观点：语词符号会在人们心中引起心理意象或联想概念。这种观点在索绪尔那里有不同说法，但旨趣相近。追根求源，这种观点可以追溯到约翰·洛克（John Locke，1632—1704）、戈特弗里德·威廉·莱布尼兹（Gottfried Wilhelm Leibniz，1646—1716）、乔治·贝克莱（George Berkeley，1685—1753）等人，他们都持有相似的观点。

基于对上述问题的界说，即对语词引起的想法、语词的意谓与指称的界说，弗雷格表达的观点是：语词的意谓是在命题语境中确定的，而不是由指称确定，也不是由联想性概念确定。

∞ 弗雷格的专名理论和意义理论

从语言哲学的视域来看，弗雷格为语言研究提供了具有弗雷格思想特色的专名理论和意义理论。《意谓与指称》一文明确阐述了这两大理论的基本要义。为了便于理解，下面就根据弗雷格的旨趣，对他的两大理论进行概括。

1. 弗雷格的专名理论

弗雷格的专名是逻辑专名，它的表述形式有语词（word）、符号（sign）、符号组合（sign combination）、表达式（expression）等。一个专名牵涉客观性和主观性，牵涉意谓、指称以及联想性概念，如图 2 所示：

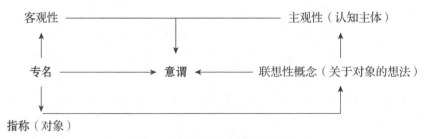

图 2　弗雷格的专名理论示意图

根据图 2，弗雷格的专名理论可以做如下阐释：①专名可能有指称对象，但并非必定有指称对象；②专名是客观的，要表述意谓；③意谓会受到主观性和客观性的影响，即受到对象与认知主体的影响；④意谓并非是指称的直接对应；⑤意谓会受到个人联想性概念的影响，但是意谓毕竟不同于联想性概念；⑥联想性概念（即关于对象的个人想法）是认知主体个人的，具有明显的主观性。

2. 弗雷格的意义理论

弗雷格的意义理论与其专名理论存在紧密联系。一个新理论的建立往往是要批判某个旧理论。弗雷格的意义理论瞄准的目标是意义理论中的直接指称论，包括意义指称观念论。直接指称论主张一个语词（尤其是一个专名）的意义就是该语词或专名指称的对象。穆勒的直接指称论聚焦的是专名指称具体对象，洛克指出语词指称的是观念。弗雷格认为，把意义等同于这样的直接指称是错误的。

在意义问题上，《意谓与指称》一文继承了《算术基础》（*The Foundation of Arithmetics*，1960）中所提出的语境三原则。弗雷格在该书的序言中对语境三原则的表述如下：

> 第一，永远要严格区分心理的和逻辑的，要严格区分主观的和客观的。
> 第二，决不能孤立地追问一个语词的意义，而只能在命题的语境中去询问语词的意义。
> 第三，决不可忽视概念与对象的区别。（Frege，1960：xxii）

这三条原则在《意谓与指称》一文中有所体现，弗雷格在其中阐述了其意义理论的基本内容，我们把这内容概述为以下五点：

> （1）谈论意义首先要谈论符号。符号（有的中文文献把它称为"指号"）本身不可能有意义，符号不能直接与指称对象联系。在自然语言里，语词、语词组合、表达式等都可被看成

大小不同的符号。

（2）意义是呈现方式，即意义是意谓。名称（尤其是专名）作为符号，它可能有指称对象，也可能没有指称对象，但它一定有意谓，而这意谓就是它的呈现方式。于是可以说，名称（或专名）的意义就是其意谓。有些学者直接把弗雷格的意谓译成意义。

（3）不能用一一对应的关系来衡量意谓、指称与对象三者的关系。从符号、指称与意谓三者的关系来看，以下四种情况比较常见：第一，有符号，有指称，有意谓，如"月亮""金星"等；第二，有符号，有意谓，但无指称对象，如"貔貅""独角兽""蓬莱仙岛"等；第三，不同符号、同一指称对象、不同意谓，如关于"月亮"的不同表述等；第四，不同符号、不同指称对象、同一意谓，如"晚餐"与"super"等有相同的意谓（每天晚上的那一餐），但指称对象与符号皆不同（用刀叉吃牛排的 super 不同于用筷子吃回锅肉和米饭的晚餐）。

（4）陈述句的指称与意谓的情况复杂。陈述句的指称是该句的真值（truth value），陈述句的意谓是它的思想。于是，要考察陈述句的意义，就应该考察陈述句在语境中的呈现方式。在理想状态下，如果句子的组成部分决定整个句子的指称，那么句子的组成部分有指称，句子就有指称；如果句子的某个组成部分没有指称，那么整个句子就没有真值，弗雷格用真值来界定句子的指称。然而，实际情况是句子的整体并不等于句子的组成。尽管如此，一个句子只要有思想，那么它就有意谓。

（5）从句的指称与意谓要受主句制约。从句会被当成一个句子的组成结构，语法学家会把从句看成一个基本完整的句子。但是，在弗雷格看来，从句不能被当成完整的句子看待，因为主句和从句共同拥有一个思想，整个句子拥有的真并不是从句的真与不真。从句的问题很复杂，弗雷格大致倾向于把从句看成名词，它在语境中呈现出自己的结构，会涉及间接指称与间接意谓。然而，有的从句的组成语词具有习惯指称，却无法以整体形式指代句子的思想。条件从句、形容词从句等都是由命题的语境来确定的，如果整个句子是断言句，那它们就服务于断言。弗雷格认为，从句问题是自然语言中的复杂现象，即便对它们进行分门别类地处理，也难以用统一的标准去判断它们各自的意谓与指称。

弗雷格的意义理论是以其专名理论为基础，在解决名称、单称词项、专名等表达式的意义问题上具有明确的方案，但在句子的意义处理上却缺乏统一的解释。为什么呢？一方面，自然语言的复杂性正是弗雷格难以放心的问题，为此，弗雷格明确指出自然语言不适合用来处理思维问题、逻辑问题乃至哲学问题，人们应该创造一门理想的语言来处理这些问题。另一方面，句子的意义本身就是一个极为复杂的问题，离开假定与规定，人们很难提出一套统一的理论和方法来。对于这个问题，语言学界和哲学界都尚未提出令人信服的、全面有效的解决方案来。面对这种情况，乔姆斯基或迈克·A. K. 韩礼德（Michael A. K. Halliday，1925—2018）的拥趸们或许会不以为然，但在哲学家眼里，乔姆斯基和韩礼德二人各自的理论都有太多的假设性概念，从而破坏了理论的确定性与客观性。对此，认知语言学、功能语言学、句法语义学等力图有所作为，但到目前为止，所提出的理论都有这样或那样的假定和规定，这在学理上就不符合语言哲学所追求的澄明性、清晰性和确定性的志趣。

⍣ 弗雷格难题的演绎与变体

弗雷格的专名理论和意义理论具有共同的思想基础，它们的形成旨在解决弗雷格观察到的问题。《意谓与指称》开篇所阐述的弗雷格难题，主要被当成"关于相等的难题"或"关于语言的难题"（Salmon，1986：11，12；Almog，2008；Boccardi，2020；Torre & Weber，2022）。弗雷格本人没有使用"难题"（puzzle）一词，但他表述了这个难题的内容。弗雷格意在追问：为什么表达式"$a = a$"和"$a = b$"具有不同的认知价值呢？难道二者的差异只是在于，前者是先天的、分析性的而不传递信息，后者是后天的、综合的而要传递信息？如果 a 和 b 都有指称，那么名称 a 和名称 b 的相等就只是指称的相等吗？按道理，"$a = a$" 和 "$a = b$" 二者传递的信息是一样的，可是实际上为什么不同呢？弗雷格的这些问题就构成了弗雷格难题或谜题。

弗雷格难题作为哲学议题引发了不少讨论，这难题随着讨论而演绎出了不少变体，如出现了"唯指称意义观的三大语义难题（three semantic puzzles for reference-only account of meaning）"（Fennell，2019：71-90），出现了把弗雷格难题划分为"形而上学难题、语义难题和认知难题"的研究（Almog，2008），出现了把弗雷格难题细分为"语言难题、思维难题和态度归因难题"的研究（Torre & Weber，2019）等。这些都是从弗雷格难题中演绎出来的研究课题。

♋ 简评

弗雷格本人在《意谓与指称》一文中对他所提的问题，都逐一做了阐释与解答，然而弗雷格的解答却引发了哲学界以及其他相关领域的讨论。这或许足以说明一个观点：哲学问题不会轻易终结，也不会因为有人提供了解答而消除该问题的存在。有道是，哲学既始于争论又止于争论。弗雷格难题是语言哲学中的经典议题，它并未因弗雷格的离世而失去活力。弗雷格难题还留有不少值得进一步思考的地方。

弗雷格作为分析哲学的思想先驱，为分析哲学、语言哲学、现代逻辑学、现代语义学、语用学以及数学等做出了重要贡献。弗雷格倡导用逻辑术语来定义数学概念，意图揭示数学之真的确定性表述；另外，弗雷格创造的数理逻辑，克服了传统逻辑（即亚里士多德的主词谓词式逻辑命题以及三段论逻辑推理）的局限；弗雷格把主词谓词式逻辑命题分析为函数与论元，揭示了命题的函数性质，如把"美国的首都"这样的表达分析成"X 的首都"，以及把"恺撒征服了小亚细亚"分析成"X 征服了 Y"，这种分析方式凸显了命题表达式的函数性质，揭示了命题表达式的变化关系，为语义研究和语用研究提供了启示。

弗雷格的《意谓与指称》遵循的本体论信守是世界具有三类本体对象：物质对象（客观的、实际的对象）、个人观念对象（私有观念、个体心灵等）和非时间的与非空间的客观思想。弗雷格的本体论信守算得上是现代语言哲学的重点议题。

参考文献

Almog, J. 2008. Frege puzzles? *Journal of Philosophical Logic*, (37): 549–574.

Boccardi, E. 2020. Frege's puzzle is here to stay: Triviality and informativity in natural languages. *Manuscrito*, 43(1): 115–150.

Corazza, E. & Dokić, J. 1995. Why is Frege's puzzle still puzzling? In J. Biro & P. Kotakto (Eds.), *Frege: Sense and Reference on Hundred Years Latter*. Dordrecht: Springer Science+Business Media, 151–168.

Fennell, J. 2019. *A Critical Introduction to the Philosophy of Language: Central Themes from Locke to Wittgenstein*. New York: Routledge.

Frege, G. 1892/1948. Sense and reference. *The Philosophical Review*, 57(3): 209–230.

Frege, G. 1960. *The Foundations of Arithmetic: A Logico-Mathematical Enquiry into the Concept of Number*. 2nd ed. J. L. Austin (Trans.). New York: Harper & Brothers.

Klement, K. C. 2002. *Frege and the Logic of Sense and Reference*. New York: Routledge.

Mendelsohn, R. L. 2005. *The Philosophy of Frege*. Cambridge: Cambridge University Press.

Salmon, N. 1986. *Frege's Puzzle*. Cambridge: The MIT Press.

Textor, M. 2011. *Frege on Sense and Reference*. London: Routledge.

Torre, S. & Weber, C. 2022. De Se puzzles and Frege puzzles. *Inquiry: An Interdisciplinary Journal of Philosophy*, 65(1): 50–76.

Valente, M. & Boccardi, E. 2020. Frege's puzzle is here to stay: Triviality and informativity in natural languages. *Manuscrito*, 43(1): 115–150.

概念 CONCEPT

概念（concept）作为一个语词，其词义似乎显而易见，然而作为一个概念，其实质是什么呢？这个问题颇有争议。作为语词，普通人、专家、学者等都能拿它运用自如。重庆市街上的摩托车司机说："国宴！那是什么概念哦？我对它没有任何概念。"这话已经把语词和概念做了区分，人们说得出语词，却似乎说不出该语词所牵涉的概念。这是普通人关于概念的通俗理解，但普通人的理解在概念研究者看来，还没有真正获得对概念的全面深入的理解。

在概念研究的学术群体里，回答概念是什么的问题，存在多种理解，人言人殊，形成了关于概念的不同理论。杰瑞·福多（Jerry Fodor，1935—2017）说，概念是认知科学出错的地方（Fodor，1998），而汉斯－约翰·格洛克（Hans-Johann Glock，1960—　　）说，概念是主观主义出错的地方（Glock，2009）。在概念问题上，一些具体科学或实践活动采取约定俗成的界定，并不深究概念到底是什么。例如，在建筑学、美术设计、服装设计等领域的实践中，甚至在教育学、历史学、政治学等学科研究中，推出了这样或那样的概念，它们得到使用，成为习惯，而相关行业人士似乎并不在意到底什么是概念，在他们看来，关于概念本身，似乎并没什么值得深究的问题。然而，认知语言学、认知科学、心理学、心灵哲学、科学哲学和语言哲学等在界定或者探究概念时，却会遇到这样或那样的问题，难以给出公认的、唯一的而且具有普适性的定义。

语言哲学的重要方法和任务就是概念分析。什么是概念？这个问题自然成了语言哲学的首要问题。对概念进行哲学探究，正如对真、正义、美德、理解以及意义等诸如此类的特定概念进行探究一样，一直是哲学家的追求。现代语言哲学从古代哲学、近现代哲学思想中获取养分，围绕概念问题进行努力探究，力图弄清"概念的本质"（Peacoke，1999：xi）。从柏拉图以降，经大卫·休谟（David Hume，1711—1776）和康德，直到弗雷格、维特根斯坦、蒯因以及现代实在论者和反实在论者，都力图对概念进行通识性描述。如果说在其他问题上，古往今来的哲学家似乎难以达成共识，但是在概念的重要性问题上，他们却一致认为，如果对概念的认识就无法周全，那么就难以建立让人满意的哲学。在哲学研究中，就同一概念而出现的人言人殊现象，原因之一正是对同一概念存在不同的理解。就"概念"这一概念本身而论，学术界存在多种观点，形成了多种理论。

❀ 关于概念的隐喻性定义

人们对抽象名词进行定义时，会采取直观的方法来加以定义。概念一词是抽象名词，而且指引着概念本身。以下几条定义甚是形象、直观，颇有代表性：

（1）概念是心灵粘胶。纽约大学心理学系退休教授格里戈里·L. 莫菲（Gregory L. Murphy, 1947— ）一生致力于概念的研究，他就概念做出的定义如下：概念是一种心灵粘胶，它把我们在世界的过去经验和现在的互动活动黏合在一起（Murphy, 2002: 1）。

（2）概念是心灵之桥。美国伯克利加利福尼亚大学心理学教授爱莲娜·罗施（Eleanor Rosch, 1938— ）从认知与范畴化的角度出发，给概念做了如下定义：概念是心灵与世界之间的自然桥梁，它是一个开放性系统，通过这个系统人们能够学习新东西并做出发明创造；她认为，与其说概念是心灵表征或者对象物的识别机制，还不如说它是实际情形的参与者（Rosch, 1999: 61）。

（3）概念是思想建筑群。在斯坦福哲学百科全书（the Stanford Encyclopedia of Philosophy）网上数据库中，艾里克·马格里斯（Eric Margolis）和史蒂芬·劳伦斯（Stephen Laurence）于 2019 年 6 月修订的词条"概念"（Concepts）的开篇就说：概念是思想的建筑群，这些建筑群对范畴化、推论、记忆、学习以及决策等这样的心理过程至关重要。

把概念类比成某物，这样的定义法有很多。学者用隐喻的方式来界定概念的性质，试图回答"概念是什么"这样的问题，始终难以得出关于概念的确定知识。概念的重要性不言而喻，但概念是什么，却界说不一。对于概念性质的认识，保罗·萨迦德（Paul Thagard，1950—   ）认为，概念大体上分为两大类别：实体概念与非实体概念（见表3所示）（Thagard，1992：18；杜世洪，2017）。

表3　哲学和心理学关于概念性质的不同认识（Thagard，1992：18，此表改编自萨迦德的分类表）

定义	分类	概念性质			代表人物
概念是	非实体 nonentities	虚构的非实体			斯金纳
		浮现状态的非实体			鲁姆哈特
	实体 entities	非心灵实体	非自然实体		柏拉图、弗雷格、黑格尔
			抽象实体		亚里士多德
			语言性质的实体		霍布斯、维特根斯坦
		心灵实体	天生内在的	开放性实体	福多、乔姆斯基
				封闭性实体	笛卡尔、莱布尼兹、乔姆斯基
			多为获得的	开放性实体	罗施、明斯基
				封闭性实体	洛克、康德、布鲁纳

从表3可以看出，在心理学和哲学中，关于概念的定义并不统一。"概念是某种实体"或者"概念是某种非实体"，这两种定义都是隐喻性说法。正如弗雷格所言，"概念"这个语词有很多用法，它的意谓有时是心理的，有时是逻辑的，而有时则可能是心理和逻辑的混合（Frege，1892/1952：42）。到目前为止，概念到底是什么，这个问题并没有取得大家都一致认同的答案。正因为如此，关于概念的研究则出现了不同的理论，不同理论关注的焦点各有不同。

☙ 关于概念的代表性观点

围绕概念是什么这个问题，哲学和心理学出现了以下代表性理论观：一方面，从概念的本体来看，关于概念的理论观主要有概念作为心灵表征（concepts as mental representations）、概念作为能力（concepts as abilities）、概念作为抽象对象（concepts as abstract objects）等；另一方面，从概念的结构来看，概念理论主要有经典理论观（the classical theory）、原型理论观（the prototype theory）、概念原子观（the conceptual atomism）、理论理论观（the theory theory）等。除了这两方面的代表性观点外，从概念的表达形式来看，概念理论观还包括概念函式论（concept as function）和概念属性集合论（concept as a set of properties）或称信息原子论。这些理论或者观点有的来自心理学，有的来自哲学。为什么要把哲学和心理学结合起来讨论概念呢？正如匹兹堡大学艾都华·麦克利（Edouard Machery，生卒年不详）所言，在谈论概念时，哲学无法忽视心理学的概念，反之亦然（Machery，2009：3）。虽然概念问题是一个极具争议的话题，但是关于概念的代表性理论或观点却不容忽视。

1. 作为心灵表征的概念

把概念当成心灵表征，这种理论观简称为心灵表征论。它的基本主张是概念是心理实体（psychological entities），它的核心观点来源于心灵表征理论（the representational theory of mind），主要认为思维活动是在内部表征系统中产生，像信念、欲望以及其他态度性心灵活动等，都以内部符号形式（internal symbols）进入心灵过程。例如，张三相信小姚比小刘高，而小刘又比小潘高，于是张三就会相信小姚肯定要比小潘高。关于小姚、小刘和小潘以及三人的相对高度，张三所形成的若干信念就是相应的若干心灵表征。这些心灵表征之所以能够成为信念，而不是成为心理状态，是因为心理的内部符号扮演着具有特点的因果功能性角色，而让信念得以形成。

基于心灵表征论的概念理论基本上认为，概念可以认定为一些基本的表征。表征不是心灵的状态而是心灵的活动，表征的内部系统拥有一种近似于语言的句法以及语义成分。休谟把这样的表征称为观念（ideas），甚至当成心灵意象（mental image），但是现当代哲学却倾向于认为，表征是基于内部句法和语义成分的信念形成过程。在概念的心灵表征论看来，与其说思维是以心灵意象为基础，还不如说思维是以近似于语词的心灵表征为基础。我们不难发现，这种概念观的背后预设了心理语言这样的假说。

基于心灵表征的概念观，常常是认知科学的默认观点。持这种概念观的人会认为，概念与具有结构的心灵表征在解释思维的能产性问题上起着至关重要的作用。简单地说，这样的概念观完全可以解释为什么人类能够进行无边无涯的思考，能够产生无限的思维活动。然而，心灵表征的概念观会遇到挑战，很多思维活动根本不需要心灵表征。另外，如果承认心灵具有计算的功能，那么心灵的计算系统也不需要心灵表征。

2. 作为能力的概念

把概念当作认知主体所具有的能力，这就是概念能力论，它直接反对的是概念的心灵表征论。概念能力论认为，把概念当成心灵的特殊活动，这种观点是错误的，因为概念既不是心灵意象又不是心理语言中近似于语词的实体。心理语言是否存在，这本身就是一个不确定的问题。在概念能力论看来，概念是认知主体（比如人）特有的能力。例如，关于马这一概念的形成，是因为认知主体有能力把马和非马区别开来，而且还能够得出关于马的一些推论。

现当代不少哲学家都坚持概念能力观，原因是他们从根本上就怀疑心灵表征的存在，从而怀疑心灵表征的有用性。坚持概念能力观的哲学家基本上都是维特根斯坦后期哲学思想的追随者。维特根斯坦认为，思维不需要心灵意象，至少在很多时候思维是没有心灵意象的，因而心灵表征这种观点是片面的。那么，为什么认知科学会默认概念是心灵表征呢？主要原因就是心灵表征便于解释，而且容易让人产生解释惯性与惰性，如人们很自然地会用一种语言知识来解释另一种语言知识。凭着这种解释惯性与惰性，认知科学会默认为心灵表征论能符合这种解释要求。然而，问题的症结在于，心灵表征论的预设是有心理语言存在，这种预设本身就是假说性的，即无法确定地用心理语言来表征概念。

概念能力论会遇到难以解决的挑战，最大的挑战就是把概念当作能力，却无法解释思想的能产性。在这个问题上，概念能力论者反过来会认为，应如概念的心灵表征论那样，建立具有解释力的概念理论。

3. 作为抽象对象的概念

把概念当作抽象对象，即概念抽象对象论，这种观点一方面是要避开概念能力论的困境，另一方面是要针对心灵对象或状态来进行表述。在抽象对象论看来，概念是与心灵对象或状态相对应的语词或短语的意义或者说内容。在思想源泉上，这个观点可以追踪到弗雷格的概念理论上去。支持这一观点的学者会认为，概念作为意义，一方面是思维和语言之间的中介，另一方面也是思维和指称对象的中介。这两种中介确保了语词的意义，就算没有指称对象的语词，如貔貅、飞马、青春泉等源于幻想或空想的语词也有意义。同样，同一对象拥有不同语词表达，如同指异述（杜世洪、李小春，2022），就会有不同的意义。

坚持概念是抽象对象这一观点，与概念能力论一样，目的是要反对概念的心灵表征论。反对的理由是，若把概念当成心灵表征，这就会把很多确实存在的概念排除在外，从而让心灵表征论表现为残缺性理论，其理论覆盖面不完整。另外，概念的心灵表征论本身无法像抽象对象论那样，对同一对象所形成的不同意谓能进行合理解释，也无法解释为什么不同的认知主体会在类（type）与例（token）上存在不同的认识，即面对同一个对象，有的人获得的是类的认识，有的人聚焦的却是例的认识。例如，如何解读"翠花的理想是当女明星"这个语句中的概念表达，这就会存在类与例的差异：从类上看，只要是明星，翠花都想当，心里并没有一个固定的榜样，而若以例为准，翠花心中已经拥有一个具体女明星作为榜样。概念的抽象对象论可能会遮蔽具体认识。

概念的抽象对象论会遇到的难题是，认知主体是如何认识对象和掌握对象的。如果抽象对象独立于心灵而存在，那么对它的掌握是依靠什么进行的呢？认知语言学家会认为，认知主体是靠隐喻性思维来掌握抽象对象的。然而，隐喻性思维却具有高度的假设性和偶然性，比如既可以把人的愚蠢这一抽象对象说成蠢猪，又可以把它说成笨驴，那么愚蠢与猪之间、愚蠢与驴之间，到底存在什么联系呢？它们之间存在因果关系吗？有什么理据来证明猪蠢、驴笨呢？这是概念的抽象对象论需要面对的问题。

4. 经典理论观

把概念作为心灵表征、能力和抽象对象，这类概念观试图对概念的本体性质进行认识，或者说是从本体性质出发，来给概念下定义。关于概念的认识，还出现了从结构出发的概念观。经典理论观是关于概念结构的典型理论。

经典理论观认为，一个词汇性概念（lexical concept）C 具有定义性结构，它由比较简单的概念组成，而这些比较简单的概念表达的是关于概念 C 的充分条件和必要条件。要对概念这个概念进行认识，可以从对比较简单的其他概念的认识中获得信息。例如，"光棍汉"作为一个词汇性概念，它就是由"未婚的"和"成年男子"这两个比较简单的概念组成，这两个比较简单的概念就是构成"光棍汉"这一概念的充要条件。顺着概念的经典理论观的思路，就可断言"真""正义""自由""美德""意义"等这样的词汇性概念，它们具有各自的定义结构，具有各自作为概念而存在的充要条件。

概念的经典理论观具有广泛的接受度，原因之一就是它为概念习得、概念的范畴化、指称决定论等提供了看似可行的径路：从组成成分来认识概念，这是一条可行之道。然而，概念的经典理论观却面临着难以解决的挑战。例如，对"水果"这一概念进行定义，会遇到的挑战是，许多具体的水果，如苹果、樱桃、梅子等都有"水果"具有的定义结构。那么，从组成成分出发，来给上一级概念进行定义，这种方法就具有随机性、偶然性、任意性甚至片面性，这就难以确保概念的必然性。哲学和心理学发展至今，对概念的经典理论观越来越不信任，因为用定义的方法来确认某个概念，难以保证不会出现争议，难以确保定义的正确性。

例如，对"知识"这一概念进行定义，就会遇到很多困难。语言哲学的概念分析的很大一部分工作就是要就一个个概念的既有定义进行诊断，找出存在的问题，提供解决方案。

5. 原型理论观

概念的原型理论观虽然与经典理论观密切相关，但它常被当成经典理论观的替代理论。概念的经典理论观以定义的方式来确定概念的性质，这种做法可以追溯到古希腊亚里士多德（Aristotle，公元前384—前322），而原型理论观出现得较晚，或者说该理论突显出来的时间较晚。原型理论观的哲学根源可追溯到20世纪维特根斯坦后期哲学思想中的"家族相似性"（family resemblance）这一概念。维特根斯坦建立"家族相似性"这一概念，正是要避开"本质"这一难以说清的概念，而强调有联系的事物之间不是因为有什么共同的本质存在，而是它们之间存在这样或那样的相似性。概念的经典理论观所认定的充要条件规定了概念应该具有必然的本质性成分，而概念的原型理论观却是要避开本质这一概念，而以典型性为中心，注重认识概念之所以成为概念的充分条件。

根据原型理论观，一个词汇性概念 C 并非具有"必然的定义结构"，而是具有或然结构（probabilistic structure），该结构由属于概念 C 的足够量的属性组成。原型理论观能够弥补经典理论观的不足，因为经典理论观聚焦概念的充要条件，而倾向于忽视大量的、非必然的属性作用。原型理论观以典型效应为准绳，把大量的、具有典型性的属性统统归入某个概念。这样一来，原型理论观就能很好地解释，为什么很多具体的水果都可纳入"水果"这一概念范畴。原型概念观的基本策略就是对概念成分进行范畴化，而范畴化的基础则是基于相似性的比较。

原型理论观能够解释不少心理现象，尤其是对人们做出的快速且非反思性的判断提供解释，然而它对某些结果形成性的相似性的比较却会出现解释困难的情况。例如，对于做了变性手术的男士或者女士，应该把该人判断为男士还是女士，这是原型理论观要面对的难题。又如，对一条狗做一系列的外科手术，让它看上去像浣熊，在这种情况下，若问这个手术后的动物到底是狗还是浣熊，在不加反思的情况下，人们都会迅速作答：仍然是狗。这里的问题是，手术后的狗就具有了浣熊外在的典型属性，然而这些属性是应该被当成狗还是浣熊的概念属性呢？

6. 理论理论观

要解决概念的原型理论观所遗留的问题，就得依靠理论理论观（the theory theory）。原型理论观中的原型只是概念结构中的一个组成部分，而概念应该具有概念核（conceptual core），越具有典型性的属性就越靠近概念核。这一观点在概念的理论理论观中能够得到恰当的说明：在某个大概念中，不同的概念属性相互间的联系如同某个科学理论中的不同术语之间的联系，而概念属性范畴化的过程如同该科学理论的形成过程。正如一个科学理论中的各个术语，它们在内部是相互定义的，同一概念中的各个概念属性也具有内部相互定义的作用；一个术语的定义内容是由该术语在理论中独特的作用决定的，同样一个概念属性是由该属性在概念中的特殊作用决定的。

概念的理论理论观对原型概念观难以解释的问题，却有很好的解释作用。原型理论观难以解释反思性范畴判断，如对上述那条做过外科手术的狗，它看起来像浣熊，但小孩可凭借超感知能力，透过表象，仍然认定它是狗。为什么呢？小孩似乎掌握了基本的关于狗的生物学理论，不会因为这狗看起来不像狗而否定这狗的本质，即根据概念的理论理论观，概念是由内部相互定义的属性决定的，而非由某些外部属性决定的。在这点上，概念的理论理论观同原型理论一样，认定概念具有概念核的存在，只要概念核没变，概念就仍然存在。把一条狗做成浣熊的样子，但这条狗的核心没变，这条看上去像浣熊的狗当然还是狗。

概念的理论理论观还有另外一个解释力，那就是对概念变化或者概念发展的解释。概念变化的早期阶段如同科学中理论变化的早期阶段，是沿着同一模式进行的。然而，概念的理论理论观却存在明显的问题：它难以解释为什么不同的人却拥有相同的概念，以及同一个人在长时间之后为什么仍然会拥有原先同样的概念。这个难题之所以存在，其主要原因是理论理论观强调整体性，而且主张概念的内容是由它在理论中的特殊作用决定的，而不是由概念的组成部分决定的。在整体性的概念观视域中，信念进入个人的头脑可能会形成不同的心灵理论，从而不具备原则性的可比性。

7. 概念原子观

关于概念的上述六大观点，各自都存在解释力的问题。由于它们都有问题，它们也就可以被其他新的理论所替换。概念原子观就是新的概念观之一。福多和茹斯·G. 米力肯（Ruth G. Millikan，1933— ）认为，词汇性概念并没有语义结构，因而概念内容不是由所谓的必然结构或者或然结构决定的，概念也不是由它与其他概念之间的联系来决定的（Fodor，1998；Millikan，2000）。根据概念原子观，概念是由概念与世界的关系来决定的。把概念同世界联系起来，这种做法在现代语言哲学、心灵哲学和科学哲学中比较普遍。弗雷格的命题函式观和福多的信息原子观颇具代表性。

8. 命题函式观

概念的命题函式观是由弗雷格提出来的（Frege，1892/1952）。弗雷格认为，一个概念就是从对象到真值的一阶函式，即概念是一阶谓词的指称（Tanesini，2007：28）。例如，"……是红的""……是动物"等就是两个一阶谓词，表达的是两个概念。在弗雷格看来，做命题句主词的是对象，或者对象是由命题的主词来表述。例如，"马"作为对象，它的概念就是关于"马"的谓词描述，"马是红的""马是动物"等，对象"马"拥有"……是红的""……是动物"等一系列的概念表述。这样一来，"马"这个词表达的只是作为对象的"马"，表达不了关于"马"的概念。要对马进行穷尽性的概念表达，就需要一整套关于马的谓词表述。同样，普通百姓要对"国宴"有概念，就需要关于国宴的一系列谓词来表述。

根据弗雷格的命题函式观，一个具有命题形式的"主词 + 谓词"的句子，包含有表述对象的主词和表述概念的谓词。泛化地讲，处于主词位置的都可被看成对象，处于谓词的都是概念。在"重庆火锅是辣的"

中，"重庆火锅"是主词，表述的是重庆火锅这个对象，而"……是辣的"就是关于对象的概念；在"重庆是火锅之都"中，"重庆"是表述对象的主词，而"……是火锅之都"则是关于重庆的概念；在"辣的是味道"中，"辣的"却可被看成主词，至于它的对象是什么，存在争议，但不可争议的是，"……是味道"作为谓词，表述的肯定是概念。

对象和概念，二者之间的关系是命题，而命题的表述形式是主词和谓词。谓词表述概念，表述出来的概念要接受真与假的检验。也就是说，就对象进行概念表达，这要么是分析性的或先天的，要么是综合性的或经验性的，总之不是任意的。

弗雷格的命题函式观对现代心灵哲学和语言哲学的概念观具有影响作用。福多的信息原子观（informational atomism）为概念认识提供了可行的路向（Fodor，1998；Rakova，2006：82），即在对概念的表述上有了比较明确的方式。

9. 信息原子观

概念的信息原子观是由福多提出来的，其基本主张是概念是"思想语言的符号"（Rakova，2006：82），而思想语言是从心灵与环境的因果联系中获取信息内容。显然，福多并不认为概念具有什么内在结构，也不认为概念具有什么原初性。福多认为，拥有一个概念就是拥有一些"确定的认识能力（certain epistemic capacities）"；在此认识上，福多进一步认为，"拥有一个关于 X 的概念就是能够识别一系列的 Xs，甚至或者可能按一定的方式就 Xs 进行说理（To have the concept of X is to be able to recognize Xs, and/or to be able to reason about Xs in certain kinds of ways.）"（Fodor，1995：7）。概念的信息原子观具有弗雷格的函式观的基础。把福多和弗雷格结合起来看，信息原子观在实质上就是关于概念的属性而进行的逐项表述。

值得注意的是，弗雷格和福多都倾向于把"概念"作为一个上位词，用来统一称谓具体的概念。在阐述方式上，他们指出了概念的表述形式。他们的差别在于，弗雷格把概念当成命题的组成部分，概念作为谓词必须依附主词存在，即谓词表达的是属性，属性必须依附于对象；而福多则聚焦在词汇性概念上，坚持的观点是拥有一个概念 X，就是拥有一整套关于 X 的属性 Xs。所有关于 X 的表述，必须接受真与假的判断。属于真的表述才是 X 应有的属性。比如，要拥有"量子力学"这个概念，就要拥有一整套关于量子力学的表述，而且所有表述要为真，要有确定性。

关于概念的理论观，并非只有上述九大观点。除上述观点外，概念还被看成心理构件（psychological construct），或者语义模式（semantic pattern），或者意象图式（schema），或者观念（idea）等。不管怎样，"概念"一词本身就不确定，如果用不确定的其他语词来界定概念，那么由此带来的关于概念的认识仍然不确定。

❸ 关于上述概念观的评价

对概念进行概念分析，是语言哲学的重要工作。概念分析的目的就是要获得可靠或者确定的认识。上述关于概念的九大观点，大致可以分为三类：关于概念的本体认识、关于概念的结构认识、关于概念的确定表述。

对概念进行本体论追问，出现了关于概念的隐喻性说法：概念是心灵实体或者非心灵实体；概念是心灵表征，是能力，是抽象对象等。通过断言的方式，通过类比或者隐喻的方式来把握概念，这样的做法属于质性判断，会造成认识上的模糊或者混淆。

学者对概念的结构进行考察，意图把握住概念的结构。然而，概念的结构是什么，这仍是本体性质的问题。经典理论观、原型理论观和理论理论观都倾向于用具体的概念组成来说明概念到底是什么。它们暴露出了两大问题：第一，概念是多元的，作为统称的"概念"似乎没有存在的必要；第二，概念结构是从哪里来的以及存在于何处，这个问题难以解决。

就确定性而论，概念原子观、命题函式观和信息原子观寻求对概念的确定性表述，既避开了本体论难题，又提供了认识概念的确定方式。关于概念的确定性表述，要么是分析的或先天的真，要么是综合的或经验的真。要检验表述的真，就要考察表述成真的条件。语言哲学的概念分析主要聚焦的是语言表述，目的是要消除表述上的混淆，达到思想和语言的澄明性。

参考文献

杜世洪. 2017. 大数据时代的语言哲学研究——从概念变化到范式转变. 外语学刊，（6）: 30–37.

杜世洪，李小春. 2022. 社会语言事实的同指异述及其价值重估. 英语研究. 第十五辑. 85–99.

Fodor, J. 1995. Concepts: A potboiler. *Philosophical Studies,* (6): 1–24.

Fodor, J. 1998. *Concepts: Where Cognitive Science Went Wrong.* Oxford: Clarendon Press.

Frege, G. 1892/1952. On concept and object. In P. Geach & M. Black (Eds.), *Translations from the Philosophical Writings of Gottlob Frege.* Oxford: Blackwell, 42–55.

Glock, H.-J. 2009. Concepts: Where subjectivism goes wrong. *Philosophy, 84*(327): 5–29.

Machery, E. 2009. *Doing Without Concepts.* New York: Oxford University Press.

Margolis, E. & Laurence, S. 2019. Concepts. *Stanford Encyclopedia of Philosophy* [2022–10–06].

Millikan, R. 2000. *On Clear and Confused Ideas.* Cambridge: Cambridge University Press.

Murphy, G. L. 2002. *The Big Book of Concepts.* Cambridge: The MIT Press.

Peacocke, C. 1999. *A Study of Concepts.* Cambridge: The MIT Press.

Rakova, M. 2006. *Philosophy of Mind A–Z.* Edinburgh: Edinburgh University Press.

Rosch, E. 1999. Reclaiming concepts. In R. Núñez & W. Freeman (Eds.), *Reclaiming Cognition: The Primacy of Action, Intention and Emotion.* Thorveton: Imprint Academic, 61–78.

Tanesini, A. 2007. *Philosophy of Language A–Z*. Edinburgh: Edinburgh University Press.

Thagard, P. 1992. *Conceptual Revolution*. Princeton: Princeton University Press.

概念分析　　　　CONCEPTUAL ANALYSIS

　　语言哲学的方法主要有语言分析和概念考察（或称概念分析，conceptual analysis），而在现代语言哲学的发展初期，逻辑分析曾是极为重要的方法。语言哲学家尤其是牛津日常语言学派的哲学家，他们往往是通过语言分析来从事特定的概念考察。反过来看，概念考察也往往以语言分析为主要手段。在术语使用上，语言哲学界倾向于把语言分析、概念考察或概念分析都归入哲学分析（philosophical analysis）名下。按照维特根斯坦的观点，语言哲学研究的重要主题就是意义，而对意义的考察就是语法考察（grammatical investigation），因为维特根斯坦认为，本质在语法中表达出来，而语法考察其实就是概念分析（Wittgenstein，1974：71；2020：166；Glock，2017：240）。

　　然而，到底什么是概念分析？关于这个问题，哲学界出现了多种解答。既有的解答，人言人殊，并没有统一的模式。不过，正是概念分析这一术语，常把语言哲学的各种分析进行统一称谓，即语言哲学研究都可被称为概念分析，当然也可以被统称为哲学分析。概念分析也好，哲学分析也罢，这两个名称是对语言哲学的具体方法的总称。近年来，语言哲学界出现了一个新观点：既然方法是行业的标志，那么从事语言哲学研究的学者，从他们的分析任务和分析方法而论，就算不用语言哲学家做称谓，他们也是当之无愧的概念分析师、语言分析师、哲学治疗师以及概念工程师（杜世洪、田玮，2022）。

❧ 分析的哲学要义

概念分析涉及两个重要概念：概念和分析。概念是什么？这个问题值得详细阐述，而且已有专文阐述，这里只简略梳理"分析"这一概念。"分析"一词有多种用法，经常出现在日常语言和专业著述中。对于分析，普通人有普通人的理解，数学家、化学家、物理学家、语言学家、文学家、哲学家等自然也有他们的专门理解与使用方法，如数学分析不同于化学分析、化学分析不同于语言分析等，其根本区别在于它们各自具有不同的分析对象。不过，分析的基本意思却有大致相同的目标取向：为了获得某种确定性，人们就要把有待分析的对象分解成细小的成分或者切分成组成部件，然后对这些成分或部件进行逐一研究，这样才能确保认识的可靠性。

语言哲学的概念分析，就是把有待分析的概念分解成概念的组成成分，然后再来考察它的各种属性或特征。概念分析在英美分析哲学运动中蓬勃发展起来，但是概念分析并非肇始于分析哲学运动。分析作为哲学活动的一种方法，在古希腊哲学特别是苏格拉底及其之后的哲学中就出现了。哲学从来就有分析，如苏格拉底（Socrates，公元前470—前399）所做的概念分析，当他向其门徒追问"某概念是什么"（或"什么是某概念"），如"正义是什么"（或"什么是正义"）的时候，他就在进行概念分析。现代语言哲学特别注重分析，特别是19世纪末、20世纪初，弗雷格、摩尔、罗素、维特根斯坦、吉尔伯特·赖尔（Gilbert Ryle，1900—1976）等掀起了分析的高潮。哲学家意图定义或者解释某个概念，其实就是要对这个概念进行分析。

弗雷格、乔治·E.摩尔（George E. Moore，1873—1958）、罗素、维特根斯坦和赖尔等，他们是概念分析的典型代表，最初，他们的分析主要是逻辑分解式分析。在他们看来，分析性命题是必然的先天为真，而分析究竟是什么呢？从分析过程的逻辑路径看，分析包括两种逻辑取向：分解式分析和重建式分析。分解式分析就是把分析性命题从逻辑上分解成形而上的简单成分，这些形而上的简单成分具有独立于心灵的真实性，它们具有自明性，理解起来不会出错。这是分析的分解式过程，分析还有一个严格的逻辑重建过程。分析的逻辑重建过程就是根据逻辑的普遍定律以及逻辑表达的定义知识的前提，常用演绎的思想路径，反向倒推，把简单成分重建成为命题，康德多用此法。

语言哲学集大成者维特根斯坦对康德的分解式概念分析却不满意，可是维特根斯坦本人却并不排斥概念分析的分解式和重建式。在一定意义上，分析譬如机修工拆散某部机器，而且机修工把机器拆散之后，会确定地认识到机器构成部件的功用与运转性质。机修工拆散机器并不像小孩破坏性拆毁玩具那样，机修工还要负责把拆散了的机器重装起来，而且必要时还要做出适当的改进。在道理上，语言哲学的分析正是如此，分析不仅有分解而且还有重建，重建出来的并非必然要等于原来的。当分解和重建各自独显的时候，分析就会被认为（甚至被片面地认为）是摧毁性的或者重建性的。摧毁性和重建性并不是分析的全部特征。基于此，对后分析语言哲学以及中国后语言哲学来说，概念考察工作既要分析，又要重建。

从分析结果的判断情况来看，语言哲学的分析分为两种：第一，由分析而来的判断正是某项陈述意在断定的内容；第二，从分析而来的判断并非某项陈述意在肯定的内容，但是该项陈述所牵涉的某些性质、联系或者细微组成却可能是需要聚焦的内容。这两种分析情况具有相同的目的：把所陈述的内容更加清晰地揭示出来。分析往往始于语词的意义，但却不是止于语词的意义。按照赖尔的说法（Ryle，1932：139-170），语言中充满着具有"系统性误导的表达（systematically misleading expressions）"，它们看似只是句法和语义的特定表达，但细究起来，这些似是而非的表达反映的是关于世界的某种模糊认识：像"X是个概念""Y是个判断"以及"存在不是性质"等，这样的陈述具有准本体性质（quasi-ontological），它们看似真的陈述，细究起来却难以确定到底是否为真；像"不守时是可谴责的（Unpunctuality is reprehensible）""美德是其本身的回报（Virtue is its own reward）"等（Ryle，1932：139-170），这样的陈述看上去具有普适性，但意指却不精准，至少可谴责的应该是那不守时的人，而非"不守时"的情况或现象本身，"美德"与"回报"并非具有相同的概念性质。赖尔认为，系统性误导的表达种类很多，面对它们，哲学的工作就是要进行分解式分析和重建式分析。

既然概念分析的目的是获得确定性认识，那么概念分析就常被看成基于先天性的分析方法，毕竟，基于先天的判断具有*必然*的确定性。然而，概念分析本身却是一个上位概念，隶属于它的具体分析方法不尽相同，既有先天性的具体方法，又有经验性的具体方法（Kölbel，2023）。不过，这一观点尚存争议。尽管存在争议，在方法论上，分析有基于先天判断的分析和基于经验判断的分析，这是确定的，不确定的是它们各自的普适性到底有多强。

⁓ 概念分析的常见做法

概念分析既是语言哲学的方法，又是语言哲学的目的，这种说法虽不精确，但它毕竟含有方法与目的这两个方面的内容。就概念分析本身而论，它是指"通过重要方法来达到确定的目的"（Tennant，2015：125），方法以澄清为中心，目的则以追求真与理解为中心。就已有概念进行内省式仔细思考，追问概念中的属性是怎么结合在一起的、概念是怎样应用于事物或事件上的等，进行这样的反思性追问，目的就是要追求理解趋于完美。常见的具体做法有：就某项陈述的确定性或真实性，进行相应条件的寻找与鉴定，在所得条件中区分出充分条件和必要条件，抑或是二者兼用。不过，常见的内省式分析方法容易出现疏漏，这就需要对分析本身进行分析。但凡在直觉上都让人觉得大有蹊跷的陈述，我们就有必要检审该陈述的确定性情况，于是在思想实验中寻找或塑造反例，或者进行"否定批判"（Tennant，2015：125）。这正是概念分析常见做法的出发点。在具体问题上，以下常见做法值得注意：

1. 常识实在论者的批判法

常识实在论者的批判方法来源于摩尔，是摩尔在对唯心主义的一些论断进行反思与批判时，逐步形成的"常识实在论者的哲学立场"（Gross，1970：15）。

　　摩尔是 20 世纪初英国最重要的哲学家之一，他与罗素和维特根斯坦共同誉为"剑桥分析哲学三巨头"，剑桥因这三巨头的哲学研究及影响而成为分析哲学的中心。1921 年，摩尔成为英国《心理》(*Mind*)杂志的执行编辑，直到 1939 年退休 (Soames，2003：3)。长期的编辑工作以及早年从事翻译实践的经历，让摩尔养成了字斟句酌的习惯。在习惯的驱使下，摩尔对一些著名哲学家的断言式话语进行研究。摩尔对唯心主义哲学家的一些话语表述表示不满，常常发问以示质疑。在当时专事哲学的人眼里，摩尔的疑问虽然显得有点幼稚，但却很有道理。例如，摩尔对唯心主义哲学的以下观点存有疑问：

　　　　S1 存在就是被感知。
　　　　S2 我们看见的周围的一切事物只不过是真正存在的事物
　　　　　的影子或样式。
　　　　S3 我们不知道别的任何事物，而只知道我们自己心中的
　　　　　观念。
　　　　S4 现实不是真实的。(Gross，1970：22；杜世洪，2015)

　　在以上四点中，S1 是贝克莱的观点；S2 是柏拉图的断言；S3 有勒内·笛卡尔 (René Descartes，1596—1650) 思想的痕迹，这是当时剑桥大学哲学界谈论得很多的一个观点；S4 是托马斯·阿奎那 (Thomas Aquinas，约 1225—1274) 的观点。摩尔从常识的角度对这样的句子表示质疑，并从字面入手来推敲这些语句的意义。下面以摩尔对 S1 的批判为例，介绍摩尔的常识实在论者的批判方法。

　　在《感觉资料的状态》(*The Status of Sense-Data*，1913) 和《对唯心主义的反驳》(*The Refutation of Idealism*，1903) 这两篇文章中，摩尔详细地分析了贝克莱"存在就是被感知"的错误所在。贝克莱这一观点的英文语句是："To be is to be perceived."摩尔对这一句子做了如下剖析：

　　　　第一，句中系动词 is (是) 表示等同关系，这就是说，to
　　be (存在) 和 to be perceived (被感知) 是同义表达式，二者
　　等同。这显然是错误的，因为"被感知"和"存在"根本不是

一回事。为什么不是一回事呢？摩尔进一步反证说，如果是一回事，那么就是说这一语句的主词和谓词存在必然联系。摩尔下一步就是要证明二者之间到底有没有必然联系。

第二，贝克莱认为，存在（to be）与被感知（to be perceived）有必然联系，因为离开主体就很难想象有什么经验对象。对此，摩尔认为，贝克莱的这一观点在逻辑上讲不通。摩尔说，如果"存在就是被感知"是一个必然判断（正如"平面三角形的内角和是 180 度"这样的必然判断一样），而且如果贝克莱的这个必然判断是真的话，那么当我们否定这个必然判断时，就会出现明显的逻辑矛盾。例如，我们否定一个真正的必然判断"平面三角形的内角和是 180 度"，而是将其说成"平面三角形的内角和不是 180 度"，这显然出现了矛盾。然而，当我们否定"存在就是被感知"时，我们说"存在不是被感知"，这时我们却看不出有什么矛盾出现。因此，to be（存在）与 to be perceived（被感知）并非一定有必然联系。

第三，既然"存在就是被感知"的主词和谓词没有必然联系，那它就不是分析性的语句。贝克莱是怎样得出"存在就是被感知"这一结论的呢？摩尔说，我们找不到现成的验证方式来验证它，既然无法验证它，我们凭什么去坚信它呢？在摩尔看来，理解一个命题时可能会出现三种情况：第一，我们相信这个命题；第二，我们不相信这个命题；第三，我们对这个命题无所谓相信或不相信，只不过是理解该命题而已。不过，不是所有看似命题句的陈述都表达的是真，有些陈述表达的是看法，看法不一定真，所以就看法进行否定，得出的否定性陈述同样让人可以接受。"存在就是被感知"与其否定句"存在不是被感知"，二者听起来都有道理，同样可以接受，所以它们都不是真的表达，我们完全不必相信这样的说法。（Moore，1968：1–30）

从方法的核心要素来看，常识实在论者的批判法主要是从常识的角度来区分表达看法的陈述和表达真的陈述。在实际论证中，我们主要用"否定批判法"来验证一项陈述，看它表达的到底是看法还是真。

2. 问题驱动的常见分析方法

方法从来不是孤立存在的，方法与问题共同存在。什么是方法？首先，方法是达到某种目标的一套指令说明。其次，方法是由具体问题驱动的，是要解决问题的。再次，由问题驱动的方法，拥有一定的理论要义和事实基础。从次，在问题解决过程中，方法拥有的理论要义会得到调整或修改，而它的事实基础会得到合理的利用。最后，恰当的方法在解决问题后会导致显性或隐性知识的产生。由问题驱动的概念分析法主要包括以下常见的方法：诊断式概念分析（detection conceptual analysis）、建构式概念分析（constructive conceptual analysis）和还原式概念分析（reductive conceptual analysis）（Kosterec，2016）。

1）诊断式概念分析

语言哲学的常见做法是就某项哲学论断或者某个概念进行追问，从概念上去追问该项陈述或者概念到底隐藏着什么样的联系。这就是诊断式概念分析的基本要义。在使用诊断式概念分析时，显性存在的联系和已知的明显事实不是诊断的对象，而是根据某种概念观或者在某理论框架下，追问有什么样的隐性联系存在。

诊断式概念分析的目的是要查明某项事实是否拥有某种隐性理论存在，而且这个隐性理论与已知的显性理论到底存在什么样的逻辑联系。具体地讲，概念之间存在的各种各样的逻辑事实，是诊断式概念分析的聚焦范围。在确定的聚焦范围内，诊断式概念分析要查明已知的甲与隐性的乙之间的逻辑联系。例如，如果甲等于乙，乙又等于丙，那么甲就等于丙；诊断式概念分析就要查明这一递推运算的隐性联系，证实显性概念与隐性概念之间存在必然的逻辑联系。诊断式概念分析的经典例子就是埃德蒙·L. 盖梯尔（Edmund L. Gettier，1927—2021）关于有理据的真信念是否为知识的论证分析：真的信念与知识之间若存在必然的逻辑联系，这才是确定知识的标准，有些看似有事实、有根据的信念，并非一定就是知识的来源。

要诊断出两个概念或者两个陈述之间有无必然的逻辑联系，我们就可按照以下模式进行概念诊断：

第一步，详细说明所用概念理论 T。

第二步，详细说明根据概念理论 T 而来的问题 P。

第三步，详细说明所涉逻辑限制的集合 S。

第四步，遵从集合 S 中详细表述出来的逻辑限制，把理论 T 拓宽到理论 T_E。

第五步，在无法获得确定的时候，重复下述第六、第七步。

第六步，如果拓展的理论 T_E 提供了反例，那么就得到否定结果。

第七步，如果拓展的理论 T_E 蕴含确定的必然联系，那么就获得肯定结果。（Kosterec，2016）

2）建构式概念分析

在某种概念理论下，某些术语或概念之间缺乏明显联系时，我们就可用建构式概念分析来分析有待分析的术语或概念间的关系，意图重构出概念之间的联系。建构式概念分析既能拓宽既有理论的涵盖面，又能弄清先前看似没有联系的术语或概念之间的联系。建构式概念分析的使用会给所援引的理论带来新的概念认识。从这点来看，定义式的概念分析法往往就是建构式概念分析的典型。学术界一般都认为，罗素在《论指称》（"On Denoting"，1905）一文中所做的概念分析就是典型的建构式概念分析，他所重构的描述语（也被称为摹状词）理论以及特称描述语，被认为是语言哲学分析的典范。根据罗素的做法，我们可以总结出关于建构式概念分析的基本模式。这一模式包括以下几步：

第一步，详细说明最初的理论背景 CB。

第二步，提炼出理论问题 P。

第三步，陈述新的概念联系 R。

第四步，在 CB 内就 R 提出检验方法 T。

第五步，遵从 CB 利用 T 来阐述 R。

第六步，如果 R 成功获得检验，那么就可断言 R 是 CB 的组成部分。否则，就排除 R。

3）还原式概念分析

还原式概念分析关注的问题是考察某理论或者某表达是否可以还原成另一理论或另一表达，如可以具体考察前者是不是后者的变体。还原式分析应用很广，既可用于语言之外的概念分析，也可用于语言之内的概念分析。弗兰克·杰克森（Frank Jackson，1943—　）认为，概念分析的重要作用就是把一个理论还原成另一个理论，在这还原过程中，概念分析被用来把在某理论下确定的意义还原成在另一个理论下确定的意义（Jackson，1998）。还原式概念分析往往会涉及多种具体的做法，如利用兰姆赛语句（Ramsey-sentences），在堪培拉方案（the Canberra Plan）下进行的分析工作就属于典型的还原式概念分析。另外，杰克森在其著作《从形上学到伦理学：对概念分析的辩护》（*From Metaphysics to Ethics: A Defence of Conceptual Analysis*，1998）第 4 章，阐述了关于颜色的分析就是典型的还原式概念分析的观点（Jackson，1998）。

杰克森意在把关于颜色的新理论还原成通俗理论（the folk theory）。通俗理论往往是外行凭直觉得出的理论，而专业人士研究出来的理论具有特殊性。通俗理论往往不完整，它需要建立新的理论来完成理论本应完成的任务。不过，建立的新理论却必须尊重通俗理论所涉及的直觉，我们可以把新理论的一些项目还原成通俗理论的对应项目。虽然它们并不完全匹配，但是通过还原能获得更为确定甚至新的认识。

根据杰克森的还原式概念分析方法，我们可以概括出如下分析模式：

第一步，用有待还原的语言 L_S 详细说明理论 T_S 或者部分 T_S 内容。

第二步，用接受 T_S 还原的语言 L_T 详细说明理论 T_T 或部分 T_T 内容。

第三步，陈述 T_S 和 T_T 之间的联系 R。

第四步，陈述还原关系 $T_S T_T$。

第五步，利用关于联系 R 的知识基础，对 $T_S T_T$ 进行检验。

第六步，如果检验结果是肯定的，那么就可断定 T_S 和 T_T 之间的还原 $T_S T_T$ 可行。

以上概念分析方法并非语言哲学的全部分析方法，它们只是概念分析的具体方法，而概念分析的具体方法还有很多，如保罗·格莱斯（Paul Grice，1913—1988）总结的语言植物研究法、约翰·L. 奥斯汀（John L. Austin，1911—1960）在研究假装时采用的语言事实枚举法、维特根斯坦后期所倡导的桌面法等。语言哲学家根据具体的问题选用相应的分析方法，毕竟，方法与问题紧密联系在一起。

❧ 概念分析的可取之处

概念分析是一个上位概念，它拥有一些具体的下位概念，即具体的分析方法，而且具体的分析方法与实际问题联系在一起。正如插花艺术作为上位概念，它拥有一些具体的插花技艺一样，而具体的插花技艺却与实际不同类别的花联系在一起，如玫瑰花、康乃馨、满天星等它们有各自对应的插花技艺。概念分析的具体分析方法也是如此。无论是什么样的具体分析方法，概念分析作为总的方法，大致具有以下可取之处：

第一，概念分析作为哲学实践活动具有明确的意义取向。思想实验和直觉诱导常常是哲学实践的特征，哲学家不需要离开就座的椅子就可以进行相应的思想活动。概念分析能够为哲学思考提供确定的理据，能够帮助哲学家澄清问题。

第二，概念分析还被当作基于先天必然性的哲学活动。概念分析能够揭示哲学作为先天学问的理据。语言哲学主要是概念思辨性的，主要是研究概念的，因而哲学家不需要离开自己的书房去寻求经验的帮助，因为概念分析本身具有先天必然性。

第三，概念分析作为必然的先导，可以为本体还原性问题提供解答。例如，当做出基因就是 DNA 片段、感觉就是大脑状态等断言时，先导工作必然是要对相应的上层概念做出分析，然后弄清其中的因果关系。这部分工作常常是由概念分析来完成。

第四，概念分析能够提供规范性导向。当哲学家要追问推理活动的理据时，他们往往要借助概念分析来确定推理的原则，然后根据从概念分析中得出的推理原则，确定或者建立某种论断或认识的理据。

语言哲学实质上是概念思辨活动，而在概念思辨活动中，概念分析是不可丢弃的方法。近年来，尽管有人对概念分析的作用提出了质疑，但是概念分析作为语言哲学的方法和目的是不容否认的。

参考文献

杜世洪，田玮. 2022. 语言哲学的语言植物研究法和概念工程及其联系. 外语研究，（6）: 11–17.

杜世洪. 2015. 从"感觉资料"看摩尔的意义分析—关于摩尔语言哲学思想的思考. 外语研究，（1）: 12–18.

维特根斯坦. 2020. 哲学研究. 杜世洪导读注释. 上海：上海译文出版社.

Glock, H.-J. 2017. Philosophy and philosophical method. In H.-J. Glock & J. Hyman (Eds.), *A Companion to Wittgenstein*. West Sussex: John Wiley & Sons, 229–251.

Gross, B. A. 1970. *Analytic Philosophy: A Historical Introduction*. New York: Pegasus.

Jackson, F. 1998. *From Metaphysics to Ethics: A Defence of Conceptual Analysis*. Oxford: Clarendon Press.

Kölbel, M. 2023. Varieties of Conceptual Analysis. *Analytic Philosophy*, 64(1): 20–38.

Kosterec, M. 2016. Methods of conceptual analysis. *Filozofia*, 71(3): 220–230.

Moore, G. E. 1968. *Philosophical Studies*. Totowa: Littlefield, Adams & Co.

Ryle, G. 1932. Systematically misleading expressions. *Proceedings of the Aristotelian Society. New Series*, 32(1931–1932): 139–170.

Soames, S. 2003. *The Dawn of Analysis: Philosophical Analysis in the Twentieth Century*. Princeton: Princeton University Press.

Tennant, N. 2015. *Introducing Philosophy*. New York: Routledge.

Wittgenstein, L. 1974. *Philosophical Grammar*. R. Rhees (Ed.). A. Kenny (Trans.). Oxford: Basil Blackwell.

卡尔纳普的语言哲学思想

CARNAP'S IDEAS OF PHILOSOPHY OF LANGUAGE

卡尔纳普的哲学思想（Carnap's ideas of philosophy of language）在语言哲学中影响很大，因而他被誉为 20 世纪最为重要的哲学家之一，是逻辑实证主义或逻辑经验主义的核心人物之一，在语义学、语言哲学、科学哲学等领域具有突出贡献。卡尔纳普的哲学观与西方哲学传统具有根本区别，尤其是在对待一些哲学问题方面，卡尔纳普提供了不同的解决思路。卡尔纳普认为，西方哲学传统中所谓的问题，在很大程度上是由于工具使用不足而导致的人为问题，不是哲学本身的问题。工具使用不足的原因在于语言混乱，而语言混乱在于人类在逐步演化过程中出现了对待"前科学的日常生活"和"前技术的日常生活"的表达不足。语言表达的原始性与粗糙性导致传统哲学问题无法得到连贯的表述。日常语言关于现实的描述提供的是扭曲的画面，因此我们要恰当看待世界或事物本身，这就需要设计新的概念，需要摆脱现有范畴的条条框框来组织我们的思想。如此一来，在卡尔纳普看来，哲学追问是一种概念工程（conceptual engineering），而不是一种形式追问或知识寻求（Flocke，2020）。哲学不在于探问事物为何如此这般，而是要在现有工具力所能及的范围内以及现有的科学知识指导下，探求我们如何设想事物的样子，追问我们到底想要事物成为什么样子。在这点上，卡尔纳普的哲学思想不禁让人想起普罗泰戈拉（Protagoras，约公元前 490/480—前 420/410）的论断——人是万物的尺度。虽然卡尔纳普并不像普罗泰戈拉那样激进，但是在强调人的主观能动性方面，卡尔纳普和普罗泰戈拉志趣相近。

卡尔纳普的哲学观具有志愿论或唯意志论（voluntarism）的特

点（Jeffrey, 1992: 27; 1994: 847）。一方面，卡尔纳普运用志愿论的概念工程来阐明哲学问题，同时对具体概念进行局部重构或者阐明（explication），而在整体上卡尔纳普把概念工程运用到整个语言框架中。另一方面，卡尔纳普意图让局部与整体相适应，提倡在大的框架下对具体概念进行精确阐明。在对待科学和科学问题方面，卡尔纳普同样提倡运用概念工程，并要阐明科学在我们日常生活中的地位。在术语表达上，卡尔纳普倾向于使用理性重构来指代他倡导的概念工程，后来他干脆聚焦阐明这一概念，来概括他的哲学活动。实质上，理性重构和阐明都归属于概念工程。

ೞ 概念框架

在卡尔纳普看来，阐明或理性重构处于较大的语言框架或概念框架中，是用工具语言（或元语言）的等级性来建构出关于对象的语言。工具语言用来定义与探究真、分析性、同义性、指代以及对象语言等概念的语义资源，并且根据其外在语言环境来定义与探究对象语言的这些概念。概念框架常常包括逻辑结论关系，即从逻辑上得出关于它们的定义。然而，这并不意味着概念框架只有纯粹逻辑性的并被赋予了经验阐释的对象语言，因为对于现有科学的其他推论模式，包括概念推论、实验程序和其中的推理等，同样可以在框架中重构或者被概念框架重构。在这点上，卡尔纳普希望所有这些概念最终可以直接通过逻辑术语来理解，但同时卡尔纳普又意识到这是一个长期的工程，不可能一蹴而就。

无论怎样，卡尔纳普的语言或者概念框架远远超越了我们今天所讲的意义上的形式语言，即卡尔纳普所希望的语言并非只有句法词汇和句法形成规则。从现代逻辑来看，卡尔纳普所说的概念框架近似于一种逻辑或某种形式理论，而从科学哲学的角度来看，卡尔纳普的概念框架意在重构科学理论的概念与推论这二者的前提预设，而不是对科学理论本身进行重构。卡尔纳普关于概念框架的研究涵盖了所有经验知识的概念资源。他的首本著作《世界的逻辑构造》（*The Logical Construction of the*

World，1928）或叫《世界的逻辑结构》（*The Logical Structure of the World*）主要阐述了卡尔纳普概念框架的基本思想。该书的德文版最早于1928年出版，后被译成英语，至今有多个译本。在这部书中，卡尔纳普开宗明义，说明了他的目的（Carnap，1928/2005：5）：旨在建立一个"构造系统"，一个关于对象或概念的"认识–逻辑系统"（an epistemic-logical system）。卡尔纳普站在"方法论上的唯我论"（methodological solipsism）的立场明确表示，世界完全可以通过经验的间接数据来描述，而且哲学中存在伪问题，哲学伪问题毫无意义。基于概念框架的基本设想，卡尔纳普打算为科学概念的建构提供表现主义式的概念框架，在这种概念框架中，一切科学概念都可以通过纯粹观察来构建。然而，卡尔纳普意图通过单一概念框架就能确定科学语句的经验性和观察性，这种意图却会遇到障碍：无法阐明理论性的科学概念，也解决不了倾向性概念或概率性概念。这就需要新的解决方法。

卡尔纳普改变思路，认为不应去关注具体的或者特殊的认识论问题。在他看来，给概念框架赋予详细说明，这是重构各种理性话语的先决条件。于是，在其《语言的逻辑句法》（*Logical Syntax of Language*，1937）中，卡尔纳普提出了著名的"容许原则"（principle of tolerance）："我们的事务不是建立禁令，而是达成约定……在逻辑里没有伦理要求，每个人只要乐意都可以建立他自己的逻辑，即他自己的形式语言。"（Carnap，1937/2007：51，52）显然，卡尔纳普的容许原则反映的正是他的志愿论哲学观。

根据容许原则，每个人都可以混用并调整语言与逻辑规则，即要容许他人在自己的研究框架或体系中对既有规则进行操纵。在卡尔纳普看来，逻辑理论的概念是纯句法的，因而可以在逻辑句法中形成。语言的逻辑句法是什么呢？卡尔纳普认为，就某门语言谈论逻辑句法，就是谈论该语言各种形式的形式理论，即逻辑句法是语言各种形式的形式理论，是对形式规则的系统表述（Carnap，1937/2007：1）。理论、规则、定义等诸如此类，都可成为形式。谈论形式，我们就不需要提及符号的语义或者表达式的语义，只需要顾及用于表达式构建的符号的种类与顺序即可。

❧ 逻辑经验主义思想

卡尔纳普是维也纳学派（the Vienna Circle）的核心人物之一，他不仅对欧洲的分析哲学具有重要影响，而且对美国哲学的发展也颇具影响。卡尔纳普坚守维也纳学派的信条，因而他的哲学观主要反映的是逻辑经验主义思想。在看待描述世界的语句意义的问题上，卡尔纳普持有以下主张：

第一，一个意义理论或者认知价值理论要有效，条件在于语句要有意义，而语句具有意义，条件要么是具有分析性的可定义性，要么是可根据经验性的感觉资料（sense data）来证实。一个句子的意义是该句子的证实方法。根据证实原则，我们就可区分有意义和无意义，就可区分科学与伪科学，就可区分科学与形而上学。

第二，哲学的形而上学充满了伪问题，应该彻底摒弃形而上学或者说坚决摒弃形而上学的思辨哲学。摒弃的理由是，形而上学的思辨性描述无法得到证实，也就没有意义。

第三，一切科学都可以统一在物理学之下，因而只要称得上是科学，自然科学和人类科学就没有什么重要的区别。

第四，逻辑的真和数学的真都是分析性的，因而具有重言性。分析性的真可以先天建立，不需要任何经验的验证。应该重视分析性与综合性的区别。

基于逻辑经验主义的这些主张，卡尔纳普在《世界的逻辑构造》中进一步指明，一切有意义的综合性陈述，都可以还原成或者翻译成关于我们的直接经验的陈述。不过，卡尔纳普在其后期著述中对这一观点做了修订，认为经验科学的语言并不能完全还原成感官经验的语言，因为有些抽象实体或者理论概念并不依靠感官经验。另外，即便是物理学的陈述也只能部分地由还原语句或操作定义或观察语句来定义。

在卡尔纳普看来，逻辑经验主义会遇到的难题，就是如何解释抽象语词或者抽象实体的意义。对于这个问题，卡尔纳普在其《意义与必然性》（*Meaning and Necessity*，1947）中给予了论述。卡尔纳普在该书的前言中说，他要推出新方法来对意义这一概念做语义分析，这个新方法可以叫作外延和内涵的方法（the method of extension and intension），它旨在描述和分析语言表达式的各种意义，尤其是要聚焦类与属性（class and property）这些已惯常使用的概念，来分析它们的意义（Carnap，1947/2007：v）。

❧ 抽象实体的语义问题

据研究，卡尔纳普的《意义与必然性》的扩展版包括一篇论文《经验主义、语义学和本体论》（"Empiricism, Semantics and Ontology"，1950）。在这篇论文中，卡尔纳普集中处理了抽象实体的语义问题。卡尔纳普的基本立场是，指称抽象实体的语言并不属于柏拉图的本体论语言，相反，它完全符合经验主义的原则，完全符合科学思想的要求。基于此，卡尔纳普要探究的问题是：抽象实体在语义学中具有什么作用？换句话说，抽象实体有什么意义？（Baghramian，1998：68–85）

哪些属于抽象实体呢？数、命题、颜色概念、关系、类、范畴、特征、属性等这些名词所指称的就是典型的抽象实体。它们的意义是什么呢？这是卡尔纳普在《经验主义、语义学和本体论》一文中探讨的主要内容。为了弄清这个问题，卡尔纳普认为，首先要区分两类问题：内部问题（internal question）和外部问题（external question）。所谓内部问题，就是为了便于研究，结合卡尔纳普所说的容许原则，我们需要构建一个便于研究的语言框架。在构建的框架内需要增添新的内容，如新的规则、新的实体。这样一来，对于在构建的框架内增添的新概念、新内容等，它们所牵涉的问题都属于内部问题。凡是在一个系统中或框架内，所涉实体若以整体方式存在，这样的问题就是外部问题，即当追问研究中所涉名称、所指对象的存在与否时，这时的问题就是外部问题。

需要注意的是，在具体研究中追问系统中或框架内某事物或概念的真与假，并不是追问它在世界的真实存在，而是追问它在所建的语言框架中的作用。根据这一点，卡尔纳普提出论证原则和论证方法。我们处在一个充满事物的世界，因而在日常语言中，我们习惯了有事物作为对应的语言。这样一来，我们如果提出下列问题：①桌子上有没有粉笔？②神笔马良是否真有其人？③中国龙是真的吗？那么，对于这里的三个问题，我们要区分内部问题和外部问题。若当某个系统内关注某实体的真与否时，如问题③，首要的事情是看该实体是否符合研究的系统规则要求，这时关于"龙"的真与否的问题属于内部问题。如果抛开系统，而追问"龙"到底存在与否，这时追问的是外部问题。

根据内部问题和外部问题的划分，我们就可以说抽象实体往往是在系统内建立的。例如，关于数的系统，在这个系统中，人们可以任意增添新的表达，而不必去纠结新表达是否以存在对象为基础。例如，①桌上有 5 本书；② 5 是一个数；③关于数的关系特征的表达有基数、素数、大于、函数等；④数作为变量在全称命题（如"所有 n"）、存在命题（如"有一个 n 以至……"）等中使用。在①至④所有这些表达中，只要它们符合系统的规则要求，它们的意义都属于内部问题。如此一来，对于语句"有没有大于 100 的素数（或质数）存在呢"，这个语句所表达的问题是内部问题，不需要经验观察来证实，只需要逻辑分析来阐明。同样，对于"5 是一个数"这样的表达，也不需要经验观察，因为这样的表达属于分析性表达。数字 5 本身就是一个数，因而声称"5 是一个数"，其实是重言式分析性语句。但要注意，在卡尔纳普看来，如果要追问数的存在问题，如追问"数的形而上学的存在"，这样的问题不是系统内的内部问题，而是哲学家的伪问题。

从卡尔纳普的立场看，有事物作为对象的事物语言（the thing language）可以拥有符合某种系统的表达，可以增加新的变量。例如，雷科夫和约翰森的概念隐喻理论是一个研究系统，在这个系统中所增添的源域、目标域、映射等，只要它们符合概念隐喻理论的研究系统或者框架的规则要求，我们就不必在意它们有无存在对象。如果要追问源域、目标域、映射到底有无存在对象，这是形而上学哲学家的追问了，而且这种追问是没有意义的。根据这一道理，卡尔纳普认为，西方哲学传统中关于普遍性和共性的追问，即追问普遍性和共性到底有无实在性或者有无存在对象，这是形而上学的追问。卡尔纳普坚决摒弃形而上学的问题。

　　既然不能站在形而上学的立场来追问抽象实体的实在性或者存在与否这样的问题，那么探究抽象实体的语义问题在实质上就成了接受与否的问题了。抽象也罢，具体也罢，接受一个实体到底意味着什么呢？对于这个问题，卡尔纳普提出一个方法、一条原则和两个区分。这个方法是外延与内涵的方法，这原则是容许原则，而这两个区分就是命名（naming）与实在（reality）的区分以及意义（meaning）与必然（necessity）的区分。

　　根据外延与内涵的方法，一切表达式都可以分析成两种成分：内涵与外延。内涵是对表达式本身的理解，而外延是由经验探索来决定的。那么，到底怎样解决抽象实体的语义问题呢？

　　我们可以按以下步骤来解决抽象实体的语义问题：

　　首先，构建一个可以接纳新实体的语言框架。在这个框架内，任何实体都可以得到理解，至少可以按照内部问题的处理方式来理解，即一切抽象实体都有其内部系统。独角兽、孙悟空、王母娘娘、青春泉等作为添加出来的实体，必定有它们所在的系统。我们不必去追问它们到底是否存在。因此，数、命题、颜色概念、关系、类、范畴、特征、属性等名词，归属于各自的某个框架。

　　其次，遵守容许原则，即不要建立禁令，而要追求约定，每个人都有权建立符合自己研究要求的逻辑系统或形式语言。根据容许原则，我们可以依据一些约定的规则来评价我们的观察与添加的概念。我们要做的事是，在科学体系中选择可接受的表达式与不可接受的表达式。一个表达式是否可接受，要在构建的框架内来确定。一个概念的真实与否取决于它是否为系统里的成分。

　　再次，没有外延的实体、添加出来的实体和抽象实体，肯定各自归属于某个系统，我们就要接受它们所在的系统。在一个可接受的系统内，一个语句表达完全可能是经验事实与逻辑事实的复合体。例如，语句 A "我看见桌上有书"和语句 B "我看见桌上有十本书"，前者是经验事实为主的语句，而后者是经验事实与逻辑事实的结合体，因为对于语句 B，我们只能接受"十本书"中的数字表达，这个数字有它自身归属的逻辑系统。根据这一点，我们就需要接受数、命题、颜色概念、关系、类、范畴、特征、属性等名词所在的系统。这样一来，对于语句"重庆是一座大城市"，我们从经验上能接受，而对于语句"重庆是一座大城市是一个命题"，我们仍然要接受它，即把它纳入某个系统中来接受。以此类推，从卡尔纳普的立场看，海子的组诗《九盏灯·失恋之夜》（2019）中的那句"我的名字躺在我身边，像我重逢的朋友"（海子，2019：121），这里的表达当然可以接受。我们不要去追问名字能不能和一个人躺在一起这样的问题，名字本身是抽象的，但名字符合它所在的系统。

最后，接受新增实体或者某个抽象实体，就是在构建的框架内按照新的规则引入新的表达形式。例如，我本来是说"我有手指"，当我引入抽象数字"十"时，我就要说"我有十个手指"，这时我把数字系统引入表达中。在科学表达系统中，新概念的引入实质上就是一方面要接受新概念，另一方面是要建立与新概念相适应的新规则。从卡尔纳普的角度看，接受新实体或新概念，就是接受新的表达。例如，当今"量子思维""哲学的量子革命"等概念的引入，我们就需要按照新的规则引入新的表达式。

根据以上四个步骤，抽象实体的语义问题自然就会得到相应的解决，即数、命题、颜色概念、关系、类、范畴、特征、属性等名词的语义是由它们所在的系统来决定的，而不是由外部世界来决定的。

∞ 简评

卡尔纳普的哲学观主要属于科学哲学观。在卡尔纳普看来，语义问题包括两种操作（two operations）：理解某个表达式的意义与探究该表达式的实际使用。这两种操作暗示两种语义因素的区分：根据内涵来阐明的语义和根据外延来阐明的语义。第一种语义因素可以单独操作，即可以抛开实际世界来理解某个表达式的意义。第二个语义因素则需要两种操作并行，即外延与内涵并重。对于每一个可以理解的表达式而言，既有意义问题，又有使用问题。因此，表达式的首要问题是内涵，其次才是外延。我们可以抛开外延去单独追问内涵，但我们不能离开内涵而单独追问外延。抽象实体的语义问题是构建的语言框架中的内部问题，它们不涉及外延。

参考文献

海子. 2019. 海子经典诗全集. 南京：江苏人民出版社.

Bagharamian, M. 1998. *Modern Philosophy of Language*. London: The Orion Publishing Group.

Carnap, R. 1928/2005. *The Logical Structure of the World and Pseudoproblems in Philosophy*. R. A. George (Trans.). Chicago: Open Court.

Carnap, R. 1937/2007. *Logical Syntax of Language*. A. Smeaton (Trans.). Oxon: Routledge.

Carnap, R. 1947/2007. *Meaning and Necessity: A Study in Semantics and Modal Logic*. Chicago: The University of Chicago Press.

Flocke, V. 2020. Carnap's noncognitivism about ontology. *Noûs, 54*(3): 527–548.

Jeffrey, R. 1992. *Probability and the Art of Judgment*. Cambridge: Cambridge University Press.

Jeffrey, R. 1994. Carnap's voluntarism. In D. Prawitz, B. Skyrms & D. Westerståhl (Eds.), *Logic, Methodology and Philosophy of Science IX*. Amsterdam: Elsevier, 847–866.

克里普克的哲学主张

KRIPKE'S PHILOSOPHICAL CLAIMS

克里普克的语言哲学主张（Kripke's philosophical claims）是语言哲学界绕不开的重要话题。索尔·A. 克里普克（Saul A. Kripke，1940—2022）是 20 世纪美国最具创造性与影响性的著名哲学家之一。克里普克的名称论、历史－因果指称论、可能世界语义论、维特根斯坦的规则与私人语言论（Wittgenstein on rules and private language）、模态逻辑语义学等是他的哲学思想的典型写照。克里普克的哲学思想推动了或者说改变了分析哲学和语言哲学在 20 世纪后半期的发展进程（Fitch，2004：xi）。克里普克天资聪颖，16 岁时，在高中学习阶段就写出了模态逻辑语义学方面的论文；他在 18 岁时进入哈佛大学学习，并在本科读书期间为其著作《命名与必然》（*Naming and Necessity*，1980）凝定了核心思想，该书在哲学领域具有革命性意义（Berger，2011：1）。克里普克在《命名与必然》（即三个讲座）中清晰阐释了认识论的先天性和形而上学的必然性，并对二者做了区分，他的观点直接动摇了人们对康德关于真的论断的信念。康德认为，先天的真就是必然的真，后天的真就是偶然的真。对此，克里普克批评说，并非所有先天的真都是必然的真，同样，并非所有后天的真都是偶然的真。

克里普克的观点引发了激烈的争论，但无论怎样，克里普克在语言哲学、认识论哲学、形而上学、逻辑学、数学，甚至理论语言学等领域都有显著贡献。克里普克的贡献根源于他的批判性和创造性。这里主要简述克里普克关于名称、真和语义悖论、维特根斯坦的规则与私人语言，以及哲学的发展路向等主题的思考、批判与创见。

○₃ 关于名称的理论思考

自语言转向之后，名称的意义问题成了哲学的首要问题。弗雷格、罗素等人对名称的意义问题各有所论。然而，克里普克对他们的观点却提出了质疑，克里普克并不完全赞成他们的观点。克里普克的名称论包括两部分：专名理论和通名理论。

1. 专名理论

穆勒的直接指称论在看待专名的意义问题时，直接断言专名的意义就是专名所指称的对象。专名要有意义，就要有指称对象。这样一来，空名没有指称对象，也就没有意义。在穆勒的逻辑体系中，有指称对象的专名才是合格的逻辑主词。由于专名的意义就是它的指称对象，这就可以说专名只有外延，没有内涵。按照穆勒的观点，"拜登"和"2023年在任的美国总统"拥有同一个指称对象，因而它们的意义相同。对此，弗雷格并不赞同。弗雷格认为，就专名而言，首要问题是要区分专名的指称和意谓，即一个专名可能有指称对象，也可能没有指称对象，但这个专名一定有意谓，而名称的意谓是专名的呈现方式。只要有呈现方式，专名至少就有意谓。按照弗雷格的观点，谈论专名的意义，就不只是谈论其指称对象了，还要考察专名的呈现方式。无论专名有无指称对象，名称肯定有意谓。有指称对象的专名既有外延，又有内涵。

弗雷格旨在弥补穆勒的不足。在处理具有同一对象的专名的意义问题时，弗雷格认为，两个专名，如"拜登"和"2023年在任的美国总统"虽然具有相同的指称对象，但是它们各自的意谓却不相同，即"拜登"和"2023年在任的美国总统"二者表达不同的意谓，具有各自相应的命题语境。弗雷格的专名比较宽泛，在他看来，只要能作为命题主词的名词和名词短语都可被看作专名。

在专名的意义问题上，罗素对穆勒和弗雷格的处理方法都不满意。罗素注意到许多名称表达式的根本功用并不是命名。在罗素看来，如果"拜登"算得上是典型的专名的话，那么"2023年在任的美国总统"根本就不是专名。同理，"亚里士多德"可以算作专名，但是"柏拉图的学生""亚历山大大帝的老师"等却并不像"亚里士多德"这个名称一样旨在命名，它们的功用不在于命名。在罗素看来，"2023年在任的美国总统""柏拉图的学生""亚历山大大帝的老师"等这样的表达式是描述语（也叫摹状词），它们的意义取决于它们各自所在的命题函数。罗素关于专名或名称的意义所持的观点，即描述语理论，其长处在于能够化解像"这金山不存在"这样的悖论问题，但其留下的短处或问题是，描述语理论明显违背了日常语言使用的常识，因为在罗素的描述语理论视域下，除了"这""那"是真正的专名外，其他名称并不是真正的专名，相反它们是这样或那样的描述语：一般描述语、特称描述语、缩略描述语、伪装描述语等。

对于弗雷格的指称与意谓之分以及罗素的描述语理论，克里普克认为应该加以修正。克里普克认为，弗雷格和罗素各自的理论看上去是成熟的理论（the full blown theory），然而弗雷格的意谓包括两种用法：表达意义的意谓和表达指称的意谓（Kripke，1972: 58, 59）。克里普克认为，弗雷格的这两种用法应该受到批判。至于罗素的描述语理论，就名称的描述和指称而言，在克里普克看来，至少要区分两种不同版本的描述语理论（Fitch，2004: 33）：意义版（a meaning version）和指称版（a reference version），或者说描述语理论应分为较强版和较弱版（Kripke，1972: 61）。从较强版看，一个名称的定义很简单，它被当作同义性的描述语簇（cluster），即一个名称在意义上等于一个描述语簇，而且这是必然的。从较弱版看，一个名称的指称是由相应的一簇描述语决定的。然而，克里普克认为，即便做了这样的区分，罗素的描述语理论仍然存在问题：无法识别命名中的必然性与偶然性。在克里普克看来，只是修正弗雷格和罗素关于名称的理论，还无法彻底解决相应的问题。

克里普克明确摒弃罗素的描述论（descriptivism），他站在反描述论（anti-descriptivism）的立场，主张专名的指称具有严格性。克里普克认为，他坚持的专名观是专名于法（*de jure*）是严格的，即从合法的角度看或者合从规的角度看，专名具有严格性（rigidity）（Kripke，1972: 21）。一个专名在任何情况下，即便是在没有指称对象的反实情况下，都严格地指代（designate）它的指称对象。在克里普克看来，专名，如亚里士多德、曹操、拜登等就是严格指代词（rigid designator），在所有可能世界中都指代同一个对象。

为什么专名的指称具有严格性呢？因为专名的确立具有命名的历史必然性，而且在确定之后，虽然专名会在历史因果链条中获取一些偶然属性，但是专名命名时的必然性仍然在历史因果链条中传承下来。基于这一主张，克里普克指出，任何命名理论若要称得上是命名理论，那就要满足以下六个条件（Kripke，1972: 64, 65）：①对于每个名称或指代表达式 X，都有一簇属性（a cluster of properties）相对应，即存在属性族（family）φ，以至说话者 A 相信"φX"。②属性中某个属性（或某些结合性属性）会被说话者挑选出来当作识别某个个体的唯一属性。③如果大多数属性 φ 能够被某个唯一对象 y 所满足，那么对象 y 就是某个指代表达式 X 的指称对象。④如果属性投射的对象并非是唯一对象，那么该指称表达式 X 就不具有指称作用。⑤ "如果 X 存在，那么 X 就拥有大多数属性 φ"，这一语句能由说话者先天地知晓。⑥ "如果 X 存在，那么 X 拥有大多数属性 φ"，这一语句（在说话者的个人话语中）表达的是必然的真。例如，乔治·华盛顿是一个专名，它拥有一簇属性：传说小时候因砍了樱桃树而诚实认错的华盛顿、美国独立战争中任陆军总司令的华盛顿、美国首任总统、担任了两届总统坚决退让的华盛顿、退任后隐居在弗龙山庄的华盛顿等。对于乔治·华盛顿这个专名，美国第一任总统这一属性凸显为严格指称性的唯一属性，从而确保这个专名在历史因果链条中命名的必然性。

2. 通名理论

克里普克所谈论的专名通常是单称词项（singular term）。在《命名与必然》的第三个讲座中，克里普克把关于专名的思想拓展到通名（general term 或 general name）上来讨论。在他看来，关于专名的讨论其实也暗含一些通名的问题，许多通名，如自然种类的名称其实同专名具有很大的亲缘关系，像"猫""老虎""金块"或者物质名词，如"黄金""水"等，以及自然现象名词，如"热""光""声音""闪电"等，它们或多或少都与专名相似（Kripke，1972：134）。

克里普克站在穆勒的立场上说，穆勒认为专名只有外延而没有内涵，这一观点或许自有道理，但是穆勒的这种观点却不能应用到通名上来，即如果说通名也只有外延而没有内涵，那么这样的观点就错了。为什么错了呢？因为名称和属性相连，如果说一个名称维系有一簇属性，那么名称（即通名）就会有作为内涵的属性和外延的属性。康德曾举例说，"黄金是黄色金属"，这句话表达的是分析的真，而且黄金的属性被当成了黄金的部分意义。由此可以看出，通名如"黄金""水"或者表达物种的"老虎"等也具有专名的属性簇。这就意味着描述语簇理论适用于通名。

对于专名和通名，克里普克认为，必须区分关于种类的先验的真和必然的真，即必然的真并非一定等于先验的真。这样看来，对于个体与种类而言，把个体判断为归属于某个种类，这就具有关于种类的必然的真，如猫必然是动物。此例中的真是必然的，但却是后天知道的，即属于后天必然的真。同理，如果水是 H_2O，这是必然的真，但同时这也是后天经验的真，发现其真具有偶然性。克里普克从名称的意义问题出发，看到了命名的两种真——必然的真和偶然的真，而且提出了具有革命性的论断：先天的真并非都是必然的真，后天的真并非都是偶然的真。

❀ 关于真和语义悖论的独特观点

克里普克的论文《真之理论纲要》（"Outline of a Theory of Truth"，1975）集中反映了他关于真和语义悖论的观点（Kripke，1975）。这篇论文是自塔斯基的论文《形式语言中的真之概念》（"The Concept of Truth in Formalized Languages"）于 1935 年发表以来，整整 40 年后面世的又一篇关于真和悖论的重要论文。克里普克对形式逻辑和语义困惑非常痴迷，如此一来他关于真和语义悖论的热切追问，就自在情理之中。

关于真和语义悖论，克里普克要探求的问题可以简述为：一个真之谓词何以可能用到包含另一个真之谓词的语句上的呢？这话似乎有点折绕，其实这个问题指向的是一个古老的哲学问题，即说谎者悖论问题。相传公元前 6 世纪，克里特岛的一位预言家伊比门尼德斯（Epimenides，公元前 7 世纪—前 6 世纪）曾断言："所有克里特岛人都是说谎人。"这句话要为真（即陈述的内容真实），条件就是讲这话的这位克里特岛人讲的话为假；反过来，这话要为假（即陈述的内容不真实），条件为说这话的这位克里特岛人说的是真话。那么，这里出现的语义悖论问题，就是这位克里特岛人到底说的是真话还是假话，这就出现了矛盾。这一悖论可以被简述为：该句要为真，条件是当且仅当该句为假。为此，克里普克说，任何关于真之概念的讨论都应规避这个悖论（Kripke，2011：75）。

克里特岛人的说谎者悖论展示出自我指称的一种方式。假定 P(x) 和 Q(x) 都是语句的谓词，于是根据经验证据可以建立如下语句："(x) [P(x) ⊃ Q(x)]"或者"($\exists x$) [P(x) ∧ Q(x)]"，它自己满足 P (x)；而有时，经验证据表明只有一个对象满足 P(x)。对于后者，语句本身谈论的是其自身，而且满足 Q(x)。如果 Q(x) 是谓词解读为假，那么这个说谎者悖论就出现了。这里的逻辑表述可能有点费解，那么我们改用直白的方式来解读克里普克所要表达的意思。试看下列语句：

（1）这个句子是假的。

句子（1）是说谎者悖论的简明表达：句子（1）为真，条件是当且仅当句子（1）为假。这里需要指出的是，有一个错误倾向就是，我们会认为句子（1）所表达的说谎者悖论只属于某些特殊语句，即只涉及那些牵涉自指的语句：这个句子若不自指就没有问题，可是若涉自指，这句子就是悖论句了。事实上，很多情况或者很多语句都会导致这样的悖论。试看（2）和（3）这组语句：

（2）句子（3）是假的。
（3）句子（2）是真的。

语句（2）并不牵涉自指问题，而语句（3）要为真，条件是当且仅当语句（2）为假。同样，如果某位作者在自己著作的前言中说，本书中至少有一个语句是错的。事实上，如果书中所有的其他句子是真的，那么这个句子（本书中至少有一个语句是错的）就为真，而且条件是当且仅当这个句子为假。这里仍然出现了悖论，而且似乎并不涉及语句自指的情况。为此，克里普克说，在日常生活中，如果经验事实对于断言极为不利，那么许多（可能是大多数）关于真或假的断言就很可能展现出悖论性质来（Kripke，2011：76）。如例（4）所示：

（4）关于水门事件的事情，尼克松的大多数断言都是假的。

显然，语句（4）的内部结构和语义性质并无毛病，而且语句（4）的形式也很完整。可是要对语句（4）的真或假进行考量，就必须甄别出尼克松所断言的每一句真话或假话。这个例子表明的道理是，从语句内部性质或者从语句形式上去化解语义悖论，这种做法完全可能徒劳无益。这就是说，悖论的形成完全可能不由语句的内在性质或者组织形式造成，即句法或语义特征并不是消除悖论的必然保障。克里普克在这里的断言的潜在批判目标直指罗素和塔斯基关于悖论的理解。

从关于专名与通名的讨论，到关于语义悖论的分析，克里普克形成了关于真的认识。克里普克认为，从理论上甄别的真，即物理学中做出的关于真的判断，如"水是 H_2O"，这样的真是必然的真，但这也是后天认知上的真。这一观点看上去对康德的观点形成了挑战，但是学术界对此颇有争议。

关于真，塔斯基认为，要给一门语言提供关于真的阐述，就要用不同的语言来对这门语言的真进行阐述；另外，语言本身具有层级性，真与假的问题会在不同层面发生错乱，同时还可分为对象语言和工具语言。塔斯基的意思是，谈论对象语言 L_0 的真与假，我们就需要借助工具语言 L_M，而且工具语言本身含有关于真的谓词，能够适用于对象语言。在塔斯基看来，前面的语句（1），即"这个句子是假的。"不是一个形式完美的语句。为什么说语句（1）形式不完美呢？因为其中的谓词"……是假的"只适用于对象语言，而不适用于工具语言。要解决这个问题，就需要语言的多层性，但是语言的多层性又不能是无限的。对此，克里普克另辟蹊径，认为要阐释语句（1）的真，就要避开语句（1）的真与假的问题。在克里普克看来，像语句（1）这样的句子并不具备真值。为什么这么说呢？因为这样的语句并没有真值的基础或根基（foundation 或 ground），而没有真值基础或根基的语句，如语句（1）存在真值鸿沟（truth-value gaps）。克里普克所说的真值的基础或根基是什么呢？大致可以说，语句必须以经验事实或者物质为基础，或者说语句是关于经验事实或物质的判断。为此，克里普克的真之观点打上了物质主义或者经验主义的印迹。

ᴏꙅ 关于维特根斯坦的规则与私人语言的不同理解

克里普克在其著作《维特根斯坦论规则与私人语言》（*Wittgenstein on Rules and Private Language*，1982）中，对维特根斯坦后期哲学思想的重要主题做了让人感到新奇的理解（Kripke，1982）。甚至有人明确指出，克里普克误解了维特根斯坦的"私人语言"这个概念。不过，克里普克的误解却颇有学术价值。基于此，哲学界出现了"克里普克的维特根斯坦"（Kripke's Wittgenstein）或"克氏维特根斯坦"（Kripkenstein）这样的概念。

克里普克对维特根斯坦后期哲学思想的不同理解，似乎是故意而为之，因为克里普克在其著作的前言中明确指出：需要强调的是，这部书并不代表他个人的观点，更不是为他个人而写，而写这书的目的是呈现问题与争论（Kripke，1982：ix）。克里普克做如此声明，倒也符合哲学的常态：从事哲学思辨，目的不在于接受与赞美，而在于批判与创新；哲学崇尚争论。

1. 关于意义与规则的讨论

克里普克在其著作里集中呈现的问题源于对维特根斯坦的《哲学研究》（*Philosophical Investigations*，1953）[1] 第 201 节的思考。在这一节中，维特根斯坦写道："这曾是我们的悖论：没有任何行为过程能由一条规则来决定，因为每个行为过程都能弄成符合规则。既有解答是：如果一切都能弄成符合规则，那么它也可能被弄成违反规则。这就没有符合规则或违反规则可言了。"（维特根斯坦，2020：118）

维特根斯坦表述的关于规则的悖论，是克里普克讨论的焦点。克里普克在其著作第 2 章以怀疑者的身份表达了他的观点：根据我们关于意义的常识概念，我们并非随意使用语词；相反，我们总是很自信，认为可以通过语词来表达某种具体的意义，过去是这样做的，现在乃至将来

---

1 《哲学研究》的全部写作基本上完成于 1945 年，维特根斯坦本打算即时出版，并且写了序言，但是他那时感觉到该书中还有许多问题需要重新思考。这样一来，该书一直拖到他去世两年后，即 1953 年才出版。

也会这样使用语词来表达某种意义，且会被当作正确的。根据这种意义解释观，说话者过去使用语词表达过意义，这种做法能够决定他/她将来关于这些语词的使用，这似乎有事实作为根据。然而，克里普克的怀疑者其实要反对这种解释，意欲颠覆这一观点，他们认为这个观点会导致维特根斯坦式的规则悖论。

克里普克塑造的怀疑者问道：我们用语词表达意义，如果我们现在的用法根本不同于过去的用法，这会怎样呢？另外，我们现在正在遵守的规则根本有别于我们过去所遵守的同一规则，这又会怎样呢？例如，我们过去使用加法进行运算，而且我们运算的数目有限，这是不是可以说我们过去的规则仍然可以拓展到我们现在的运算中呢？尤其是当我们现在的运算远远超出了过去的运算局限。例如，我们过去运算的最大数目不超过 57，现在我们要运算"68 + 57"，这时我们运算的得数会是什么呢？是现在正常的 125？还是小于或等于 57 的某个数，如"5"？克里普克的怀疑者会认为，答案应该是"5"。

粗略一看，克里普克的怀疑者给出的答案"5"怪异而不可接受，因为我们会根据我们已经掌握的算术知识与规则来评判。可是，细究这个问题，我们就会发现，根据过去的规则而得出答案"5"不是没有道理。克里普克的怀疑者设想，假设过去有一种方法不是"加法"（plus）而是"卡法"（quum），加法用"+"来表示，卡法用"⊕"来表示，于是根据过去我们小于 57 的运算局限，可以确定一条规则，如下所示：

$$x \oplus y = x + y, \text{if} \, x, y < 57$$
$$= 5 \, \text{otherwise.} （\text{Kripke}，1982：9）$$

有了这条规则，我们会根据卡法而得出上述结果。于是，当要求我们运算"68 + 57"时，我们仍然遵守卡法的这条规则，自然而然会得到"68 + 57 = 5"。这等式错了吗？是根据什么规则而得出判断说"68 + 57 = 5"是一个错误的运算等式呢？近年来，在网络上疯传的美国短视频作品《2 + 2 = ?》讲述了关于运算规则的小事。一位美国小学老师试图纠正小男孩作业中的错误算式"2 + 2 = 22"，而坚持向小男孩说"2 + 2 = 4"。可是小男孩郁闷不已，回到家中引起了父母的注意。父母赶到学校指责老师教学古板，没有充分肯定小男孩的新奇想法。于是，舆论哗然，校方迫于压力只好解雇这位坚持"2 + 2 = 4"的老师。校方发言人在宣布解雇通知时说，按照学校的规则，在解雇教师时需要补发两个月工资，每个月 4 000 美元，两个月一共 8 000 美元。听到这话，这位老师说校方算错了，不应该是 8 000 美元，而应该按照新的规则补发 44 000 美元，因为每个月 4 000，两个 4 000 加在一起省略相同的 3 个 0，自然就应该补发 44 000 美元。这里有三种算法了：符合正常运算规则的 2 + 2 = 4 和 4 000 + 4 000 = 8 000，不正常的、属于把数字摆放在一起进行运算的 2 + 2 = 22，以及这位老师顺应和挑战校方而推出的运算 4 000 + 4 000 = 44 000。道理在于，各种不同的算法似乎各有规则可循。

克里普克的怀疑者认为，运算是有规则可循的，可是根据过去熟悉的规则，对于"68 + 57 = ?"，我们会倾向于得出 125。然而，这种倾向性却会遇到三个问题：第一，我们的倾向性基于有限性，即在有限的基础上，我们的倾向性才可靠；超过了我们过去熟悉的运算或理解，我们就难以理解了；第二，我们可能倾向于出错，即我们的倾向性并不保证我们朝着正确方向运算；第三，如何保证意义的倾向性阐释能够包含意义的规范性，这肯定存在问题。由此我们可以看出，克里普克要表达的意思是，意义的问题在本质上不是认识论的问题；就算有过去用法的事实和现在的心灵状态作为基础，也没有确定的结果来表明意欲表达的意义就是这个而不是那个。克里普克的怀疑者的意思是，捍卫常识的人会认为，语词有意义而且符合规则，这种观点值得怀疑，因为意义究竟由什么组成却不是确定的。

就规则而言，我们需要注意以下几点：首先，规则与人的倾向性（disposition）并非一一对应，倾向性是有限的，即我们凭着倾向性去运算，只能在有限的范围内才可靠，而规则却暗示着无限性，至少会大于倾向性；其次，人的倾向性很可能会偏离规则，即在使用语词时，人们会倾向于用词不当，即可能会使用本不属于某事物的语词；再次，规则的存在暗含规范性，即规则决定着语词使用的正确与错误，而人的倾向性却无规范性之说，因为倾向性的走向如何本无对错；最后，有时会出现出于意识的灵光一闪的语词使用，而出于灵光一闪的语词使用，就不可按照对错来理解与判断。

总之，关于规则问题，克里普克的思想可简述为以下几条：第一，克里普克的怀疑者认为，意义是规范性的，但从描述性事实中不能得出规范性，因此描述性事实无解释意义或还原意义；第二，对意义的非还原性阐释不易受到意义怀疑论者的挑战；第三，克里普克意图为维特根斯坦的规则悖论提供一种怀疑论者的解决方案，即意义的非事实论；第四，克里普克的论点似乎要证明孤立的个体或者独在的个体也会遵守规则。这几点基本上是克里普克关于规则的主要思想的概括，当然，这几点也是学术界争论的观点。

2. 关于私人语言论题的理解

克里普克主张独在的个人也会遵守规则。这个观点表明克里普克对维特根斯坦的私人语言论题的理解出现了偏差，甚至算得上是误解。术语"克里普克的维特根斯坦"由此而来。维特根斯坦的基本观点是，私人语言不具备存在的可能性，即不可能有私人语言存在。对于维特根斯坦的这一论题，至今还有争论：有的人站在理解的立场给予谨慎解释，而有的人却站在超越维特根斯坦本意的立场，提出了不同的看法。克里普克关于私人语言的论证，属于至为典型的不同观点。

维特根斯坦在其《哲学研究》第 243 节至第 315 节中，集中讨论了私人语言的可能性问题。维特根斯坦说："是否可以设想这样一种语言：个人能用它写下或说出自己的内心经验，即他／她的感情、情绪等，以供他／她一个人使用？平常我们会这么说，难道我们不就能这样做吗？但是我的意思不是这个，而是：这种语言的语词，指涉只有讲话人自己能够知道的东西，即指涉他／她直接的、私有的感觉；因此，另一个人无法理解这种语言。"（维特根斯坦，2020：128）这是第 243 节末尾的几句话，随即在这节之后，维特根斯坦批判了这种私人语言的可能性问题，认为这样的私人语言有三大特征：第一，私人语言的指称表达式只能指称个人的"直接私人感觉（sensation）"；第二，私人感觉只能被私人自己知道；第三，私人语言的指称表达式只能被私人自己理解，因而私人语言只能被私人自己理解。维特根斯坦没有做出断言私人语言到底有无可能，但是维特根斯坦已经表明，如果有私人语言，这个语言却不为他人所知，因为他人根本不知道某个人所谓的私人语言到底指称的是什么。

克里普克把维特根斯坦关于私人语言的可能性问题同遵守规则结合起来理解。维特根斯坦在《哲学研究》第 202 节中表达的大意是：遵守规则是实践活动，认为自己在遵守规则并不是真正遵守规则；这就说明，不可能"私下"遵守规则，否则"认为在遵守规则"就会等同于实际上的"正在遵守规则"了。克里普克把维特根斯坦关于遵守规则和私人语言论题结合起来考虑，意在找出反例。

克里普克认为，一个人用某个词来意谓某件不为他人所知的事（如用加法符号"+"来做加法），这种情况却没有任何事实依据。在克里普克看来，维特根斯坦在《哲学研究》第 201 节中表达的关于规则的悖论，是怀疑者悖论。克里普克说，没有事实，没有真值条件，来对应如下陈述：琼斯用"+"来意指加法（Kripke，1982：77）。另外，克里普克还认为，维特根斯坦的规则悖论可用怀疑式解决法来处理。所谓"怀疑式"，就是结论具有悖论性；而所谓解决法，像"琼斯用'+'来意指加法"这样的语句尽管没有相应的事实，但这样的话是可做断定的。至于为什么没有事实依据的语句却在本质上是可做断定的，这就涉及言语社群了。因此，如果琼斯一个人独在或者独处一隅，那么就不能断言琼斯在用词传意。克里普克明确指出，在这种极为普遍的意义上，"私人语言"是不可能的，即一个远离他人的独在者不能说他／她是在讲一种语言（Kripke，1982：109–110）。

克里普克对维特根斯坦的"私人语言"所做的上述论断，并未得到维特根斯坦研究者的认同。人们认为，克里普克把维特根斯坦的"私人语言"这个概念理解成了独在者语言。这是克里普克对维特根斯坦的误解，但这个误解引起了一些哲学家，如诺尔曼·马尔科姆（Norman Malcolm，1911—1990）、戈登·P. 贝克尔（Gordon P. Baker，1938—2002）、彼德·M. 哈克尔（Peter M. Hacker，1939— ）等人的浓厚兴趣。

∞ 关于哲学的发展路向

1977 年 8 月,《纽约时代杂志》推出了《美国哲学的新边界》("New Frontiers in American Philosophy")一文,把克里普克的哲学观作为一个重要主题加以阐述(Fitch,2004:ix)。20 世纪 70 年代,克里普克让形而上学重新回归到哲学研究的轨道上来。在这之前,尤其是在逻辑实证主义、日常语言学派及蒯因与尼尔森·古德曼(Nelson Goodman,1906—1998)的唯名论哲学思想的猛烈批判下(当然,蒯因的著述并未抛开形而上学的问题),形而上学的生命气息荡然无存。克里普克关于必然性的本质和语言的本性的讨论,扭转了分析哲学和语言哲学的发展方向。

克里普克认为,分析哲学和语言哲学曾经出现了严重的错误认识:把形而上学拒斥在哲学之外,这不是简单的错误,而是严重的错误。由于错误地抛开了形而上学,指称论研究存在毛病或者说缺陷。如果完全抛弃传统的指称论,如穆勒的指称论,而偏好指称论的所谓新研究,如罗素、彼得·F. 斯特劳森(Peter F. Strawson,1919—2006)等人的研究,这将导致严重问题,而问题会出现在处理语言陈述的认识论地位和语言陈述的形而上学地位之间的关系上。克里普克认为,哲学的发展路向应该重新接纳形而上学。

克里普克所推崇的哲学发展路向,并不是像康德那样一定要建立哲学体系,而是要针对哲学问题进行问题成因分析,以显示解决哲学问题的各种可能性。人们说,克里普克是继维特根斯坦之后,西方哲学界出现的又一位哲学奇才。

参考文献

维特根斯坦. 2020. 哲学研究. 杜世洪导读注释. 上海:上海译文出版社.

Berger, A. 2011. *Saul Kripke*. New York: Cambridge University Press.

Fitch, G. W. 2004. *Saul Kripke*. Bucks: Acumen Publishing.

Kripke, S. A. 1972. *Naming and Necessity*. Cambridge: Harvard University Press.

Kripke, S. A. 1975. Outline of a theory of truth. *Journal of Philosophy*, (72): 690–716.

Kripke, S. A. 1982. *Wittgenstein on Rules and Private Language*. Cambridge: Harvard University Press.

Kripke, S. A. 2011. *Philosophical Troubles. Collected Papers.* Vol. I. New York: Oxford University Press.

蒯因的哲学论题

QUINE'S PHILOSOPHICAL THEMES

蒯因被认为是分析性的终结者，他的哲学论题（Quine's philosophical themes）具有独到之处。蒯因是 20 世纪美国最著名的分析哲学家之一。蒯因在语言哲学、科学哲学、心智哲学、逻辑学等领域都有突出贡献。在语言哲学领域，蒯因最为著名的哲学成就包括对逻辑经验主义的批判、对"分析与综合"这对区分的摒弃、对翻译的不确定性的论述等。所有这些研究指向的具体主题包括意义、指称和知识。在看待语言哲学的重要主题——指称问题上，蒯因认为，日常语言的指称具有松散性，并非严格意义上的指称。

在哲学思想流派的归属问题上，蒯因属于自然主义哲学家，但不少人认为，蒯因还是行为主义哲学家、规约主义哲学家等，而就意义研究而论，人们又把蒯因认定为意义整体论者、意义虚无论者、意义外在论者等。对此，蒯因本人曾说，人们把他认定为这样那样的哲学家，他本人却并不完全认同。在他看来，思想开放的哲学家往往具有多种哲学思想，大都不会死守某个主义而故步自封。为此，我们不能简单地把某个哲学家划归某个思想流派，即不可用单一标签来表示哲学家的全部思想。

就现代分析哲学而言或者说在语言哲学领域里，在评判蒯因这样伟大的哲学家的思想时，我们不能简单地说他就是唯物主义者或者唯心主义者。毕竟，语言哲学的核心任务之一是澄清哲学思想的表达混乱，消解哲学伪问题。不管什么流派，只要存在认识混淆，语言哲学就要力图澄清。围绕这一重要任务，蒯因提出了以下重要论题。

ೞ 从分析与综合之分看逻辑经验主义的问题

蒯因在其代表作《语词与对象》（*Word and Object*，1960）的正文前专门寄语，此书"献给鲁道夫·卡尔纳普——亦师亦友"（Quine 1960/2013：v）。这一寄语恰好印证一项事实：逻辑经验主义哲学家卡尔纳普深深影响了蒯因的哲学思想。逻辑经验主义认为，分析之真与综合之真在哲学中占据着重要地位。

分析之真只能由组成真之陈述的语词的意义来刻画，即一项具有分析之真的陈述是由该陈述的语词成分的意义来决定，而不需要陈述之外的经验成分。例如，"巴山是重庆的一座山"，这项陈述的真是由该陈述的组成成分的意义决定的。

综合之真则刚好相反，即一项具有综合之真的陈述是由语言之外的经验事实来决定，而陈述的组成成分却无法刻画该项陈述的真。例如，"巴山是唐朝诗人李商隐写下《夜雨寄北》的地方"，这项陈述的真并不是有陈述自身的语词来决定，而是由语词之外的经验事实来决定。

分析之真与综合之真（或者说分析命题与综合命题）这项区分是逻辑经验主义广泛接受的信条，也是蒯因的老师之一克拉伦斯·I. 刘易斯（Clarence I. Lewis，1883—1964）所推崇的区分。在逻辑经验主义哲学家（如卡尔纳普）以及刘易斯的影响下，蒯因对这一区分进行了深入研究，结果是蒯因对分析之真与综合之真这对区分深表怀疑，认为这是逻辑经验主义的两大教条之一（Quine，1951），应该加以摒弃。

1. 经验主义的第一个教条：分析与综合之分

在蒯因看来，经验主义的第一个教条是分析与综合之分。这一区分得到了康德的推崇，其思想要素在休谟和莱布尼兹那里都有迹可循。根据这一区分，"所有单身汉都是未婚男子"这一语句属于分析性语句，表达的是分析之真。这样一来，分析之真就成了句子成分的意义叠加。然而，蒯因认为这种观点大有问题。

在正式对分析与综合提出批判之前，蒯因非常小心谨慎。出于对卡尔纳普的尊重，蒯因于 1934 年向哈佛学者学会（Harvard's Society of Fellows）提交了三篇研究卡尔纳普的论文：《先天性》（"The A Priori"）、《句法》（"Syntax"）和《作为句法的哲学》（"Philosophy as Syntax"）。蒯因以这三篇论文为基础做了几个讲座，似乎完全赞同卡尔纳普的观点，而且当时蒯因一直在阅读卡尔纳普的《语言的逻辑句法》（*The Logical Syntax of Language*，1934）。然而，五六十年后，蒯因在回忆这段往事时却说，他在哈佛所做的那些讲座完全是对卡尔纳普思想的"顺从"（servile），有点"可怜兮兮而卑躬屈膝"（abjectly sequacious）的味道（Quine，1991：266）。实情则是，早在 1933 年蒯因就对卡尔纳普的分析与综合之分表示了严肃的怀疑。蒯因在阅读了卡尔纳普的《语言的逻辑句法》手稿之后，曾明确问道：逻辑公理与经验公理之间有区分吗？

1950 年 12 月，蒯因在美国哲学协会的年会上发表了题为《经验主义的两个教条》（"Two Dogmas of Empiricism"）的讲话，这标志着蒯因对分析与综合之分的公开批判。蒯因说，分析性命题的真常由其组成成分的意义来决定，然而这种阐述标准却存在问题。根本原因在于，意义的本性是模糊的。蒯因想要表达的观点是，卡尔纳普语义理论的最大错误在于把意义混同于命名。

蒯因认为，意义具有模糊性，而且不能把命名混同于意义。例如，启明星和长庚星二者都是太白星（即金星）的不同名称，虽然指称相同，但二者表达的意义不同。同理，语词的意义分为内涵与外延，二者同样不能混为一谈。蒯因举例说，对于通名而言，"有心脏的动物"和"有肾脏的动物"二者虽然外延相同（即通常动物有心脏就会有肾脏，或者说动物有肾脏就会有心脏），但意义并不相同。显然，内涵与外延具有明显的不同，意义与指称二者也明显不同。蒯因要表达的意思是，一个语词可能要表达的意义，不同于该语词所涉对象包含的本质特征。例如，"人"这个语词，在本质上"人"是理性的是者（存在者），但"人"并非一定是"具有两条腿的"人。即"理性的"与"有两条腿的"这二者根本不同。这就是说，语词表达的意义和对象所含的本质特征，二者似乎都会指向同一对象，但二者明显不同。我们不能把指称对象与意义混为一谈。

对于"所有光棍汉都是未婚男子"这句所谓的分析性命题而言，这里的分析性（analyticity）涉及两种不同性质的分析性主张（analytic claim）：一个是逻辑为真的主张，另一个是由同义词项组成的主张。至于一个逻辑为真的分析性主张，无论我们如何诠释其中的非逻辑算子，它都保持为真。逻辑算子是指"非""不""没有""并非""无""如果……那么……""或者""所有""一切""一些""有些"等这样的功能语词。对于表达式"并无非 X 是 X"来说，无论怎样诠释其中的非逻辑算子 X，这个表达式都为真。这就是逻辑为真的分析性主张，如"没有非猫是猫""没有非汽车是汽车"等。蒯因认为，"所有光棍汉都是未婚男子"这一语句却不是逻辑为真的分析性主张。

为什么说"所有光棍汉都是未婚男子"并非逻辑为真的分析性陈述呢？因为"光棍汉"和"未婚男子"二者处于同义关系，在模糊的意义上，二者同义。然而，二者无法通过逻辑为真的替换检验。表达上可以有"没有光棍汉是结了婚的（No bachelor is married.）"，而替换"光棍汉"之后，则成了"没有没结婚的男人是结了婚的（No unmarried man is married.）"。这里就出现了表达的模糊性、歧义性和矛盾性。为什么会出现这个问题呢？因为"所有光棍汉都是未婚男子"为真，其要义是建立在同义关系上。处于同义关系的两个词或词组具有定义关系，即"未婚男子"是对"光棍汉"的定义。注意：这就出现了预设，即要定义一个词，定义人首先需要拥有定义项和被定义项之间的同义关系。

当然，不需要预设定义关系的情况也是存在的，如做文字拆分式定义。"光棍汉"是由"光""棍"和"汉"三个汉字组成。多数情况下，把"光棍汉"定义为"未婚男子",这需要同义关系的预设,而且这种同义关系属于认知同义关系(cognitive synonymy)。这样一来,本应在逻辑上具有分析性的陈述,却成了在"认知同义关系"上的分析性。逻辑为真的分析性陈述是必然的,而基于认知同义关系的真却并非必然的。若要确保认知同义关系的真,那就需要符合逻辑的真。这样一来,分析性就成了同义反复关系了,相应的同义词互换则成了同义循环。另外,要让自然语言满足逻辑公理,那就需要把自然语言转换为形式语言。可是,实际情况则是自然语言并不是理想化的形式语言。因此,在蒯因看来,分析与综合之分并不是自然语言的区分,而是一个教条,应该被摒弃,而且应该遭到摒弃的还有分析性这一概念。在这一点上,蒯因被誉为"分析性的终结者"。在蒯因看来,分析性、定义和同义关系构成循环,这种循环具有理想性,不符合自然语言的实际情况。

2. 经验主义的第二个教条:还原主义的意义证实论

在批判了分析性这个概念之后,蒯因把批判的矛头对准意义证实论。蒯因说,长期以来(从皮尔斯以来),意义证实论成了经验主义的信条:一项陈述的意义取决于它的经验证实方法。逻辑经验主义坚持这样的信条,这在实质上是还原主义的意义证实论。一项有意义的陈述能够在逻辑上还原成它的经验组成。对此,蒯因认为,这里同样预设了认知同义关系。对一项陈述进行经验性证实或者经验性推翻,这在方法上需要一组处于同义关系的陈述。这样一来,经验主义的第二个教条就和第一个教条紧密相连了。

在蒯因看来,如果我们要接受意义证实论,那就要接受一个观点:处于同义关系的陈述句足以相互解释。如果接受这一观点,那就要接受分析性这一概念。然而,分析性这一概念要想成立,或者说具有解释力,前提是要有逻辑公理作为保证,而且要在完全符合逻辑公理的形式语言中才能得到保证。在得到逻辑的充分保证下,陈述句同义关系(statement synonymy)可被当成相似性或者同义性的经验证实或经验反驳。然而,蒯因却说这是一种幼稚的想法,是原初还原论(radical reductionism)的教条。

为什么说陈述句同义关系是原初还原论的幼稚想法呢？按照原初还原论的想法，每一个有意义的陈述句都可以被翻译成直接经验的陈述句。原初还原论的这种思想早在逻辑实证主义意义论之前就出现了。洛克和休谟所持观点与此类似。洛克和休谟都认为，每个观念都直接来自感觉经验。从经验主义这一观点衍生出来的教条是，一个语词要有意义，它就必须是感觉资料的名称，或者必须与感觉事件或感觉性质直接相关。基于这样的教条，一个陈述句要有意义，就在于该陈述句能够被翻译成感觉资料的语言。原初还原论把陈述句当成话语的组成单位，而还原的任务是详细说明或者指明在感觉资料语言中如何进行语句互译。卡尔纳普的逻辑构造工程与此类似，但卡尔纳普是第一个对这种还原表示不满的经验主义者。

还原主义的教条对经验主义者的思想影响很大，以至经验主义者一直认为，每个综合性陈述句都有相应的感觉事件，每个感觉事件的发生都可能被表述为综合性陈述句。这一观念植根于证实主义的意义理论中。在蒯因看来，还原主义这一教条其实是经验主义第一个教条的变体。要对还原主义教条进行批判，我们可以借鉴对分析与综合之分的批判方法。

∞ 蒯因的自然主义哲学观

纵观蒯因一生的哲学活动，自然主义是他至为基本的哲学观。蒯因的自然主义哲学观的基本思想是，在科学内部而不是在先验哲学中，现实是可以甄别和描述的。科学在严格意义上是指自然科学，尤其是像物理学这样的具有范式的科学。在宽泛的意义上，科学可以指心理学、经济学、社会学和历史学等。蒯因认为，科学知识并非不同于我们的日常知识，相反，科学知识旨在增加或改进我们关于世界的日常知识。蒯因说："科学不是对常识进行替代，而是对常识进行拓展。"（Quine，1957/1966：229）在讲究证据的问题上，科学家与普通人并无二致，只不过是科学家比普通人更加仔细一些。

不容置疑的是，大多数哲学家都认为，科学方法与技术是认识世界的最佳方式。然而，蒯因却标新立异地问道：我们有什么理由而相信科学方法与技术是认识世界的最佳方式呢？蒯因想表达的意思是，声称科学方法与技术是认识世界的最佳方式，这一声称本身就是以自然科学为基础。对此，我们有什么理据来支撑这一自然主义的主张呢？在蒯因看来，这里颇有循环论证的意味。

蒯因认为，自然主义具有自我适用性，它不需要以其他理论或思想作为基础。自然主义哲学家需要根据常识和既有知识来寻求来自外在对象的证据，而这些证据存在着，能够被观察到。哲学家不应受到某种科学标准的限制，不应受到某种先验哲学观的影响，而应凭着观察能力去认真观察。

蒯因的这种自然主义哲学主张分为肯定性的和否定性的两种观点。蒯因常被当成持有否定性哲学观的自然主义哲学家。蒯因对他人所坚持的哲学认识，常常持有否定性态度，认为他人总是倾向于想当然。在蒯因看来，属于想当然的观点虽然没有意义，但不应该简单抛弃它们。它们只是在严格的科学中难以立足，但是我们可以对它们进行客观观察与描述。就意义这一概念而言，蒯因认为，意义是哲学澄清和科学分析颇有价值的对象，但是意义还难以成为哲学和科学的分析工具，因为意义本身还不清晰。同样，思想、信念、经验、必然性等这些概念仍然难以成为分析的可靠工具，许多哲学家一开始就依赖这些概念，殊不知这些概念却并不是那么清晰、可靠。

蒯因站在自然主义的立场，对科学和哲学所使用的一些术语进行批判，认为一些哲学问题的产生，根源在于所使用的一些关键术语并不清晰。例如，关于知识的哲学问题，我们真的知道吗？知识的条件到底是什么？蒯因认为，我们对知识的认识其实很模糊。不过，就知识而言或者就认识论而言，蒯因并非一味持有否定态度。蒯因认为，有些问题难以通过观察来解决，而它们还具有抽象性和普遍性，因此这些问题可以被归为哲学问题。

在认识论的哲学问题上，蒯因持有怀疑主义的态度。他认为，就算我们所声称的科学认识完全满足了预测，成功地捍卫了预测的观点，但是我们如何知道我们的知识所描述的就是世界本来的样子呢？对此，蒯因表示怀疑，他认为科学理论也会出错。在蒯因看来，哲学上的认识论，正如我们的科学知识一样，就算具备充足的观察，也难以保证认识的精确性。

蒯因把知识处理为语言描述，知识在语言中得到体现。语言使用是可以观察的，因而语言使用符合科学考察的要求。因此，蒯因说他感兴趣的是科学表述中的证据流，这些证据流是认识论哲学所关心的内容；因此，他对语言学感兴趣并非出于偶然性，而是思辨所需（Quine, 1990a：3）。蒯因关于认识论的研究自然而然地就聚焦在小孩如何获得认知语言这个问题上。遗传工程可能会提供一些答案，但是关于小孩如何获得认知语言，这个问题关涉的是理论与证据的关系，能够为许多理论思考提供启示。

౷ 观察句与认知语言

蒯因的自然主义知识论的核心观点是，我们的一切知识都是在某种方式上以我们的感觉神经的刺激作为基础的。对于我们所拥有的绝大多数知识而言，知识与感觉神经的刺激之间的联系是间接的。我们之所以接受大多数语句，原因并不是在所接受的语句与神经末梢之间存在着直接联系，即我们不是凭借直接联系来接受语句的。我们是依靠其他语句的联系，即通过间接的、遥远的联系来形成对语句依靠的信念。不过，总有一些语句是直接关联感觉神经的刺激。这里反映的是蒯因的整体主义语言知识观。在整体主义语言知识观中，观察句（observation sentence）是蒯因的重要概念。所谓观察句，是指陈述语句的真不是以其他语句的真为基础，而是以直接观察为基础。这种来源于直接观察的陈述语句就是观察句。

在蒯因看来，观察句是我们掌握知识的起点，也是小孩进入认知语言的起点。观察句在证据上看是最为基础的。观察句不依赖其他语句，因而语言能力尚不完善的小孩就能掌握观察句。小孩把握观察句，并不需要其他理论预设。许多哲学家坚持的态度是，证据是语句的基础，而蒯因则放弃这样的态度，坚持探寻从刺激到科学的途径。蒯因认为，有些语句直接同感觉神经的刺激联系在一起，这些语句就是观察句。我们赞成或者反对一个语句，这种行为属于理解。作为一个观察句，该语句必须满足两个条件：个体的和社会的。所谓个体的，是指对某个人而言，观察句是他经历了感觉神经刺激所倾向于认识到的语句。"这房间太热了"就属于个体的观察句，因为有个体的感觉神经刺激与此联系在一起。"冰箱里有牛奶"则不属于个体观察句，因为没有明显的感觉神经刺激与此相连。所谓社会的，是指个体所接受的标准和所得的观察句适用于整个言语社群，即整个言语社群能够理解个体的观察句。为什么整个言语社群能够理解个体的观察句呢？因为言语社群的每个个体都拥有知觉相似性，同时还拥有行为相似性。这就能说明为什么对于相同的对象，不同的个体却能够获得大致相同的个体感觉神经的刺激。因为这些认识，人们还把蒯因当成行为主义者。

相对于观察句而言，认知语言比较复杂。掌握观察句，前提条件是要在一定范围内认同所获得的感觉神经刺激。这就会涉及认知语言。蒯因没有详细讨论什么是认知语言，但是他在论述观察句时，似乎暗示了人们拥有一种语言倾向性（disposition）。因为这种倾向性，人们对观察句的获得与积累会逐步形成，而为新的观察句的形成打下基础。认知语言似乎是倾向性和既有观察句的语言构建，是对观察断言的把握能力。比如，"一旦有 X 发生，就会有 Y 发生"，这种表达图式根源于观察句的积累，但这种表达图式属于认知语言。由于拥有观察句和认知语言，人们就能理解像"经济在倒退"这样的非直接观察句。

∞ 翻译的不确定性

蒯因论述了三种不确定性：理论证据的不确定性、指称的不确定性和翻译的不确定性（Quine，1990b：1）。这三者都与蒯因的自然主义哲学观密不可分。蒯因的自然主义认识论具有语言知识论性质。由此衍推，蒯因的形而上学思想带有自然主义和语言知识论的性质。在蒯因看来，关于世界的最为科学的理论，同样能够最为科学地告诉我们关于现实的知识。关于世界的描述，为我们的知识阐述提供了限制条件。因此，对知识进行阐述，这是哲学的必要任务。那么，如何阐述知识呢？方法就是遵从严格化理论（regimented theory）。按照严格化理论，科学是在语言中形成，而语言必须是严格意义上的清晰简明。表述的严格化，不是要引进一整套外来语或怪异的语言，而是要实现日常语言的最大确定性。所有形而上学的问题可以简化成两个问题：语词变量可以在什么对象上分布？什么样的原初述谓才可获得认同？第一个问题涉及物理对象与集合；第二个问题是关于对象的知识表述。然而，蒯因对此却持有怀疑主义的思想：哲学和科学充满了不确定性。

虽然不确定性这个概念不是蒯因哲学的核心思想，但是蒯因关于理论证据的不确定性和翻译的不确定性成了他的著名论断。理论证据不确定性的基本观点是，两个或两个以上的相互竞争（甚至相互对立）的理论，它们则有可能具有相同的观察结果，而在经验上它们却有相等性。也就是说，基于同样的经验认识，基于同样的观察，则可能会出现不同的理论。蒯因关于理论证据的不确定性的论断，让实在论者感到了挑战，甚至受到了理论威胁。在蒯因看来，理论与证据之间具有现实的不确定性，只能在理想化的层面上建立理论与证据的理想化图式。然而事实上，支撑理论的证据却是由观察的直言判断组成。对观察所得的直言判断的翻译，本身也具有不确定性。

关于翻译的不确定性这一概念，普通人和哲学家具有不同的理解。普通人大致会认为，要对一个语句进行翻译，完全可能有不同的翻译方法，而且这些翻译都有可能是正确的，只是语体有别而已。然而，蒯因所说的翻译不确定性并不是普通人所认为的那样。

蒯因的翻译不确定性具有怀疑主义的极端倾向，矛头直指两个问题：第一，人们到底能不能达到真正的理解？第二，正确翻译是否可能？在正常交际中，人们会认为交际者心中有一个确定的意义，或确定的观念，要通过确定的话语而确定地表达出来。然而，在蒯因看来，这完全不能确定。蒯因说："交际的成功是由对话的顺畅性来判断，由言语与非言语互动的预见性来判断，以及由本地证言的连贯性和合理性来判断。"（Quine，1990a：43）这里的视角是第三者或者语言与交际的外在观。从这个视角来看，谈论同义关系以及谈论心中的观念，在理论上都是理论性注释，需要理据来支撑。然而，蒯因却认为这里所需的证据支撑值得怀疑。翻译涉及不同语言之间同义关系的处理，而同义关系却不能作为刺激物来诠释同义关系。另外，关于语句之间的同义关系的阐述，其根据却是还原主义。

在《语词与对象》第 2 章中，蒯因用土著兔子这一思想实验来详细阐明极端的翻译不确定性。蒯因认为，假定要编撰一本从一门语言到另一门语言的翻译手册，这本手册却可能有完全不同的编撰方式，而所有的编撰方式都与言语倾向性的总体情况相匹配，但是语句之间可能不相匹配（Quine，1960：27）。原因是语句之间的对等是建立在松散的基础上，其确定性不够。从理论上讲，一个语句与其非言语刺激物联系越紧密，从一个手册到另一个手册对它的翻译就越不会走样。可是事实上，非言语刺激与观察句之间的联系本身却存在不确定性。假设某位翻译人员来到一个原始部落，他要通过观察来编撰一本原始部落语言的翻译手册。有一天，这位译者跟随一位土著人来到山坡上，他们突然看见一只兔子跑了出来，这时这位土著人发出"Gavagai"的声音。听到这话，这位译者立即记录下来：Gavagai 就是"兔子"。

这种根据现场情景得来的翻译是确定的吗？这里的刺激是直接的，可是这位译者得出的观察句却可能存在偏差。我们有什么理由坚信这位土著人口中的 Gavagai 就是"兔子"，而不是"跑得真快"或"兔子尾巴"或别的什么表达呢？蒯因用这个例子说明的道理是，翻译是不确定的。就土著兔子这一思想实验而言，翻译的不确定性根源于刺激与观察句的不一致外，还存在指称的不确定性。在《求真》（*Pursuit of Truth*，1990）中，蒯因进一步说，翻译不确定性这一论题的基本主张是，在两个手册之间，甚至在两个语句之间，所谓的翻译联系完全会出现不一致，因此在给定的语境中，语句之间可能无法互换，所做的翻译自然就无法确定（Quine，1990a：48）。

ଔ 简评

在 20 世纪三四十年代，许多抱有科学倾向的哲学家都认同逻辑经验主义，认为语句的意义在于经验证实。无法用经验证实的语句就不具备科学视域中的意义。蒯因本人先是追随卡尔纳普，最初对逻辑经验主义充满了敬佩。然而随着研究与思考的深入，蒯因对逻辑经验主义发起了批判。蒯因批判的目标不是逻辑经验主义的细枝末节，而是对它的基本信条进行摒弃。分析与综合之分本来是逻辑经验主义的基石，而这一基石根源于康德的认识论思想。蒯因对分析性的批判，旨在改变具有科学倾向的哲学家的思想：哲学与科学并非南辕北辙，而是殊途同归。哲学和科学的相同点在于对确定性的追求，只不过哲学关心的是更为抽象的问题。

蒯因是分析性的终结者，但是在分析哲学领域里，蒯因的自然主义哲学观、形而上学思想以及知识语言论（或语言认识论）一直占据着重要地位。在 20 世纪后半期以及 21 世纪的今天，蒯因的哲学思想仍然具有重要的影响作用。分析哲学或语言哲学的基本要义仍然是哲学的基本信条。蒯因认为，对于世界的描述要在严格化的意义条件下做到清晰性和系统性。分析性的终结并不是哲学分析的过时，相反，哲学分析和概念考察一直是哲学的基本工作。

参考文献

Quine, W. V. O. 1951. Two dogmas of empiricism. *Philosophical Review*, (60): 20–43.

Quine, W. V. O. 1957. The scope and language of science. *British Journal for the Philosophy of Science*, (8): 1–17.

Quine, W. V. O. 1960/2013. *Word and Object*. Cambridge: The MIT Press.

Quine, W. V. O. 1966. *Ways of Paradox*. New York: Random House.

Quine, W. V. O. 1990a. *Pursuit of Truth*. Cambridge: Harvard University Press.

Quine, W. V. O. 1990b. Three indeterminacies. In R. B. Barrett & R. F. Gibson

(Eds.), *Perspectives on Quine*. Oxford: Basil Blackwell, 1–16.

Quine, W. V. O. 1991. Two dogmas in retrospect. *Canadian Journal of Philosophy*, *21*(3): 265–274.

罗素的特称描述语理论
RUSSELL'S THEORY OF DEFINITE DESCRIPTION

罗素的特称描述语理论（Russell's theory of definite description）为语言哲学提供了范例。罗素和弗雷格是语言哲学两个不同发展路向的代表。对物理学和哲学来说，1905 年都是值得记住的一年。这一年堪称阿尔伯特·爱因斯坦（Albert Einstein，1879—1955）的"奇异之年"（*Annus Mirabilis*，拉丁语；英文为 the Miraculous Year）（Neale，2005：809）。就在这一年，爱因斯坦在德国《物理学年鉴》（*Annalen der Physik*）第 17 期上发表了论文《论运动体的电力学》（"On the Electrodynamics of Moving Bodies"），提出了相对论原则，这标志着"狭义相对论"的诞生（Einstein，1989：140-171）。该文的意义与影响，在科学史上众所皆知。就在这一年，爱因斯坦十分尊敬的哲学家罗素在《心理》杂志上发表了《论指称》，该文为哲学分析提供了范例，其中的特称描述语理论（也叫特称摹状词理论或限定摹状词理论）是语言哲学研究的重要主题（Russell，1905）。罗素和爱因斯坦的这两篇论文，100 多年来一直颇受关注，影响了一代又一代学者。

爱因斯坦和罗素共处一个时代，彼此都知晓对方。爱因斯坦在谈到罗素时说，罗素是他钦佩与尊敬的哲学家。爱因斯坦说，阅读罗素的著作既有快乐，又有挑战，感觉自己进入了滑溜之地，而且只能冒险前行（Einstein，1954：18-19；爱因斯坦，2018：51，52）。原子弹和氢弹爆炸后，罗素在 1955 年 2 月 11 日致信爱因斯坦，请求他在反核声明书上签名。几经周折，爱因斯坦在 4 月才收到罗素的来信，并于 4 月 11 日写了回信，表明态度，他签名支持罗素。遗憾的是这封信成了爱因斯坦生前写的最后一封信，爱因斯坦于 1955 年 4 月 18 日因病而与世长辞。1955 年 7 月 9 日，罗素在伦敦举行新闻发布会，向世界公布了《罗素－爱因斯坦宣言》（"The Russell-Einstein Manifesto"），呼吁世界各国领导人通过和平方式解决国际冲突，应该追求"没有暴力的胜利"（victory without violence）。

100 多年过去了，正如爱因斯坦的狭义与广义相对论在世界上仍有深远影响一样，罗素在《论指称》中所提出的特称描述语理论依然是热门话题。它在哲学界一直保持着讨论的热度，给人感觉该理论近年来得到的关注强度比以前任何时候都高（Neale，2005：809），甚至近年来，该理论在语言学界拓展成了一个重要的研究主题（Reimer & Bezuidenhout，2004；Elbourne，2013）。罗素在《论指称》一文中展示出的哲学方法，其核心是通过对证据的反复考察来确定并验证假设。罗素这么做，其意图在于要在哲学研究中倡导"科学方法"（Irvine，2020）。不过，罗素倡导的科学方法，正是维特根斯坦早期哲学批判的目标之一。哲学界认同一个观点：一篇优秀哲学论文的特征就是，文中所提到的问题并不会因为作者或者其他人提供了某个或一些解决方案就随之消失。真正的哲学问题具有强劲的生命力，自然会吸引一批批学者为之思而再思。

☙ 《论指称》的思想背景

罗素的《论指称》一文并非偶然而成，而是出于对自然语言与逻辑的关系的思考、对亚历克修斯·迈农（Alexius Meinong，1853—1920）的虚存概念与迈农悖论的批判，以及对弗雷格的专名理论的批判。这三大问题的底层思想维系着几个重大问题：认识论问题（即知识的来源问题）、逻辑问题（即人类思想的三大逻辑定律问题）、意义问题（即什么是意义），以及语言问题（即语言中的指称表达的是什么）。借用戴尔·雅克（Dale Jacquette，1953—2016）和尼可拉斯·格里芬（Nicholas Griffin，1959—　）的话说，《论指称》不仅对语言哲学和逻辑学产生了

深远影响，而且对形而上学、认识论及哲学方法论都产生了显著影响
（Jacquette & Griffin，2009：1）。

1. 关于语言和逻辑的关系问题

在罗素看来，哲学分析的重要手段应该是逻辑分析。正如逻辑可以
用来澄清数学基础中的不少问题一样，逻辑也同样可以用来澄清哲学中
的一些问题。基于这种认识，罗素明确表示，哲学家的工作就是要发现
或建立逻辑性强的理想语言。这种语言可以用来描述世界，从而不至于
受到自然语言中那些偶然的、不精确的表层结构的误导。显然，罗素不
信任自然语言，但这是现代语言哲学早期学派的共同特点。

对于自然语言的实际使用现象，罗素观察到了诸多偶然性表达和模
糊性表达，而这些表达在表面上看似具有一定的结构，可深层里却经不
起逻辑推敲。拿汉语里的特殊例子来说吧，"一锅饭吃了十个人""王冕
死了父亲"以及"年轻时没结婚是因为喜欢一个人，到老时没结婚是因
为喜欢一个人"等，这些表达具有偶然性、模糊性和误导性。人们可以
对这样的表达提供这样或那样的解释，但是就算各种解释都能成立，这
些解释的结果却无法在逻辑上获得统一性，从而失去了科学的客观一致
性。罗素认为，我们的日常语言完全不适合用来表达物理学中的真实断
言，因为日常生活中的语词不具备充分的抽象性质；只有数学与数学逻
辑才可勉强表达出物理学家所表达的少许内容。

正是受到物理学思想的启发，罗素萌生了逻辑原子论的想法。他
认为，就像利用原子的属性和它们相互间的联系来组成原子事实，以
及原子构成分子直到形成世界本身那样，理想语言也应该包括这样的
组成方式，即通过使用逻辑关联词，如"和""或"等，把语言成分结
合起来，形成世界的描述体系。罗素在这里表达的思想是，理想语言
具有原子式结构和分子型结构等，这些结构共同构成语言乃至世界的
整体画面。罗素的这个观点得到了维特根斯坦早期哲学的认可。《论指
称》以这些思想为基础，对特称描述语及含特称描述语的命题句做了
逻辑原子分析。

2. 迈农的虚存概念与迈农悖论

迈农是奥地利心理学家和哲学家。他既不是思辨哲学家，也不是所谓的哲学体系思想者。他并不把自己的哲学归为经验主义，也不归为理性主义，而声称自己是非心理主义的经验型思想者。迈农的对象论（Meinong's theory of objects）具有先验科学性质，其方法具有从底层思想推演到哲学的特点，即他的方法符合自下而上的思想原则。

迈农的对象论坚持的基本观点可以简述成以下几点：①不能把心理行为想象成对象的创造过程；②一切事物都是对象，而且都有外在的存在，不过一切事物在逻辑上都是先于心灵的理解与赋予（心灵赋予事物的存在，这发生在对象存在之后）；③不仅有存在的实体，而且也有非存在的实体，但是像"方的圆"这样的非存在的实体具有缺陷；④对象分为两种：具有存在的对象和具有非存在的对象，前者又分为实在的对象和理想的对象，后者（即具有非存在的对象）分为具有矛盾的对象和并不矛盾的对象；⑤存在具有两种模式：与时间联系在一起的可知的实存和没有时间性的虚存（subsistence）。

迈农的对象论具有两点特别的表达：第一，在具有存在的对象中生出了"虚存"这个概念，即理想对象只有虚存，如"餐桌上水煎包子的目的""信封里一颗稗子提心吊胆的春天""整整一产房的幸福"等；第二，在具有非存在的对象中划定了矛盾性的对象和不矛盾的对象，如"没有空心洞的环形炸面圈""方的圆""没有暴力的屠城胜利"等，这是矛盾性的对象；而像"插翅虎""双翼马""黄金山"等这些就是不矛盾的非存在型对象。

迈农所做的理想对象与实在对象之分，可以通过他提出的实存、虚存以及从虚存中细分出的单纯虚存来解释。像"我的书房"是实存，而"他的天堂"则是虚存，虚存兼有物理实在性和心理实在性。以此为基础，迈农认为，"这座金山不存在（The golden mountain does not exist.）"这句话可以得到解释，它含有虚存所含有的成分：物理实在性和心理实在性。

然而，迈农的"这座金山不存在"在罗素看来就是一个悖论性表达，可称为迈农悖论。这一名称由谁提出，这个问题存在不同看法，有人认为是由迈农提出的（陈嘉映，2013：33）。也有人认为，它并非由迈农给出，而是罗素以及后来的学者根据迈农的这句话显示出的悖论性质，而将其简称为迈农悖论。在迈农看来，这句话根本不是悖论，因为"这座金山"属于虚存，而在罗素看来，这就是悖论。所以，迈农悖论被当成罗素悖论的一种（Jacquette，2015：xxvii）。"这座金山"是一个并非实际存在的东西，它怎么会成为逻辑主词呢？无论是用肯定形式表达（如"这座金山存在"），还是用否定形式表达（如"这座金山不存在"），这里都预设了逻辑主词"这座金山"的存在。罗素的《论指称》一文要批判的目标之一就是迈农悖论，因为在罗素看来，迈农不应该把不存在的事物当成实在性的存在物。

3. 弗雷格的专名理论

弗雷格的专名理论可以简述为以下几点：①专名是逻辑专名，它的表述形式有语词、符号、符号组合、表达式等；一个专名牵涉客观性和主观性，也牵涉意谓、指称以及联想性概念；②专名可能有指称对象，但并非必定有指称对象；③专名是客观的，要表述意谓；④意谓会受到主观性和客观性的影响，即受到对象与认知主体的影响；⑤意谓并非是指称的直接对应；⑥意谓会受到个人联想性概念的影响，但是意谓毕竟不同于联想性概念；⑦联想性概念（即关于对象的个人想法）归属于认知主体个人，具有明显的主观性。

弗雷格和罗素都认为自然语言不适合做逻辑运算。弗雷格所谈论的专名是逻辑专名。然而，在处理自然语言时，弗雷格并没有严格限定作为专名的条件。例如，在弗雷格看来，"鲁迅""《狂人日记》的作者""中国现代文学的奠基人"等，这些都是专名，它们各自都有其呈现方式，它们都有意谓。对于这一点，罗素认为这是弗雷格的不足之处之一。另外，弗雷格关于意谓与指称的区分，以及他的语境三原则思想，这二者都允许没有实存的对象的存在；在弗雷格看来，任何专名，不论它有无指称对象，只要有呈现方式，它就有意谓。罗素在《论指称》中对此做了批判。

∝ 《论指称》的基本内容

罗素在《论指称》这篇文章中关于描述语与特称描述语的论证方法，在弗兰克·P. 兰姆赛（Frank P. Ramsey，1903—1930）看来，这成了哲学范式（the paradigm of philosophy）（Ramsey，1929/1990：1；Jacquette，2002：4）。这就是说，罗素的这篇文章既为语言哲学建立了分析范式（Landini，2002：194），又充满了伟大洞见，以至100多年来，它一直是语言哲学家和语言学家讨论和争论的主题。

罗素在《论指称》一文中阐述了特称描述语和非特称描述语的区分，其主要目的之一就是要解决弗雷格未能彻底解答的问题：究竟什么是专名？（专名的）意义是什么？在弗雷格看来，"鲁迅"和"《狂人日记》的作者"二者都是专名，但二者有何区分，弗雷格并未深究。另外，对于"鲁迅不存在"和"这座金山不存在"这两句，它们有何不同，对此弗雷格语焉不详。至于什么是意义？弗雷格给出的一个答案是，意义问题可以分为意谓与指称问题，而在通常情况下，一个表达式的意义就是它在命题语境中的呈现方式。对于这个问题，罗素却另有看法。他认为，弗雷格关于意谓与指称的区分属于枉然，徒劳无益，而且意义并不是弗雷格所说的呈现方式，而是命题函数。

虽然《论指称》的行文与内容都具有复杂性，让人理解起来有一定的难度，但是该文却是语言哲学无法回避的经典论文。为什么呢？因为罗素的《论指称》和弗雷格的《意谓与指称》是语言哲学发展的两大思想源泉。在他们以后的多数语言哲学家，要么继承的是弗雷格的思想，要么继承的是罗素的思想，抑或是在思想观点上兼而有之。另外，正如尼尔所言，弗雷格和罗素二人所做的区分以及提出的概念是现代哲学和语言学的重要组成（Neale，2005：812）。罗素在《论指称》中直接或间接地回答了以下几个重要问题。

1. 什么是专名？

关于什么是专名，这个问题可以追溯到穆勒在其逻辑体系中的解答。穆勒认为，能做逻辑命题主词的名称就是专名，而且专名只有指称，没有意义。对于这一点，弗雷格和罗素都表示反对。罗素认为，要理解专名就要从指称语（denoting phrase）开始。什么是指称语呢？

罗素在《论指称》的开头就说，所谓指称语，可以用下列这些短语来说明：一个人、某个人、任何人、所有人、每个人、当今英国国王、当今法国国王、20 世纪第一瞬间太阳系的物质中心、地球绕太阳的公转等，这些都是指称语。然而长期以来，语言学家尤其是语法学家，他们把这些指称语统统叫作名词短语，而在弗雷格那里，这些短语却会被当成专名。可是，罗素却认为，这些名词短语中的"一个""某个""任何""所有""每个"以及"这个""大多数""很少"等成分叫作限定语。这些限定语与名词连用在一起就构成描述语。也就是说，含限定语的这些短语其实是描述语，而在它们当中有的是非特称描述语，有的则是特称描述语。

什么是特称描述语？罗素指出，凡是形式上带有定冠词"这""这个"的描述语都是特称描述语，而通常意义下的专名，其实质却是伪装的或缩略的描述语，它们并不是真正的专名。罗素断言，真正的专名只有"这（个）"和"那（个）"。

为什么说真正的专名只是"这（个）"和"那（个）"呢？在罗素看来，要回答什么是专名这一问题，实质上是要区分知识的种类与来源。罗素把知识的来源分为两种：亲知的知识（knowledge by acquaintance）和描述的知识（knowledge by description）。真正的专名是能够被亲知的，"这（个）"和"那（个）"二者所指示的就是在获取知识的直接环境中能够亲知的对象，因此"这（个）"和"那（个）"才是真正的专名。除了真正的专名，那些被弗雷格看成专名的名称和短语都是指称语。

2. 指称语的意义是什么？

要追问指称语的意义是什么，就要区分三类不同情况的指称语：①有确定对象的指称语，如"当今美国总统""当今越南共产党中央委员会总书记"等；②有指称但无确定对象的指称语，如"当今法国国王""夜空中转动最慢的星"等；③有歧义指称的指称语，如"一个人""某人"等，它们的指称对象存在歧义，我们需要更多的信息来确定它们的指称对象。

在罗素看来，一个完整的指称语就是由量词加上一个单称名词短语而成。名词短语作为单称命题的成分，并非定要为命题提供对象，而指称在实质上只是语义上的惰性特征。指称语的意义是什么呢？弗雷格会把指称语的意义分为意谓和指称，而罗素明确摒弃弗雷格的这一区分，取而代之的是命题函数（propositional function），或称命题函项。这就是说，当弗雷格说指称语的意义是意谓和指称时，对此，罗素则会反对说指称语的意义是命题函项。

什么是命题函项呢？命题函项是现代逻辑学尤其是数理逻辑的重要概念。粗略地讲，一个函数（或函项）是一种运算，是对自变量 x 进行赋值的运算，表达式可书写为 $f(x)$，其中 $f(\ )$ 是函式，x 是自变量。就命题函项这个概念，怀特海与罗素的《数学原理》第一卷给出的定义是："所谓命题函项，我们说的是一个命题表达式，其中含有一个变量 x，一旦给变量 x 赋值时，这个表达式就表达一个具体命题。"（Whitehead & Russell，1910：41）例如，"x is a man"是一个英文中的命题表达式，当其中的变量 x 被赋值后，如 x = Socrates，这个表达式就成了"Socrates is a man"，表达了一个具体的命题。于是，"x is a man"就是一个命题函项。在罗素看来，指称语是在命题函项中获得意义。例如，"这个人""每个人"等是指称语，但它们本身没有意义，它们的意义要在命题函项中获得。"x 是亚洲人"和"x 都有黑头发"是两个命题函项，当其中的 x 赋值为"这个人"和"每个人"时，就有命题"x 是亚洲人"和"x 都有黑头发"，从而指称语"这个人"和"每个人"就有了意义。

在罗素看来，(x) + 谓词，这个函式可以用来分析自然语句的组成与意义。函式中的 x 可为指称语，$(\ )$ + 谓词则是一个函项。指称语的意义则通过函项运算出来，所以我们大致可以说，指称语的意义是命题函项。不过，我们要注意的是罗素在《论指称》一文中用"$C(x)$"来表示命题函项，而且他用三大原始指称语来谈论相应的逻辑命题。

3. 含特称描述语的命题的逻辑形式的表达式是什么？

在《论指称》中，罗素表示，特称描述语理论是关于以特称描述语为主词的逻辑命题表达式的理论。含特称描述语的自然语句与该语句的逻辑表达式具有相同的意义。例如：

自然语句 S1：The father of Charles II was executed.（查理二世的父亲被处以死刑。）

逻辑语句 S2：It is not always false of x that x begat Charles II and that x was executed and that "if y begat Charles II, y is identical with x" is always true of y.（x 并非总是为假，x 生了查理二世，且 x 被处以死刑，而且"如果 y 生了查理二世，那么 y 与 x 相等"，y 总是为真。）

逻辑表达 S3：$\exists x\,(\forall y(Fy \leftrightarrow y = x) \wedge Ex)$

在语义上，S1、S2 和 S3 三句表达了同样的意思，S3 就是含有特称描述语"查理二世的父亲"的命题的逻辑形式的符号表达式。考虑到其中的特称描述语具有唯一性，我们可以将逻辑表达式 S3 解读成以下三个简单命题：

P1: There is at least one person who was a father of Charles II.
（至少存在一个人是查理二世的父亲。）

P2: There is at most one person who was a father of Charles II.
（至多存在一个人是查理二世的父亲。）

P3: That person was executed.
（那个人被处以死刑。）

用自然语言把 P1、P2 和 P3 合写在一起，就成了以下表述形式：

P4: There was at least and at most one person who was a father of Charles II, and every person who was a father of Charles II was executed.
（至少存在一个人且至多存在一个人是查理二世的父亲，是查理二世父亲的每个人都被处以死刑。）

自然语句 S1、逻辑表达 S3 与命题表达 P4，三者语义相同，但是 S1 和 P4 有相同的谓词 "...was executed.（……被处以死刑。）"，这说明，S1 中的主词"查理二世的父亲"在逻辑形式上可以表述成 P4 的主词"至少存在一个人且至多存在一个人是查理二世的父亲，是查理二世父亲的每个人都"。这说明什么呢？

在罗素看来，上述分析能够说明两点：第一，特称描述语并不是用来直接指称对象的，而是用来描述对象的逻辑联系的；第二，意义与指称的关系不仅仅是语言性的，其中必有逻辑联系可寻。至此，罗素评论道，自然语言使用既不能把意义和指称二者之间的联系成功地保存起来，也无法防止二者合为一体而保持不变。另外，我们只能通过指称语来领会意义，除此之外，别无他法。罗素的这番评论说明的是，指称及指称语的问题比较复杂。

‰ 特称描述语理论的解释力

罗素从指称语的研究出发，区分了（非特称）描述语和特称描述语，提出了特称描述语理论。这为以下逻辑问题提供了解决方案：同一律替换问题、矛盾律问题及排中律问题。

罗素说，在逻辑上人类具有三大思想定律：第一，同一律（the law of identity），基本原则是：凡存在者存在，就存在（Whatever is, is.）；第二，矛盾律（the law of contradiction），基本原则是：无物能够既存在，又不存在（Nothing can both be and not be.）；第三，排中律（the law of excluded middle），基本原则是：所有事物必须是要么存在，要么不存在（Everything must either be or not be.）（Russell，1951：72）。逻辑上有这三大思想定律，然而在自然语言使用中，这三大定律都会遇到问题。

1. 同一律替换问题
罗素在《论指称》中说，如果 a 与 b 相等，那么在由它们构成的表达式中，用一个去替换另一个而不会改变命题的真假，甚至不应改变命题的意义。根据罗素的阐述，我们可以用以下语句来显示替换问题：

> S1 张三想知道鲁迅是不是《狂人日记》的作者。
>
> S2 鲁迅是《狂人日记》的作者。
>
> S3 因此，张三想知道鲁迅是不是鲁迅。

显然，按照同一律的原则，根据 S2 去替换 S1，最后得出的 S3 却显得荒唐。在自然语言中，S1 本来有认知意义，而 S3 似乎就没有认知意义了。这说明同一律替换在这里失效了，这成了同一律替换难题。怎么解决这个问题呢？

在罗素看来，单称名词（如"鲁迅"）和特称描述语（如"《狂人日记》的作者"）二者具有不同的逻辑形式。如果我们说"鲁迅是个作者"，这句话是逻辑函项"x 是个作者"的一项具体表达，x 取值为鲁迅。但是，如果我们说"《狂人日记》的作者是个作者"，这句话并不构成"x 是个作者"的一项具体表达，而且"《狂人日记》的作者"不能作为"x 是个作者"的逻辑主语。即便可以说"《狂人日记》的作者是个作者"，那么它的逻辑形式可以表述为：有一个作者且只有一个作者写了《狂人日记》，那么他是个作者。罗素对同一律替换难题的解决有一定合理之处，但同时留下了不少值得争论的问题。

2. 矛盾律问题

根据同一律问题，我们知道语句"鲁迅不存在"和"这座金山不存在"二者的主词具有不同的逻辑形式。可是，"这座金山不存在"在语句表面上出现了矛盾，做逻辑主词的应该是存在的，然而谓词说出本应存在的"这座金山"却不存在，这就在表层上出现了矛盾。按照罗素的特称描述语理论，该怎么解决这个问题呢？

首先，"x 存在"是"x 不存在"的肯定式，而否定式"x 不存在"只是一个逻辑形式，但这个逻辑形式形成了悖论。就"这座金山"而言，这个主词本身是一个空名，迈农把它说成虚存，但问题仍然没有彻底解决。利用特称描述语的分析方法，最后会得出：至少有一座山是金的，至多有一座山是金的，是金的山就存在。在这里的分解式中，前两个命题的真值都为假，于是这逻辑表达式不成立。

为什么自然语言中会有这样的表达呢？罗素认为，自然语言有模糊性。所以，自然语言不适合用来做逻辑运算，也就不适合用来描述世界。用自然语言来描述世界，会造成许多混乱。对于这一观点，现代语言哲学的早期思想家大都赞同。

3. 排中律问题

自然语言中还存在违背排中律问题的表达，如"当今法国国王是个秃子"，这句本应是具有真值的命题句，即该句应该表达真假确定的真命题。根据排中律，这个肯定语句要么解读成"当今法国国王是个秃子"是真的，要么用否定形式解读成"当今法国国王并不是个秃子"是真的。对这两种解读，我们必选其一，不能说"当今法国国王是个秃子"或"当今法国国王并不是个秃子"既真又假。

怎么解决这个难题呢？根据罗素的特称描述语理论，我们可以得出一个综合表达式：至多且至少存在"如此这般的一个人"，即这个人是当今法国国王，他是秃子。我们用逻辑表达式可以将其书写为：$\exists x [(Kx \& \forall y (Ky \to y = x)) \& Bx]$。同样，我们可以把空名"当今法国国王"分解成三个命题，然后判断出真假。事实上，当今法国政治上采用的是共和制，根本没有国王了。所以，这样的空名正如虚构的其他名词一样，并不是用来直接指称什么，而可能是用来描述什么。

❀ 简评

罗素《论指称》一文的思想背景是基于物理学的原子论，而在方法论上，罗素力图建立科学分析方法。自然语言中用于常规意义的名词短语，可以分为特称描述语和非特称描述语，而且特称描述语可以分解成三个基本命题。罗素的特称描述语理论具有解释力：首先，在一定程度上能够解决空名作主词的问题，也能指出不同的表达式、不同的名称，它们具有不同的逻辑形式；其次，根据这一理论，在语法上看似结构相同的语句，其实它们的逻辑形式并不相同；再次，像"这座金山不存在"这样的悖论句，包括"说谎者悖论"等，能够得到消解。此外，在罗素看来，英语中那些光杆名词，如 man 必须与限定词 a、the、every、some、all 等结合才能在逻辑命题中获得表达意义，而这些限定词则是最原始的逻辑限定词。最后，罗素认为，命题是用来表达知识的，知识是对世界的描述；知识有两种来源：通过亲知获得的知识和通过描述获得的知识；从知识的角度而论，真正的专名只有 this 和 that。然而，罗素的这些观点却饱受争议，尤其是关于单称名词的问题，罗素并没有像处理特称描述语那样仔细，这就留下了讨论的空间。这些不足之处，成了语言哲学界后来者关注的对象。

参考文献

爱因斯坦. 2018. 我的世界观. 张卜天，译. 北京：商务印书馆.

陈嘉映. 2013. 简明语言哲学. 北京：中国人民大学出版社.

Einstein, A. 1954. *Ideas and Opinions*. New York: Crown Publishers.

Einstein, A. 1989. *The Collected Papers of Albert Einstein. Vol. 2. The Swiss Years: Writings, 1900–1909*. A. Beck (Trans.). Princeton: Princeton University Press.

Elbourne, P. 2013. *Definite Descriptions*. Oxford: Oxford University Press.

Irvine, A. D. 2020. Russell. *Stanford Encyclopedia of Philosophy. Stanford.edu*. Retrieved November 11, 2022, from Stanford.edu website.

Jacquette, D. 2002. Introduction: Logic, philosophy, and philosophical logic. In D. Jacquette (Ed.), *A Companion to Philosophical Logic*. Malden: Blackwell Publishing, 1–8.

Jacquette, D. & Griffin, N. 2009. *Russell Vs. Meinong: The Legacy of "On Denoting"*. New York: Routledge.

Jacquette, D. 2015. *Alexius Meinong, The Shepherd of Non-Being*. New York: Springer.

Landini, G. 2002. Russell's theory of definite descriptions as a paradigm for philosophy. In D. Jacquette (Ed.), *A Companion to Philosophical Logic*. Malden:

Blackwell Publishing, 194–224.

Neale, S. 2005. A century later. *Mind*, (114): 809–871.

Ramsey, F. P. 1929/1990. Philosophy. In D. H. Mellor (Ed.), *Philosophical Papers*. Cambridge: Cambridge University Press, 1–7.

Reimer, M. & Bezuidenhout, A. 2004. *Descriptions and Beyond*. Oxford: Clarendon Press.

Russell, B. 1905. On denoting. *Mind* (New Series), *14*(56): 479–493.

Russell, B. 1951. *The Problems of Philosophy*. London: Oxford University Press.

Whitehead, A. N. & Russell, B. 1910. *Principia Mathematica*. Vol. 1. Cambridge: Cambridge University Press.

马尔科维奇的意义辩证论

MARKOVIĆ'S DIALECTICAL THEORY OF MEANING

马尔科维奇的意义辩证论（Marković's dialectical theory of meaning）在继承逻辑实证主义思想的基础上，为语言哲学发展开辟了新的道路，是马克思主义语言哲学思想的重要代表。米哈伊洛·马尔科维奇（Mihailo Marković，1923—2010）是南斯拉夫实践派哲学家、东欧新马克思主义理论家，也是马克思主义语言哲学的重要代表之一。马尔科维奇的意义理论是这个传统下的典型学说。马尔科维奇在南斯拉夫的贝尔格莱德大学攻读哲学，于 1950 年获得哲学博士学位后留校任教。1956年，马尔科维奇到英国的伦敦学院（University College London），师从逻辑实证主义的倡导者、英美分析哲学家阿尔弗雷德·J. 艾耶尔（Alfred J. Ayer，1910—1989），并获得第二个哲学博士学位。

马尔科维奇接受过英美分析哲学的教育，主要受到了艾耶尔的影响。于是，马尔科维奇从马克思主义的辩证法出发，建立起人道主义思想的意义辩证论。马尔科维奇认为，人在本质上是实践的存在物，人的语言具有社会属性，而语言的意义离不开人的实践活动。对意义的考察就要考察人在社会实践中的各种关系。

马尔科维奇的意义辩证论堪称马克思主义语言哲学的代表学说（McBride，2001：32），它代表着马克思主义辩证法的语言转向，符合马克思主义关于语言问题的基本精神，强调语言的交际功能和社会起源。马尔科维奇的意义辩证论既是对艾耶尔、摩尔和穆勒的批判，又是对皮尔斯实用主义的补充。

○ 哲学批判需要辩证法

马尔科维奇系统地阐述了实践派哲学的基本观点（McBride，2001：21）。他把马克思主义视为一种社会批判理论，强调马克思主义哲学的批判作用和实践作用。他认为，哲学的根本任务就是对现有的一切进行批判，特别是对异化现象进行批判分析，并指明使人在实践中能够完善自己的实际步骤。在他看来，马克思主义包含两个最基本的哲学要素，即哲学人本学和辩证思维的新方法。马克思主义哲学作为一种人道主义哲学，其中心问题是人在宇宙中的位置问题。人在本质上是一个实践的存在物，是一个能进行自由创造性活动的存在物。人正是通过这种创造活动来改造世界，发挥自己的潜在才能，并满足其他人的需要。但是，人在实现自己理想的潜能过程中，却总是受到社会历史条件限制，从而使自己遭受异化之苦。于是，哲学的任务就在于分析批判各种社会异化现象，给人指出如何才能达到自我实现并在实践上达到理想境界的途径，这在方法上需要辩证法的指导。

马尔科维奇的意义辩证论思想主要体现在《意义辩证论》（*Dialectical Theory of Meaning*，1984）这一著作中，马尔科维奇主张从马克思人道主义辩证法的角度来建立系统的意义理论（Marković，1984）。马尔科维奇在这里所说的辩证法是什么呢？一方面，马克思主义辩证法仍然属于本体论哲学，它反映事物存在的普遍规律，这包括对立统一规律、量变质变转换规律、否定之否定规律。另一方面，马克思主义辩证法还是关于事物发展变化的逻辑的反映。更重要的是，从人类学和人道主义角度看，马克思主义辩证法是关于人类实践活动的普遍理论。宏观上，辩证法大致可以做上述理解，但是就意义理论的建立而论，马尔科维奇认为，辩证法作为一种哲学思辨的方法，主要考察人类在创造性实践活动中话语意义的客观性、综合性、动态性和具体性（Israel，2002）。

客观性是许多哲学教义的特点，而且许多哲学就什么是客观性做了大体一致的鉴定：一切哲学考察均以获得关于客观对象及其相互关系的知识为目的，力求反映客观现实，避免个人主观臆想，把非客观的因素（如个人喜好、个人感觉、个人欲望等）排除在考察活动之外，把个体事实的考察升华为对普遍规律的揭示。客观性就是要打破先入为主这种主观臆想的束缚，以追求客观真理为目的。辩证法的客观性就是要把理论研究同具体实践结合起来。客观对象并不是依赖人的存在而存在，而是独立于人之外。不过，人类在实践活动中毕竟还能够接近客观对象，能够认识客观对象，甚至能够在一定程度上、一定范围内改变客观对象。

在意义研究中，我们怎样运用辩证法的客观原则呢？马尔科维奇认为，目前的意义理论可以分为两大类别：极端主观的意义理论和极端客观的意义理论（Marković，1984：19–26）。极端主观的意义理论把意义看成人的心灵概念、主观行为、情感等。而极端客观的意义理论认为，意义不依靠人的主观意识而存在，符号的意义是符号与客观对象的关系反映，意义的存在既不依赖人的思想，又不由客观现实决定，而是由超客观的对象决定。意义辩证论就是要在批判的基础上把这两种片面的意义理论结合起来进行综合，加以全面考察。我们既要认识到意义的主观性，又要认识到意义的客观性，并在此基础上形成主观和客观的统一认识。意义辩证论要揭示符号在人类社会实践中的具体作用，也要揭示符号意义的客观来源。意义辩证论把抽象的意义概念同具体的实践活动结合起来，把考察对象设在事物、普遍特性、普遍联系、社会关系、社会结构等范围中，力求揭示意义的生成机制。这在指导思想上，一方面要避免纯粹的经验主义做法，另一方面又要避免唯心主义的束缚；既要批判绝对实在论的意义观，又要批判绝对唯名论的片面观点。意义辩证论的符号观有一条基本准则：当实践结果与预期的理论相符时，我们就有理由相信组成该理论的符号具有实在对象。这一准则足以把"飞马""独角兽""方的圆"等这类表达确定为纯粹的符号，因为它们属于心理的主观臆造，而不是客观实践结果之物，也就没有实在对象。

在马尔科维奇看来，意义辩证论还要注意用历史发展的眼光来考察意义问题。人类的认知活动是一个逐步完善的过程，人类对世界的认识是逐步进行的过程。因此，来源于实践活动的意义考察也要经历这样的发展过程。任何旨在孤立分析意义的做法都是片面的，不得要领。意义辩证论就是要把意义研究的对象放到发展过程中进行全面考察。

意义辩证论还要注意把普遍性和特殊性结合起来。意义研究既不能满足于只揭示普遍性，又不能局限于特殊性。考察意义的实践活动，不但要揭示话语意义的普遍规律，更要考察意义的特殊现象；不但要寻找普遍的意义，还要调查意义的具体变化；不能从单一维度去考察意义，而要弄清各种维度下的意义情况。

总之，在辩证法的指导下，意义这一概念涉及许多哲学范畴，包括对象、经验、符号、心理概念、客观实践等重要范畴。因此，考察话语意义，就要考察具体的实践活动，就要从每一个相关范畴和涉及意义的每一层面来做详细研究。

⌘ 实践活动形成意义多重关系

为什么考察意义就要考察具体的实践活动呢？这是因为意义是在实践活动的各种维度里、各个层面上形成。实际上，实践是"马尔科维奇哲学思想的鲜明特质"（曲跃厚、李元同，2014）。在马尔科维奇看来，意义是实践活动里各种关系的复合。马尔科维奇的意义辩证论旨在从各种维度出发，揭示意义概念、意义与现实的关系、意义与经验的关系、意义与思维的关系等。意义可以分为心灵意义、客观意义、语言意义和实践意义。

在处理各种维度的意义概念时，马尔科维奇认为，以下四点区分至为重要：第一，要区分个人（主观）意义和社会（客观）意义；第二，要区分外显意义和内隐意义；第三，要区分意义作为内在意识现象和具体条件下意义作为外在习惯反应；第四，要区分意义作为符号与概念的关系和意义作为符号与对象的关系（Marković，1984：34）。

根据以上四点，马尔科维奇认为，现有的意义理论的不足之处表现为以下几点：实证主义关注的是个人主观意义，实在主义关注的是社会客观意义，形式主义关注的是外显意义，概念主义集中在意义的内在意识，实用主义和工具主义聚焦在意义的外在实践。马尔科维奇认为，意义的这些流派都很片面，各自只注意到意义的某一个层面，而未能用统一综合的观点来揭示意义的不同情况。不过，马尔科维奇说，我们可以从现有的意义理论中得到启示，来建立综合的意义理论——意义辩证论。例如，唯名论者可以启发我们去考察符号与符号之间的关系，实用主义者让我们注意到符号与实践活动的关系（杜世洪，2014），实证主义者会让我们去考察符号与我们的直接经验的关系，概念主义者让我们意识到符号与思想、符号与概念性实体之间的关系等。从所有的意义理论中，我们可以通过去其糟粕、取其精华而建立新的意义理论。

马尔科维奇强调实践活动是意义辩证论的重要组成内容。马尔科维奇关于实践的概念做了以下六点解释：第一，实践是人类改造其客观生存环境的总活动；这是人类生活的社会条件，人类在改造客观环境中，根据一定的目的而需要对有机体和无机体进行改变、抛弃、创造等。第二，社会合作是实践的方式之一；这涉及人与人之间的交流、协调，以便共同完成实践的任务。第三，交流是实践的另一种特殊形式；人类在社会实践活动中要相互理解、相互激励，这就需要依靠某种符号作为交流的手段。第四，实践还包括创造，即人们对所观察的事物，对自己的见解、直觉、情感等会进行选择、解释和加工。第五，实践还包括评估行为，即如何形成判断、如何取舍、如何决定价值大小等行为都是实践的内容。第六，实践是认识活动，这包括对符号的理解、阐释、认识、概括等，包括对形势的判断与认识等（Marković，1984：39）。

在马尔科维奇看来，这是实践的内容组成，是意义理论要关注的认识论范畴。这些范畴就是总的客观现实、社会、交流、直接经验、价值和思维。任何意义理论的建立都离不开这六个范畴。对这六个范畴的认识又是以对象的认识为基础，而对象具有物质对象和精神对象两大类，如图 3 所示：

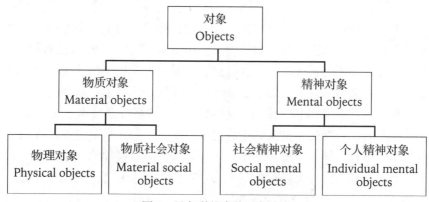

图 3　马尔科维奇的对象分类

马尔科维奇认为，意义的客观性主要体现在符号与对象的关系中。如果符号的意义指代的是物质对象，那么毫无疑问这种情况的意义具有客观性。如果符号的意义指代精神对象，而这精神对象是言语社群的社会精神对象而非个人精神对象时，这种情况下的意义不以个人意志为转移，具有客观性。在马尔科维奇看来，英国经验主义关于对象的认识不够全面，过分强调个人主观感受，因而他们的意义理论只有部分解释功效。例如，艾耶尔在摩尔的基础上对感觉资料的论述仍然属于英国经验主义传统。艾耶尔认为，物质对象是感觉经验的来源，并认为只要符合下列四个条件，我们就能用语言符号表达客观对象：①充分认识到个体感觉资料之间的相似性关系；②有感觉资料出现的相对稳定的语境；③感觉资料能够系统地呈现；④感觉资料的重复取决于观察者的活动。

马尔科维奇认为，艾耶尔关于物质对象的上述解释具有不可解决的两大难题：第一，无法直接经验的物质，如原子、原子核等，就无法成为感觉资料；第二，无法解释我们为什么拥有关于整体物质对象的知识要比关于组成物质成分的知识多。在马尔科维奇看来，这里的根本原因在于没有认识到精神对象的作用，没有认识到人的主观能动性。摩尔的错误在于没有充分认识到物质对象的存在与我们知道它们的存在这二者之间的关系。摩尔把物质对象定义为三点：具有广延性；非任何形式的感觉资料；既不是精神，也不是意识活动。马尔科维奇认为，摩尔的这三点定义并不充分，虽然摩尔挥舞着他的手而声称这就是客观对象的客观存在，但是他无法从个体认识上升到整体认识。

因此，在马尔科维奇看来，关于对象的认识的充分与否直接关系到意义的认识。空间存在的对象能够为主体的认知活动提供直接认知的可能性，而时间维度上的对象只能够为主体提供间接认知的可能性。一个对象在时间上延续越长，就越容易被认知，越容易让人们形成全面的认识。恒定的对象最容易让人获得可靠的知识。马尔科维奇如此强调对象的重要性，他的基本出发点为对象是意义的核心所在。

什么样的对象在什么条件下会是意义的承担者呢？这是马尔科维奇要回答的一个基本问题。意义的问题形式是"X的意义"是什么，这似乎在问什么样的"X"可以成为意义的承担者或者说载体。

语言学界认为，语词及符合句法关系的语句是意义的载体；除此之外，图画、音乐、舞蹈、仪式等也可以成为意义的载体；再有，人工记号、标记及自然界的自然现象，如闪电等也可以携带意义。为此，马尔科维奇提出了关于意义的两个必要条件：

> 条件一：至少有一个认识主体S存在，且S能够直接经验或间接经验（如想象）到对象A的存在。
> 条件二：认识主体S必须能够经常把对象A同另一个对象B联系起来，因此只要经验到A或想象到A都意味着有关于B的观念出现。（Marković，1984：172–177）

这是马尔科维奇关于对象A要成为意义载体的最低条件要求。这就是说要让对象"红灯"成为意义的载体，至少要满足以上两个条件：至少有一个司机，而且司机能够经验到红灯或想象到红灯；每当司机经验到或想象到红灯时，这司机都会想起"停车"这一概念，于是在满足了这两个条件下，"红灯"承担了"停车"的意义。在谈到这样的条件时，马尔科维奇认为，皮尔斯的符号学理论能够对此做出全面的解释。

既然意义有自己的载体，那么意义到底是什么呢？首先，我们不能把意义的载体与意义等同起来，即不能在"红灯"与"停车"之间画上等号。在马尔科维奇看来，穆勒、摩尔乃至罗素等指称论者倾向于认为，意义等于某个对象，这种观点已经不合时宜了。至少，从弗雷格开始，人们已经认识到意义与指称对象并不是一回事。马尔科维奇认为，意义是各种关系的复合，如"红灯"与"停车"不是相等，而是代表着一组复合关系。于是，马尔科维奇就怎样认识意义提出以下四个论点：第一，意义不是孤立单一的关系，而是多重关系的复合；第二，现有的意义理论多从单方面去揭示意义的某一关系，常常以一个概念作为另一概念的背景来探讨哲学的普遍道理；第三，意义的所有多重关系之间并非存在不可超越的障碍，人们可以从对一种关系的认识过渡到对另一种关系的认识，而且各种关系不是相互矛盾，而是互相补充；第四，综合的辩证方法是揭示复杂真理的方法，而各种分析的单一方法仅仅揭示的是复杂真理的组成成分（Marković，1984：175）。

从这四个论点我们可以看出，马尔科维奇关于意义的研究是要构建宏大而又全面的理论，而且他的意义理论是以现有的意义理论为基础。基于这四点，马尔科维奇认为，意义这一概念包括五项意义成分：心理意义——符号与认识主体心理倾向的关系；客观意义——符号与指称对象的关系；语言意义——在给定的系统内符号与符号之间的关系；社会意义——两个或两个以上的主体之间的符号关系，即一个主体使用符号，另一主体解释所使用的符号，这样的相互关系；实践意义——符号与主体行为之间的关系。

马尔科维奇关于意义的认识，实际上是对皮尔斯的符号三角的进一步解释与扩充。皮尔斯的符号关系包括符号、对象和解释项这组三元关系。在皮尔斯看来，符号的意义处于这三元关系的整体中，不可以把这三元关系分解成几个二元关系。然而，在马尔科维奇看来，皮尔斯的不足就在于没有把心理意义、语言意义和实践意义区分开来，而且皮尔斯的解释项还可以分为多个主体的解释项，即皮尔斯的解释项可分成符号使用者的解释和符号接受者的解释。这样一来，皮尔斯的符号三角可以分解成使用者的符号三角和接受者的符号三角，两个三元关系合成了六边关系。当然，在这六边关系中，有的关系是基本的，有的是派生的。在马尔科维奇看来，从这六边关系看，所有的意义都是社会意义，因此我们不能孤立片面地考察对社会意义的研究。

❥ 意义衡量离不开交际准则

在对意义的实践活动及五项意义成分做了考察之后，马尔科维奇就意义这一概念做了如下定义：

> 当一群具有意识的存在物（conscious beings）看到一个物质对象出现时，这群存在物就会对这个物质对象进行思考（或者以某种外在相关的心灵方式经验这个对象），他们的思考（或经验）能够通过某种手段而客观地表述出来，而且该群存在物的所有成员都能使用这种表述手段，都能理解所表述的内容。在这种情况下，我们可以说这个物质对象就是一个符号，而且它有确定的意义。
>
> 意义是符号的各种关系的复合体，这包括符号与其所表达的心灵状态的关系，符号与其所指代的对象的关系，符号与同一给定系统内其他符号的关系，以及符号与实践活动的关系。实践活动是必要的，是对符号所指代对象进行改变、鉴定或创造等的具体活动。
>
> 一个符号的意义是符号使用主体的心灵状态的功用，也是所涉及的其他符号的功用，是所涉对象的功用，是实践活动的功用。主体的心灵状态会通过其他符号而得到描述，会指代对象，会通过实践活动来改变、创造和定义具体对象。可以用公式表示为：$Me(Si) = f(M, S, P, O)$。这里的 $Me(Si)$ 等于符号的意义，M 是主体的心灵状态，S 是一套符号，P 是相关的实践活动，O 是所涉对象。（Marković，1984：363）

在马尔科维奇看来，这一定义还没有完全考虑到意义在交际活动中的具体情况，也没有注意到不同意义成分之间的内部联系问题。意义的五大成分，即心理意义、客观意义、语言意义、社会意义和实践意义，它们当中如果某一成分发生改变，其他成分会发生改变吗？另外，这五大意义成分会独立存在吗？对于这两个问题，马尔科维奇说，心理意义会因社会活动和心理经验的不同而发生变化；意义的五大成分不可孤立地分离开来。一个符号要有确定的意义，这就需要由这五大意义成分来共同确定。

意义不是孤立的，从来都是社交的。马尔科维奇认为，意义在交际中显现而得到确定，有效的交际必须符合以下准则：

准则一：在每个交际过程中必须弄清会涉及什么样的符号功能。许多误解和不必要的争论都是因为多重使用符号的某一具体功能而导致问题发生。

准则二：应该使用具有最基本意义维度的符号。要弄清符号使用的维度、条件和局限，要使用主体和客体都明白的符号。

准则三：在具体的交际过程中，每一个符号应该只有一个确定的意义。要避免歧义的产生。

准则四：关键术语定义得越明显，交际就越有效，即不要概念混淆。

准则五：为了充分恰当，任何解释都必须考虑整个语境，即不要断章取义。

准则六：虽然在既定交际中意义要保持最大程度上的稳定不变，但应该根据语言的变化发展做同步修正。

准则七：在交际中，一方面，应该明白符号与对象之间的联系不是必然的，意义具有规约成分，且没有本体意义上的真正意义；另一方面，应该根据语言的语义发展规律做相应的修正，同时不能把符号与对象之间的关系完全看成任意的。

准则八：在交际过程中，交际双方由于思想体系不一样而产生误解时，就应该寻求各自体系中不变的因素是什么，求同存异。

准则九：交际要达到成功有效，一个必要条件就是双方展开最大程度的合作。这就意味着：双方共同为达成相互理解而努力，当问题出现时，要尽可能寻求双方共同的主张，双方要相互容忍并且适当让步，双方要坦诚，相互尊重，在争论时，力求建立客观的真，而要避免主观臆想。（Marković，1984：375-395）

在这九条准则基础上，马尔科维奇又提出了交际的逻辑条件。这一逻辑条件是必要的，但不一定是充分的。这就是说，若语句 P 在逻辑上可交流，这就意味着 P 必须具有以下特点：

第一，P 在既定的语境中具有认知功用。

第二，P 具有各种维度的、客观的社会意义，即 P 表达的心灵状态是在同一社群所有个体的思维中的不变量，不因人而异；P 指示客观事件、事实或者对象间的客观结构；P 由其他有意义的语词组成，能够被清晰解释；P 适用于具体的、经验情境中的描写与解释。

第三，P 的组成符号在具体交际过程中只有一个意义，因而 P 本身只有一个意义。

第四，当 P 的使用出现歧义或者用于新的场合而产生新的意义，它的新义与众人原来所接受的意义发生偏离时，应该能够通过在具体语境中对 P 的组成成分的充分解释而得到对 P 的意义的明显确定。

第五，在具体的同一文本中，P 在所有的使用情况中保持意义恒定。（Marković，1984：394-395）

∝ 简评

马尔科维奇的意义辩证论是马克思主义辩证观和社会实践观视域中的交际意义理论，它强调交际的社会属性及有效交际所需要遵守的准则。马尔科维奇的意义辩证论是一个宏观的指导性理论，它并没有像分析哲学那样来讨论哲学中的具体问题。在这一点上，马尔科维奇的意义辩证论虽然并不像英美分析哲学家，如艾耶尔、穆勒、摩尔、维特根斯坦等和欧陆现象学哲学家，如埃德蒙德·胡塞尔（Edmund Husserl，1859—1938）等人的意义理论那样有具体的针对性，而是一种高屋建瓴的指导方针，但是意义辩证论仍然符合英美哲学的分析性传统的研究宗旨（Soames，2014：211），与英美"语言分析哲学"的发展动态相适应（杜世洪、李飞，2013）。

马尔科维奇的意义辩证论强调实践的作用，认为意义是符号的各种关系的复合，与社会实践活动密不可分，而社会实践具有创造性。马尔科维奇意义辩证论的这一认识有助于意义研究的推进。在学理上，马尔科维奇的这一认识同维特根斯坦的意义观相似。维特根斯坦认为，意义彰显于使用中，意义显现在生活形式中的语言游戏里。马尔科维奇的意义辩证论说明的正是这一道理。

参考文献

杜世洪. 2006. 语言论转向的第三个传统初探——马克思主义视角下的语言论哲学. 理论界，（8）: 167–170.

杜世洪. 2014. 实用主义语言哲学思想探析——皮尔斯的意义理论. 外语学刊，（3）: 1–7.

杜世洪，李飞. 2013. "语言分析哲学"的一个新动态——布兰顿的意义理论概览. 自然辩证法研究，（9）: 9–15.

Israel, J. 2002. Remarks on Marxism and the philosophy of language. In G. Kitching & N. Pleasants (Eds.), *Marx and Wittgenstein: Knowledge, Morality and Politics.* New York: Routledge.

Marković, M. 1984. *The Dialectical Theory of Meaning.* London/Boston: Reidel Publishing Company.

McBride, W. L. 2001. *From Yugoslav Praxis to Global Pathos: Anti-Hegemonic Post-Post-Marxist Essays.* Lanham: Rowman & Littlefield Publishers.

Soames, S. 2014. *The Analytic Tradition in Philosophy.* Vol. I. New York: Princeton University Press.

描述主义　　　　　DESCRIPTIVISM

　　描述主义又叫描写论（descriptivism），它是语言哲学的一种方法论，具有多种变体，而且各种变体观点并不统一。"描写论"这一术语来源于奥斯汀关于描写之谬（descriptive fallacy）的讨论（Austin，1962：3；Hare，1972：55）。奥斯汀认为，日常语言的发话（utterance）常常超出了传统语法的范围，而许多令人困惑的语词看上去是镶嵌在描写句中，但实际上这些语词根本不是关于实在性或现实性的表述，即这些语词在句中的主要功能不是描实，而是指向描写句所关涉的场景。如果忽视语词的这种指向可能性，就会出现描写之谬。根据奥斯汀的这一观点，理查德·M. 黑尔（Richard M. Hare，1919—2002）认为，描写论这一术语可以用来泛指具有描写之谬的哲学观（Hare，1972：55）。然而，黑尔对描写论的界定，并不是语言哲学界普遍接受的定义。

　　语言哲学界普遍谈论的描写论，主要是围绕弗雷格、罗素、约翰·塞尔（John Searle，1932—　　）以及维特根斯坦的实践操作或思想主张而论（Córdoba，2014）。谈论弗雷格和罗素的描写论，势必要谈论穆勒式描写论（Millian descriptivism）。就名称的描写而言，为了确定名称特别是专名的意义，弗雷格和罗素在分析实践中都把名称切分成了不同的分析单位来做语义描写。例如，弗雷格用二分的意谓与指称来聚焦名称的意义表达问题，而罗素则把名称切分成三个简单命题，来聚焦名称的实在性与意义表达。弗雷格和罗素的描写论统称为弗雷格式描写论（Fregean descriptivism），其基本张是：名称的意义在于描写。然而，像克里普克这样的哲学家却对弗雷格和罗素的名称描写论进行了批判，站在克里普克立场的哲学家也要反对弗雷格和罗素的描写论，认为名称的意义并不在于描写。

　　维特根斯坦的描写论散见于《哲学研究》中，在该书第 46 节中，维特根斯坦援引柏拉图《泰阿泰德》（"Theaetetus"）篇中苏格拉底的话说，一切都可用名称来指示，名称结合在一起可以用于描写，尤其是关于语言中的原生成分，根本无法解释；对于这样的情况，一切都在名称中；因此，为了不在解释过程中徒生假设，就应放弃解释，只用描写，即让描写单独发挥作用（维特根斯坦，2020：34，70）。从这些散论来看，维特根斯坦倡导的描写论显然属于方法论主张。克里普克在《命名与必然》中反对的描写论，不是维特根斯坦倡导的描写论，而是奥斯汀所论及的描写论。在维特根斯坦的思想基础上，克里普克倡导新的描写论，也叫新描述主义。

☞ 穆勒式描写论

穆勒式描写论的基本主张有两点（Caplan，2007）：第一，关于名称的意义；名称的内容是该名称所直接指称的对象，因此若要追问名称的意义，就要查看该名称所指称的对象是什么；第二，关于含有单个名称的句子；若一个句子只含一个名称，那么这个句子只可能表达一个单称命题，而这个单称命题只含一个对象。

如果用穆勒式描写论来分析"王冕死了父亲"这句话的表达结构与意义，那么就可以说："王冕"是一个专名，它的意义在于有一个人叫王冕，而"父亲"是一个通名，在不加限制的条件下，"父亲"并无确定的指称对象，无法进入一个单称命题，所以"父亲"只能归在"王冕"这个有确定对象的专名上，即"王冕的父亲"；若以单称命题为意义的考察指标的话，那么在逻辑命题表达上，"王冕死了父亲"只能是"王冕的父亲死了"。做如此描写之后，仍然有一个问题需要思考：如何描写"王冕的父亲"？"父亲"加上"王冕的"成了一个确定的指称对象，那么"王冕"这个专名的意义如何确定呢？换句话问，句子"王冕的父亲死了"有两个确定的专名（"王冕"和"王冕的父亲"）吗？如果有两个专名，那么"王冕的父亲死了"还是不是一个单称命题呢？对于这里的问题，我们可以凭借传统语法来回答，可是无法从穆勒式描写论的路子中找出简便的回答。对于"王冕的父亲"，传统语法会告诉我们，这是名词所有格结构。可是，名词所有格结构的逻辑表达式是什么呢？从功能语法的级转移（rank shift）来看，"王冕的父亲"和

"王冕有父亲"构成了语法隐喻。然而，功能语法的解答仍然没有触及其中的逻辑描写问题。这里的逻辑描写问题在弗雷格式描写论的视域下，会得到解答。

∞ 弗雷格式描写论

弗雷格式描写论是指关于名称或表达式的逻辑描写论，它的思想根源于弗雷格和罗素关于指称的观点。与穆勒式描写论不同的是，弗雷格式描写论并不是单从名称的指称对象来考察名称的意义，弗雷格式描写论在对待名称时，把名称当作一个复合体而进行描写。名称的意义不在于指称对象，而在于名称的描写内容。弗雷格式描写论认为，名称的呈现方式或者名称携带的属性具有描写性质。如果说穆勒式描写论无法很好解答"王冕的父亲"这一名词短语中所存在的逻辑描写问题的话，那么弗雷格式描写论却能避免这样的问题。

用弗雷格式描写论来分析"王冕死了父亲"这句话的表达结构与意义，就会有如下步骤：

第一，把这句话看成一个命题表达，其中的主词"王冕"是一个对象（object），而"死了父亲"是谓词，表达的是概念（concept）。

第二，如果一个命题只有一个对象，一个对象就是一个变元，那么这个命题属于一个单称命题，只有一个变元，属于一阶命题；如果有两个及以上的对象，那么这个命题属于非单称命题，拥有两个甚至多个变元，属于二阶命题，甚至多阶命题。

第三，名词或者相当于名词的表达式都可以在命题中做主词，都可以作为对象，可以跟谓词，即概念。

第四，对象可用在概念中，与其他成分一起来谈论另一个对象，即"死了父亲"中的"父亲"是一个对象，它与"死了"一起来谈论"王冕"，即"死了父亲"是一个概念。

第五，根据第二步，由两个变元构成的二阶命题，表达的是两个变元处于一种关系中，如"贾宝玉爱林黛玉"表达的是"贾宝玉"和"林黛玉"处于"爱"的关系中；如此描写，"王冕死了父亲"有两个变元，这毋庸置疑，但是需要质疑的是"王冕"和"父亲"是否处于"死了"的关系中。"死了"是什么关系？是像"爱"这样的互动关系吗？若不是，那么"死了"就是一种单向关系。

第六，根据第三、第四步，"死了父亲"是一个包括对象的概念，其中只能是名词"父亲"作为对象，"死了"只是概念，表达的逻辑命题是"父亲死了"。

第七，根据第五、第六步，逻辑描写的结果是"命题＝{［王冕］＋［（死了）＋（父亲）］}"。

既然"王冕死了父亲"的逻辑描写结果是"命题＝{［王冕］＋［（死了）＋（父亲）］}"，那么如何描写穆勒式描写论遗留下来的"王冕的父亲"这个表达式呢？穆勒式描写论强调确定的指称对象才有意义，"王冕"有确定的指称对象，"父亲"没有确定的指称对象，但"王冕的父亲"却成了确定的指称对象。于是，这里的问题是："［王冕］＋［死了父亲］"是如何被描写成"［王冕的父亲］＋［死了］"的呢？在弗雷格式描写论视域下，前者可以从上述七步中得到支撑，后者的症结问题在于如何从原句得出"王冕的父亲"这一表达式，问题就是：我们根据什么把句中的"王冕"和"父亲"判定为"王冕的父亲"呢？

根据弗雷格式描写论，"王冕"已经是饱和的、确定的对象，可以独立存在，而"父亲"不是饱和的，必须是某个人的父亲，不能独立存在，即"父亲"的呈现方式必定要带出其他相关信息。对于"王冕死了父亲"而言，描写出"王冕的父亲"这一结果要比"父亲的王冕"更具有确定性，即前者可单独存在，而后者还要依赖于其他信息。

虽然弗雷格式描写论可以避免穆勒式描写论可能留下的问题，但是弗雷格式描写论也会遇到问题。就上述例子而言，"王冕的父亲死了"和"父亲的王冕死了"二者的真值依赖于什么呢？另外，如果说"王冕死了父亲"可以被描写成"王冕的父亲死了"，那么它到底可不可以被描写成"父亲的王冕死了"呢？即弗雷格式描写论在决定命题真值和命题的模态时，会遇到难以描写的问题。

从弗雷格式描写论看，"王冕死了父亲"和"王冕的父亲死了"具有同样的真值，但有不同的意谓，即二者有不同的呈现方式，也就决定了不同的意谓。我们把这里涉及的句子做如下编号，以便后文叙述：

J1 王冕死了父亲。
J2 王冕的父亲死了。
J3 父亲死了王冕。
J4 王冕和父亲都死了。

在真值上，J1 = J2，但是 J1 = J3 吗？J1 = J4 吗？如果 J1 = J3，那么 J1 ≠ J2，且 J1 ≠ J4；如果 J1 = J4，那么 J1 ≠ J2，且 J1 ≠ J3。要解答这里的问题，我们就需要借助克里普克的反描写论和新描述主义。

❀ 克里普克的反描写论与新描述主义

如何从 J1 描写出 J2、J3 和 J4 呢？对于这个问题，穆勒式描写论只能提供从 J1 到 J2 的描写路径，但不能提供关于"王冕的父亲"的描写；弗雷格式描写论也只能提供从 J1 到 J2 的路径，而且还可以提供关于"王冕的父亲"的描写。剩下的关于从 J1 到 J3 或 J4 的问题，就是克里普克的反描写论能够处理的问题。

穆勒式描写论和弗雷格式描写论属于标准描写论（standard descriptivism），它们的共同点是，言语社群使用一个名称 N，就必定把 N 与某项描写联系在一起（Pettit, 2004）。克里普克却对此提出了批判：被界定为各种名称的语词，在日常使用中并非符合直觉上的名称。例如，"亚里士多德"在习惯上属于专有名词，这没有问题，可是问题在于"亚历山大大帝的伟大老师"这个名称并不符合直觉上的名称界定，这样的名称违反了直觉。

一方面，置于穆勒式描写论和弗雷格式描写论视域下，"亚历山大大帝的伟大老师"是典型的描写性名称，然而在克里普克的描写论看来，这样的描写性名称并不严格，因为在任何一个可能世界中，都有不同的某个具体对象，即某个人是"亚历山大大帝的伟大老师"。因此，这样的名称不符合名称本应有的严格指称性。

另一方面，符合直觉的名称应该具有严格的指称性，即具有严格指称对象的名称，在所有可能世界里都只有同一个对象与这个名称相符。例如，"亚里士多德"这个名称就有严格指称对象，它在所有可能世界中都指称同一个人。如此一来，所谓的描写性名称并不是符合直觉的名称。克里普克认为，应该区分作为意义论的描写论和作为指称论的描写论（Kripke，1980：59；Moreno，2007）。作为指称论的描写论，在意义问题上不是真正的描写论。从这个意义上看，克里普克是反描写论者。

从反描写论角度看，J1 的"王冕"是严格的指称性名称，而 J2 的"父亲"则不是严格的指称性名称，因为它在不同世界里具有不同的对象。J2 中的"王冕的父亲"不是直觉上的名称，而且在可能世界中取值会不同。因此，J1 和 J2 的真值根本不同，因为二者具有不同的模态性。实际上，J1、J2、J3 和 J4 都具有不同的模态性。J1 和 J3 看似相反，但是在模态的可能性上，J1 是严格的必然性可能，J3 是非严格的偶然性不可能（不可能每个父亲都死了王冕），而 J4 属于非严格性的偶然性可能。

从方法论看，克里普克的描写论区分严格指称与非严格指称、必然性与偶然性、可能性与不可能性。这三对区分作为工具，可以用来分析句子中的名称的性质，从而描写出句子的逻辑结构与意义。对于 J1，即"王冕死了父亲"而言，它有严格的必然性可能。因此，J1 的表达最符合直觉。J2 和 J3 不符合直觉，而 J4 只有非严格的偶然性可能。

克里普克的反描写论并不是彻底的反描写。从其增加的描写维度来看，克里普克的反描写论实际上是多维度的新描述主义。换句话说，近年来出现的杰克森和克里斯汀·尼米兹（Christian Nimtz，1951—　）的新描述主义是从克里普克的反描写论中孕育而生的（Spicer，2010）。值得注意的是，司各特·索迈斯（Scott Soames，1946—　）的《反描写论 2.0》（*Anti-Descriptivism 2.0*）充分肯定了穆勒式描写论和克里普克的反描写论的指称性，认为名称的指称是固定的，在此基础上才有固定指称的描写（Soames，2022）。在语句"食盐是氯化钠"中，"食盐"和"氯化钠"作为名称，却有不同的指称性质。当"食盐"作为主词时，"是氯化钠"却并不是地道的描写，它凸显的是名称的模糊性相等。模糊性对象、模糊性属性以及模糊性相等要完成语义固定的描写，需要相应的条件。

ᬶ 简评

描写论作为语言哲学的方法论问题是热点问题之一。目前出现的描写论有不同的理论主张，也有不同的描写内容。比较保守的描写论主要聚焦在名称的指称与意义问题上，旨在探究名称的语义来源。在描写论视域中，穆勒、弗雷格、罗素、维特根斯坦、克里普克等人是讨论的核心对象。他们本人几乎没有把自己的哲学方法论定名为描写论，但是他们的分析工作展现出了描写论的特点。在语言哲学发展过程中，近年来关于描写论的研究尚处于争议阶段，还没有出现一致赞同的理论。二维语义论、新描述主义等都是语言哲学描写论的新发展。

参考文献

维特根斯坦. 2020. 哲学研究. 杜世洪导读注释. 上海：上海译文出版社.

Austin, J. L. 1962. *How to Do Things with Words*. Oxford: Claredon Press.

Caplan, B. 2007. Millian descriptivism. *Philosophical Studies, 133*(2): 181–198.

Córdoba, M. O. 2014. Meta-linguistic descriptivism and the opacity of quotation. *Acta Analytica*, (29): 413–426.

Hare, R. M. 1972. *Essays on the Moral Concepts*. Berkeley / Los Angeles: University of California Press.

Kripke, S. 1980. *Naming and Necessity*. Cambridge: Harvard University Press.

Moreno, L. F. 2007. The names of historical figures: A descriptivist reply. *Acta Analytica*, (22): 155–168.

Pettit, P. 2004. Descriptivism, rigidified and anchored. *Philosophical Studies*, (118): 323–338.

Plato. 2014. Theaetetus. J. McDowell (Trans.). Oxford: Oxford University Press.

Soames, S. 2022. Anti-descriptivism 2.0. *Philosophical Studies*, (179): 977–986.

Spicer, F. 2010. Kripke and the neo-descriptivist. *Grazer Philosophische Studien*, *81*(1): 215–233.

命题　　　　　　　　　　　　　　PROPOSITION

　　命题（proposition）是语言哲学最为重要的概念之一。命题是断言的对象，它主要以陈述句的方式来表达关于某个对象的判断；命题是陈述句所表达的事实或逻辑内容（Richard，1996：88；Tanesini，2007：124）。这是命题的表层定义，而在深层里，命题有三方面的含义：第一，作为断言的对象，命题决定着真值和真值条件；第二，作为心理状态（如相信、想知道等）的对象，命题是心理动词后面表达事实或逻辑的补语句；第三，命题是心理动词的补语的命名内容。不过在表述上，语句可用来表达命题，或者说命题离不开语句的表达，但是语句并不等于命题。表达命题的句子叫命题句。

　　命题是在西方哲学传统中逐步发展成熟的一个概念。至少早在柏拉图的《智者篇》（"Sophists"）里就有关于命题的直接讨论，而在亚里士多德的《范畴篇》（"Categories"）里多有间接论述。关于命题的谈论，从斯多葛学派（the Stoic）关于指称的论述中，我们也可看出一些端倪；中世纪哲学关于 propositio 的语义追问，算是对命题意义的正视与重视。在莱布尼兹关于物质（substance）与表述（predication）的讨论中，我们可以感觉到关于命题结构的初探；自康德哲学的判断学说问世以来，19 世纪哲学聚焦命题问题，出现了一些粗朴的观点。直到 19 世纪末、20 世纪初，分析哲学与语言哲学兴起，命题问题才成为哲学的核心问题之一而登堂入室。在语言哲学领域里，弗雷格、早期的罗素和早期的维特根斯坦，他们三人都是命题问题研究的代表人物。命题成为语言哲学的核心问题之一，原因大致如下：第一，弗雷格的新逻辑给命题函式赋予了中心角色；第二，内涵逻辑要求命题具有完整的形式模式；第三，关于命题的结构、性质及作用的讨论，一直是语言哲学的重要主题。

㋛ 弗雷格的命题观

在《函数与概念》（*Function and Concept*，1891）以及《概念与对象》（*On Concept and Object*，1892）等文章中，弗雷格表达了他的命题观：一个语句把各个组成部分组合在一起而表达思想，其首要条件是语句中必须有恰当地指称事物的语词，这个语词作为对象的名称承担者，要与概念连用在一起才能成为一个完整的思想表达句，即命题表达句（Frege，1997）。命题句的结构是"主词＋谓词"，其中主词表示的是对象，而谓词表示的是概念。概念是不饱和的表达式，因为它是关于对象的属性描述。例如，"白的"是不饱和的概念，它是关于某个具有"白的"这个属性的对象的描述；于是，当雪成为对象，加上概念，那就有"雪是白的"这个命题句。

根据弗雷格的命题观，一个命题句的表达结构是"主词＋（是）＋谓词"，而内容成分则是"对象＋（系词）＋概念"。弗雷格认为，系词在一些特殊情况下可以省略。如果我们用弗雷格的逻辑表达式来书写"雪是白的"，就可以将其写成 $f(x)$，其中 $f(\ )$ 是概念或谓词"白的"，x 是对象或主词"雪"。如果我们要表达"雪比霜更白"，这里的"雪"和"霜"都是对象，这个函数包含两个对象，于是就可将其记作 $f(x, y)$，函式 $f(\ )$ 表示"更白"，而 x 是雪，y 是霜。弗雷格作为数理逻辑的创始人，他主要聚焦的是公理化的命题演算，而他的命题是指句子表达的思想。

在弗雷格看来，一个命题就是一个思想，而思想是客观的，是关于客观对象的客观认识（Sacchi，2006）。一个命题或思想是一个具有抽象结构的实体（an abstract structured entity），有三个组成属性：第一，在语义上有真假；第二，是命题态度的对象；第三，可以被把握。这是弗雷格关于命题性质的认识，有可取之处，但同时也存在一些值得深究的问题。例如，语义上的真或假是否具有模态性质，这是需要进一步思考的问题。

☙ 罗素的命题观

在《数学原理》中，罗素一直把命题当成数学逻辑的概念。他明确指出："可以说，命题是真或假的任何事（A proposition, we may say, is anything that is true or that is false. ）"（Russell，1903/2010：13），但命题可以拥有语言表达式（linguistic expression），而语言表达式也可以接受真与假的判断。在罗素看来，说话者用断言的方式道出命题，而命题的真假却由判断者来认定。命题的真或假可被证明，然而有些命题的真或假却无法证明。

在《数学原理》第4章，罗素力图通过分析句子的语法来进一步认识命题的表达方式。在这里，罗素似乎把语句与命题等量齐观，认为命题的组成部分包括名词、动词和用作谓词的形容词。然而，在严格意义下，命题和语句二者截然有别。命题的组成部分应该是事物（things），这些事物和句子成分相对应而已。对于命题而言，它的组成部分是对象、关系、类别等概念。罗素说，语词具有意义，原因就是语词作为符号而指示着相应的事物；而命题只有从语言表达形式上看才有语言成分，命题实质上的组成成分是由语词指示出来的实体（entities）。正因为具有组成成分，命题才被看成统一体（Russell，1903/2010：47）。在统一体这个概念上，罗素并未指明到底是语词的统一体还是实体的统一体。这里留有深思的空间。

在对句子进行分析时，罗素主要区分了三个句子成分：实体性（substantives）、形容词（adjectives）和动词（verbs）（Russell，1903/2010：42–51）。实体性成分包括原生成分（primary）和派生成分（derivative）。原生的实体性成分只能以实体性成分出现，这包括专名。其他实体性成分，如"人文性""三角变形度""尖锐性"等是从它们相应的形容词派生而来的，如"人的""三角形的""尖锐的"。派生的实体性成分既可作命题的主词，又可作命题的谓词，而原生的实体性成分主要用来命名事物。形容词则用来作为谓词，表达类别概念。动词也可指代概念，但它们只表达关系概念。

这里需要注意的是，罗素根据句子的组成成分来分析命题的组成成分，提出了对象、关系概念和类别概念。从成分上看，罗素的命题成分比弗雷格的"对象与概念二分法"命题多了一个成分。然而，罗素的这种成分分析法却并不完整。例如，对于命题"甲有别于乙"而言，进行成分分析的结果是：甲、乙和有别于。这三个成分单列出来之后，却很难重新构成一个命题。为什么呢？因为"有别于"作为分析出来的成分，它并不是甲和乙的逻辑联系词。这说明，一个命题的统一体是无法用语词成分的组合来完成的。在自然语言中，当我们说"黄铜有别于黄金"时，我们似乎表达了一个命题，但是当我们将这个命题拆分成黄铜、黄金和有别于三个成分后，黄铜和黄金就无法通过"有别于"而重新构成原来的命题。为什么呢？因为在黄铜和黄金这两类实体性事物面前，"有别于"并不是必然的逻辑联系词。

由此可以看出，罗素的命题观似乎存在矛盾性：一方面，命题的成分之间具有必然的逻辑联系；另一方面，命题又携带有认知信息。然而，认知信息和逻辑必然之间存在矛盾性鸿沟。在罗素看来，命题是知识性的，而"某某是人"这样的语句并不是命题句，因为这个句子并没有带来认知信息。可是，作为人的某某是人，这却有逻辑必然性。

另外，命题句不但具有真或假的判断，而且还可用来表达意义。如果说"黄铜有别于黄金"的命题值为真，那么这个命题句的意义就应该由认知信息来决定。这似乎没有问题，但是当把"某某是人"这个不是命题句的句子书写成否定式时，即得到"某某不是人"，这种情况下，这个句子有无认知信息呢？这些问题值得进一步探究。

✑ 维特根斯坦的命题观

在《逻辑哲学论》中，维特根斯坦说，命题不是语词的混合（维特根斯坦，2019：29）。命题是什么呢？一个命题就是现实的一个图画，是我们想象的一个现实的模式，而一个图画是一个事实。一个命题具有本质属性和偶然属性。在一个命题中，一个思想得以表达，而表达的方式是命题的成分符号对应着思想的对象，而一个思想就是一个有意义的命题。命题只能表达事物如何如此，而不能表达事物就是如此（维特根斯坦，2019：33）。命题的总和就是语言。语言是命题的总和，世界是事实的总和，而思想则是事实的逻辑图画，真思想的总和就是这个世界的图画。在维特根斯坦看来，世界、语言和思想三者具有相同的逻辑结构，它们具有同构性。

在维特根斯坦看来，命题的内容就是该命题内容所拥有的意义。一个表达式只有在命题中才有意义。一个命题包含的是命题意义的形式。命题中使用的简单符号叫作名称，一个名称意指一个对象，即在命题中，一个名称代表一个对象。命题具有确定的表达方式，命题自身是一个表达式。一个表达式是以变量的方式呈现出来的，而变量的值就是包含这个表达式的命题。如果把一个命题成分变成一个命题变量，这就会出现一类命题，这类命题的值都是从这个命题中导引出来的。维特根斯坦说，正如弗雷格和罗素一样，他把一个命题解读成表达式的函数，函数中所有表达式都包含在命题中。在"绿是绿"中，第一个"绿"应该是专名，它指代一个叫"绿"的某人，而第二个"绿"是形容词。这说明，语词看似相同，但语词在命题中具有不同的意义，它们是不同的符号。

命题不能对其自身进行陈述，因为一个命题符号不能包含在自身中。维特根斯坦表达这一观点，针对的显然是罗素的类型论。在一个命题中是本质的那个东西，就是能够表达同一个意义的所有命题的共同之处。一个命题在逻辑空间中决定一个位置，而且只能决定一个位置。思考与应用都很清楚的一个命题符号，就是一个思想。语言掩盖思想，因此我们根本不可能从思想表达的外衣来推论思想的底层形式。一个命题是对事态的描述。理解一个命题意味着知道它是真的。一个命题的真或假，只由事实的图画来确定。我们通过命题得到他人理解。

真命题的总和是自然科学的全部内容。这一观点得到了维也纳学派的大力拥护。哲学不是自然科学，它要么高于自然科学，要么低于自然科学，反正不能同自然科学平起平坐。如果说自然科学表达的命题全部是真的，那么哲学并不是以产生出哲学命题为目的。哲学的目的是对命题进行澄清。命题不能表征逻辑形式，但它们可以反映在逻辑形式中。命题只是把现实的逻辑形式显示出来，即命题展示出逻辑形式。

于是，fa 作为一个命题，它显示的是对象 a 以某种意谓出现，而 fa 和 ga 这两个命题显示的是，同一个对象 a 在两个命题中提及。在书写形式上，"存在两个对象……"这个命题的表达式是"（∃x，y）..."。需要注意的是，命题中的对象在用法上要正确，它要通过某个变量名称而在某个概念式子中表达出来，否则它就是没有意义的伪命题的成分。例如，不能简单地说"有一些对象存在"，也不能说"全部对象都存在"等这样毫无意义的伪命题。同样，像"1 是一个数""只存在一个零"等这样的表达式都没有意义。命题的意义在于，它是否符合存在的可能性以及事态的非存在可能性。

一个命题表达的是对基本命题（elementary propositions）的真值可能性的赞成或反对。如果给出所有的基本命题，结果就等于给出了这个世界的完整描述。一个基本命题是它自身的真值函数。基本命题是命题的真值论元。逻辑的应用决定基本命题的存在，而逻辑的命题是重言表达。因此，逻辑命题并未道出什么，因为它们只是分析性的命题。真值函数的普遍形式是 [p̄，ξ-，N（ξ-）]，这是命题的普遍形式，即每个命题都是对基本命题进行连续做 N（ξ）运算的结果。所有命题都等值，而命题不可能表达任何高于命题的内容。因此，不可能存在伦理命题，因为伦理是超验的。

哲学的正确方法如下：只说那些能够说的，即自然科学的全部命题是能够说的，然而能够说的却与哲学没有什么关系；那么，一旦有人想做形而上学的表达，那就应该向他 / 她展示清楚，在他 / 她的命题表达中有些符号根本是没有意义的。凡是能够说的，都应该说清楚，而在某些说不清楚的地方，我们或许可以用显示的方法而让它们显现出来。对于一切不能说清的，我们必须保持沉默。

∞ 简评

　　命题是语言哲学研究的重要主题。弗雷格、罗素和维特根斯坦的命题观既有联系，又有区别。弗雷格意图给命题赋予一个简单的表达方式："主词 + 谓词"，这个结构对应的是"对象 + 概念"。在弗雷格看来，概念是一个不饱和的函数，是关于对象的描述；命题是关于对象的概念表达。罗素一方面强调句子不等于命题，可另一方面却把命题放在句子层面上来做结构分析。与弗雷格不同的是，罗素区分了三个句子成分：实体性、形容词和动词。实体性成分主要用来命名事物，形容词则用来作为谓词，表达类别概念，而动词也可指代概念，但它们只表达关系概念。维特根斯坦基本上避开了弗雷格和罗素的做法，而尽量抛开自然语句来讨论命题的性质与结构。无论怎样，弗雷格、罗素和维特根斯坦对命题的讨论，目的之一是对意义的讨论。意义问题一直是语言哲学研究的中心问题。

参考文献

维特根斯坦. 2019. 逻辑哲学论. 杜世洪导读注释. 上海：上海译文出版社.

Aristotle. 1963. *Categories and De Interpretatione*. J. L. Ackrill (Trans.). Oxford: Oxford University Press.

Frege, G. 1997. *The Frege Reader*. M. Beaney (Ed.). Oxford: Blackwell Publishers.

Plato. 2015. *The Complete Works of Plato*. East Sussex: Delphi Publishing.

Richard, M. E. 1996. Propositions. In D. M. Borchert (Eds.), *Encyclopedia of Philosophy*. Vol. 8. 2nd ed. New York: Thomson Gale, 88–89.

Russell, B. 1903/2010. *The Principles of Mathematics*. London: The Bertrand Russell Peace Foundation.

Sacchi, E. 2006. Fregean propositions and their graspability. *Grazer Philosophische Studien,* 72(1): 73–94.

Tanesini, A. 2007. *Philosophy of Language A–Z*. Edinburgh: Edinburgh University Press.

摩尔的哲学分析

MOORE'S PHILOSOPHICAL ANALYSIS

摩尔的哲学分析（Moore's philosophical analysis）为日常语言哲学提供了重要范例。摩尔是 20 世纪初英国最重要的哲学家之一。他与罗素和维特根斯坦被誉为"剑桥分析哲学三巨头"，剑桥因这三巨头的哲学研究及影响而成为分析哲学的中心。摩尔于 1873 年出生在伦敦南部，于 1892 年进入剑桥三一学院学习，研读并翻译古典文学。在剑桥，摩尔认识了罗素，开始对哲学产生浓厚兴趣。1896 年，摩尔从三一学院古典文学专业毕业，因热爱哲学与卓越表现而获得奖励，留校在剑桥继续研习哲学。索迈斯说，1921 年，摩尔成为英国《心理》杂志的执行编辑，一直到 1939 年退休，并推荐《心的概念》（*The Concept of Mind*，1949）的作者、牛津大学的赖尔接任《心理》杂志执行编辑这一重要职位（Soames，2003：3）。

长期的编辑工作以及早年从事古典文学的翻译实践，让摩尔养成了字斟句酌的习惯。在这习惯的驱使下，摩尔对一些著名哲学家的断言式话语进行研究，追问它们的意义，逐渐形成了其意义理论。那么，摩尔是怎样追问哲学名家断言式话语的意义呢？在现代哲学的分析运动中，摩尔的意义理论有什么样的特点？摩尔的哲学分析肇始于他对哲学话语的深入分析。在对一些著名论断进行批判的过程中，摩尔利用"感觉资料"这一概念，从常识的角度来理解贝克莱等人的哲学主张，指出他们的错误根源。

摩尔的哲学分析属于实在论的意义分析，主要对英国唯心主义的一些论断进行了批判，同时又对休谟的经验主义表示怀疑。摩尔虽然未建构起宏大的哲学体系，但是他的"感觉资料"与分析精神至今仍有不可忽视的价值，尤其是对科学哲学和语言哲学的概念考察具有典范作用。

➂ 对哲学上一些著名论断的质疑

摩尔的哲学分析肇始于对唯心主义的反思与批判，并逐步形成"常识论的实在论立场（common-sense realist position）"（Gross，1970：15）。摩尔对唯心主义哲学家的一些话语表述深表不满，常常发问以示质疑。在当时专事哲学的人眼里，摩尔的疑问虽然显得有点幼稚，但很有道理。虽然摩尔的常识论在解决知识论问题时没有取得成功，但是他的日常语言分析颇有影响，以至后人从他的学说中发展出了"新摩尔主义"（杨修志、曹剑波，2013）。这当然与摩尔对唯心主义的批判有关。摩尔对唯心主义哲学的以下观点存有疑问：

> S1 存在就是被感知。
> S2 我们看见的周围的一切事物只不过是真正存在的事物的影子或样式。
> S3 我们不知道别的任何事物，而只知道我们自己心中的观念。
> S4 现实不是真实的。（Gross，1970：22）

在以上四点中，S1 是贝克莱的观点；S2 是柏拉图哲学传统的断言；S3 有笛卡尔思想的痕迹，但这是当时剑桥大学哲学界谈论得很多的一个观点，而 S4 是托马斯·阿奎那的观点。摩尔从常识的角度对这样的句子表示质疑，并从字面入手来推敲这些语句的意义。摩尔把物质和现实的意义同具体物件的存在关联起来。当别人说现实不真实时，摩尔想到的是具体而真实存在的事物。就这样，摩尔走上了关于哲学话语的意义研究的道路。摩尔在自传中谈到了他的哲学分析：

> 现在想来，不是世界或科学本身让我想到了任何哲学问题，而是其他哲学家关于世界或科学所说的话让我想到了哲学问题。我对他们话语中存在的问题一直很感兴趣（现在依然很感兴趣），而这些问题大概可以分为两类：一类问题就是要尽量弄清某个哲学家所说的话到底是什么意思；另一类问题就是要探索，到底有什么真正令人满意的理由，让一个哲学家坚信

他的话是正确的，抑或是错误的。想来，我一生都在致力于解
决这样的问题，当然我并不是那么成功地解决了我本喜好的问
题。（Moore，1944：14）

在摩尔看来，哲学家本来是用日常语句来表达观点却又缺乏常识，
如阿奎那所说的现实不是真实的，那么阿奎那的身体是不是真实的呢？
我们有能力用语句来表达想要表达的意义，但是我们在分析我们的话语
是否正确方面，却显得无能。怎样正确分析话语的意义呢？这是摩尔终
其一生的研究，不过，摩尔自己也承认他在这方面做得并不成功。

相传，当听到一位唯心主义者在讲台上说物质不存在、现实不真实
时，摩尔大怒，走上台去打了那位演讲者一下，质问"这一打"到底真
实不真实，到底存在不存在。在他著名的《捍卫常识》（"A Defense of
Common Sense"，1959）一文中，摩尔列举了一些常识，认为常识是
真实的。摩尔没有直接说物质是否存在，现实是否真实，而是用他的身
体举例说明，身体是真的，身体确实存在，而且身体周围的环境也确实
存在（Moore，1959：33）。其实，摩尔在这里表现出来的存在观实际上
是实在论的存在观。

❧ "感觉资料"与意义的实在性

摩尔是把物质同具体物体的存在联系起来，而且是把意义同物件的
存在联系起来了。显然，摩尔的意义理论具有实在论的主张，认为意义
与物件不可剥离，但摩尔似乎要把物件本身与意义剥离，但又同时认为
意义离不开物件的存在。这样一来，摩尔的意义理论具有指称论的特点。

物件与意义到底是怎样联系起来的？关于这个问题，我们可以从摩
尔的"感觉资料"中找到答案。

什么是"感觉资料"？摩尔做了举例说明。他拿出一个白色信封，
让听众们观察，每个人都在自己所处的位置看到了信封这一白色物件，
而且每个人都会感觉到这白色物件的颜色、形状和大小。摩尔认为，人

们各自在不同角度感觉到的关于信封的颜色、形状和大小就是他们各自关于信封的"感觉资料"（Moore，2008：28）。

摩尔的"感觉资料"可以分解为三点：感觉（人的主观感觉）、物件（人能直接感觉到的事物）和资料（人在感觉中获得的信息）。摩尔的这一认识，会让我们想起先秦时期公孙龙关于"离坚白"的著名"坚白论"来。公孙龙关于"坚"与"白"这两种属性相离的观点，大致相当于摩尔关于不同"感觉资料"的认识。在公孙龙看来，一块白石头，若用手去摸它，我们会感觉到它的坚硬，而当我们用眼睛去看它时，就会感觉到它的白色。问题是当我们闭上眼睛而且远离白石头的时候，我们会感觉到白石头的什么属性呢？感觉到的是"坚"还是"白"呢？显然，这里的"坚"与"白"属于摩尔所说的两种"感觉资料"。

摩尔提出"感觉资料"这一概念，主要是要批判贝克莱关于"存在就是被感知"这一主观唯心主义观点。"感觉资料"这一提法在当时比较新颖，但是关于"感觉资料"这方面的思想，并非摩尔独有。前面我们说过，公孙龙的"坚白论"大致属于这样的认识。就是在西方哲学史中，洛克、贝克莱和休谟等大体上也有近似于"感觉资料"的认识，只不过说法不一样，而且针对的问题不一样而已。摩尔本人也认为，像洛克、贝克莱和休谟在这方面的认识出现了问题，而且这些问题，如"存在就是被感知"是没办法从他们的认识角度来给予妥善解决的。在摩尔看来，贝克莱认识不到事物的存在，而休谟甚至对事物的存在与否表示怀疑。摩尔要避开这两人的困境，他的任务就是要正确分析关于"感觉资料"这方面的哲学问题。

"感觉资料"到底包含什么内容呢？摩尔认为，首先，我们有对事物进行感觉的"正常条件"。其次，可以称为"感觉资料"的事物可以分为五大类：

> 第一，关于事物的意象，这一意象是人们在正常条件下拥有的，它并不依赖于现场观察，也就是说，当人们远离所观察的事物时也会想到的意象；
> 第二，梦里经验；

第三，幻觉和幻想；

第四，后果意象，即亲身经历后所留下的意象；

第五，在正常或非正常条件下观察到的内容。（Soames，2003：24-28）

这五类都属于"感觉资料"，它们有"能够被经验到"和"不可分析"这两大特征。这就是说，美女的美是"感觉资料"，这美能够被经验到，同时美女的美无法分析，美已经是一个无法再细分的意象。普通人会认为，美女之所以美，是因为她的皮肤、身材、五官、仪态、举止等，但是在摩尔看来，"美女的美"是一种"感觉资料"，分解了的美，如"眼睛的美"是另一种"感觉资料"。"感觉资料"不可分析，"眼睛的美"这一"感觉资料"并不等同于"美女的美"这一"感觉资料"，我们也不能把"眼睛的美"当成"美女的美"的组成成分。平常，我们习惯于认为，西施之美肯定与她的各部分都美有关。这种思考有道理，但这还不是摩尔所说的"感觉资料"。当我们单独看到美丽的眼睛时，我们已经有了关于眼睛的"感觉资料"了。在摩尔看来，关于整体的"感觉资料"并不等于成分的"感觉资料"。整体的美无法化约或还原成组成成分的美，陈嘉映那"无法还原的象"（陈嘉映，2005：151）说的就是这个道理。

"感觉资料"既是感知到的内容，又是人们关于对事物的感觉而形成的命题或判断的终极主体（ultimate subject）。摩尔举例说，你看见你的手，你所看到的就是一项"感觉资料"，而不是整个手本身或者手的组成部分。当你举起你的手说"这是一只人手"时，"这"就是一项你感觉到的"感觉资料"。关于"这是一只人手"，你所知道的内容与这一"感觉资料"有关，而不是手这一物件本身。在摩尔看来，"这是一只人手"的意义就是说这话时的"感觉资料"，而不是"一只人手"本身。

既然"这是一只人手"的意义与实际的"一只人手"这一物件没有直接关系，而是与心灵直接关联，那么它究竟是怎样与我们的心灵关联的呢？换句话说，"感觉资料"究竟与心灵是什么样的直接关系呢？摩尔认为，具体的物件不能与心灵直接关联，而是要通过"感觉资料"才能取得联系。"感觉资料"与心灵的关系就是领会与亲知（apprehension and acquaintance）（Moore，1968：147），而领会与亲知又建立在各种不同的感官上，如看见、听到、闻到、触摸、感受等。不同的感官得来的经验结果会有不同的"感觉资料"。由此可以看出，摩尔明确认定有外在世界的存在，这与贝克莱的观点截然相反。

值得注意的是，对于摩尔的"感觉资料"，有两个关键问题需要我们思考：第一，"感觉资料"是怎样与物件联系起来的？第二，"感觉资料"又是怎样与心理联系起来的？如果我们回答不了这两个问题，我们就站在休谟的立场上了，即我们无法证明事物是否存在（Moore，1968：148）。如果我们把这两个问题合二为一，认为心灵的作用至关重要，那么我们又站在贝克莱的立场上了，即事物的存在只是感觉而已。事实上，摩尔就是要避开这样的困境（Chan，2010：211）。

☙ "存在就是被感知"的错误性质

在《感觉资料的状态》（"The Status of Sense Data"，1968）和《对唯心主义的反驳》（"The Refutation of Idealism"，1968）这两篇文章中，摩尔详细地分析了贝克莱"存在就是被感知"的错误所在。贝克莱的这一观点的英文语句是："To be is to be perceived."摩尔对这一句子做了如下剖析：

> 第一，句中系动词 is（是）表示等同关系，这就是说，to be（存在）和 to be perceived（被感知）是同义表达式，二者等同。这显然是错误的，因为"被感知"和"存在"根本不是一回事。为什么不是一回事呢？摩尔进一步反证说，如果是一回事，那么就是说这一语句的主词和谓词存在必然联系。摩尔下一步就是要证明二者之间到底有没有必然联系。
> 第二，贝克莱认为，存在（to be）与被感知（to be perceived）有必然联系，因为离开主体就很难想象有什么经验对象。对此，摩尔认为，贝克莱的这一观点在逻辑上讲不通。摩尔说，如果"存在就是被感知"是一个必然判断（正如"平

面三角形的内角和是 180 度"这样的必然判断一样），而且如果贝克莱的这个必然判断是真的话，那么当我们否定这个必然判断时，就会出现明显的逻辑矛盾。例如，我们否定一个真正的必然判断"平面三角形的内角和是 180 度"，而是将其说成"平面三角形的内角和不是 180 度"，这显然出现了矛盾。然而，当我们否定"存在就是被感知"时，我们说"存在不是被感知"，这时我们却看不出有什么矛盾出现。因此，to be（存在）与 to be perceived（被感知）并非一定有必然联系。

第三，既然"存在就是被感知"的主词和谓词没有必然联系，那它就不是分析性的语句。贝克莱是怎样得出"存在就是被感知"这一结论的呢？摩尔说，我们找不到现成的验证方式来验证它，既然无法验证它，我们凭什么去坚信它呢？在摩尔看来，理解一个命题时可能会出现三种情况：第一，我们相信这个命题；第二，我们不相信这个命题；第三，我们对这个命题无所谓相信或不相信，只不过是理解该命题而已。不过，不是所有看似命题句的陈述都表达的是真，有些陈述表达的是看法，看法不一定真，所以就看法进行否定，得出的否定性陈述同样让人可以接受。"存在就是被感知"与其否定句"存在不是被感知"，二者听起来都有道理，同样可以接受，所以它们都不是真的表达，我们完全不必相信这样的说法。（Moore，1968：1-30）

摩尔反驳了贝克莱的"存在就是被感知"之后，接下来就要证明"感觉资料"与"物件"之间究竟具有什么样的联系。摩尔以视觉方面的"感觉资料"为例，先假定"视觉感觉资料"（visual sense data）与"物件"（material bodies）存在以下可能性关系：①根本没有物件，因此就无所谓什么联系问题；②"感觉资料"只是话语描绘出来的项目，因此也不需要考虑具体物件问题；③"感觉资料"只是物件表面现象的一部分；④"感觉资料"与物件之间存在一种不可分析的联系方式，我们现在还不知道这种方式。

摩尔首先否定了第一种可能性，因为常识告诉我们并非一切事物都是心灵的事物，具体的物件客观存在，由于客观事物的存在，所以"感觉资料"也并不是心灵之物。对于第二种可能，摩尔也明确否定，因为物件不是话语描绘出来的，当我们谈论到我们的手时，我们面前确确实实有我们的手存在。摩尔赞成第三种和第四种，他认为，当我们看到或谈到自己的手时，这时的"感觉资料"只涉及手的一部分，我们根本没有考虑到手的骨头、血脉以及毛孔这样的东西。在常识状态下，在正常条件下，我们关于手的"感觉资料"只是手的一部分内容。

"感觉资料"与所感觉到的部分内容之间的关系究竟是什么呢？这正是摩尔为之殚精竭虑、苦苦思索的问题。在《感知的若干判断》（"Some Judgments of Perception"，1968）一文里，摩尔试图详细说明这种联系到底是怎么一回事（Moore，1968：220）。当一个普通物件呈现在我们面前时，如一张沙发、一棵树、一个笔筒等这样的非透明性物件出现在我们面前时，我们可能会说出"这是一张沙发""那是一棵树""我的笔筒里只有钢笔"等这样的话来，这些都是"感觉资料"，而事实上，我们根本没有把它们全部表达出来。一张完整的沙发、一颗完整的树和一个完整的笔筒究竟各自含有什么样的具体内容，并不完全出现在我们的"感觉资料"中。我们以某种无法分析的方式感觉到了部分内容。物件只是以部分现象呈现在我们的"感觉资料"里，而不是完整地给予我们，物件呈现出来的方式，我们无法加以描述。

需要特别注意的是，对于"感觉资料"的一个语词或概念，摩尔感到无法加以描述这一困惑，后来成了罗素描述语理论（theory of description）力图描述的内容。摩尔的意思是，当说"这是一棵树"时，这里呈现的是一种"感觉资料"，而不是把整个一棵树交给了我们。这里只有"感觉资料"的呈现，而没有物件的给予。这让我们想起，"这就是我们的校长""校长来了"等这样的话，这确实只是"感觉资料"而已。然而，日常生活中，当你对我说"这就是我的车钥匙"，你可能是要把车钥匙交给我，这时"感觉资料的呈现"和"物件的给予"同时发生了。摩尔对这样的现象却没有论及，这里已经涉及直接指称，而直接指称却是摩尔所反对的。

✂ 摩尔对休谟的批判

摩尔关于"感觉资料"的论证，目的并不在于描述外部世界究竟如何存在，而是在于强调我们知道外部世界确实存在。在这一点上，摩尔的论证是成功的。这既是对阿奎那、贝克莱等人的反驳，又是对休谟的批判。这就是说，摩尔主要批判了英国唯心主义哲学，但同时他对休谟的经验主义也做了批判。

贝克莱的主观唯心主义观，认为物质不存在，这种观点遭到了摩尔的批判，与此同时，休谟的经验主义不可知论也受到了摩尔的质疑。休谟认为，我们相信因果关系存在是非理性的，因为归纳法得不出普遍必然规律；现实中，我们相信因果关系，如火使人温暖，水使人清醒，是因为不这样就要吃苦头；但是从理论上看，我们的理性无论如何也得不出普遍必然因果关系。休谟写道："关于原因与结果，我们的一切推论无非是由习惯得来的；信念与其说是我们天性中思考的行为，不如说是感觉的行为比较恰当。"（Moore，1968：155）

休谟的不可知论主要表现在两个方面：第一，关于物质对象和上帝是否存在，这不可知；第二，关于经验之间的因果关系（或普遍必然规律）是否存在，这不可知。关于物质存在的不可知，这是继承了贝克莱的思想，而后一个关于因果关系中的普遍性不可知是休谟的创见，这对康德哲学和现代科学哲学产生了巨大影响。

摩尔把休谟的不可知论总结为两条规则：第一，除非已经知道所领会的那种事物就是事物存在的符号，否则任何人都无法知道未经直接领会的事物的存在；第二，除非对甲事物与乙事物之间的一般联系有亲身经验，否则没人能够知道甲事物就是乙事物存在的符号。这两条规则是说，如果我们没有直接亲知某种事物，我们就不知道该事物的存在，不过，我们若直接知道该事物存在的符号，我们或许能够知道该事物的存在。如果我们没有亲自经验到事物之间的一般联系，我们就不可能知道一事物是另一事物存在的符号。如果我们对有联系的两事物没有直接亲知，我们就不可能知道或者经验到这两事物之间的联系。

摩尔认为，如果休谟的上述规则正确的话，那么我们就不可能知道事物的存在，因为我们能够直接亲知的并不是事物本身，而是"感觉资料"。另外，我们也不能断言，"感觉资料"就是事物间的联系，因为我们并没有亲知或直接经验到事物本身。这样一来，通向知道事物是否存在的两条途径都关闭了，因此我们根本无法知道事物的存在。对此，摩尔认为，这一结论显然有问题。按常识，我们并非不知道事物的存在。于是，摩尔对休谟的两条规则从逻辑推理上做了如下反驳：

> 前提 A：如果休谟的两条规则为真，那么我们就不可能知道事物的存在。
>
> 前提 B：休谟的两条规则为真。
>
> 结论 C：所以，我们不知道（不可能知道）事物的存在。（Moore，1968：147–167）

这一逻辑推论的焦点集中在前提 B：休谟的两条规则到底是真还是假呢？摩尔进行了反证：

> 前提 A'：如果我知道某物确实存在，那么休谟的两条规则为假。
>
> 前提 B'：我确实知道某物存在，比如我面前的铅笔真实存在。
>
> 结论 C'：所以，休谟的两条规则为假。（Moore，1968：147–167）

对于上述推理，摩尔认为有效。然而，他的"感觉资料"这一概念并没有在这个推论中起到任何作用，因为这里的推理仍然建立在常识的基础上。

摩尔对休谟的批判，本来要强调我们能感知的不是事物本身，而是"感觉资料"，而在实际推理中，摩尔反而预设了他对实际事物的直接感知，如直接知道面前的铅笔的存在。摩尔的"感觉资料"并没有发展为一个成熟的体系，这是因为摩尔的全部注意力并不在于要建立体系上，而在于寻找哲学家所说话语的漏洞上。

摩尔进入哲学门参加哲学问题讨论的注意力并不是哲学或者科学的具体问题，而是聚焦在哲学家使用语言时出现的问题上。另外。摩尔虽然注意到了语言使用的微妙，建立起一个新概念"感觉资料"，但是他并没有意识到他的"感觉资料"本身却经不起推敲。后来，赖尔批判摩尔时说，"感觉资料"这一概念的出现，本身就不符合语言使用的常识。在我们看来，摩尔的"感觉资料"也不符合"奥康的剃刀原则"，他并无必要地推出了一个不太成熟的概念来。

尽管摩尔的"感觉资料"不太完善，但是人们在谈论摩尔的哲学分析时，始终无法回避摩尔的"感觉资料"这一不成熟的概念。摩尔的意义研究也与"感觉资料"密切相关。

摩尔的意义研究和穆勒的观点相近，认为语词或者短语组合主要起到名称的作用。名称所指代的内容就是意义，不过，摩尔不同于穆勒之处在于，名称指代事物时，有"感觉资料"的凸显，名称不直接指代事物。

ᖶ 世界由概念关系组成

在论及观念和概念时，摩尔认为，洛克的"观念"这一概念不正确。洛克的"观念"是心理现象，心灵拥有的内容。摩尔认为，心灵拥有的是"概念"，而概念是"普遍意义"，它不依赖于心灵本身，不是像洛克所说的"观念"那样属于抽象的心理现象。摩尔的"概念"既不是个体，也不是殊相，而是永恒的普遍意义。红、白、大、软、花、椅子等这些概念并不是个体的、殊相的，而是普遍的、永恒的。这些概念会相互结合形成新的表达，如"红"与"玫瑰"结合成了"红玫瑰"。当我们说"这是红玫瑰"的时候，我们既不是在谈论语词，也不是在谈论观念，而是声明"这""是""红""玫瑰"等这些概念的相互关系。因此，在摩尔看来，考察一个命题的真与假，不是去考察该命题究竟与现实是否对应，而是考察命题组成成分背后的各种概念的相互关系。例如，对于"这猫是在坐垫上"这一命题，我们不必去看究竟有没有猫在坐垫上，而是要理解这一语句所涉及的各个概念的关系（Soames，2003：34）。

　　摩尔说，世界是由概念组成，而概念是知识的对象。这有点像柏拉图的思想，不过摩尔的概念还有别于柏拉图的理型。在摩尔看来，所谓存在，就是概念或者概念复合及其相互关系。要判断什么是真、什么是假，就要看其中的概念组成，概念先于事物的观念而存在。摩尔的这一观点针对的是英国经验主义哲学关于世界的认识而做的批判。由此可以看出，摩尔不但反对唯心主义，而且还对经验主义持有批判的态度。不过，对于世界的理解，摩尔认为，我们可以直接领会（direct apprehension）。这一认识却具有柏拉图哲学的意味，也正是摩尔关于命题理解的观点。

　　在摩尔看来，我们理解一个命题时，可能会出现三种情况：第一，我们相信这个命题；第二，我们不相信这个命题；第三，我们对这个命题无所谓相信与不相信，只不过是理解该命题而已。例如，现在我们说"摹因就是文化传递的最小单位"（杜世洪，2005，2012），对于这一命题，我们可能会有以上三种情况的理解：相信这一命题，不相信这一命题，无所谓相信与不相信。

　　对命题的直接领会不同于对"感觉资料"的直接领会。领会"感觉资料"需要的是感觉活动，而不需要理解。然而，领会命题却需要理解，而不需要感觉活动。这是命题的特征之一。命题的另外一个特征是命题总是关于某事物的陈述，即便是"2 + 2 = 4"这样的命题也是关于2和4的陈述。此外，命题的第三个特征是命题有真假，这是命题独有的特征。说一个命题为真或为假就是把某种属性归因在命题上。

　　既然只有命题才有真假可言，那么我们可不可以说信念、语句和意象有真假呢？摩尔说，它们的真假是在派生层面上谈论，是派生意义上的真假。这就是说，要判断一个信念是真还是假，就要看这个信念是不是表达了一个命题。语句的真假判断也是这样，就是检查这个语句是否表达了一个命题。意象的真假既然是派生的，那么判断一个意象的真假，就是要检查这个意象有没有导致意象效果的命题。以命题为核心，摩尔认为语句、某些手势、某些思想以及某些不完整的句子等代表的是名称，它们的意义就是涉及其中的命题。在摩尔看来，意义就是命名或指代关系。

❀ 摩尔意义理论的特点

摩尔的意义理论主要围绕名称与命题而论。语词和语句都是名称，语句是命题的名称，语词是概念的名称。意义就是命了名的对象或概念。摩尔早期思想认为，概念就是世界里的事物，命题就是关于世界的事实。但后来，摩尔发现意义问题很复杂。于是，他进一步论述什么是意义。

1. 意义是定义与分析的结合

摩尔把他的意义概念同定义与分析紧密结合起来。摩尔认为，意义、定义和分析这三者密不可分，确定某一表达式，如某个语词的意义就要对它加以定义和分析。定义就是分析，就是把复合物分解开来，而简单物无法分析，因此对简单物的定义就是指派名称。例如，摩尔在《伦理原则》(*Principia Ethica*，1903) 里讨论什么是"善举"时说，"善举"是一个复合概念，要定义它首先要知道什么是"善"以及什么是"恶"(Soames，2003：70)。

怎样定义"善"呢？词典里给出的定义并不是真正的定义。真正的定义就是能够描述出被定义的对象的真实特征，所以定义本身就是一个成分分解的过程。有些语词并不是复合体，它们是单体，我们无法对它们进行成分分解，因此我们就无法定义。例如，黄、红、好、坏、善、恶等，这些语词无法进行成分分解，因此我们无法对它们进行分解式定义，因而无法给它们建立判断标准。但是，对这些无法分解的语词，我们可以指定它们的对象，即什么是黄、什么是红，这些是可以指定出来的。回到什么是"善举"这一语词的定义上来，"善"无法进行分解式定义，但是"举"可以分解，因为"举"是很多种行为的名称，在很多种行为当中，有些行为被指定为"善"，人们用"善"这一词来命名，这就在语言使用中有了"善举"的出现。

2. 意义是理解的对象和分析的结果

意义同定义结合起来，而定义同分析结合起来。在摩尔看来，分析就是要把复合体分解成单体，找出其中的独特之处。于是，摩尔认为，定义有三层意思。摩尔以"马"为例，进行了详细的说明。第一个层面，我们用"马"这一个语词指代"有蹄的四足的马属动物"；第二个层面，所有使用这种语言的人都用"马"来指代"有蹄的四足的马属动物"。注意：这两个层面属于名称指定与使用，如果定义只有这两个层面，那么一切语词都可以定义。然而，定义却有至关重要的第三个层面，那就是对复合体的成分分解式的分析。例如，"马"不仅可以被分解成"有蹄，四只脚"，而且还可以被分解成"有一个心脏""一个头""两只耳朵""一个尾巴"等许许多多的成分，这种分解式定义一直可以进行下去，直到分解出不可再分解的单体。

摩尔以马为例的这种分析方法旨在说明语词分为可分析的和不可分析的两大类。不可分析的，如黄、好等，这样的语词属于指定出来的名称，而可分析的，如马、善举等这样的语词，却需要领会与理解。至此，我们可以看出，对摩尔的意义理论的理解，不能单纯地停留在"语词就是名称，语句就是命题的名称，意义就是定义"这样的表述上，而应该推进一步。沿着摩尔的方法看，我们可以得出一点认识，意义归根结底就是"理解的对象和分析的结果"（Stoljar，2006：609–618）。

3. 意义有正确分析的条件

把意义同理解与分析结合起来考察，这一认识在西方哲学史上远可以追溯到柏拉图《泰阿泰德》中对语词的详细考察，近可以追踪到罗素和维特根斯坦那里，如逻辑原子思想、描述语理论以及关于语词使用的方方面面的研究。虽然这种意义研究有如此渊源，然而在我们看来，似乎只有摩尔才非常执着地要为意义的理解与分析建立一套感觉标准。

摩尔就意义的正确分析提出了三条要求：第一，对一个概念要进行分析，只有当我们知道分析项（analysan）适用于被分析项（analysandum）时，我们才可能知道被分析项适用于对象；第二，只有当我们能够核实分析项是否适用时，我们才能核实被分析项是否适用；第三，任何关于被分析项的描述必须与关于分析项的描述同义（Altman，2004：395）。

摩尔的这三条要求表达的意思是，一个正确的分析必须满足三个条件：第一，分析项与被分析项属于同一概念范畴；第二，分析项和被分析项分别有不同的表述方式；第三，分析项所表达的概念在被分析项里尚不明确，因此分析就需要把被分析项阐明。例如，"梁山伯是兄长"可以被分析成"梁山伯是男性同胞"，这两种表达方式不同，但是二者同义，适用于同一概念，表达的内容明显清楚。

然而，摩尔的这三个条件却存在问题：既然分析项和被分析项，二者的描述要同义，那么我们怎么知道"兄长"与"男性同胞"具有同样的意义呢？如果我们知道二者同义，那么我们的分析实际上属于"重言累赘"。对于这一点，即同义关系，蒯因明确指出这属于经验主义的教条。

摩尔所坚持的"概念分析"具有实在论的本体论性质，这种追问语词和概念的意义方式在哲学中并不少见，如现代俄罗斯的语言哲学中的"概念分析"不能说没有摩尔分析精神的体现（陈勇，2011）。毕竟，作为剑桥大学分析哲学三巨头之一，摩尔在语言的逻辑分析和概念分析活动中颇具影响力。

☙ 简评

虽然摩尔的哲学思想并不具有宏大的体系，但是他在捍卫常识的思辨中建立起的"感觉资料"仍然是哲学界无法回避的概念。围绕"感觉资料"这一概念，摩尔就主观唯心主义和经验主义的一些断言式话语做了深入分析，批判了像阿奎那、贝克莱等人的论断，逐步形成了实在论的意义理论。

摩尔的意义理论具有鲜明的针对性，其中所涉及的哲学问题是哲学史上的经典问题。摩尔的分析手法让人感到哲学的意义研究绝不是空谈，而是要解决具体的问题，这对现代语言哲学研究仍具有借鉴意义。语言哲学研究以及人文学科研究要避免天马行空式的宏图勾画，要避免笼统地输出一个个新的概念，要避免输出可能导致思想混乱的概念，而更重要的是，若从事分析哲学研究，我们就要清理哲学上的沉疴宿疾，厘清一些哲学问题。摩尔的这种哲学批判精神值得提倡，这对现代科学哲学、语言哲学、人文社会科学等研究具有典范作用，尤其是在概念考察方面，摩尔的哲学分析技术精湛，值得借鉴。

参考文献

陈勇. 2011. 关于概念分析的本体论思考. 外语研究，（1）: 59–68.

陈嘉映. 2005. 无法还原的象. 北京：华夏出版社.

杜世洪. 2005. 从基因的角度看摹因的实质. 宁波大学学报（人文科学版），（4）: 74–79.

杜世洪. 2012. 英语语法教学中的摹因与替因. 教育教学论坛，（7）: 55–57.

杨修志，曹剑波. 2013. 日常语言分析下的新常识哲学——论新摩尔主义. 自然辩证法研究，（1）: 14–19.

Altman, A. 2004. Breathing life into a dead argument: G. E. Moore and the open question. *Philosophical Studies*, *117*(3): 395–408.

Chan, T. 2010. Moore's paradox is not just another pragmatic paradox. *Synthese*, (173): 211–231.

Gross, B. A. 1970. *Analytic Philosophy: A Historical Introduction*. New York: Pegasus.

Moore, G. E. 1944. An autobiography. In G. E. Moore, *The Philosophy of G. E. Moore*. P. A. Schilpp (Ed.). Evanston: Tudor Publishing Company, 3–39.

Moore, G. E. 1959. *Philosophical Papers*. London: Routledge.

Moore, G. E. 1968. *Philosophical Studies*. Totowa: Littlefield, Adams & Co.

Moore, G. E. 2008. *Some Main Problems of Philosophy*. New Ed. London: Routledge.

Soames, S. 2003. *The Dawn of Analysis: Philosophical Analysis in the Twentieth Century*. Princeton: Princeton University Press.

Stoljar, D. 2006. Should Moore have followed his own method? *Philosophical Studies*, (129): 609–618.

思想实验　THOUGHT EXPERIMENT

思想实验（thought experiment）是在心灵实验室里进行想象性的、假设性的概念分析活动（Brown，2011：1；Tittle，2005：x）。"思想实验"这一术语本身具有隐喻性质，但在学理及旨趣上，它与常规实验并无二致。思想实验是在理论探讨、问题思考、观点争鸣、概念甄别等活动中就难点、难题而进行的假定性说明或推论。思想实验在哲学、自然科学、社会科学等领域，特别是在逻辑推理、哲学追问、科学探索、语言论证和日常对话等方面都具有重要作用。思想实验常常以奇特的方式直接提供或间接呈现新认识、新思考、新观点等（杜世洪、周方雨歌，2023；Gendler，2000：1）。在自然科学中，牛顿的水桶、爱因斯坦的电梯、图灵的模仿游戏、薛定谔的猫等都是著名的思想实验。在古希腊、罗马哲学中，芝诺的阿基里斯、柏拉图的洞穴、卢克莱修（Lucretius）的长矛等都是经典的思想实验。

在哲学的整个发展进程中，思想实验并不罕见，如笛卡尔的恶魔、洛克的王子与鞋匠、普鲁塔克及霍布斯的忒休斯船、休谟的蓝色阴影、康德的先验空间、莱布尼兹的中国王、弗里德里希·威廉·尼采（Friedrich Wilhelm Nietzsche，1844—1900）的无限（递归）轮回、詹姆斯的吉姆等。在现代分析哲学和语言哲学中，存在一些著名的思想实验，如罗素的太空茶壶、维特根斯坦的甲壳虫、艾耶尔的鲁滨逊、摩尔的玻璃花、希拉里·普特南（Hilary Putnam，1926—2016）的孪生地球和缸中之脑、蒯因的土著兔子（Quine's Gavagai）、古德曼的蓝绿宝石、塞尔的中文房间、罗蒂的对脚人、杰克森的玛丽的房间等。语言哲学借助于思想实验而进行相应的概念分析。据此，哲学家的工作状态可描绘成"四在"：身在椅子上，心在实验室；大脑在运转，观点在云集。

⍟ 思想实验的特征与目的

思想实验针对专业性的理论问题，而常常使用日常语言表述出来，表面上不乏趣味性，但深层里却具有启发性。在语言哲学的具体活动中，思想实验常常用于概念分析、假说提炼、认识澄清、分歧化解、观点发布、理论选择、理论推行等。思想实验试图证明的观点或者解答的问题往往是前沿问题或者尚无定论的问题，即思想实验具有先导性、开拓性以及暂时确定性的特征。像普特南的孪生地球、蒯因的土著兔子等思想实验对意义问题提供了先导性和开拓性的启示。

在现有条件无法满足的时候，在无法回答的难题面前，思想实验或许能够提供具有一定合理性的解答。例如，对于"宇宙是否有边界"这个问题，至今难有定论，但古罗马哲学家卢克莱修利用思想实验，暂时证明"宇宙是无边的"。卢克莱修的思想实验可简述为卢克莱修的长矛：如果认为整个宇宙是有限的，那么人就能够跑出这个界限，而且假设人用足够强大的力量掷出一柄长矛，这长矛就会持续飞行（Tittle，2005：4，5）。在这种情况下，这长矛会停止吗？会被什么东西阻挡住吗？卢克莱修说，若无什么东西阻挡，这长矛会一直处于飞行中；若长矛被某种东西阻碍住了，这种东西是要占据空间的，那么这就足可证明阻碍长矛飞行的那东西后面还有某种东西，即物后有物，这最终证明宇宙是没有边界的。

当然卢克莱修的长矛这个思想实验，旨在为古罗马时期的问题"宇宙是否有边界"提供一种看似有理的解答。这个实验本身存在诸多问题，如没有考虑到影响长矛飞行的许多因素。卢克莱修的这个思想实验恰好说明有些思想实验存在另外一个特征：粗朴性。

尽管思想实验具有先导性、开拓性、暂时确定性和粗朴性等特征，但是思想实验的作用或目的常常是显而易见，而且不可忽视。思想实验常有以下之一或更多的作用或目的：①提出一个深刻的且意想不到的问题；②回答一个暂时难以准确回答的问题；③揭示某种思想中隐藏的问题；④诊断出某个貌似确定的观点的混淆之处；⑤支持某个暂时缺乏确切证据的观点；⑥挑战某个观点、某项定论、某个假设等；⑦验证某个定义的恰当性；⑧验证某个原则的适用性。当然思想实验的目的远不止这些，但这些方面是思想实验的重要作用或目的。

❧ 思想实验的分类

思想实验是一个大概念，它包括各种各样的思想实验。从方法论层面看，思想实验在分类原则上呈现出三大类型：以目的为中心的分类、以逻辑结构为中心的分类和以理论态度为中心的分类。当然，这三种分类方法并非相互排斥，而是互有联系，只是各自的重心不同而已。另外，这三种分类并非是闭合性分类，而是开放性分类，会接纳新的分类方法。

1. 以目的为中心的思想实验

思想实验大都具有明确的、特殊的目的。思想实验的场景基本上都是现实世界不存在的场景或者在现实世界根本不可能发生的情况（Kuhn，1977）。出于特殊目的，思想实验可能会基于以下某种或某些考虑因素：经济性、娱乐性、教育性、理解性等。例如，莱布尼兹的中国王（Leibniz's King of China）是以娱乐的方式来助人理解一个观点：个人身份认同根本离不开个人记忆。这项实验内容如下：设想市井中的张三平日里梦想成王，突然有一天，张三成为中国王，条件则是张三要抹去自己的一切记忆，即在张三成为中国王时，张三的状态是重新来到这个世界的状态，在这种情形下，张三本人的存在一方面是已被消灭，另一方面是重新被创造。这到底说明什么呢？这说明人类的记忆决定着人类的身份。

2. 以逻辑结构为中心的思想实验

以逻辑结构为中心的思想实验是关于两种"真势模态的反驳者"（alethic refuters）的假定性场景，即对某项陈述的真与否进行考察，就应该设想必然性反驳者和可能性反驳者会怎样反驳该项陈述。给一项命题陈述添加模态算子，可能会得到新的命题。模态算子关涉的是三大类模态性：第一类是道义模态，即关于允许和禁止的模态；第二类是知识模态，即关于知道和相信的模态；第三类是真势模态，即关于可能和必然的模态。在这三类中，真势模态最为基本，因此在做命题陈述时，我们要注意必然性反驳者和可能性反驳者会做出的反驳是什么（Sorensen，1992：135）。例如，著名的思想实验"盖梯尔的史密斯和约翰"对传统的知识观做了驳斥。

西方哲学自柏拉图的《泰阿泰德》篇以降，存在一个传统的知识观，即认为命题知识就是业已证明的真信念。可是，盖梯尔却用思想实验对这个知识观提出了质疑。"盖梯尔的史密斯和约翰"这项思想实验的要义是：假设有史密斯与约翰二人，他们要申请同一工作岗位。史密斯相信约翰将会得到这个岗位，而且还明确知道约翰的衣袋里装着十枚硬币。于是，史密斯产生出一个信念：将会获得这个工作岗位的人，一定是衣袋里装着十枚硬币。然而，面试结果却是，史密斯本人获得了这个岗位，而且碰巧史密斯本人的衣袋里刚好也装着十枚硬币。如此一来，史密斯的信念——将会得到这个岗位的人衣袋里装着十枚硬币——获得了证明，就成了真了，而且史密斯有充分的理由断定这个信念就是真知识。盖梯尔的思想实验指出的问题是：史密斯把可能性当成了必然性，而且还在并不知道自己也装着十枚硬币的情况下，偶然地满足了"一切知识都是业已证明过的真信念（All knowledge is justified true belief.）"这项陈述的成真条件。在盖梯尔看来，这项陈述在逻辑上却面临着来自真势模态的必然性反驳，即这项陈述的必然性存在纰漏。这是来自真势模态的必然性反驳的典型案例，而真势模态的可能性反驳的经典例子就是"全能的神是否能够创造出一块巨石，以致全能的神自己也无法搬动"（Brown & Fehige，2019）。这项不需要实验内容的思想实验完全可能会让那些相信神是万能的人头痛不已。

3. 以理论态度为中心的思想实验

与前两大类思想实验相比较，以理论态度为中心的思想实验的关注范围与聚焦点相对来说都要小一些，即这类思想实验的目的很明确：考察某理论或者某观点是否可靠。这类思想实验要么是建设性的，要么就是摧毁性的。卡尔·波普（Karl Popper，1902—1994）把这类思想实验分为辩护性思想实验和批判性思想实验。例如，罗素的"五分钟世界"这个思想实验就是关于怀疑论者反科学世界观的批判。反科学的怀疑论者持有的错误观点有"记忆是虚假的""时间这个概念是虚假的"等。对此，罗素把常识和逻辑分析结合在一起，提出"五分钟世界"这一假设（Russell，1921：159）：逻辑上完全可能的是，这个世界只是五分钟前才诞生的，而且这个世界就是诞生时那个样子，世界上的人只记得完全"虚假的"过去。

罗素的"五分钟世界"这个思想实验的基本假设是，对某事的记忆在逻辑上完全独立于某事实际发生时的情况。罗素这个思想实验带有幽默调侃的意谓，旨在驳斥怀疑论者的反科学世界观。显而易见的是，人们完全能够记得昨天的事情、昨天的新闻等，甚至记得身上穿的牛仔裤已经褪色了等历历在目的过去的种种情形。怀疑论者当然会反驳罗素的"五分钟世界"这个假设，而且他们可能会质问，五分钟的世界怎可能同长达几十亿年的世界一样呢？如果他们这么提问，那就等于自动承认时间有长有短。既然时间有长有短，那它怎么会是虚假的呢？罗素的"五分钟世界"设计得比较巧妙，有力地批判了怀疑论者的世界观。

❸ 思想实验的价值与案例举隅

哲学活动中的思想实验因其简单粗朴，也许会遭到来自具体科学那些自认为是精密实验者的嘲讽。然而，对思想实验的嘲讽或者批判，本身就是哲学活动。柏拉图说，哲学始于好奇或困惑。为了满足好奇之心，消除困惑之雾，实验当然不失为一项重要手段。实验的要义在于达到实验目的，只要能够达到目的，任何实验都有存在的价值。思想实验的总目标在于通过假设来获得知识的确定性。围绕这个目标，思想实验以其简约的实验方式来支持或反驳某理论、某观点，来完善概念，来拓展认识，来提出问题等。语言哲学的发展过程中出现了大量的思想实验的案例，其中维特根斯坦的甲壳虫（Wittgenstein's beetle）、普特南的孪生地球（Putnam's twin earth）、蒯因的土著兔子等最为著名。

1. 维特根斯坦的甲壳虫

维特根斯坦在其《哲学研究》第 293 节中详细地叙述了他的甲壳虫实验。维特根斯坦说：假设每个人都有一个盒子，而且盒子里面装着的东西叫作"甲壳虫"（维特根斯坦，2020：143，144）。每个人都不能查看别人的盒子，而且每个人只看着自己的盒子里的甲壳虫，都声称自己知道什么是甲壳虫。这样的话，完全可能出现的情况是，每个人的盒子里装的东西并不一样，而且可以料想的是，盒子里的玩意儿还在经常变化。试想一下，"甲壳虫"是这些人使用过的单词吗？如果是，这个词则总是用作某物的名称，而盒子里的这玩意儿在语言游戏里根本就没起什么作用，甚至还没被当回事，因为盒子完全可能是空的，没什么用。人们可以把盒子里的东西进行"约分"，这样一来，无论它是什么，它都会被抵消掉。

维特根斯坦这项思想实验的目的是要讨论"语言的本性"（Cohen，2005：87）。人们误以为使用同样的语词就是在谈论同样的事物，而实际上他们谈论的事物有可能并非是一回事，甚至连谈论的方式都不同。顺着这个逻辑推演下来，维特根斯坦说，个人头脑的意识，个人感觉到的疼痛，这些就像个人盒子里的甲壳虫一样。个人自己有感受，别人则无法打开这盒子，即我们根本无法像苏芮所唱的那样"痛苦着你的痛苦"，因为我们拥有的只是相同的语词，而语词背后的意识内容则各不相同。

2. 普特南的孪生地球

希拉里·普特南在其文章《"意义"的意义》（"The Meaning of 'Meaning'"，1975）中提出一个问题：意义是在头脑中吗？（Putnam，1975：139）为了回答这个问题，普特南设计出"孪生地球"这个思想实验，来驳斥"意义的心理状态决定论"（Tittle，2005：100–101）：知道一个词的意义就是知道心理状态中的存在之事（a matter of being），而且如果两人对同一个语词做出不同的理解，那么这两人肯定有不同的心理状态。通过"孪生地球"这个思想实验，普特南力图证明的观点是：意义是由（头脑）外部环境决定的，是由事情的真来决定的。普特南的思想实验内容如下：

> 假设银河系里有一个完全像地球的另外一个星球，我们称之为孪生地球。孪生地球上的人的语言甚至也是英语。孪生地球上有一种液体完全像地球上的水，孪生地球上的人也把这

种液体称为"水",但不同的是孪生地球上的"水"的成分是 XYZ,而不是我们地球上水的成分 H_2O。在正常状态下,XYZ 与 H_2O 没什么区别,即 XYZ 既能解渴,又是孪生地球上江海湖泊的组成,而且孪生地球上的雨水也是 XYZ。如果地球人乘坐宇宙飞船来到孪生地球,那么地球人自然而然就会把孪生地球的"水"和地球的水看成一样的。然而,当地球人发现孪生地球的"水"是 XYZ 时,地球人就会说:在孪生地球上,"水"这个词意指 XYZ;或者说,在孪生地球上单词"水"的意义是 XYZ。至此,问题出现了:地球上的水是 H_2O,孪生地球的"水"是 XYZ,而且地球和孪生地球都讲英语。显然,在这种情况下,同一个单词"水"却有两种不同的外延意义:水可用来指代孪生地球的"水$_{TE}$",它的意义在地球人看来并不是水;地球人用"水"表示"水$_E$",但在孪生地球人看来,它的意义也不是他们的水;即单词"水"的外延取决于"水$_E$"时,它完全是由 H_2O 分子组成,而取决于"水$_{TE}$"时,它完全是由 XYZ 分子组成。至此,普特南想证明的观点是:如果单词的意义是由人脑内部的心理状态决定的,那么地球人的用词"水"和孪生地球人的用词"水"二者应该具有相同的意义;然而,具体情况却并非如此。(杜世洪、周方雨歌,2023)

到此,普特南继续进行假设。他说,假设时间回到 1750 年,那时地球人的化学发展不足,人们还不知道水的成分是 H_2O,孪生地球人也不知道他们的水的分子是 XYZ。假设地球人"奥斯卡$_1$"并无关于水的信念,孪生地球人"奥斯卡$_2$"也没有关于"水"的信念,而且"奥斯卡$_1$"和"奥斯卡$_2$"两人看上去完全一样:一样的外表、一样的感觉、一样的思想、一样的内心独白等。然而,单词"水"的外延在地球上是 H_2O,而且在孪生地球上是 XYZ;这一事实在 1750 年如此,在 1950 年也如此。在 1750 年,虽然"奥斯卡$_1$"和"奥斯卡$_2$"具有同样的心理状态,但是他们二人对"水"的理解却是不同的。这一点可由后来的科学发展来证明。至此,完全可以说,单词"水"的外延并不是说话者心理状态的一种功能。普特南的孪生地球实验为其"语义外在论"奠定了思想基础。

3. 蒯因的土著兔子

蒯因在其著作《语词与对象》的第 2 章"翻译与意义"中创造出一个单词"Gavagai"（大概是指土著人口中的兔子）（Quine，1960/2013：26）。蒯因设计出这个思想实验，目的是要考察语词与它们所表征的对象之间的关系，考察翻译与意义之间的影响因素。蒯因说，考虑一下这种情况：一位语言学家，在没有任何翻译的情况下，只身来到一个土著部落。这位语言学家根本不懂土著部落的语言，而要编撰一部关于这个部落的翻译词典。于是，他仔细观察和收集土著的一切数据，而且似乎只能获得表层的客观数据，如观察到土著人的行为举止、听到或看到土著人的说话场景等。有一天，一只兔子飞快跑过，见此情景，土著人发声说出"Gavagai"来，于是这位语言学家把土著的话记录下来，并试着将其翻译成"兔子"或"看，一只兔子"。

对于这条记录，这位语言学家还要在以后的场景中进行验证。这里的问题是，这位语言学家记录的数据和翻译的语词在什么时候才能获得土著人的认可呢？假定土著人的语句有 S1、S2 和 S3，它们实际上各自对应的是"动物""白色"和"兔子"。由于外在刺激的环境总是不同，无论相关与否，土著志愿者关于外在刺激环境的反应总是单一性的，而且就算土著人表达的语词有意义，然而土著人每次只会自动地说出 S1、S2 和 S3 当中的一句。在这种情况下，这位语言学家怎样才能感觉出土著人本应在任何场合下都该说出 S1，可碰巧却说出的是 S3 呢？而且在一些情况下，即并非在所有情况下，土著人本应该说出 S1，而实际上却偏偏说出 S2。对于这些情况，这位语言学家该如何求证呢？即，这位语言学家怎样才能确证土著人的那句"Gavagai"说的就是"兔子"，而不是别的什么，如"动物""白色""看，一只兔子"等呢？

对于这个问题，蒯因说这位语言学家能做的就是做到尽量接近（achieve an approximation）。要决定 Gavagai 到底意指什么，这位语言学家还需要指着跑过的兔子，而向土著人提出"这是一只兔子吗？"这样的问题来求证。在这个实验中，蒯因要表明的观点是，语词的意义只能在其他意义的语境中得到确定，只能在整个语言的语境中得以确定。

☙ 简评

作为哲学和科学的思想方法，思想实验并不苛求实验条件、不会耗费大量的财力和物力，自然就是哲学家和科学家的首选方法。思想实验无法完成的，或许会由常规实验来完成。然而，在不需要常规实验的情况下，在常规实验无法达到思想的深邃之境的情况下，思想实验却是不可多得的研究方法。语言哲学的思想实验主要用来验证命题陈述的可靠性，考察某些概念的恰当性，考察某些认识的正确性等。为了在某种规定范围内获取新的认识，思想实验本身应该遵循它应有的实验准则。思想实验在挑战或者揭示谬误认识的过程中本身还要避免带来新的谬误。常规实验也罢，思想实验也罢，只要是实验，完全有可能出现实验结果并不可靠的情况。即便如此，思想实验因其必要性不会被废除。

参考文献

杜世洪，周方雨歌. 2023. 语言哲学思想实验的基本特点与常见方法. 外语研究，201（5）: 1–6.

维特根斯坦. 2020. 哲学研究. 杜世洪导读注释. 上海：上海译文出版社.

Brown, J. R. 2011. *The Laboratory of the Mind: Thought Experiments in the Natural Scicences*. New York / London: Routledge.

Brown, J. R. & Fehige, J. 2019. Thought experiments. *Stanford Encyclopedia of Philosophy. Stanford.edu*. Retrieved November 11, 2024, from Stanford.edu website.

Cohen, M. 2005. *Wittgenstein's Beetle and Other Classic Thought Experiments*. Malden: Blackwell Publishing.

Gendler, T. S. 2000. *Thought Experiment: On the Power and Limits of Imaginary Cases*. New York: Garland Publishing.

Kuhn, T. 1977. A function for thought experiments. In T. Kuhn (Ed.), *The Essential Tension*. Chicago: The University of Chicago Press, 240–265.

Putnam, H. 1975. The meaning of "meaning". In K. Gunderson (Ed.), *Language, Mind, and Knowledge*. Minneapolis: University of Minnesota Press, 131–193.

Quine, W. V. O. 1960/2013. *Word and Object*. Cambridge: The MIT Press.

Russell, B. 1921. *The Analysis of Mind*. London: George Allen & Unwin.

Sorensen, R. A. 1992. *Thought Experiments*. Oxford: Oxford University Press.

Tittle, P. 2005. *What If: Collected Thought Experiments in Philosophy*. New York: Pearson Education.

塔斯基的真之理论

TARSKI'S THEORY OF TRUTH

塔斯基的真之理论（Tarski's theory of truth）又叫真之语义论（the semantic theory of truth），该理论的要义集中呈现在其论文《真之语义概念和语义学的基础》（"The Semantic Conception of Truth and the Foundations of Semantics", 1944）中，阿尔弗雷德·塔斯基把"真"（truth）这一概念当成语义概念，并认为这个语义概念需要通过其他语义概念来定义。其中，"满足"（satisfaction）就是用来定义真的语义概念的（Tarski, 1931/1956: 264; Tanesini, 2007: 170）。在塔斯基看来，关于真的理论若要正确而又恰如其分，就必须满足质料充足这一标准。如果要在一门语言 L 中建立关于真的理论，条件是当且仅当该理论蕴含语言 L 中所有 P 的每一个语句，那么这才可以说该门语言 L 的真之理论是质料充足的。这是塔斯基建立的关于定义真的基本条件。基于这个条件，语言 L 中的各种为真语句（T-sentences）要满足 T 约定（Convention T）：语句 S 在语言 L 中为真，需要满足的条件是当且仅当 P（其中，S 是 P 的名称）。如果一门语言 L 包含有限量的语句，那么所有为真语句合在一起，就能在该语言中提供一个关于真之谓词的充足理论。

为什么塔斯基提出要满足质料充足这个条件呢？因为在塔斯基看来，对于具有无限量语句的语言而言，存在递归性规则，这是必然的。然而，我们却不可能直接提供一个关于真的递归性理论。原因在于有些语句，如"某物是白的"，它们实际上不是原子语句，它们拥有的成分也不是句子。相反，它们是由某些开放性语句和量词组合而成，而开放性语句和量词只是作为成分，并不是真正的语句，因而不具备语句的真值。因此，塔斯基利用满足这个语义概念来给真下定义。在直觉上，满足这个概念很简单：开放语句"某某是在重庆"，可由重庆北碚区的一系列对象来满足，条件是当且仅当北碚区就在重庆之内。例如，李商隐的《夜雨寄北》述及的巴山是在北碚，北碚位于重庆，因而语句"巴山是在重庆"就可以在质料上得到满足，即"巴山是在重庆"就为真。塔斯基在这里所要表明的要义是，开放性语句可由某个系列来满足，而不是由某些系列来满足，绝不可能由全部系列来满足。对于为真语句而言，如果一个语句可以由一个系列来满足，那么它就能被所有系列来满足；如果一个语句不能由某个系列来满足，那么它就不能由任何系列来满足。显然，塔斯基把真这一概念定义为语义上所有系列的满足。

○8 语义悖论与真之定义

自然语言中关于真的表达会出现语义模糊、语义不确定，甚至语义悖论（或背反性）等情况。如果有人说"有些话是真的"或者"有些哲学家的话是真的"，那么这样的语句所表达出的语义就是模糊的或者不确定的，而且这样的语句在塔斯基看来属于开放性语句。如果我们在黑板上写下"这句话不是真的"，那么在这种情况下就会出现语义悖论。虽然黑板上所写的"这句话不是真的"不是开放性语句，但是这个非开放性语句仍然带有背反性问题。无论是出现语义模糊（或语义不确定）还是产生语义悖论，这些情况都涉及哲学的经典问题：什么是真（理）或者如何定义真。

在自然语言里，说出"有些话是真的""有些哲学家的话是真的""这句话不是真的"等这样的语句，说话者好像十分清楚什么是真的，而且似乎潜在地区分了为真语句和为假语句。自然语言中所表达的"真的"到底是什么呢？对于黑板上的"这句话不是真的"，我们还可不可以说"这不是一个为真语句"呢？面对这样的问题，塔斯基认为，这就有必要区分两种情况或者说两种语言（Bagharamian，1998：42）：表达对象情况的对象语言（object language）和表达语言本身的工具语言（metalanguage，也称元语言）。要在自然语言里定义真，这却是一件极为麻烦的事。因此，塔斯基说，要对真这一概念进行定义，就应该在形式化语言中进行。于是，为了规避自然语言中的语义问题（如语义悖论），塔斯基在《形式化语言中的真之概念》（"The Concept of Truth in Formalized Languages"，1931/1956）一文中就开启了关于真的定义（Tarski，1931/1956）。在介绍塔斯基关于真之定义以前，我们先回顾一下真之本质的典型观点，如图 4 所示：

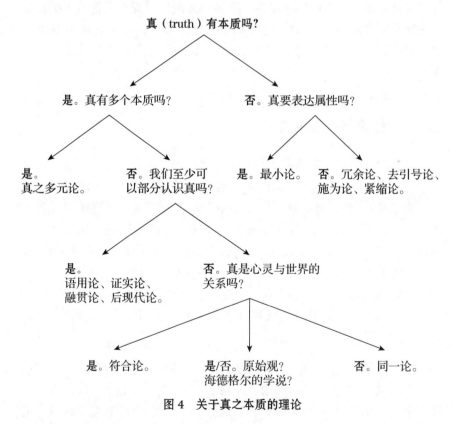

图 4　关于真之本质的理论

图 4 所示的关于真的各种理论，并非大一统的理论，各自都存在

争议。塔斯基另辟蹊径，决定在形式化语言里来定义真。塔斯基为什么要在形式化语言里来定义真呢？因为在塔斯基看来，既有的关于真的定义或者说关于真的理论，如真之符合论（the correspondence theory of truth）、真之融贯论（the coherence theory of truth）等势必会遇到语义悖论问题，如会遇到说谎者悖论问题。既有的真之理论之所以会遇到悖论问题，原因之一就在于它们关于真之定义不具备普遍性而不适用于所有语言，而另一个原因是它们没有区分对象语言和工具语言。当说话者在表达"真的"或者"真"时，往往会把对象语言和工具语言混在一起。塔斯基认为，任何关于真的让人满意的理论都应该满足两个条件：质料充足和形式正确。在质料充足这个条件中，又可进一步分为两个条件：质料充足的第一个条件是，真这一概念针对的是某具体语言中语句的谓词陈述；质料充足的第二个条件是，某具体语言中的为真语句要满足 T约定（真之约定）。在这些条件下，塔斯基把真这一概念转化成了语义概念和语言概念。

ᣟ 对象语言和工具语言

就黑板上"这句话不是真的"而言，这里已经关涉两种不同性质的语言表达，当然是在同一门语言里的两种不同性质的语言表达。当用"这句话"来指代某一句话时，这里已经存在一句处于谈论某对象的话了，处于谈论中的那句话是对象语言，而用来谈论对象语言的"这句话"就是工具语言。简而言之，以实际对象为谈论内容的语言属于对象语言，而以语言本身为谈论对象的语言或者谈论对象语言的语言就是工具语言。

根据对象语言与工具语言之分，谓词表达"……是真的"或"……是假的"是什么语言呢？若把"真的"或"假的"当成语义概念，那么它们就是对象语言。例如，在实际情况下，当张三真生病了而不容怀疑时，我们就可以说"张三生病这事是真的"；这时"……是真的"是对事情做的语义判断，是对象语言。如果说"这句话是真的"，那么"这句话"是对"张三生病这事是真的"的谈论，这时"这句话"是工具语言。

在工具语言层面上，即如果只是谈论语言的表达形式本身，那么就无所谓真或假，即"这句话不是真的"在工具语言层面上是无所谓真或假的，但这句话所谈论的事或对象却是有真或假的。

不过，塔斯基的对象语言和工具语言之分具有相对性（Bagharamian，1998：53）。如果我们致力于把真这一概念用于语句中，即不是用于谈论原初的真之对象语言，而是用来谈论工具语言时，那么工具语言本身就会自动转化为对象语言。简言之，真本来就是用来谈论对象的，但是当把语言当成对象时，这时的真这一概念就不是工具语言，而是对象语言。为了进一步理解二者的相对性，我们不妨看一个实例。例如，在谈论新冠病毒是否由西方某国合成时，这时所涉及的真与假属于原初的对象语言；当人们判断关于病毒合成的新闻报道是真是假时，这时聚焦的是真假新闻的情况，这时真的概念是作为工具语言来使用的；当某位媒体话语研究者以新闻报道中的真与假为研究对象时，这时的真这一概念就自动转化为对象语言。

从对象语言和工具语言之分的相对性视角出发，真既可成为对象语言，又可成为工具语言。这样一来，若以真为研究对象，我们就需要更高层次的工具语言来谈论真之对象语言。如此推演，语言具有层级性就显而易见了。真之概念并非单一层面的问题，相反，真之概念具有多层面的层级性特征。工具语言在很大程度上是由先前条件陈述出来，而在先前陈述出来的条件下，真之定义会被认定为质料充足。真之定义意味着具有真之语句形式（T）的一切对应语句：

（T）X 为真，条件是当且仅当 P。

一方面，这个定义本身以及这个定义所意味的一切对应语句，都是在工具语言中表述；另一方面，真之语句形式（T）中的符号 P 表示的是对象语言中的任意语句。我们由此可以推演出一个结论：在对象语言中出现的每一个语句必定会在工具语言中出现；换句话说，工具语言必须以对象语言作为组成部分。无论如何，这对真之定义的充足性来说都是必然的。

❧ 真之概念的定义问题

既然真之概念是多层面的（即具有层级性），那么我们该用什么术语来构建真之概念呢？塔斯基说，在真之概念的构建中，他只会使用预先可以还原成其他概念的语义概念（Tarski，1931/1956：152，153）。在《真之语义概念和语义学的基础》一文中，塔斯基认为，要给真做出令人满意的定义，主要问题就是要做到质料充足和形式正确（Tarski，1944），这就需要避免歧义和晦涩。为了避免歧义和晦涩，我们首先就要说明定义的条件是什么，而这些条件从质料角度来看应是充足的。这就不要试图说明指称新概念的语词的意义，相反，我们要把握住旧概念的实际意义。这样做的目的是要让他人都能决定这个定义是否成功。其次，我们必须决定这个定义的形式正确性究竟依赖于什么。这就必须说明用于定义真这一概念的语词或概念是什么，而且还必须给出定义所必须遵从的规则。概括起来讲，我们必须描写定义所属语言的形式结构。

真之概念可以预先还原成其他概念，而语词"真的"具有外延（extension）。作为谓词的"真的"，有时候被用来指称心理现象，如判断或信念，而有时用来指称某些心理对象，"真的"也可用来界定语言表达尤其是语句，而且有时"真的"则用来指称叫作"命题"的理想事项（ideal entities）。这里所说的语句，在语法上常常是陈述句。至于"命题"这一术语，这是哲学家们和逻辑学家们长期争论的话题，对此似乎永远都达不到清晰一致的认识。为此，塔斯基说他只好采用语句，而不采用命题。这样一来，讨论真这一概念，就不要谈论命题的真与假，而要说某门具体语言中语句的真这一概念。为什么要限定在具体语言中呢？因为同一个表达在甲语言中为真语句，可是在乙语言或其他语言中却完全可能为假或者没有意义。例如，语句"红烧肥肠是常见的一道荤菜"在汉语中为真，可是在英语中却未必就为真或者未必就有意义，因为语言使用具有相应的文化背景。可见，"真的"关涉外延。

语词"真的"的意义是什么呢？关于真之定义，许多问题都是与意义（或者内涵）有关。语词"真的"在日常语言中正如许多其他语词一样并非没有歧义。长期以来，哲学家们关于真的讨论在消歧方面却并无帮助。直觉上，我们会借助亚里士多德在《形而上学》（*Metaphysics*）中关于真之概念的定义：说是者为非，说非者为是，这是假；说是者为是，说非者为非，这是真。亚里士多德说的这话的英文是："This will be plain if we first define what truth and falsehood are: for to say that that which is is not or that which is not is, is a falsehood; and to say that that which is and that which is not is not, is true."（Aristotle，1993：7）考虑到"is"在西方哲学中既可译为"是"，又可译为"存在"，而且为了有助于理解亚里士多德关于真的定义，我们不妨把这里的英文译为："如果我们先定义出真与假到底是什么，真之概念也就显而易见了：理由是说存在者不存在，或者说不存在者存在，这是假；而说存在者存在，或者说不存在者不存在，这是真。"塔斯基根据这种直觉，结合现代哲学的术语方式，很想给真做出如下定义：一个语句的真在于它与现实一致（或相符合）。然而，这一定义却是真之符合论的核心内容，是塔斯基所要抛弃的定义。于是，塔斯基打算改用指代（designate）和事态（state of affairs）来定义真：一个语句为真，条件是它指代一个现存的事态。

然而，在塔斯基看来，上述所有关于真的定义都会导致误解，因为在这几个定义中没有一个定义足够精确与清晰，所以关于真的现有定义都不能被看成让人满意的真之理论。不过塔斯基倾向于认为亚里士多德就真所下的定义，相比之下要清晰一些。

关于真，如何给出让人满意的定义呢？条件之一就是要满足质料充足性这个定义标准。塔斯基给出了具体例子来说明这条标准。关于语句"雪是白的"，我们会问在什么条件下这个语句为真或为假。在亚里士多德关于真的经典定义指导下，我们会倾向于说，这个语句为真，条件是雪是白的；这个语句为假，条件是雪不是白的。如此一来，我们可以得出如下对应句：

这个语句"雪是白的"为真，条件是当且仅当雪是白的。

左边是带有引号的语句"雪是白的"，右边是不带引号的对应句——雪是白的。用中世纪的逻辑术语来讲的话，左边的"雪是白的"是质料指代（ *suppositio materialis* ），而右边的是形式指代（ *suppositio formalis* ）。对于这个对应句，我们几乎没有必要来说明为什么左边的是语句的名称，因为道理显而易见。首先，从语法上看，对于表达式 "*X* 是真的"，只要用名称去取代 *X*，那么这个表达式就不能说没有意义；换句话说，在表达式 "*X* 是真的" 中，*X* 自然而然会被看成名称。其次，语言的基本约定是，谈论某个对象时，使用的是对象的名称，而不是使用对象本身；这样一来，谈论语句的真或假，自然就是使用的语句的名称，而不是语句本身。值得注意的是，引号不是标记语句名称的唯一方式。

基于以上考虑，关于真之概念的定义，我们可以将其概括为形式化的语句，对于任意语句，我们可以用 *P* 来表示，而对于语句的名称，我们可以用 *X* 来指代。于是，我们可以将表达式（T）的对应句书写为：

（T）*X* 为真，条件是当且仅当 *P*。

这里需要注意的是，表达式（T）本身不是自然语句，它只是语句的图式。我们可以说，通过使用具体语句来替代 *P*，就能获得真之表达式（T）的对应句。另外，需要注意的是，谈论具体的语句，自然是在某门具体语言中来谈论，因而这个关于真之表达式（T）代表的是具体语言中的真之表达。有了这么一个等式，我们至少可以断言何以为真或者何以为假。

❧ 真之表达式的应用

真之表达式表明的是真是一个语义概念。这样一来，粗略地讲，语义学是关于语言的表达式与表达式所指称的对象之间的关系的学问。下面关于"指代""满足"和"定义"等这样的语义概念，可以被看成典型的语义概念。例如，表达式"美国的国父"指代的是乔治·华盛顿；雪满足"*X* 是白的"这一语句函数（或条件）；等式"$2 \times x = 1$"定义（或只决定）的是数字 1/2。当语词"指代""满足"和"定义"等表达关系时，语词"真的"却有不同的逻辑性质：它（"真的"）表达的是某些表达式或语句的一类属性。塔斯基说，我们用语义概念来定义真，自然而然就可证明关于真的定义其实与理论语义学的基本问题联系在一起，即真之表达式可以用作理论语义学的基础。

对于在结构上做了详细说明的语言而言，真之定义问题获得的是精确的意义，而且其中的问题可以得到严格处理。当然，这一条只是适用于有详细结构说明的语言。对于其他语言，尤其是自然语言，语义问题或多或少具有模糊性，而对于模糊性问题，我们只能大致解决，无法精确解决。

前面说过，关于真的其他理论会遇到悖论问题，如说谎者的背反问题。对于这样的问题，塔斯基认为，我们可以用他的关于真之定义来解决。说谎者悖论是指，一位克里特岛人说："所有克里特岛人都是说谎者。"这话的悖论性质或者背反性与黑板上"这句话不是真的"相同。为了便于说明，我们可以仿照塔斯基的例子而说："本页中的这句话不是真的。"为了便于分析，我们用符号 S 来代替这句话，于是可以得出如下形式：

（1）S 为真，条件是当且仅当，本页中的这句话不是真的。

考虑到 S 的意义，在经验直觉上，我们会得出以下事实：

（2）S 等于本页中的这句话不是真的。

现在根据莱布尼兹定律，把（1）和（2）进行等量换算，结果就会得到如下表达式：

（3）S 为真，条件是当且仅当，S 不是真的。

在（3）中，一个显而易见的矛盾就呈现出来了。这里出现了荒唐的表达，对于这种荒唐的表达，塔斯基说如果站在科学进步的立场而轻视这种表达的背反性，这是很危险的，而且肯定是错误的。我们不能把这样的表达当成笑话或者话语上的狡黠来处理，因为在求真的路上，我们一定要提防出现这样的表达。这样的问题已经触及现代演绎科学的基础了，当然不可小看。

那么如何处理（3）中暴露出的问题呢？首先，我们要认识到语义封闭的语言不具备一致性。其次，我们要分析（3）成为背反或者悖论的前提，必要时要摒弃某种或某些前提。对于悖论问题，我们已有如下设想：

  （ⅰ）我们在不知不觉中已经设想我们的语言包含背反性表达，而且包含这种表达的名称；同样还包含，语义术语"真的"可以用来指称语言中的语句；另外还设想所有用于决定"真的"这一术语是否充足使用的语句，都能在语言中得到断定。拥有这些属性的这门语言就叫"语义封闭性"语言。
  （ⅱ）我们已经设想日常的逻辑法则在这门语言中有效。
  （ⅲ）我们已经设想我们可以在这门语言中形成像（2）的表达式，而且为其断定一个经验前提，让其出现在我们的论辩中。

从上述三大设想来看，设想（ⅲ）并非本质性的，因为没有它，我们也可以重建说谎者的背反性。设想（ⅰ）和（ⅱ）却证明是本质性的。然而，既然满足这两条设想的每一门语言都会出现不一致，那么我们就必须摒弃至少一条设想。在逻辑上，我们不能摒弃（ⅱ），那么我们就只能摒弃（ⅰ）了。因而，我们不能断言任何语言都是语义封闭性的语言。语义封闭性这种限制，不应该是真实语言的特征，因而不可接受。虽然语义封闭性似乎并不影响科学话语，但是科学话语没有必要成为语义封闭性语言。背反性的解决就在于要引入前面所述的对象语言和工具语言之分，同时我们要承认语句拥有自身的名称。因此，作为名称的 S 不能从经验上去认定它与对象语言相等，即前述（2）不具备经验相等性。另外，表达式（1）并非单个层面的表达，相反它是多层面的层级性表达。

∽ 简评

塔斯基的真之理论主要以其真之定义为理论核心，而真之定义聚焦的是为真语句的形式表达。塔斯基的 T 约定是为真语句的形式表达。在其论文《形式化语言中的真之概念》的末尾，塔斯基做了三点总结：①对于每一门包含有限阶的形式化语言来说，关于为真语句的定义是能够在工具语言中构建出来，而且这个定义能够满足形式正确和质料充足这两个条件；②对于每一门包含无限阶的形式化语言来说，关于为真语句的这种定义构建是不可能的；③另一方面，甚而至于就无限阶的形式化语言而言，只要把真之概念纳入工具语言中的原初概念的表达系统中，而且根据公理的方法来决定概念的基本属性，在这个条件下，对真之概念进行一致和正确的使用是可能的。塔斯基最后补充说，是否可以用公理的方法来建立真之理论而不出现矛盾，这个问题目前尚无定论。

真之定义具有一些有趣的效用。首先，这个定义本身业已证明关于真的定义可以做到形式正确和质料充足，而且质料充足的条件独到地决定了语词"真的"外延，因此每一个质料充足的真之定义就会必然等于实际构建的定义。其次，我们可以从真之定义中演绎出关于普遍性的法则来。具体地讲，借助于真之定义，我们可以证明矛盾律和排中律的有效性，从而确定地表明在两个互相矛盾的语句中，只有一个语句才可能是真的，即不可能说处于矛盾关系的两个语句都为真。最后，在特定的数学领域里运用真之理论，我们完全可以获得一些重要结果。

当然，塔斯基的真之理论并不是完美的理论。该理论问世以来，塔斯基就受到了来自不同哲学家、逻辑学家以及数学家的批判。

参考文献

Aristotle. 1993. *Metaphysics. Books Γ, Δ, and E.* 2nd ed. C. Kirwan (Trans.). Oxford: Clarendon Press.

Bagharamian, M. 1998. *Modern Philosophy of Language.* London: The Orion Publishing.

Tanesini, A. 2007. *Philosophy of Language A–Z.* Edinburgh: Edinburgh University Press.

Tarski, A. 1944. The semantic conception of truth and the foundations of semantics. *Philosophy and Phenomenological Research,* 4(3): 341–376.

Tarski, A. 1931/1956. The concept of truth in formalized languages. In A. Tarski (Ed.), *Logic, Semantics, Metamathematics: Papers from 1923 to 1938.* Oxford: Oxford University Press, 152–278.

维特根斯坦的后期哲学

THE LATER PHILOSOPHY OF WITTGENSTEIN

维特根斯坦的后期哲学（the later philosophy of Wittgenstein）又称"后期维特根斯坦"，主要以《哲学研究》为代表。《哲学研究》是西方哲学的经典著作之一。经典著作耐读，经典人物耐品。维特根斯坦是从整个西方哲学历史长河中涌现出来的经典人物，他的《哲学研究》是经典著作。维特根斯坦说，《哲学研究》是他用时长达 16 年[1] 的思考与写作的结晶，是对其早期著作《逻辑哲学论》的批判与发展，因此维特根斯坦建议最好把《哲学研究》与《逻辑哲学论》一起出版，以便读者一并阅读。同时，他提醒读者，不要抱着获取理论的态度来阅读《哲学研究》，因为《哲学研究》旨在启发读者进行自己的思考，去批判那些值得批判的现象与问题。《哲学研究》不是要帮助读者避难就易，省却思考的麻烦，而是要让读者做到化难为易，开启思考，思之有法，思有良法，思无定法。

在整部《哲学研究》中，维特根斯坦秉持语言分析和概念考察的基本精神，遵循"奥康的剃刀原则"，不增加陌生概念，不虚构陌生实体，坚持用日常语言分析哲学问题、消解哲学问题、指明哲学道路。维特根斯坦所展示的方法就是聚焦日常语言问题，以日常语言本身作为分析工具，进行详尽的概念考察和充分的语言分析，最终消解哲学问题，从而治疗思想疾病[2]，扫除惑众妖言。换句话说，对于所要理解的大问题，切莫胡乱猜想，莫做无头苍蝇到处乱飞，而应仔细观察它所涉及的

1　维特根斯坦于 1929 年重返剑桥大学，1945 年为《哲学研究》作序，序言中说这 16 年是他对哲学进行深入思考的 16 年。

2　参见《哲学研究》第 109 节：Philosophy is a battle against the bewitchment of our intelligence by means of language. 其中的 bewitchment of our intelligence，在研究维特根斯坦的学者看来，就是意指心智疾病或者思想疾病。但要注意，2009 年 P. M. S. Hacker 和 J. Schulte 对《哲学研究》做了校订，结果这句话成了：Philosophy is a struggle against the bewitchment of our understanding by the resources of our language.

一切（Wittgenstein，PI66）[1]，哲学的目的就是为苍蝇指出飞出瓶子的路
（Wittgenstein，PI309）。维特根斯坦做哲学的这种方法，犹如内蒙古呼
伦贝尔草原上巴尔虎牧人的传统杀羊技艺：杀羊不见血，剥皮不用刀。
维特根斯坦在《哲学研究》中所展示的方法就是日常语言分析法，该方
法没有空洞的理论，没有大概念来大概念去，也没有天马行空地虚构出
所谓的宏伟蓝图。

维特根斯坦的哲学方法朴实无华，他的哲学思想极具批判性和革命
性。为此，雷·蒙克（Ray Monk，1957—　）在《维特根斯坦传》中
评价道：维特根斯坦影响了 20 世纪西方哲学的发展走向，就算是那些
并不关心分析哲学的哲学家，他们也觉得维特根斯坦是哲学发展道路上
无法绕开的一座大山（Monk，1991：xvii）。维特根斯坦的学生、心智
哲学家诺尔曼·马尔科姆说，维特根斯坦是哲学界的英雄人物，他那执
着顽强、追求理解和绝不妥协的学术品德，以及他那天才般的奇思妙想，
注定会达己达人（Malcolm，1984：xiii）。

ﻢ 维特根斯坦的人生历程

1889 年 4 月 26 日，维特根斯坦生于奥地利维也纳的富人家庭，父
亲是成功的实业家，被誉为奥地利的钢铁大亨；母亲是天主教徒，热爱
音乐。维特根斯坦的祖父和父亲都非常成功，积累了财富，让维特根斯
坦家族成为维也纳屈指可数的豪门，他们的豪宅曾是维也纳人的文化和
社交中心（Grayling，1996：2）。

维特根斯坦的祖父是黑塞（Hesse）当地的羊毛商，祖母是维也纳
一位银行家的女儿。祖父、祖母都十分重视教育，维特根斯坦的父亲卡
尔·维特根斯坦（Karl Wittgenstein，1847—1913）接受的是贵族教育，
可是卡尔 17 岁时出于叛逆心理，离家出走，到了美国。卡尔在美国当
过餐馆服务员，以及家庭教师教小孩子学小提琴和德语。在美国的求生

1　按学术界惯例，引用维特根斯坦的著作时，使用著作的英文缩写形式，再加上正文的
　　小节编号。PI66 就是指 *Philosophical Investigations* 的第 66 小节。在这一节里，维特根
　　斯坦写道："Don't think, just look!"

经历，让卡尔拓宽了眼界，同时也让卡尔意识到学习工程学甚为重要，这为其子维特根斯坦后来选学航空工程学埋下了思想种子。之后，卡尔回到维也纳学习工程学。毕业后，卡尔把家族财富投资到钢铁企业，并获得成功。卡尔的人生经历深深地影响了维特根斯坦兄弟姊妹八人。

维特根斯坦的母亲莱奥波迪娜·卡尔默斯（Leopoldine Kalmus，1850—1926）甚是重视家庭文化和音乐活动，她十分喜欢音乐，常常邀请著名作曲家、指挥家勃拉姆斯和马勒到家做客。在这样的文化和音乐的熏陶下，维特根斯坦的哥哥保罗成了乐队钢琴手，当保罗在第一次世界大战中失去一只手臂后，作曲家约瑟夫·M. 拉威尔（Joseph M. Ravel，1875—1937）和理查德·G. 施特劳斯（Richard G. Strauss，1864—1949）还专门为保罗创作了独臂演奏曲。维特根斯坦本人也极具音乐天赋，会吹单簧管，而且口哨吹得相当娴熟，可以凭着记忆用口哨吹奏出完整的乐曲。

正是因为维特根斯坦的父亲卡尔对教育具有独特的看法，维特根斯坦与他的三个姐姐（Hermine、Helene 和 Margarethe）和四个哥哥（Hans、Kurt、Rudolf 和 Paul）都在家里接受教育。卡尔对学校教育并不满意，他亲自为这八个孩子设计教学大纲和课程。可是，卡尔的家庭教育计划并不顺利，因为当孩子们各自到了 14 岁需要进入语法学校正式读书时，却遇到了入学麻烦。他们达不到当时的语法学校和中学的相关要求。不得已，他只好调整家庭教学。维特根斯坦 14 岁时终于考进了林茨（Linz）的一家中学，与希特勒同时求学。维特根斯坦在林茨的三年学习过得并不愉快。1906 年中学毕业时，17 岁的维特根斯坦却未能考上大学。

这对维特根斯坦来说，是一个不大不小的打击。究其原因，维特根斯坦对物理学感兴趣，一心只想跟随奥地利著名物理学家路德维希·爱德华·玻尔兹曼（Ludwig Eduard Boltzmann，1844—1906）学习物理学，可是他父亲却想让他学习工程学。这种做法影响了维特根斯坦的学习动力。最后，他父母想方设法让维特根斯坦到柏林 – 夏洛腾堡（Berlin-Charlottenburg）的一所技术学院学习。

维特根斯坦在这所技术学院里的学习生活过得并不开心，他学了三个学期后就辍学了。不过，他在这所技术学院里对航空工程学产生了浓厚兴趣。航空工程学是当时的新型学科，极具前景。于是，1908 年夏，维特根斯坦到了英国，整个夏天都在做风筝飞行实验。同年秋，维特根斯坦进入曼彻斯特大学，如愿学习航空工程学。

维特根斯坦在曼彻斯特待了两年，在这期间他设计过新型螺旋桨，获得了专利，此项专利技术与 30 年后另一位奥地利发明者的专利一道，共同推动了新型直升机的产生。在设计中，维特根斯坦对数学产生了特别浓厚的兴趣，最后发现数学的基础其实就是哲学思想。他向学友们咨询需要读什么样的哲学书，学友们给他推荐罗素的《数学原理》。于是，维特根斯坦仔细阅读罗素的书，并且受到了极大影响。这期间，维特根斯坦对哲学的阅读十分有限，除了罗素的书，他还涉猎了叔本华的书。不过，正是罗素的书才大大加强了维特根斯坦对哲学和逻辑学的兴趣。

1911 年夏，维特根斯坦联系上了耶拿大学的弗雷格，希望弗雷格为他写的学术论文提供指导。弗雷格看了维特根斯坦的文章后，建议他到剑桥去找罗素，就在这年秋季，维特根斯坦联系上了罗素，但尚未成为剑桥的学生。

1912 年早春，维特根斯坦来到剑桥，并成功注册为剑桥的学生。但是，维特根斯坦在专业选择上拿不定主意。他向罗素征求意见，开口就问：“您看我是不是白痴呢？”罗素惊愕地反问道：“为什么这么问？”他回答说：“如果我是白痴，我就修航空工程学，将来当一名工程师或飞行员什么的。如果不是，我就学哲学。”（维特根斯坦，2019：4）罗素听了这话，就叫他随便就一哲学主题写一篇文章出来看看。维特根斯坦遵命行事，文章写成后，罗素只看了第一句，就确信维特根斯坦是位奇才[1]。

维特根斯坦只在剑桥学了五个学期，但这五个学期收获颇丰。他常常与罗素讨论逻辑和哲学问题，他的哲学思辨能力让罗素惊奇不已。罗素后来在给别人的一封信中说，维特根斯坦是他自摩尔以后，遇到的能

1　遗憾的是，维特根斯坦的这篇文章早已遗失。有人估计，是罗素拿走了，后来又没有专门保存。

力最强的人，堪称天才。罗素和维特根斯坦的关系从师生关系发展成为
挚友关系，在学术上他二人相互影响，成绩突出。

维特根斯坦喜欢旅游。1913 年，他去了冰岛和挪威。他特别喜欢
挪威，并在挪威的斯科约尔登（Skjolden）一家农场的一角修建了自己
的小屋，在那里他潜心钻研哲学问题以及写作研究论文，这种隐居式生
活延续到 1914 年夏天。在这期间，摩尔曾经来拜访过维特根斯坦。摩
尔发现，维特根斯坦的这些写作极具新意，建议他拿回到剑桥去申请学
位。摩尔后来说，维特根斯坦的第一部著作《逻辑哲学论》的雏形源于
其在挪威小屋的写作。

1914 年，第一次世界大战爆发，维特根斯坦回到维亚纳并应征入
伍。他先是在炮兵营里当机修工，后于 1916 年调去培训战地指挥官。

1917 年，维特根斯坦加入保罗·恩格尔曼（Paul Engelmann，
1891—1965）的部队，成为火炮观察手。1918 年春，他所在的部队
被意大利军队打败，他成了俘虏，被关在意大利蒙特卡西诺（Monte
Cassino）的战俘营里，直到 1919 年下半年才获释。这期间，维特根斯
坦的经历深深地影响了他的人生观，他的性格发生了微妙变化。他在
战俘营里显得古怪，常常一个人躲在角落里写写画画。1919 年获释时，
人们发现维特根斯坦的背包里有一份写作手稿。这份手稿就是《逻辑哲
学论》的初稿。就在战俘营里即将完成书稿的写作时，维特根斯坦设法
寄信给罗素，告诉他《逻辑哲学论》业已完成。

维特根斯坦从战俘营获释后，曾试图找出版商出版《逻辑哲学论》，
但几经周折未能如愿，最后只好向弗雷格和罗素求助。在罗素的帮助下，
《逻辑哲学论》的德文版于 1921 年问世，英文版于 1922 年面世[1]。

《逻辑哲学论》是维特根斯坦在世时出版的唯一著作。维特根斯坦

---

1 《逻辑哲学论》的第一个英文版是由《意义之意义》的作者之一奥格登翻译而成的。
兰姆赛率先写了书评，发表在 1923 年的《心理》期刊上。次年，兰姆赛在给他母亲
的信中写道："我们生活在一个充满伟大思想的时代，爱因斯坦、弗洛伊德和维特根
斯坦这些人与我们在一起，这就是德国或奥地利的文明。"（维特根斯坦，2019：4）
可见，兰姆赛认为，维特根斯坦同爱因斯坦和弗洛伊德一样伟大。

认为，该书已经为所有哲学问题都提供了解答，于是放弃了哲学研究工作，决定到维也纳一所乡村小学教书。1920 年秋，维特根斯坦在奥地利特拉滕巴赫（Trattenbach）的一所小学当校长，但是他的工作并不顺利，两年后调到奥地利帕奇堡阿席里堡（Puchberg am Schneeberg）教书。由于教学方法和个人性格原因，维特根斯坦并不受学生家长喜欢。没过多久，维特根斯坦又调至奥托萨尔（Otterthal）。在奥托萨尔，维特根斯坦编撰了适合小学生使用的发音字典，可是他的教学工作仍然是问题严重，他对学生期望过高，对学生居然实施体罚，这招来了家长的抱怨甚至抗议。1926 年 4 月，维特根斯坦无法继续在小学从教，不得已辞职而回到维也纳。

小学从教生涯中的坎坎坷坷，让维特根斯坦十分沮丧。他回到维也纳后，在维也纳郊区的一家教堂当花匠。这时，他再三表示要当一名牧师，其实，维特根斯坦早在第一次世界大战爆发前和从战俘营获释后就明确表示过想当一名牧师。然而，相关部门告诉他，他并非是牧师的合格人选。

维特根斯坦再次遭受挫折，就像他那自杀而亡的两位哥哥（Hans 和 Rudolf）一样，他也想过自杀，但心有挂念，终究未寻短见。闲暇之中，他为其姐姐设计和建造一座房子，其中各个细节和各种功能都考虑得很周密，这获得了建筑专家的称赞。他的好友戈尔格·亨里克·冯·莱特（Georg Henrik von Wright，1916—2003）说，维特根斯坦的建筑设计理念其实就是《逻辑哲学论》的具体反映，观念清晰，臻于完美。这让维特根斯坦重新燃起了生活的信心。幸运的是，这时，维也纳大学的哲学教授们正在热烈讨论《逻辑哲学论》，莫里兹·石里克（Moritz Schlick，1882—1936）、兰姆赛等人邀请他到维也纳大学去讨论《逻辑哲学论》中的一些主题，这促使维特根斯坦重新思考哲学问题。石里克等人创建了维也纳学派，即逻辑经验主义，打算邀请维特根斯坦加入这个学术圈子，可是维特根斯坦却意识到《逻辑哲学论》还存在着严重问题，他并未界定清楚书中的一个核心概念——逻辑形式[1]；还存在一些问

---

1 在《哲学研究》序言中，维特根斯坦说，他要特别感谢同在剑桥大学工作的经济学教员皮耶罗·斯拉法先生，因为斯拉法激发了他的思考。斯拉法曾"用手指从脸颊抓向下巴（一种羞辱他人的手势语）"，问维特根斯坦这种动作有什么样的逻辑形式，维特根斯坦对此无言以对。

题需要认真思考，从此他开始了新一阶段的哲学研究。

众所周知，学术界把维特根斯坦哲学分为前期维特根斯坦哲学（以《逻辑哲学论》为标志）和后期维特根斯坦哲学（以《哲学研究》为标志）。后期维特根斯坦哲学研究始于 1929 年，这一年，在罗素、兰姆赛和摩尔的安排下，剑桥大学三一学院给予研究资助，维特根斯坦因此而回到剑桥。就在这一年，经济学家凯恩斯把遭墨索里尼政府通缉的意大利经济学家皮耶罗·斯拉法（Piero Sraffa，1898—1983）引进到剑桥大学，到了三一学院，与维特根斯坦成为同事。维特根斯坦和斯拉法成了好友，而且经常在一起讨论哲学问题。

维特根斯坦得知可以利用《逻辑哲学论》在剑桥申请博士学位，于是，他有幸以兰姆赛担任指导老师，罗素、摩尔和弗雷德里希·魏斯曼（Friedrich Waismann，1896—1959）作为论文评审人和答辩人，他通过了博士论文答辩，获得了剑桥的博士学位。其实，那个时候，像摩尔这样的人对博士学位这种头衔并不看重，摩尔说，博士学位这种东西只有美国人才特别看重，博士学位就那么一回事。不过，在给维特根斯坦的博士论文写答辩决议时，摩尔写道："《逻辑哲学论》出自天才之手，虽然难懂，但它无论如何都完全达到了博士学位要求。"（Grayling，1996：11）

1930 年，27 岁的兰姆赛英年早逝，同事们提议让维特根斯坦承担相应的教学工作。维特根斯坦因此获得了在剑桥大学三一学院任教五年的资格，从此维特根斯坦开始了广泛的哲学阅读和研究。五年工作期限快满时，维特根斯坦决定去苏联访学，那时，去苏联访学是剑桥人的一种时尚。维特根斯坦十分崇拜列夫·托尔斯泰（Leo Tolstoy，1828—1910）和费奥多尔·陀思妥耶夫斯基（Fyodor Dostoyevsky，1821—1881），他在剑桥期间学过俄语。1935 年，他随朋友一道去了苏联，在苏联待上一段时间后，他于 1936 年回到挪威，惊悉好友石里克在爱尔兰都柏林被谋杀。在挪威待了一年多之后，他又回到了剑桥。

1939 年，摩尔退休，维特根斯坦接替摩尔的教席岗位，担任剑桥大学哲学教授。不久，第二次世界大战爆发，维特根斯坦难以正常从事哲学教学工作，他先到伦敦的盖斯医院当搬运工，后到纽卡索的皇家维多利亚医院当搬运工。1942 年，维特根斯坦本想回奥地利度假，然而实际情况让他意识到计划不可能实现，他只好到斯旺西（Swansea）去看他的学生兼好友罗希·里斯（Rush Rhees，1905—1989），与里斯一起讨论创作中的《哲学研究》所涉及的一些重要主题[1]（杜世洪，2007）。随后，维特根斯坦回到剑桥，于 1944 年正式加入英国国籍。

第二次世界大战结束后，1945 年，维特根斯坦开始在剑桥大学正式上课。接下来的两年是维特根斯坦哲学思想成熟的时期，剑桥的哲学活动十分活跃。这时，维特根斯坦的学生格特鲁德·E. M. 安斯康姆（Gertrude E. M. Anscombe，1919—2001）、摩尔之子蒂姆斯·摩尔（Timothy Moore，1922—2003）、彼德·吉奇（Peter Geach，1916—2013）、彼德·蒙兹（Peter Munz，1921—2006）等人，他们在学术上深受维特根斯坦的影响。1946 年 10 月 26 日晚上，剑桥大学国王学院举行哲学聚会，维特根斯坦和波普发生了一点小冲突[2]，这场冲突后来成为哲学界的饭后谈资。

1947 年底，维特根斯坦辞去剑桥的哲学教席，去了爱尔兰，住在爱尔兰高威海边的一个小阁楼里，后来搬到都柏林的一家旅馆。这期间，他潜心修改、打磨他的《哲学研究》。同时，他的健康状况出了问题。1949 年 8 月，他到美国纽约，会见他的学生诺尔曼·马尔科姆。马尔科姆住在纽约州的伊莎卡，不幸的是，维特根斯坦感觉严重不适，到了医院被诊断出患上了癌症，维特根斯坦对马尔科姆说："我不想死在美

1　里斯的著作《维特根斯坦及话语的可能性》（*Wittgenstein and the Possibility of Discourse*，1998）记录了里斯与维特根斯坦就《哲学研究》的重要主题的讨论（杜世洪，2007）。

2　对于这次冲突，当事人波普本人后来写道，冲突起源于维特根斯坦和波普对哲学问题的看法不同。维特根斯坦认为，哲学问题是一些语言困惑或者说语言妖术；而波普说，如果没有真正的哲学问题，哲学何以存在呢？归纳法作为哲学问题就是真正的哲学问题嘛。波普说，他无意激怒维特根斯坦，可是维特根斯坦却扬起烧火棍，怒不可言，后来在罗素的命令下，维特根斯坦才丢下烧火棍，甩门而去。有趣的是，维特根斯坦的学生彼德·吉奇对波普的说法并不认可，认为波普说谎了。参见 Karl Popper 写的 A Confrontation with Wittgenstein，载于 F. A. Flowers 于 1999 年编撰的 *Portraits of Wittgenstein* 第 3 卷。

国。我是欧洲人，应该死在欧洲。我好蠢啊，这个时候居然跑到这里来等死。"（维特根斯坦，2020：6）维特根斯坦执意要回去，马尔科姆本想劝他留美治疗，在这种情况下只好作罢。维特根斯坦在美国待了几个月后，于1949年12月回到维也纳，直到逝世。这期间，他偶尔也去英国走走，断断续续地与牛津大学的朋友和剑桥旧友有过一些交往。

1951年1月29日，维特根斯坦定下遗嘱，让安斯康姆作为遗嘱执行人，罗希·里斯和冯·莱特作为遗嘱管理人。1951年4月28日晚，维特根斯坦突然昏迷，并于4月29日早晨去世。

维特根斯坦的一生虽然不长，但意义非凡。维特根斯坦在临终时说："告诉他们，我这辈子美好。"维特根斯坦的幸福，不是来源于他个人的家庭生活，因为他一生都没有结婚；他的幸福不是来源于大量写作与发表，他不是为了发表而写作，因为他生前只出版了一部著作，今天有人说，他不是一名严格意义上的学者（Grayling，1996：15），但他绝对是一位伟大的哲学家，20世纪哲学的整个江山主要由维特根斯坦和海德格尔两人统领（Agassi，2018：1）；他的幸福不是来源于对物质和财富的强烈追求，因为维特根斯坦并不看重金钱，他把继承的巨额财产捐献给了他人，当时奥地利的表现主义诗人格奥尔格·特拉克尔（Georg Trakl，1887—1914）就接受过维特根斯坦的捐赠；维特根斯坦的幸福来源于对哲学问题孜孜不倦的探索与解答，来源于热切执着地追求对世界的理解，来源于对艺术、诗歌和音乐本真朴实的喜好。

维特根斯坦一生虽然短暂，但绚丽多彩。维特根斯坦思想深刻，性格怪异，具有忧郁气质。特拉克尔的一首短诗[1]能够反映出维特根斯坦的一片心境：

> 夜深深，秋木在呻吟，
> 可怕的武器和淡色的金。
> 湖水深渊般的蓝，曾经在头顶
> 有更为深色的太阳在翻滚。

1　特拉克尔的这首短诗几乎就是维特根斯坦在第一次世界大战期间的心理感受，所以维特根斯坦对该诗颇有感觉。该诗此处译文出自本书编著者。

夜色簇拥着垂死的斗士，野性的哀鸣，

只剩一张张撕裂了的嘴。

万籁俱寂，慢慢地出现了红云，

里面住着发怒的神。

流血在汇集，惹了月亮，还有寂静。

世上的路，万千条，

都通向最黑最黑，只有腐朽滋生。（Marson，1972；Rozema，2002）

这首短诗多少能够反映出维特根斯坦满带忧郁的生活世界观。他在《文化与价值》（*Culture and Value*，1998）的书稿中写道："科学技术时代的开启正是人文终结的开始，若持这样的信念，这并不奇怪。认为有伟大进步，认为能获得终极真理，这些想法只不过是一种虚幻……科学和工业决定着战争，至少看上去如此。"（Wittgenstein，1998：64）在此，维特根斯坦的忧郁性格暴露无遗。今天，不少学者觉得维特根斯坦这些预言式的话语并非无理。

∞ 《哲学研究》的写作特点

《哲学研究》在写作上特点鲜明：写作时间漫长，结构编排独特，语言文字浅显，哲学思想深邃，论证方法简洁，结论明确自然，充满新奇观点，令人印象深刻。

《哲学研究》的写作耗费了维特根斯坦16年时间，而从写作到出版总共用了22年（Baker & Hacker，2005：1）。这部著作特点鲜明，文字看似浅显易懂，道理却很深邃难明。《哲学研究》的每一小节都有阿拉伯数字依次编码，每一编码条目中不再像《逻辑哲学论》那样设置次级编码。这样便于检索指引，学术界统一用PI来代表该书全名 *Philosophical Investigations*，如夹注（Wittgenstein，PI106）表示的意思是《哲学研究》第106节。全书分为两部分，第一部分有693节，第二部分有372节。第一部分写作时间是整个30年代和40年代初，第二部分是维特根斯坦在40年代后半期的写作。第一部分相对来讲，可以自成一书，而第二部分必须依附于第一部分存在。

维特根斯坦在《哲学研究》的前言中表示，他本想把这历时 16 年写作的著作构建成天衣无缝的整体，以便让各个话题自然有序，相互连贯，然而最后他只能按照目前的编排形式来组织各个章节。全书就像一本"草案集"（album of sketches），收集的是一些话题的哲学评论，时而突然转入新的话题，时而又跳回前面论及过的话题。这就给读者带来了阅读上的挑战，读者不易把握其中的脉络结构。不过，《哲学研究》绝不是一盘散沙，它仍然具有整体性和连贯性。

就写作的逻辑而论，有些研究维特根斯坦的专家认为，《哲学研究》每就一个中心主题展开讨论，维特根斯坦似乎就习惯于分三步进行（Stern，2004：10）。例如，在开篇这一章中，维特根斯坦的第一步就是引用圣·奥古斯汀（Saint Augustine，354—430）《忏悔录》（*Confessions*，约 394—400）中的一段原话，目的是要引出要讨论的一些主题来，其中至为凸显的主题观点就是"每一个语词都有意义，意义与语词具有相关性，意义是语词所代表的对象。"

维特根斯坦的第二步就是找出一些实际情形，来印证第一步所述观点的恰当性，如建筑工人在工作场所中使用语言的情形，工人甲说"板石"，工人乙就把那种叫"板石"的东西递给甲。然而，随后的情形证明，这是一种简单的语词使用情形。维特根斯坦认为，我们的语言远远超出这样的情形，于是在第一步中所聚焦的论题就受到了挑战，即语词的意义不能被简单地看成语词指示出的对象。

维特根斯坦的第三步就要为第一步和第二步寻找更多的情形，修改甚至推翻原来的主张。例如，他找出一些例子来说明奥古斯汀所认定的语言观局限性太大，人们很容易找到不符合奥古斯汀观点的情形来。简单地讲，维特根斯坦所展示的三步论证法（Stern，2004：11）就是：第一步，引出要讨论的观点；第二步，印证该观点的解释力，同时找出不符合该观点的情形来；第三步，指出该观点的局限性，寻求新的观点，寻求新的情形来详细讨论新旧观点存在的问题。在我们看来，维特根斯坦的方法主要是经验例证法，即举出经验中最为常见的例子来证明某个哲学观点或者反驳某个哲学论断。如果说前期维特根斯坦哲学的方法之特点可以被概括为"维特根斯坦的梯子"，那么后期维特根斯坦哲学的方法之特点就是"维特根斯坦的桌子",即维特根斯坦在举例论证时,习惯于把各种情形和经验例子收集起来,摆放到桌面上,让读者自己去综观,去判断,去下结论。

言为心声,即书面表达反映的是表达者想要传递的心声。《哲学研究》的言语具有多重声音,这一特征易被读者忽略。《哲学研究》的心声包括维特根斯坦自己的心声、叙述者的心声以及场景当事人的心声。把握住这一特点,有利于我们正确理解什么观点才是维特根斯坦真正想表达的观点。《哲学研究》的行文方式为阐述和说明,即作者不轻易断言,不做无根据的判断,而是列举事实进行详细的考察与分析。注意:书中以陈述句形式表达出来的观点并非全部都是维特根斯坦认定的观点,有些观点是他要驳斥的观点,有些是别人的相关观点。所以,我们在引用《哲学研究》中的语句时,要特别当心,要仔细检查所引语句是否真是《哲学研究》所坚持的观点。我们千万不要错把书中所要批判的观点误以为是维特根斯坦的观点。在这一点上,陈嘉映曾告诫说,那些喜欢引用《哲学研究》三言两语的人,他们应该"先道歉,后引用",即应该在引用之前,先郑重声明,以提醒读者或听众,他们所引话语很可能就不是维特根斯坦真正所要表达的本意。事实上,我们也要注意,后期维特根斯坦哲学已经摒弃了前期哲学的一些错误观点,因此我们在引用维特根斯坦时就要加以区分。维特根斯坦也希望《哲学研究》能够与《逻辑哲学论》同卷印刷,以方便读者把握他前后期哲学思想的差异与联系。他说,把旧的想法作为背景而进行比较,在这样的情况下,新思想的新意才能显而易见。

总体上看,《逻辑哲学论》记录的是维特根斯坦前期哲学思想,《哲学研究》代表的是维特根斯坦的后期哲学思想。《逻辑哲学论》旨在推动西方哲学的形而上学传统,朝着新的方向发展。前期维特根斯坦哲学宣称世界、思想和语言这三者具有同构性,原因在于这三者享有共同的"逻辑形式",而"逻辑形式"在实质上是形而上学的本体概念。《哲学研究》却是要彻底突破西方哲学的形而上学传统,而不再坚持《逻辑哲学论》所持的哲学观。维特根斯坦放弃了《逻辑哲学论》为哲学研究所规定的任务,即放弃"逻辑形式"的分析,因为在本体论上,人们根本无法界定清楚到底什么是"逻辑形式"。《哲学研究》提出了新的方法，倡导用日常语言的分析方法来理解和分析哲学问题。后期维特根斯坦哲学认为，语言和世界交织在一起，成为一个有机体，人根本无法把语言同世界剥离开来。如果把语言同世界剥离开来，我们就无法看到真正的世界；如果把世界同语言剥离开来，我们就无法了解真正的语言。在具体形式上，语言同人们的生活形式（form of life）交织在一起，人们在世界上的活动其实就是语言活动，即语言游戏（language-game）（Wittgenstein，2009，PI7）。

值得注意的是，"语言游戏"并非专指狭义的娱乐性质上的游戏，即千万不能简单地把"语言游戏"理解成棋类游戏、纸牌游戏、球类游戏等这样的游戏。虽然维特根斯坦曾以下棋为比方来理解语言游戏，但是他的目的并不是专论下棋本身。他是要说："想象一门语言就是想象一种生活形式（Wittgenstein，2009，PI19）。"我们的生活形式是世界中的生活形式，我们的生活形式由一系列活动甚至无数活动组成，而这些活动的表现形式就是语言游戏。一个语句，相当于语言游戏中的一个语步，即相当于下棋的棋步（Wittgenstein，2009，PI33）。正是在这种认识基础上，《哲学研究》展开了一系列内容的讨论。

∞ 《哲学研究》的基本内容

维特根斯坦本人在《哲学研究》的前言中说，《哲学研究》要考察的主题包括意义、理解、逻辑、命题、语句、数学的基础、意识以及其他概念。考察的方式是摆事实、说道理、做评论。在组织形式上，维特根斯坦本人没有就《哲学研究》进行分章，但是熟读该书之后，我们发现，正如两位著名维特根斯坦研究专家戈登·P. 贝克尔（Gordon P. Baker，1938—2002）和彼得·M. S. 哈克尔（Peter M. S. Hacker，1939—　）所理解的那样，读者可以依据《哲学研究》所集中讨论的主题之不同而区分出不同的章节来，这样更有利于把握《哲学研究》的基本内容（Baker，2004：4，5）。

围绕《哲学研究》的基本内容，贝克尔和哈克尔二人把《哲学研究》

的第一部分（全部 693 小节）分为 22 章，如下所示[1]：

1. 奥古斯汀图画论（§1—§27a）
2. 实指定义和分析（§27b—§64）
3. 意谓的确定性（§65—§88）
4. 哲学的性质（§89—§133）
5. 普遍命题形式（§134—§142）
6. 意义与理解（§143—§184）
7. 遵守规则（§185—§188）
8. 遵守规则与私人语言（§189—§202）
9. 判断与生活形式（§203—§237）
10. 语法与必然性（§238—§242）
11. 私人语言论证（§243—§315）
12. 思想（§315—§362）
13. 想象（§363—§397）
14. 自我和自我指称（§398—§411）
15. 意识（§412—§427）
16. 意向性：语言与现实的和谐关系（§428—§465）
17. 来自经验的理据（§466—§490）
18. 意义的内在性和意谓的边界（§491—§570）
19. 心理状态和过程（§571—§610）
20. 意志（§611—§628）
21. 意图与意图再现（§629—§660）
22. 意义的一些表达（§661—§693）

　　我们发现，以上 22 章基本上涵盖了《哲学研究》的全部内容。《哲学研究》是对《逻辑哲学论》的扬弃，而不是彻底摒弃，有些主题是二者共同研究的对象。正如罗伯特·汉纳（Robert Hanna，1961—　）所言，《哲学研究》和《逻辑哲学论》的共同主题包括逻辑、语言、意义和心灵，二者采取的研究方式都是康德式的哲学批判，这种批判旨在探索人类经验及认知的可能性界限，探索其背后的先验基础及结构（Hanna，2010：13）；二者都把批判的着眼点放到了语言批判上，区别在于《逻辑哲学论》倡导逻辑分析，而《哲学研究》提倡日常语言分析。

　　陈嘉映在译介《哲学研究》时说：《哲学研究》告别了传统西方分析哲学以理想语言为基础、试图探索语言本质的静态逻辑构造论，重新将语言哲学捡回到日常语言中，将语言的实际运用、语言的功能作用作为出发点（维特根斯坦，2005）。他所提出的"语言游戏"和"家族类似"对语言哲学的发展做出了新的贡献。为了方便读者理解《哲学研究》的内容，我们在此做以下几点内容介绍。

1　§ 是小节符号，其后的阿拉伯数字是小节编号。

1.《逻辑哲学论》存在的问题

既然《哲学研究》是对《逻辑哲学论》的扬弃，那么《逻辑哲学论》存在什么问题而让维特根斯坦决心重新思考呢？在《逻辑哲学论》问世若干年之后，维特根斯坦发现《逻辑哲学论》至少存在以下问题：

第一，如果说世界是事实（fact）的总和而不是事物的总和（TLP1.1），那么构成事实的事物（thing）或者对象物（object）的本体论性质是什么呢？对于这个问题，维特根斯坦未能交代清楚。

第二，《逻辑哲学论》中说，现实与命题相比较，是命题形式（the form of propositions）决定了现实的形态（TLP 4.05），后来维特根斯坦觉得这一观点颇有问题。

第三，《逻辑哲学论》的核心观点之一就是思想、语言和世界这三者同构，它们之所以同构，关键就在于它们享有共同的"逻辑形式"，然而什么是"逻辑形式"？这个问题不清楚。

第四，《逻辑哲学论》说："我语言的界限意味着我世界的界限。"（TLP5.6）这一论断遗留的问题是，语言界限本身到底是什么，以及超出语言界限的会是什么，这两个问题让人无法理解。尽管维特根斯坦声明："凡是无法言说的，我们都应保持沉默。"（TLP7）但是，这句话并不能阻止保持沉默的人去做这方面的思考。

正是意识到以上问题，维特根斯坦才觉得《逻辑哲学论》及其语言图像论缺乏足够的解释力，需要新的认识来解决或者消解这些问题以及哲学上的其他问题。在很大意义上，正是以上问题才促使维特根斯坦进行新的思考，开启《哲学研究》的写作。

2.《哲学研究》的语言观

《逻辑哲学论》呈现的语言观是语言图像论，语言的本性就在于构建图像，语言的意义在于命题及其成分，通过逻辑分析，可以区分出有意义和无意义的命题，因为逻辑分析可以显示出意义及其界限（杜世洪，2018）。对于这个观点，《哲学研究》发生了彻底的转变，逻辑分析的地位发生了变化。《哲学研究》认为，"逻辑是语法"（PI90）而不是思想的澄清方法；逻辑形式是处于使用中的语言的动态结构；语言的意义在于使用，一个语词的意义就是它在语言中的使用（PI43）。

不难看出，《哲学研究》的语言观不同于《逻辑哲学论》中的语言观。《哲学研究》提出的是"意义即使用"这一观点，而《逻辑哲学论》显示的是表征观、图像观以及指称论。坚持"意义即使用"，就要坚持从语言使用的具体情形和事例中去观察语词的用法，而不是从某种思想概括入手或者用某种既定理论来确定语词的意义。维特根斯坦说："别想只看！"（PI66），这就是理解语词意义的方法。

维特根斯坦在《哲学研究》的开篇引出奥古斯汀的观点来，对奥古斯汀的语言观和意义观做了分析，认为"每个语词必有一个意义"这样的观点值得怀疑，因为如果认定每个语词都有一个意义，那么就得承认每个语词必定是某个对象的名称，反过来说，每个名称指代一个对象，这显然存在问题，语词并非总是用来指称某种对象。《哲学研究》以此为讨论起点和焦点，详细分析了以下观点的不足之处：第一，语句由名称组合而成并获得语句的意义；第二，凡是能够言说的，就能够说清楚；第三，意义和理解是心理过程，这个过程伴随着言说与写作过程；第四，我们可以不依赖外部世界而独立谈论和思考我们内心的感觉状态。这四个观点作为分析批判的对象，或明或暗地贯穿于《哲学研究》全书。

维特根斯坦利用"到商店买苹果""建筑工人的对话"这两个例子，提出"语言游戏"这一概念，认为语言的本性其实就是人们使用语言按照某种规则进行活动。这种语言观是维特根斯坦提出的动态语言观，语言就是人类活动的语言。

"语言游戏"这一概念道出了语言的规则问题，因为游戏必定有规则限定。生活中不同的语言游戏会不会有不同的规则呢？这个问题涉及语言的普遍规则和语言活动的具体规则问题。维特根斯坦认为，规则离不开意义，而意义离不开语词使用。这样一来，看一个语句或者语词的使用，其实就是看它在语言游戏中的适切情况。一个语句符合它所在语言游戏中的要求，即符合语步的要求，那么这个语句就符合规则，就有意义。概而言之，在维特根斯坦看来，自然语言可以被看成由许多语言游戏组成的大家族（Wittgenstein，2009，PI2）。

可以看出，维特根斯坦的"语言游戏"观避开了语言普遍规则是否存在的困境。在维特根斯坦看来，最好不要去谈论语言的本质问题，与其谈论语言的普遍本质，不如谈论各个语言游戏，以及各种语言活动之间的相互联系问题。为此，维特根斯坦用"家族相似性"这一概念来说明各种语言游戏的关系。维特根斯坦的这种语言观显然不同于索绪尔和乔姆斯基的语言观，特别是在乔姆斯基看来，语言就应该有普遍本质，而维特根斯坦却并不倡导"语言本质论"这样的理论。

总之，维特根斯坦的"语言游戏"和"家族相似性"这两个概念标志着他独有的语言观。"语言游戏"本身没有普遍本质，各个游戏具有自身的特点，有些游戏的语言比较复杂，如论理说事；有些游戏的语言相对简单，如建筑工人工作用语。这就是说，语言游戏的语步可以简单，也可以复杂，没有强制性规则来要求所有语步必须符合某一固定模式。各个游戏之间的联系就是家族相似性的联系。如果语言游戏或语言活动是概念结构的反映，那么支撑语言活动的概念体系也具有家族相似性。可见，维特根斯坦放弃了谈不清、道不明的"本质"这一概念，而使用"家族相似性"来说明语言活动的普遍联系。

3.《哲学研究》的世界观

《逻辑哲学论》明确道出，世界是事实的总和，事实是存在的事态，事态是由对象物组合而成，对象物最简单（TLP2.02），维特根斯坦这一世界观在《哲学研究》中得到了延续。这种世界观有别于柏拉图、亚里士多德、笛卡尔等人的世界观。维特根斯斯坦的世界观属于"语言世界观"或者说"语言生活世界观"。《哲学研究》批判了语词指称论和命题图像论，重新思考语言和世界的关系（韩林合，2010：908，959）。

语言和世界交织在一起，人类世界离不开语言，语言是存在于世界的语言。世界以语言活动为呈现形式，而语言活动反映的是生活形式。"想象一门语言就是想象一种生活形式。"（Wittgenstein，2009，PI19）语言具有的规则反映的是生活的规则。遵守规则（rule following）是活动的规则，符合哲学语法（philosophical grammar）。哲学语法并不是一套抽象的固定规则，而是植入在生活活动和语言游戏之中。因此，"用语言讲话就是活动或者生活形式的组成部分。"（Wittgenstein，2009，PI23）

生活形式让语言完成语言应该完成的功能。生活形式可以理解为随文化环境、时代潮流、历史源流等因素变化而变化，它是流变的、偶然的，以及相对的，但是生活形式绝不完全是相对的，它以人类共性为基础。这确保了不同生活形式的相互可理解性，同时也能说明为什么生活形式具有多样性。维特根斯坦说，人类的行为共性是我们赖以解释陌生语言或者未知语言的参照系统（Wittgenstein，2009，PI206）。这一观点明显区别于乔姆斯基的普遍语法观。乔姆斯基认为，人类享有共同的内在语法体系，这个体系是普遍的、先天的，它能确保讲不同语言的民族之间的相互理解。维特根斯坦却认为，人类语言所展示的普遍性并不是语言自身的普遍性，而是人类活动的普遍性决定了语言游戏的相似性、语言活动的相似性以及生活形式的相似性。

既然人类具有行为普遍性，那么我们应该怎样看待遵守规则这个问题呢？提起规则，我们自然会想到内在规则和外在规则，会认定有某种抽象的东西决定着内在规则，而外在规则却是在活动中协商而来的。在维特根斯坦看来，这种认识是教条主义的表现。他认为，遵守规则并不是先有一套既定的规则摆在那里，然后我们大家都去遵守。遵守规则指的是我们的活动本身就符合规则。了解规则不是了解一套抽象的实体，而是了解规则的具体使用。"我们如何知道我们是在正确地遵守规则？""规则是如何获得的？""规则是在我们内心，还是在我们身外？""规则是社会性的吗？""规则具有心理表征体系吗？"等，维特根斯坦认为，这样的问题多少带有柏拉图式的观念或者说带有心灵主义的表征论的影子。这些问题在具体的语言活动中具有它们自身的合法性，但是我们不能让它们成为纠缠我们心智的妄言妄语。维特根斯坦的意思是，我们要清除内心的魔障，这魔障就是我们总是认为存在某种内在的或者外在的权威，它们凌驾于规则的实际运用之上。简言之，不可凭空捏造出脱离实际运用且独立存在的虚幻的规则来。

4. 哲学的本质

维特根斯坦在《逻辑哲学论》中声明，哲学并不同自然科学携手并肩，哲学理应高于（抑或是低于）自然科学（TLP4.111）（杜世洪，2018）。哲学不是理论，不是学说，而是活动，是对思想进行澄清的活动。后期维特根斯坦哲学，即《哲学研究》继承并发展了这一观点。维特根斯坦认为，哲学的本质就是治疗心智疾病（mental illness），或者确切地说消除哲学上的混淆（philosophical confusion）。

"哲学问题的形式是：我不知道我熟知什么。"[1]（Wittgenstein，2009，PI123）我们认为，维特根斯坦说出这话来过于简洁，其实他是想说：既然我不知道我熟知什么，那么我肯定就不知道我想知道的万物之道。可是，我在想知道万物之道的过程中或者某些时候，我不小心却得了病，患上了普通人无法自我觉察的心智疾病。普通人得了心智疾病却不自知，我是哲学思想者，我患的病就是哲学观点问题。在维特根斯坦看来，许多哲学家自觉或不自觉地生出了哲学问题。

那么，哲学问题是如何产生的？维特根斯坦说："当语言休假了，哲学问题就产生了。"（Wittgenstein，2009，PI38）这就是说，哲学家们没有把语言放在它应有的位置上，没有让语言做语言该做的事，这时语言就像处于休假状态一样，于是在哲学家们的表达体系里，就出现了由于误用语言而带来的思想混淆或哲学观点混淆，即哲学问题。

那么，如何处理哲学问题呢？维特根斯坦说："哲学家处理哲学问题，就像处理疾病一样。"（Wittgenstein，2009，PI255）具体地讲，哲学上出现的思想困惑在于一些哲学家把语言想象成理想的语言，这样建立的哲学观就好像在光滑的冰地上行走，没有正常的摩擦力，问题是我们根本无法正常行走。为了避免出现这种整齐划一的滑溜溜的混淆，我们应该把语言带回到粗糙的大地上，恢复语言本来的样子（Wittgenstein，

---

1 原文是：A philosophical problem has the form: "I don't know my way about." 此句的译文有："哲学问题具有的形式是：我不知道出路何在。"（韩林合，2019）"哲学问题具有的形式是：我不知道北。"（陈嘉映，2005）英语中的 my way about 是指"熟知什么及其工作原理"。在西方哲学史上，但凡思考深邃的哲学家，最后大体上都会得出苏格拉底和维特根斯坦同样的感慨："我唯一知道的是我不知道。""我不知道我熟知什么。"

2009，PI107）。维特根斯坦说这话的含义是，哲学混淆或者思想混淆主要源于人们喜欢用整齐划一的理想标准去衡量一切。我国语言学研究出现了针对某些特殊语句的争论，如"王冕死了父亲"，这个语句引起了学者们的广泛讨论，众说纷纭。其实，根据维特根斯坦在这里表达的观点，"王冕死了父亲"这样的表达本身反映的是语言粗糙的表达，属于语言活动的自然状况，因而不必规定自然语句一定符合理想的句法规则和词法规则。

总之，维特根斯坦说，消除心智疾病、哲学观点混淆和哲学问题，这就好像为苍蝇指出飞出瓶子的路一样。"哲学的目的就是为苍蝇指出飞出瓶子的路。"（Wittgenstein，2009，PI309）哲学是治疗，而治疗的方法多种多样。因此，不存在大一统的哲学方法，正如治疗疾病的方法不止一种一样，哲学治疗具有多种哲学方法（Wittgenstein，2009，PI133）。衡量哲学方法的标准就是看它是否符合解决具体问题的需要。解决哲学问题需要综观，哲学的方法在于它具有综观性（surveyability），即要谨防因为方法单一而导致的认识偏差。

5.《哲学研究》的价值与影响

维特根斯坦在《哲学研究》的前言末尾不无谦逊地说："我不愿让我的著作去免除他人思考的麻烦，相反，如有可能，它应该激发他人自己的思想。我本应该写出一本佳作。现在看来，情况并非如此，可是时日已去，我已经失去了完善著作的机会。"

显然，维特根斯坦本人并没有料到《哲学研究》给世界带来的影响到底有多大。20世纪末，美国和加拿大的专业哲学家们接受了一项调查，要评选出20世纪最具影响力的哲学著作。调查结果显示，维特根斯坦的《哲学研究》排名第一，而《逻辑哲学论》排名第四（Stern，2004：I）。《逻辑哲学论》是前期维特根斯坦哲学的代表作，它催生了维也纳学派，即逻辑经验主义的诞生。《哲学研究》是后期维特根斯坦哲学的经典著作，它在哲学界促发了日常语言学派（the ordinary language school）的产生；在语言学界，它为语用学的诞生奠定了哲学基础，对21世纪的语言生活研究、语言活动（languaging）研究以及生态视角下的语言文化研究都具有指导作用（Sluga & Stern，1996）。

芬兰著名哲学家冯·莱特说，维特根斯坦是至少可以算作整个 20 世纪哲学思想的精神领袖，他的成就注定要彪炳千秋。他在《哲学研究》中阐明的"语言游戏""生活形式"和"家族相似性"是哲学史上的巨大贡献，这些都是人类史上的宝贵产物（von Wright，1999：208）。

阿里夫·艾哈默德（Arif Ahmed，1974—　）评价说，《哲学研究》是 20 世纪最重要的哲学著作，它的思想已经深嵌在西方思想的心灵中，而且砸碎了西方思想中的一些理论玩偶，它会改变人们对意识、思想、感知、语言理解以及自我的认识。《哲学研究》是自休谟《人性论》问世以来，在整个西方哲学历史长河中涌现出来的又一部搅动哲学界思想潮流的巨著（Ahmed，2010：1），它的思想价值和文化价值不言而喻。

对于我们做理论研究的人而言，《哲学研究》所倡导的"治疗心智疾病"这一鲜明主张，有助于我们警惕理论玩偶把我们带入空洞的说教与写作中。对于那些习惯于天马行空的话语方式的伪学者，《哲学研究》会一针见血地指出，伪学者们的所言所行，与其说是在解决实际问题，还不如说是在制造思想混乱。熟读《哲学研究》能够帮助我们彻底摧毁思想中、理论上一座座漂亮的纸房子。

参考文献

杜世洪. 2007. 里斯、维特根斯坦与话语的可能性. 外语学刊，（2）：20–24.

韩林合. 2010. 维特根斯坦《哲学研究》解读. 北京：商务印书馆.

维特根斯坦. 2005. 哲学研究. 陈嘉映，译. 上海：上海人民出版社.

维特根斯坦. 2019. 逻辑哲学论. 杜世洪导读注释. 上海：上海译文出版社.

维特根斯坦. 2019. 哲学研究. 韩林合，编译. 北京：商务印书馆.

维特根斯坦. 2020. 哲学研究. 杜世洪导读注释. 上海：上海译文出版社.

Agassi, J. 2018. *Ludwig Wittgenstein's Philosophical Investigations*. New York: Springer.

Ahmed, A. 2010. *Wittgenstein's Philosophical Investigations: A Critical Guide*. Cambridge: Cambridge University Press.

Baker, G. P. 2004. *Wittgenstein's Method: Neglected Aspects*. Malden: Blackwell Publishing.

Baker, G. P. & Hacker, P. M. S. 2005. *Wittgenstein: Understanding and Meaning*. 2nd ed. Malden: Blackwell Publishing.

Flowers, F. A. 1999. *Portraits of Wittgenstein*. Vol. 4. Bristol: Thoemmes Press.

Grayling, A. C. 1996. *Wittgenstein: A Very Short Introduction*. Oxford: Oxford University Press.

Hanna, R. 2010. From referentialism to human action: The Augustinian theory of language. In A. Ahmed (Ed.), *Wittgenstein's Philosophical Investigations: A Critical Guide*. Cambridge: Cambridge University Press, 11–29.

Malcolm, N. 1984. Introduction. In R. Rhees (Ed.), *Recollections of Wittgenstein*. Oxford: Oxford University Press.

Marson, E. L. 1972. Trakl's Grodek—Toward an interpretation. *German Life and Letters*, 26(1): 32–37.

Monk, R. 1991. *Ludwig Wittgenstein: The Duty of Genius*. New York: Penguin Books.

Rozema, D. 2002. "*Tractatus Logico-Philosophicus*": A "poem" by Ludwig Wittgenstein. *Journal of the History of Ideas*, 63(2): 345–363.

Sluga, H. & Stern, D. G. 1996. *The Cambridge Companion to Philosophy: Wittgenstein*. Cambridge: Cambridge University Press.

Stern, D. 2004. *Wittgenstein's Philosophical Investigations: An Introduction*. Cambridge: Cambridge University Press.

von Wright, G. H. 1999. Wittgenstein in relation to his times. In F. A. Flowers (Ed.), *Portraits of Wittgenstein*. Vol. 4. Bristol: Thoemmes Press.

Wittgenstein, L. 1998. *Culture and Value*. Rev. ed. G. H. von Wright (Ed.). New York: Wiley-Blackwell.

Wittgenstein, L. 2009. *Philosophical Investigations*. 4th ed. P. M. S. Hacker & J. Schulte (Eds.). New York: Wiley-Blackwell.

维特根斯坦的前期哲学

THE EARLY PHILOSOPHY OF WITTGENSTEIN

维特根斯坦的前期哲学（The early philosophy of Wittgenstein）在称谓上也叫"前期维特根斯坦"，是指《逻辑哲学论》（*Tractatus Logico-Philosophicus*，1921/1922）的全部内容。《逻辑哲学论》是 20 世纪最伟大的哲学著作之一，是经当今世界哲学家群体投票而选出的必读著作（Morris，2008：1）。维特根斯坦是从整个西方哲学历史长河中走来的举足轻重的伟大人物，是哲学奇才，他的哲学思想不同凡响，影响深远。维特根斯坦是位传奇性人物，关于他的逸闻趣事以及关于《逻辑哲学论》的创作与出版等方方面面的事情，颇有传奇性[1]。

❸ 维特根斯坦所处的历史环境[2]

学术界一致认为，如果把笛卡尔、康德、黑格尔等这样的哲学家判定为理论建设性哲学家，那么维特根斯坦则是摧毁性哲学家。在整个西方哲学传统中，走建设性哲学之路一直是主流，可是到了 20 世纪初，维特根斯坦一反西方哲学常态，发起了对传统哲学及其诸问题的批判，走的是摧毁性道路。这与维特根斯坦所处的时代及成长环境不无关系，与我们的世界不无关系。

我们的世界最不幸的事就是出现过希特勒，而最有幸的事则是出现了维特根斯坦。维特根斯坦和希特勒都参加了第一次世界大战，可是一个注定要流芳千古，另一个肯定要遗臭万年。

---

1 了解一些关于维特根斯坦的传奇故事，有助于我们理解《逻辑哲学论》。文献来源包括 R. 蒙克（R. Monk）于 1991 年所著的《维特根斯坦传》（*Ludwig Wittgenstein: The Duty of Genius*）、J. 希顿（J. Heaton）与 J. 格雷福斯（J. Groves）于 1994 年所著的《维特根斯坦简传》（*Introducing Wittgenstein*）、H. 斯拉格（H. Sluga）与 D. G. 斯顿（D. G. Stern）于 1996 年所编的《剑桥哲学简传：维特根斯坦》（*The Cambridge Companion to Philosophy: Wittgenstein*）等。

2 关于维特根斯坦所处的历史环境的介绍，摘自本注释者的随笔集《语言情事录》中的《希特勒可能对他早已怀恨在心》一文（杜世洪，2018）。

维特根斯坦和希特勒是小学同学，都是从奥地利维也纳的文化圈里走出来的人物。可是，历史的不幸就在于把这两位少年结合到了一起。那时，他们并无本质上的好坏之分，毕竟都是小孩而已。然而，据说正是少年时代的维特根斯坦给希特勒埋下了仇恨犹太人的种子。

维特根斯坦出生在一个非常富有的犹太家庭里，父亲是奥地利非常成功的实业家。相比之下，希特勒的父亲不怎么成功。一个是富家子弟，一个是普通百姓之子。那时的希特勒调皮捣蛋，不是什么善茬，他因此而常常受到打击，这些打击常常来自像维特根斯坦这样的犹太富家子弟。当希特勒津津有味地说，他喜欢弹钢琴，喜欢约翰内斯·勃拉姆斯（Johannes Brahms，1833—1897）的音乐时，维特根斯坦却不经意地说出，他家有六台钢琴，勃拉姆斯是他家的常客。不管是不是出于炫富，维特根斯坦的话或许刺痛了希特勒的心。

他俩因为一些小事而结怨，从此以后就没有成为朋友。少年时代的维特根斯坦彬彬有礼，还有些侠肝义胆。希特勒待人处事却不怎么有教养，喜欢使坏，喜欢捣蛋，是个刺头。维特根斯坦并不喜欢希特勒。有一次，他两人在操场相遇，维特根斯坦揪住希特勒打了几巴掌。希特勒对此记恨在心，后来把这事写进了他的自传里，说他在幼年时都憎恨那个可恶的犹太人，总是让他很没有面子。有史学家认为，希特勒所说的那个"他"多半就是维特根斯坦。

关于维特根斯坦和希特勒结下梁子的故事，大多出于好事者的索隐之作。甚至有学者大胆断言，长大后的希特勒痛恨犹太人，这恐怕同维特根斯坦不无关系。

现在提起维特根斯坦，人们几乎想不起这些事，甚至不少人连维特根斯坦是谁都不知道，他们只知道希特勒。

希特勒给人类带来的是灾难，而维特根斯坦带来的却是认识世界的新智慧。客观地讲，二人都具有摧毁性。不同的是，希特勒摧毁的是实实在在的世界、文明和活生生的人。维特根斯坦要摧毁的却是人们认识世界时在心中塑造出的理论玩偶。

关于希特勒的丑闻，人们比较熟悉，而关于维特根斯坦的趣事，人们却知之甚少。要是没有希特勒，世界反而更美好。可是，如果没有维特根斯坦，世界就会失去许多思想瑰宝。

☏ 维特根斯坦的人生趣事

1889 年 4 月 26 日，维特根斯坦出生于奥地利维也纳的一个犹太家庭，排行第八[1]。父亲是奥地利成功的实业家、钢铁大亨。1908 年秋，在弗雷格的建议下，维特根斯坦到英国曼彻斯特大学学习航空工程学，与此同时对哲学产生出浓厚兴趣，并于 1911 年到剑桥大学师从著名哲学家罗素先生。相传他俩初次见面时，维特根斯坦直截了当地问罗素："我是不是白痴呢？"罗素问他："为何这么问？"他回答说："如果我是个白痴，我就去当飞行员；如果不是，我就要当哲学家。"（维特根斯坦，2019：4）

听到这话，罗素就让维特根斯坦写点东西出来瞧瞧。当罗素看到维特根斯坦写出的东西时，就知道维特根斯坦是位哲学奇才。

罗素后来在文章中评价维特根斯坦道："这位名不见经传的年轻人顽固、刚愎，但人却不傻。"（维特根斯坦，2019：4）罗素说他在有生之年无法完成的哲学事业完全可以由维特根斯坦来完成，因为维特根斯坦的哲学敏感性无与伦比。从此，罗素与维特根斯坦之间产生了弥足珍贵的师生情和挚友情，而且维特根斯坦在情感上特别依赖罗素。

维特根斯坦常常深更半夜跑到罗素的家里，在屋子里踱来踱去，而且一言不发。罗素调侃地问他："你是在思考逻辑问题呢，还是你的罪孽？"维特根斯坦回答说："两者都在思考。"（维特根斯坦，2019：4）

---

1 维特根斯坦兄弟姊妹实际上是九个，不过其中一位姐姐 Dora 在出生那年就夭折了。其余 8 位是 Hermine Mining Wittgenstein（女，1874—1950）、Johannes Wittgenstein（男，1877—1902，失踪）、Konrad Kurt Wittgenstein（男，1878—1918，自杀）、Helene Lenka Wittgenstein（女，1879—1956）、Rudolf Rudi Wittgenstein（男，1881—1904，自杀）、Margaret Gretl Wittgenstein（女，1882—1958）、Paul Wittgenstein（男，1887—1961，独臂钢琴演奏家）和 Ludwig Wittgenstein（男，1889—1951）。

维特根斯坦绝对是史上最奇葩的学生，坊间流传的几则趣闻可以说明维特根斯坦的奇特之处。维特根斯坦在剑桥大学并未毕业就去了挪威，于1913年才回到奥地利，可第二年就爆发了第一次世界大战，他应征入伍，三年后不幸被俘。不过，即使是在战时和俘虏营中，维特根斯坦仍坚持他的哲学思考，记下了关于哲学问题的笔记。1919年，大战结束后，他把写下的东西整理成册准备出版，在摩尔的建议下，借鉴巴鲁赫·德·斯宾诺莎（Baruch de Spinoza，1632—1677）的书名《神学政治论》（*Tractatus Theologico-Politicus*，1670）定名为《逻辑哲学论》。

那时的维特根斯坦在学术界名不见经传，无人知晓，因此要出版这书就成了很大的问题。维特根斯坦自己联系到了莱比锡的一家出版社，可是出版社提出条件说：若有罗素作序，出版就没问题。无奈之下，维特根斯坦只好恳请罗素作序。罗素向来喜欢成人之美，欣然作序。可是，维特根斯坦收到罗素的序言时，却抱怨罗素的序言并不令人满意。维特根斯坦认为，罗素对原著的解释与评价都不得要领。

然而，莱比锡的一家出版社在拿到罗素的序言后，由于种种原因仍然没有出版该书。于是，维特根斯坦写信给罗素，不无赌气地说："我的著作要么是一流的，要么不是一流的。如果不是一流的，我也不希望它出版。如果是一流的，早出版或者晚出版都无所谓。读者若是真的喜欢一流著作，那么又有谁会在意它的出版日期呢？"（Monk，1991：184）

几经周折，在罗素的帮助下，《逻辑哲学论》的德文版于1921年出版。该书问世不久，《意义之意义》（*The Meaning of Meaning*，1923）的作者之一查尔斯·K.奥格登（Charles K. Ogden，1889—1957）就将它译成英语，于1922年出版。英文版出版时，维特根斯坦认为，摩尔原先建议的书名并不恰当，他不无懊恼地说应该用《哲学逻辑》（*Philosophical Logic*）这一书名。无论怎样，维特根斯坦认为，《逻辑哲学论》解决了哲学上的全部问题，他不必再搞哲学了，就离开了剑桥。

《逻辑哲学论》的写作始于1911年，主体部分是在挪威山中完成。当维特根斯坦在挪威写作时，他的老师摩尔去看望他，发现这些手稿可以作为学位论文，于是建议维特根斯坦用这些手稿向剑桥大学申请学士学位。维特根斯坦就让摩尔帮忙张罗这事，可是当摩尔回到剑桥后，信告维特根斯坦必须按照学位论文的格式要求重新整理手稿时，维特根斯坦的回信却让摩尔下不了台。

维特根斯坦写信给摩尔说："是你建议我拿这些手稿去申请学位。我在写作这些手稿时，并没有想到什么学位论文的规矩。你如果觉得我的手稿不值得破例处理，那么我是混蛋，应该见鬼去。如果我的手稿有价值而值得破例处理而你又不帮我处理的话，那么你是混蛋，你应该见鬼去。"（Heaton & Groves，2000：26）摩尔收到这样的信，有什么样的心情，可想而知。维特根斯坦当时未能获得本科学位。

可剑桥毕竟是伟大的剑桥，当维特根斯坦带着对哲学的新认识，于1929重新回到剑桥时，摩尔和罗素仍然十分器重他。考虑到维特根斯坦需要获得学位才能在剑桥工作，于是，罗素和摩尔作为答辩委员，让维特根斯坦用《逻辑哲学论》作为博士学位论文进行学位答辩。这项答辩是历史上最牛气的答辩，因为在答辩中罗素和摩尔根本弄不懂维特根斯坦在说什么，但又觉得维特根斯坦的论文很有创见。看到两位导师满脸困惑的样子，维特根斯坦反而安慰他俩说："别担心了！你们永远也理解不了。"（Heaton & Groves，2000：96）

听到维特根斯坦这多少有点冒失的话，这次摩尔并没有生气，罗素也有大智慧，就这样让维特根斯坦顺利通过答辩而获得学位。维特根斯坦也从此在剑桥大学开始了新的哲学研究，随后获得教席岗位，主讲哲学课程。

维特根斯坦个性率真，行事另类。上课前，他先要清场，要把那些他自认为不适合听课的人先请出课堂。他的课艰涩难懂，往往是他独霸课堂，鲜有师生互动。更有甚者，他会果断地把心不在焉者请出课堂，并说这人混进课堂，根本不适合从事哲学思考。这样一来，他课堂上的学生寥寥无几。

维特根斯坦的率真还表现在他对哲学问题的独特认识上。在维特根斯坦眼里，没有多少真正的哲学问题，许多所谓的哲学问题只不过是些可以消解的伪问题，这些伪问题是误用语言和思想混乱造成的。1946年 10 月 26 日，在剑桥国王学院道德科学俱乐部的一次聚会上，罗素叼着烟斗，面火而坐，在他座椅左边有波普，右边是维特根斯坦。波普带着嘲弄的语气说，曾有人叫他解决一个语言问题，波普弦外有音而大声说，语言问题属于鸡毛蒜皮之类的事，不值一提，他喜欢谈论真正的哲学问题。听到这话，维特根斯坦非常恼火，怒目而视，质问波普究竟什么是真正的哲学问题。波普回答说归纳法问题就是真正的哲学问题之一。听到这话，维特根斯坦从火堆里抽出红红的烧火棍，晃了晃。罗素见状，连忙从嘴里取下烟斗，朝维特根斯坦说：把那玩意儿放下。维特根斯坦遵命，旋即站起，径直离开，把门轰的一声一关，拂袖而去。这件小事被视为 20 世纪科学哲学和语言哲学两位大师在观点上发生对抗的象征。在维特根斯坦看来，归纳法根本不是哲学问题。

维特根斯坦就这样率真，就这样享受着他的哲学人生，直到 1951 年 4 月 29 日告别人世。临终前，他对医生说："告诉他们，我的一生很美好。(Tell them I've had a wonderful life.)"

现在想来，维特根斯坦一生并不寻常。他出身名门，爱好广泛，酷爱音乐，钟情于哲学。他注重心灵的渴求，不太在意物质生活和个人情爱。他把继承而得的巨额家产转赠给他人。他与瑞士一位名媛有段短暂的爱情，但因不识恋爱风情，与恋人外出时，衣食粗陋，两人待在一起不谈情说爱，而一心一意思考哲学问题，这样他俩很快就分手了。后来，他又对工作中的一位小伙子产生了难以言说的好感。

维特根斯坦就是这样的怪人，这样的不同寻常，倒也做过平常的工作。他从过军，受过俘，当过小学老师，做过花匠。当然最不同寻常的是，维特根斯坦是剑桥大学历史上"著述不多却最有影响"的教师之一。人们把他、罗素和摩尔三人称为剑桥哲学"三剑客"。

维特根斯坦的一生给人类留下了两部重要著作：《逻辑哲学论》和《哲学研究》，前者是他在世时出版的唯一专著，后者是他身后才出版的著作。除此之外，还有不少笔记，经由他的学生整理成册。这些著述是人类的思想瑰宝，一定会流芳百世。

✆ 《逻辑哲学论》的结构与内容

《逻辑哲学论》是维特根斯坦用德语写的，奥格登的首译英文版于 1922 年问世后，学术界认为有必要加以重译。我们依据学术界公认的权威版本进行介绍，以便读者更好地理解维特根斯坦的早期哲学思想。

1.《逻辑哲学论》的结构

全书很短，貌似简单。无论长短，全书单独成段的段落数为 526，每个段落开头都有数字编码，分成不同的级别排列在七大命题之下，即全书的主干是由七大命题组成，用阿拉伯数字 1—7 编码排序。这七大命题中的前六大命题各自都有次级论述，各次级论述用小数方式编码排序，每增加一个次级层就增加一个小数位数，同一次级层的论述具有相同的小数位数。例如，第一大命题编码为 1，其下的两个次级论述编码为 1.1 和 1.2，而 1.1 下面的次级论述分别编码为 1.11、1.12、1.13 等。

全书的七大命题如下：

（1）The world is all that is the case.

（2）What is the case—a fact—is the existence of states of affairs.

（3）A logical picture of facts is a thought.

（4）A thought is a proposition with sense.

（5）A proposition is a truth-function of elementary propositions. (An elementary proposition is a truth function of itself.)

（6）The general form of a truth-function is $[\bar{p}, \bar{\xi}, N(\bar{\xi})]$. This is the general form of a proposition.

（7）What we cannot speak about we must pass over in silence.

这七大命题的汉译如下：

（1）世界是所有发生的事情。

（2）发生的事情，即事实，是诸事态的存在。

（3）事实的逻辑图像就是思想。

（4）思想是有意义的命题。

（5）命题是原初命题的真值函项。（原初命题是其自身的真值函项。）

（6）真值函项的普遍形式是 $[\bar{p}, \bar{\xi}, N(\bar{\xi})]$。这就是命题的普遍形式。

（7）凡是不可说的东西，必须对之保持沉默。

2.《逻辑哲学论》的主要内容

《逻辑哲学论》的篇幅很短，只有 70 来页，主要是关于语言的本质、世界的本质、逻辑的本质以及数学、科学和哲学的本质、语言图像论等方面的评论，最后也涉及关于自我、伦理、宗教和神秘主义的谈论。

罗素在该书的《导言》中说，《逻辑哲学论》始于就语词与事物之间必然的指号论（symbolism）原则与关系的探究，然后把探究的结果应用到传统哲学的方方面面，而指明传统哲学的各种情况与传统问题的解决方法，都忽视了指号论的基本原则，都源于语言的错误使用。罗素说，该书首先处理的是命题的逻辑结构和推论的本质，然后讨论的是知识理论、物理学原理、伦理学原理以及神秘的东西。这是罗素对《逻辑哲学论》所做的内容概括，然而维特根斯坦认为，罗素严重误解了《逻辑哲学论》。

《逻辑哲学论》确实很难读懂。为了方便读者理解全书的要义，我们按以下主题来简述其重要内容。

1)《逻辑哲学论》的世界观

《逻辑哲学论》的表层语言似乎很浅显，但其深层内容深奥难懂。不过，从宏观上看，该书的中心主题就是关于世界、思维和语言这三者的关系问题，这关系着西方哲学的古老问题。维特根斯坦的主要目的就是要为西方哲学的古老问题提供解答。

维特根斯坦认为，世界、思维和语言这三者所引起的诸多问题，在本质上都植根于逻辑与表征的特性：世界通过思维而得到表征，而思维的呈现形式就是富有意义的命题。世界、思维和语言拥有共同的逻辑形式，因此思维和命题能够成为事实的图像。正因为拥有同样的逻辑形式，世界、思维和语言这三者具有同构性。从这个意义上讲，语言是世界的图像。语言图像论指的是维特根斯坦在《逻辑哲学论》中秉持的世界观。

至于什么是维特根斯坦所说的逻辑形式，学术界对此一直争论不休，维特根斯坦本人也并没有给出明确说明。不过，维特根斯坦却用事实显示而非断言直说的方式来表明逻辑形式确实存在。在维特根斯坦看来，直说不如显示，显示出来的内容更具有确定性。在整个西方哲学发展过程中，出现了许许多多的由哲学家们直接说出来的语句，其中不少语句根本无法用显示的方式来确定。所以，维特根斯坦并不直言什么是逻辑形式，而是让逻辑形式显示出来。试想，现实世界发生的一个交通事故，对于这个事故，我们可以用语言来表述，也可用图画形式反映这个事故，还可以通过摆放器具来模拟这个事故场景。无论用什么样的方式，我们都会意识到这些方式所表现的关于交通事故这一事实都是一样的。之所以如此，是因为事实、思维和语言具有共同的逻辑形式，具有同构性。

熟悉西方哲学的人必定会从上述内容看出维特根斯坦的独特之处，能够理解为什么维特根斯坦很伟大。哲学是世界观和方法论的学问。《逻辑哲学论》显示出维特根斯坦具有不同的世界观和方法论。

维特根斯坦的世界观不是柏拉图世界观，更不是亚里士多德世界观。怀特海说，整个西方哲学发展的特征化过程在实质上只不过是对柏拉图哲学思想的脚注。如果怀特海的断言是对的，即西方哲学史上众多哲学家只不过是柏拉图哲学思想的注解人，那么维特根斯坦就不再是给柏拉图做脚注的哲学家了。《逻辑哲学论》的第一大命题就开宗明义：世界是所有发生的事情。随后，维特根斯坦进一步声明：世界是事实的总和，而不是对象物的总和。这就是维特根斯坦的世界观，从根本上颠覆了传统的世界观。

柏拉图认为，世界是由理型构成的，是理念上的，但理型是抽象的，人们看不见、摸不着，而且根本无法描述什么是理型。桥有桥的理型，鸡有鸡的理型。我们看得见的现实生活中的桥和鸡，只不过是理型的桥和理型的鸡的摹本，摹本就是摹本，总是没有理型那么完美。正是因为有完美的理型存在，我们才能够判断这就是桥，那就是鸡，理型是获取真知的对象与来源。

亚里士多德并不满意柏拉图的世界观。亚里士多德认为，世界是实在的世界，一切实在的对象物就是我们获取真知的对象与来源。当然，实在的世界具有实在的对象物，它们的存在具有原因，有形式因、质料因、动力因和目的因。这四因决定着实在的对象物。实在世界的终极决定者就是第一推动者。虽然亚里士多德的哲学思想是对柏拉图的批判，但是实质上，亚里士多德的世界观仍然是对象性世界观，即认为世界是由对象物组成。柏拉图和亚里士多德都持有对象性世界观，这师徒的区别只不过是理型对象和实在对象的区别。

维特根斯坦把世界看成事实的总和，那么世界、事实、事态、对象物是什么样的关系呢？在维特根斯坦看来，世界是事实的总和，事实是存在的事态，事态是由对象物组合而成。对象物最简单（TLP2.02）[1]，它们有自身的内部特征，这些内部特征决定对象物之间形成组合的可能性，这就是逻辑形式。正因为事态是由具有内部特征的对象物组成，事态才具有内在的复杂性。世界是事实的总和，具有事态存在，具有实在性。

思维和语言是对实在世界的表征，三者同构。思维和命题（指语言）是实在模式的图像（TLP2.12），图像有组成成分，每个组成成分代表一个对象物，因此图像的逻辑结构，无论是处于语言还是处于思维中，都与事态的逻辑结构同构。维特根斯坦断言："事实的逻辑结构就是思维（TLP3）""只有命题才有意谓；名称只有在命题的语境中才有意义（TLP3.3）。"命题的结构必须符合逻辑形式的限制，命题的成分具

---

1 TLP 是《逻辑哲学论》的缩写，后面的阿拉伯数字代表正文的编号。TLP2.02 是指《逻辑哲学论》第 2 大命题之 02 节。余同。

有指称。"命题的普遍形式就是：事物就是如此这般地存在（TLP4.5）。"于是，维特根斯坦断言，命题的普遍形式就是真值函数的普遍形式：$[\bar{p}, \bar{\xi}, N(\bar{\xi})]$（TLP6）。这是指，每个命题 P 都是对原初命题（原子命题）连续做 N（ξ^-）运算的结果（TLP6.001）。

从《逻辑哲学论》中，我们知道维特根斯坦的世界观不是对象性世界观，而是事实性世界观。在维特根斯坦看来，我们的世界并不是直接由对象物组成，而是由基于对象物的事实组成。世界是事实的总和，而不是对象物的总和。对象物在事实中呈现，这就涉及语言和表征。在表征上，所有的基本命题集中在一起就是世界的整体刻画。

2）《逻辑哲学论》的语言观

维特根斯坦《逻辑哲学论》所呈现的语言观是语言图像论。在维特根斯坦看来，语言的本性就是构建图像（picturing），图像构建的目的是要显示事情如其所是地存在。语言的本质却是隐藏的（hidden），需要被揭示出来，需要显示出来。语言的本质由什么来揭示或显示呢？维特根斯坦认为，这得由逻辑来完成这项任务。维特根斯坦赞成罗素的观点，认为我们的言说具有表层语法，但表层语法并不是言说的逻辑。逻辑是一种内在结构，是语言的本质所在。不过，"我们日常语言的所有命题却具有完善的逻辑秩序（TLP 5.5563）"。

在《逻辑哲学论》中，维特根斯坦区分了语言的三种使用，或者区分了三类语句。第一类语句是我们日常生活中熟知熟用的句子，像"蓝色小车从右边碰撞到了红色小车""这种铁在 1 535 摄氏度时熔化""张三不在家，但张三的老婆在家"等这样的句子。这类语句最能显示语言的本质，能够描述事物，能够表征世界，能够鉴别什么是事实、什么不是事实。原则上，我们至少可以确定这类语句是真是假。

为什么说第一类语句最能显示语言的本质呢？因为这类语句具有精致的对称性，这对称性就是语言和世界的对称性。这就是说，在某一特定时间点上，某物要么存在于世界中，要么不存在于世界中，不可能出现某物既存在于世界中又不存在于世界中的情况。同样，一个语句要么真要么假，不可能又真又假。语言与世界的对称性就在于语句的真与假完全可以根据世界的真实情况来判定。这类语句的意义清晰明了，要么是对事实的肯定，要么是对事实的否定。

第二类语句就是维特根斯坦所说的："一个肯定语句与其否定语句不能同时为真。"这类语句在逻辑上不能违背矛盾律。语言中却有违背矛盾律的语句，它们的真假无法用判断第一类语句的标准来判定。第一类语句有成真的条件，而第二类语句并无成真条件。在元语言层面上，"一个肯定语句与其否定语句不能同时为真"与"一个肯定语句与其否定语句能够同时为真"，这两个句子的真假难明。二者在语法上都正确，可以接受，但是二者在什么时候只有其中之一正确呢？如此发问，前提仍然是用判断第一类语句的方式与标准来判断第二类语句，这就会出现混乱。对此，维特根斯坦说："逻辑必须关照其自身（TLP5.473）"。这是说，第二类语句不是关于语言与世界的语句，而是纯粹形式语句，属于逻辑语句。这类语句的种类比较多，至为典型的是重言式语句，如"甲是甲""男孩是男孩"等。

第三类语句，像"真就是至善""生命具有绝对价值""美感动了我""我的良心告诉我那是对的"等这样的语句，既不符合第一类语句的判断标准，又不属于第二类语句的判断标准。这些语句的共同特点是它们看上去是语句，但没有确定的语义。

从这三类语句看，维特根斯坦在《逻辑哲学论》中要明确的是，第一类语句属于描述性语句，有确定的语义；第二类语句属于逻辑语句，具有分析性；第三类语句就是我们不应该胡言乱语的语句，它们所涉及的是不可说的东西，我们应该保持沉默（TLP7）。

为什么维特根斯坦认为第三类语句属于无意义语句呢？这是因为他认为，就算我们能够确定回答所有的科学问题和逻辑问题，我们始终无法回答生活问题（TLP6.52）。维特根斯坦似乎在说，第一类语句和第二类语句代表着我们能够说清楚的东西，第三类语句昭示着说不清的东西。因此，凡是能说的，我们就要说清楚，而凡是不能说的，我们就应对此保持沉默。

3）有意义和无意义

《逻辑哲学论》是对哲学体系进行逻辑建构，其目的是寻找世界、思维和语言的界限，从而在有意义与无意义之间做出区分。维特根斯坦的划界观得益于康德对知识的划界，康德在"可理解的知识"与"只在信念中持有的知识"之间划出了界限。

维特根斯坦在前言中说："本书是要为思维划一条界限，或者说得更确切些，不是为思维本身而是为思维的表达式划一条界限。"（维特根斯坦，2019：19）他认为，我们只能在语言中划出界限，界限两边就是有意义的一边和无意义的一边。

如何划出这界限呢？命题有意义，就有相应的条件，这条件在于有建立表征或建立图像的可能性。名称必须有指称或意义，但是名称只能在命题的语境中才有指称或意义，而命题依赖于逻辑形式。这就是说，只有实实在在的事态才能通过有意义的命题来建立表征或图像。只有自然科学中的命题才能说清楚，才能够建立表征或图像。

逻辑命题本身不表征事态，而且逻辑常量不表示对象物。维特根斯坦说："我的基本想法是逻辑常量不建立表征。事实的逻辑也不能表征（TLP4.0312）。"这不是偶然性想法，因为至为基本的一点就是有意义的界限在于逻辑。这就是说，重言式表达、矛盾性表达、逻辑本身的命题，这些就是语言和思维的界限，从而也是世界的界限，它们没有表征，没有图像，因而也就没有意义。

逻辑本身的命题并不是现实的图像，现实的图像允许各种事态的可能性，而逻辑本身的命题没有任何事态的可能性（TLP 4.462）。重言式表达（以及矛盾性表达）没有意义，但就其形式本身就可断定为真或为假，这一事实把整个逻辑的哲学涵盖于自身之中（TLP 6.113）。

逻辑本身的命题没有意义，这一特点也是数学命题和图像形式的特点。数学命题、图像形式等它们本身并不表征什么，因而它们也没有意义。

此外，还有一些没有意义的命题，如"苏格拉底是相等的""1是一个数""对象物存在"等。注意：我们如果认为这些没有意义的命题有意义，那肯定是出于某种使用。这里说它们没有意义，是依据表征和图像而言的，属于对实在世界的描述。任何超越实在世界的描述，都应排除在维特根斯坦所谈论的实在世界之外。实在世界之内和实在世界之外，这就明确显示出有一条界限存在。这就是有意义和无意义的界限。于是，维特根斯坦说："我的语言的界限意味着我的世界的界限（TLP5.6）。"

4）直说和显示

依据有意义和无意义的区分，即根据关于语言的界限、世界的界限和思维的界限这一论说，维特根斯坦还对能够直说（saying）的和能够显示（showing）的做了区分。也就是说，维特根斯坦并没有完全忽视界限外的内容。在语言界限之外，还有可以显示的存在，不能直说出来，但可以显示出来。

那些无法通过命题直说出来的，却具有显示的可能。例如，世界的逻辑形式是什么样子呢？我们无法直说出来，但我们可以让逻辑形式显示出来（这一点在3.2节前面，我们已经举例说明）。此外，命题的图像形式也是无法直说的，但可显示出来。哲学上，柏拉图的理型无法直说出来，但是我们可以显示理型的存在。伦理的、美学的、神秘的等内容无法直说出来，但却有显示出来的可能性。维特根斯坦说，那些无法用语词表达的内容，或许可以显示出来（TLP 6.522）。

直说和显示是命题要做的两项工作。"一个命题如果为真，它就显示它所代表的事，而且它会直说它所代表的事（TLP 4.022）。"命题显示出命题的意义，而直接说出事情的存在状态。重言命题和矛盾命题并没有直说什么，它们只是显示它们是重言命题或矛盾命题。

5）哲学的本质

哲学的本质是什么呢？维特根斯坦在《逻辑哲学论》中的回答是，哲学并不和自然科学齐手并肩，哲学应该高于（抑或是低于）自然科学（TLP 4.111）。哲学不是理论，不是学说，而是活动，是对思想进行澄清的活动。

维特根斯坦认为，以往的"哲学著作中大多数命题和问题，虽然并没有错但是却没有意义（TLP 4.003）"。难道哲学注定是没有意义的吗？如果传统哲学，如形而上学（metaphysics）、美学、伦理学等不能用有意义的方式来表述，那么留给哲学家们的哲学工作是什么呢？对于这两个问题，维特根斯坦认为，哲学要做的事就是对思想进行澄清，对语言进行批判，这就是哲学家的工作。做哲学的正确方法就是不要说那些无法说清的东西。

哲学家不要说那些说不清、道不明的东西，这才是做哲学研究的正确方法（TLP 6.53）。做哲学就不要指望哲学会给出令人满意的结果或答案，不要指望哲学会给出真或真理，或者给出一套套学说。如果像这样做哲学，那就是对哲学性质的最大误解。这话犹如扬起的巴掌，朝着整个西方哲学历史长河的著名人物打去。柏拉图、亚里士多德、休谟、康德、黑格尔等，他们都自认为在揭示世界的真，而在维特根斯坦看来，他们都已误入歧途，而且横生枝节，捏造出一些说不清楚的概念来。于是，柏拉图的理型（ideal form）、亚里士多德的茵德莱希（entelechy，圆满实现或生命原理）、奥古斯汀的上帝（God）、笛卡尔的心灵（mind）、莱布尼兹的单子（monad）、康德的物自体（noumena）、黑格尔的绝对精神（absolute spirit）、叔本华的自由意志（free will）等这些臆想出来的概念，都是说不清的东西。这样的臆造概念越多，就越容易造成思想混乱（Melchert，1999：626，628）。

消除思想混乱是哲学的任务。哲学家的日常工作就是通过逻辑分析来指出传统哲学中的思想混乱，指明什么是有意义的命题，什么是没有意义的命题。哲学活动的结果不是形成理论，不是堆一堆哲学命题，而是对命题进行澄清。哲学的本质不是说教，不是理论，不是一套套学说，而是阐明活动，是语言批判和思想澄清的活动。

❀《逻辑哲学论》的价值与影响

《逻辑哲学论》是 20 世纪最有价值的哲学著作之一，是 20 世纪产生的伟大著作之一（Morris，2008：2）。从思想的深度与难度来看，维特根斯坦的《逻辑哲学论》、马丁·海德格尔（Martin Heidegger，1889—1976）的《存在与时间》(*Sein und Zeit*，1927) 以及维特根斯坦的《哲学研究》这三部著作最难懂，也最受关注。

《逻辑哲学论》有其独自的特点。在写作上，它具有名言警句的风格（陈嘉映，2003），具有诗歌一样的韵味（Rozema，2002），具有谜团一样的思想（Morris，2008）。该书看起容易，理解难，"再也没有比它更难的哲学经典著作了"（Anscombe，1959；Black，1964：1）。在维特根斯坦本人看来，罗素和摩尔这样的哲学大家都没有完全读懂这本书。维特根斯坦本人在前言中说，本书也许只适合那些与他有同样想法或类似思考的人阅读，如果这本书能够给一个读懂它的人带来快乐，那么这本书的目的就达到了。

维特根斯坦说，如果本书有价值的话，那么其价值体现在如下两点：首先，这本书表达了一些思想，这些思想表达得越好就越能切中要害，其价值也就越大；其次，本书所陈述的思想具有确定性和真理性，这毋庸置疑，本书意在解决哲学问题，如果这些问题解决了，而从问题解决中获得的东西却是如此之少，那么本书的价值也就明显了。对维特根斯坦所说的这两点价值，我们要特别注意。要明白这价值，就要弄懂维特根斯坦的预设。维特根斯坦的预设是传统哲学充满了问题，根源在于把哲学当成了说教，当成了理论，而这些说教和理论却大有问题。如果他说对了，那么就切中要害了。如果切中要害了，那么就能帮助我们解决哲学问题。如果这些问题解决了，那么我们根本不需要太多的理论，也就是说，这本书不是为了提供新理论、新学说而写的。我们不能用理论贡献量的多少来衡量这本书的价值大小。

《逻辑哲学论》到底为人们提供了什么呢？维特根斯坦间接地打比方说，本书是为与他有同样思考的读者提供了一架梯子，读者一旦爬上了这架梯子，登上更高的境界，那么这架梯子就该被抛弃了（TLP6.54）。所以，维特根斯坦不无自负地说，这本书若能解决诸多问题而达到的成就又如此之少，那么这本书就有价值。

　　《逻辑哲学论》的影响很大。奥地利维也纳学派，即逻辑实证主义，把它当成宝典。罗素和弗雷格虽然直接或间接影响了维特根斯坦写作此书，但是它问世后，却反过来影响了罗素和弗雷格。逻辑实证主义、逻辑原子论、原子事实等这些都与《逻辑哲学论》有着直接关系。在《逻辑哲学论》的商务印书馆译本中，译者贺绍甲认为，维特根斯坦否定了因果律，声言逻辑命题和数学命题都是重言式命题，哲学史上的大多数争论都无意义，哲学的任务只是对语言进行逻辑分析，澄清思想混乱。这种思想对后来分析哲学的发展产生了巨大影响。

参考文献

陈嘉映. 2003. 语言哲学. 北京：北京大学出版社.

维特根斯坦. 2019. 逻辑哲学论. 杜世洪导读注释. 上海：上海译文出版社.

Anscombe, G. E. M. 1959. An introduction to Wittgenstein's tractatus. New York: Harper & Row.

Black, M. 1964. A companion to Wittgenstein's tractatus. Ithaca: Cornell University Press.

Heaton, J. & Groves, J. 1994. *Introducing Wittgenstein*. Cambridge: Icon Books.

Melchert, N. 1999. *The Great Conversation*. 3rd ed. Mountain View: Mayfield Publishing Company.

Monk, R. 1991. *Ludwig Wittgenstein: The Duty of Genius*. New York: Penguin Books.

Morris, M. 2008. *Wittgenstein and the Tractatus Logico-Philosophicus*. London: Routledge.

Rozema, D. 2002. *"Tractatus Logico-Philosophicus"*: A "poem" by Ludwig Wittgenstein. *Journal of the History of Ideas, 63*(2): 345–363.

Sluga, H. & Stern, D. G. 1996. *The Cambridge Companion to Philosophy: Wittgenstein*. Cambridge: Cambridge University Press.

维也纳学派

THE VIENNA CIRCLE

维也纳学派（the Vienna Circle）是指 20 世纪初期，由一群居住或旅居在维也纳的数学家、科学家和哲学家建立起的学术社团（Ayer，1959：3）。这个学派最早于 1907 年开始出现，当时的情况是社会学家奥托·纽拉特（Otto Neurath，1882—1945）、数学家汉斯·哈恩（Hans Hahn，1879—1934）和物理学家菲力普·法兰克（Philip Frank，1884—1966）三人在一起做学术讨论，后来逐步吸引新的成员尤其是一些哲学家和逻辑学家加入讨论，这就慢慢地成立了恩斯特·马赫社团（the Ernst Mach Society）。1922 年，维也纳大学教授石里克成为该社团主席，在石里克的带领下，该社团发展成为颇有规模的学术团体。1929 年，该社团发表了题为《世界的科学认识》（*Scientific Conception of the World*）的宣言，该宣言由卡尔纳普、哈恩和纽拉特共同起草，而宣言题目下的落款却是维也纳学派。这标志着维也纳学派这一名称正式问世。1931 年，维也纳学派成员阿尔伯特·布伦伯格（Albert Blumberg，1906—1997）和赫伯特·费格尔（Herbert Feigl，1902—1988）在《哲学杂志》（*The Journal of Philosophy*）发表了题为《逻辑实证主义：欧洲哲学的新运动》（"Logical Positivism: A New Movement in European Philosophy"，1931）一文，这标志着维也纳学派的哲学思想在英语世界的传播。逻辑实证主义就成了维也纳学派的代名词（Blumberge & Feigl，1931）。

在哲学思想上，维也纳学派堪称"维特根斯坦之声"（Baker，2003）。维也纳学派成员之一、著名哲学家费格尔在《逻辑实证主义的起源与精神》（"The Origin and Spirit of Logical Positivism"，1969）一文中说，维也纳学派在哲学思想上主要是受早期维特根斯坦和卡尔纳普的影响，当然也受到了休谟和孔德哲学的些许影响，而彻底反对形而上学思想，尤其是要反对先验和超验形而上学（Feigl，1969：3）。维也纳学派坚持"意义的经验主义标准"，从而拒斥具有先天综合性质的一切观点。因为这样的哲学主张，维也纳学派成了逻辑经验主义的代名词。

逻辑实证主义和逻辑经验主义，二者都是对维也纳学派哲学思想的称谓。在分析哲学和语言哲学阵营中，维也纳学派是拒斥形而上学的典型代表。

✺ 维也纳学派简史

维也纳学派可分为四个时期：小组讨论时期、草创时期、非公开时期和公开时期。小组讨论时期是从 1907 到第一次世界大战。这期间的核心成员最主要有法兰克、哈恩、纽拉特和理查德·冯·米塞斯（Richard von Mises，1883—1953）等人，小组讨论活动领头人是冯·米塞斯。

草创时期是从第一次世界结束到 1924 年。这期间主要由石里克负责，他带头定期组织活动，时间多定在每星期四晚上。哈恩在活动中起了重要作用，以至后来法兰克回忆说，哈恩算得上维也纳学派的真正缔造者。

非公开时期是从 1924 年到 1928 年，这期间正值维特根斯坦的《逻辑哲学论》问世不久，成员们都集中阅读了《逻辑哲学论》，而且负责人石里克和魏斯曼等与维特根斯坦建立了私下联系。卡尔纳普在这期间也到达维也纳，加入社团活动。

公开时期是从 1929 年到第二次世界大战爆发。1929 年，维也纳学派公开发表了活动宣言，在布拉格召开了"第一届精密科学的知识论大会"（First Conference on Epistemology in the Exact Sciences）。这期间，学派与卡尔·波普保持着经常性联系，但波普并未加入这个学派。1930年，维也纳学派创办了期刊 Erkenntnis（刊名是德语，意为"知识"），由卡尔纳普和汉斯·莱辛巴赫（Hans Reichenbach，1891—1953）二人负责编审。该刊至今仍是国际重要哲学刊物。在第二次世界大战爆发初期，随着一些核心成员离开维也纳，学派活动逐步减少，到了名存实亡的境地。1934 年，核心成员之一费格尔去了美国；1936 年，卡尔纳普去了美国；一大批成员离开维也纳，有的去英国定居，有的移民到美国。

只有石里克继续留在维也纳，1936 年 6 月 22 日被暗杀身亡，凶手居然是石里克教过的学生，因政见不和而刺杀老师，后来这位凶手成了奥地利的纳粹分子。

∝ 学派重要人物

在石里克担任社团主席时，维也纳学派的成员主要有两类人：受过科学训练的哲学家和受过哲学训练的科学家。在这群人中，科学、哲学问题是讨论的核心问题之一。正是因为他们具有科学和哲学这两个领域的学术素养，而且学术成就显著，维也纳学派的重要人物们既是哲学家，又是各自领域的著名科学家。

维也纳学派具有以下重要人物：社会学家纽拉特及其夫人、数学家奥尔加·哈恩-纽拉特（Olga Hahn-Neurath，1882—1937），数学家哈恩，数学家西奥多尔·拉达克维奇（Theodor Radacovic，1895—1938），物理学家法兰克，哲学家维克托尔·克拉夫特（Viktor Kraft，1880—1975），哲学家古斯塔夫·伯格曼（Gustav Bergmann，1906—1987），逻辑学家与哲学家卡尔纳普等。这些人物是维也纳学派的积极分子，而且他们的一些学生也成了社团的重要成员，如石里克的学生魏斯曼、费格尔以及马舍尔·纳特金（Marcel Natkin，1904—1962）等，哈恩的学生卡尔·门格尔（Karl Menger，1902—1985）和克尔特·哥德尔（Kurt Gödel，1906—1978）等。他们作为学生辈，积极参加社团活动，后来成了著名哲学家或各自领域的科学家。值得一提的是，著名科学哲学家波普并不是维也纳学派的社团成员，但是他的老师哈恩则是核心成员之一，而且波普在 20 世纪 20 年代和 30 年代常与卡尔纳普和费格尔等人讨论学术问题。

随着维也纳学派的学术交流活动频频举行，许多后来成为著名学者的人士开始进入维也纳学派。哲学家莱辛巴赫、逻辑学家克尔特·格雷林（Kurt Grelling，1886—1942）和瓦尔特·杜比斯拉夫（Walter Dubislav，1895—1937）、心理学家克尔特·勒温（Kurt Lewin，1890—1947）、华沙的逻辑学家和哲学家塔斯基等都是维也纳学派成员。维也纳学派在学术界享有盛誉，吸引了一大批国际学者，像德国的卡尔·古斯塔夫·亨普尔（Carl Gustav Hempel，1905—1997），意大利的路德维科·吉摩内特（Ludovico Geymonat，1908—1991），英国的艾耶尔，美国的阿尔伯特·布伦伯格（Albert Blumberg，1906—1997）、查尔斯·莫里斯（Charles Morris，1901—1979）、厄内斯特·内格尔（Ernest Nagel，1901—1985）和蒯因等以及中国的洪谦（Tscha Hung，1909—1992）等先后进入维也纳学派，并从中获得学术营养，后来都做出了显著的学术贡献。需要特别说明的是，洪谦于 1934 年在维也纳大学获得博士学位，1937 年回国，先后担任清华大学、西南联合大学、武汉大学、燕京大学、北京大学教授，1945 年在商务印书馆出版《维也纳学派哲学》，1949 年在国际著名期刊《哲学与现象学研究》发表了题为《石里克与现代经验主义》（"Moritz Schlick and Modern Empiricism"）的学术文章。洪谦是维也纳学派哲学在中国的传承人。

无论这些核心人物各自的学术观点怎样，维也纳学派同英美哲学界、欧陆哲学界许多著名哲学家都有这样或那样的关系。从维也纳学派走出来的不少人后来都成了各自领域的著名学者。维也纳学派的哲学思想具有重要的影响。

∝ 主要学说

在学术观点上，维也纳学派是多元的，很少出现大家一致赞同的观点。尽管如此，维也纳学派却有共同的目标：用科学理论来改造经验主义，让经验主义从不可能完成的事业中彻底解放出来。经验主义曾经致力于为形式科学的各种主张提供合理依据，这种事业在维也纳学派看来是一项无法完成的事业。

维也纳学派拥有科学路向，希望通过逻辑分析和语言分析，从方法论上给哲学思想进行科学合理的阐释。从学理上看，维也纳学派走的是科学哲学的道路，力图在科学哲学和经验科学之间找到有效方法来消解二者之间的张力。然而这个任务，维也纳学派一直未能完成。

　　维也纳学派重视逻辑和数学的分析性质，把弗雷格、罗素和维特根斯坦的相关思想整合起来考虑，认为逻辑的真和数学的真都具有重言性。正如成真的逻辑表达一样，数学表达根本不是关于事实的表达，即数学不表达事实的真。由于缺乏经验内容，数学表达只与世界的表征方式有关，只能在各种表达之间道出某种暗含的联系，而无法道出关于世界的经验内容。逻辑和数学的知识主张，只能建立在纯形式的基础上，它们的证据只能根据公理、前提和规则推断而来。因此，哲学家们应该认识到，纯粹理性对人类知识的贡献不是从理性直觉而来，而应被当成经验性框架的产物。经验科学的综合陈述要在认知上具有意义，条件就是当且仅当经验科学的综合陈述能在某种意义上得到经验的证明。只有能够被成功证明的知识主张，才能成为综合陈述的合理依据。这就是逻辑经验主义的证明原则。

　　逻辑经验主义的这条证明原则表明，维也纳学派倾向于把意义性质（即认知的重要性质）作为标准来衡量知识陈述。当然，这条标准后来成了争论的焦点。这大体上是说，如果综合性陈述在原则上无法通过证明，那么这所谓的综合性陈述根本就没有任何认知上的意义；这样的陈述只会导致伪问题产生。

　　在哲学思想上，维也纳学派认为，只存在先天分析陈述和后天综合陈述，就此两种陈述，根本没有第三种陈述，即在维也纳学派看来，康德追问的先天综合陈述何以可能，这种问题应该加以禁止。康德主张的先天综合知识，在维也纳学派看来，绝对不存在。有些貌似先天综合知识的论断，随着科学本身的进步，会被证明为假。例如，欧几里得几何学曾被当成先天综合知识，然而随着相对论的诞生，这种观点被证明是错误的。总之，维也纳学派坚决摒弃的观点是：形而上学的知识主张既非先天分析性的，又不是经验综合性的。维也纳学派认为，"既非先天分析的又非经验综合性的"知识主张，是应该被摒弃的。

　　由此一来，维也纳学派还拒斥关于伦理规范的知识陈述，认为那些有条件限制的伦理规范是建立在"手段与目的"二者相联系的基础上，而那些没有条件限制的伦理规范根本就无法用经验去证明，因此它们或许只是依赖于某种先天直觉，可是这直觉却存在争议。

在逻辑经验主义大旗下，维也纳学派的全体成员都把自然科学和人文科学区分开来。他们认为，这两大类学科各自有不同的对象领域，但是在研究的主导原则、总的方法论和终极目标上，自然学科和人文学科不应该存在追问上的范畴差异（categorical difference）。这说明，维也纳学派自身在方法论上持有一元论立场，成员们观点虽然是多元的，但是在总的思想原则上却是一元的。因此，维也纳学派的科学路向具有统一科学（unified science）的名号。然而，有什么样的统一法，这却是维也纳学派自己都没解决的问题，也成了后人力图弄清的问题。

由于拒斥理性直觉，维也纳学派的全体成员都致力于把理性要么纳入先天分析性的形式推理中，确定分析性的真，要么纳入后天综合性推理中，确定综合性的真。这些做法是对康德以来的哲学传统的挑战甚至反叛。这样发展下来，维也纳学派明确了独特的哲学体系的目的。他们拥护维特根斯坦在《逻辑哲学论》中的基本主张：一切哲学实际都是对语言的批判。维也纳学派接受语言转向，而把语言表征当成哲学本身的主题事物。哲学本身要放弃专业知识的低阶领域研究，而着力从事高阶领域的思想探索。

如何从事反思性的高阶领域的思想探索呢？对于这个问题，维也纳学派的核心人物之间意见并不一致。然而，他们共同秉持的观点是表征世界的各种方式在很大程度上是由规约决定的。其中，颇为极端的一种观点是，坚决否定一切先验性具有不可辩驳性这种论断，坚决否定知识只能通过理性唯一的作用才能获得合理的表征这种论断，即反对认为这样表征而来的真属于无条件的、必然的。另一种潜在的观点是，在逻辑语言框架的建构中，归因机制促使人的认知成为可能，而坚决否定规约性只是传统中的默许这种论断。

关于哲学和科学的关系，维也纳学派内部存在不同的看法。石里克倾向于认为，哲学具有单独的学科身份（a separate disciplinary identity），它不同于科学，因而哲学应该发展成为独特的非形式的确定意义的活动（activity of meaning determination）。卡尔纳普却认为，哲学和科学二者完全不同，但是哲学可以发展成为纯形式的事业（a purely formal enterprise），这就是所说的科学逻辑。在"统一科学"的旗号下，纽拉特主张，哲学不应该当成单独的学科，因为当形而上学被摒弃之后，哲学其实就成了经验性的元理论学说，它应该与科学逻辑相依为命。

∞ 简评

维也纳学派的上述极端思想遭到了批判。人们认为，维也纳学派太极端，混淆了科学和哲学各自的任务。当然，维也纳学派作为实质性社团未能延续多久，但是他们提出的逻辑实证主义的原则却一直是语言哲学和科学哲学无法绕开的原则。证实原则（verification principle）逐步演化成以下两条：第一，一项陈述的意义就是它的证实方法；第二，只有当且仅当在原则上可以证实，一项陈述才有意义。这两条原则在实质上是一条原则，因为第一条暗含第二条。证实原则的适用对象在原则上只是事实性陈述，而且暗含了证实的可观察性。证实原则是逻辑实证主义的信条，其思想源泉来自早期维特根斯坦的哲学观点：命题是事实的图画；凡是能说的，都应能说清楚；凡是无法说清楚的，都应就它们保持沉默。维也纳学派以科学为导向，判断一个句子是否有意义，就判断这个句子是否能够从经验中获得证实。一切既不能用经验来证实又无法通过逻辑分析的句子，都没有科学上的意义。

参考文献

Ayer, A. J. 1959. *Logical Positivism*. New York: The Free Press.

Baker, G. 2003. *The Voices of Wittgenstein: The Vienna Circle*. London / New York: Routledge.

Blumberg, A. E. & Feigl, H. 1931. Logical positivism: A new movement in European philosophy. *The Journal of Philosophy, 28*(11): 281–296.

Feigl, H. 1969. The origin and spirit of logical positivism. In P. Achinstein & S. F. Barker (Eds.), *The Legacy of Logical Positivism*. Baltimore: The Johns Hopkins Press, 3–24.

Hung, T. 1949. Moritz Schlick and modern empiricism. *Philosophy and Phenomenological Research, 9*(4): 690–708.

心理主义　　　　　　　PSYCHOLOGISM

现代分析哲学兴起于语言转向之后，弗雷格堪称现代分析哲学之父（Kenny，1995：210，211），而分析哲学的重要特征是反心理主义（Hacker，2002：6）。心理主义（psychologism），简而言之，倾向于认为逻辑学是心理学的分支，它主要描述人类理性活动的推理模式（Tanesini，2007：126）。心理主义的基本主张是，逻辑的真和数学的真都应该用心理的真来解释。对于这个观点，弗雷格、胡塞尔等人进行了批判，他们试图把心理活动同逻辑剥离开来。弗雷格与胡塞尔被誉为反心理主义的代表。

心理主义常常被当成贬义词来使用，它的"罪恶"在于把逻辑原则看成人类心理的产物。弗兰兹·克莱门斯·布伦塔诺（Franz Clemens Brentano，1838—1917）在谈及心理主义一词时说，虔诚的哲学家听到心理主义一词，仿若听到了魔鬼的声音一样（Cussins，1987）。弗雷格、胡塞尔、罗素等力图终结心理主义（put an end to psychologism）的生命（Hill，1991：2）。值得注意的是，纵然心理主义存在这样或那样的问题，我们也不能彻底否定心理主义的全部观点，而且反心理主义者本身也难免带有心理主义的色彩。

↭ 哲学中的心理主义

现代哲学认为，心理主义是一张错误的标签，不应该贴在逻辑学和哲学上。多数哲学家秉持以下观点：逻辑定律和心理定律二者具有不同的性质，心理主义不应该把它们混为一谈；心理定律或许可以用来解决哲学问题，但绝不能就此认为哲学问题的解决就一定要依靠心理学。从现代语言哲学的立场来看，达米特认为，即便是对人类思想进行哲学阐释，我们也完全可以通过对语言的哲学阐释来完成（Dummett，2014：5）。

1. 心理主义一词的起源

英语单词 psychologism（心理主义）来源于德语 *psychologismus*，该词由德国哲学史家约翰·爱德华·埃尔德曼（Johann Eduard Erdmann，1805—1892）于 1870 年创造。埃尔德曼创造出这个词来，目的是要批判弗里德里希·爱德华·贝内克（Friedrich Eduard Beneke，1795—1854）等人的心理主义哲学观。贝内克等人受了雅各布·弗里德里希·弗里斯（Jakob Friedrich Fries，1773—1843）心理学的影响，倾向于认为心理学是哲学人类学。这类观点引起了争论，当时正值新康德主义兴起，这样的观点触及的恰恰是哲学讨论的焦点问题。

从 1890 年到 1914 年，或者一直到 1930 年，这期间正是德国哲学界就心理学与逻辑学的关系问题进行争论的特殊时期，德语中的 *psychologismus-streit* 译成英语就是 psychologism dispute（心理主义争论）。争论的焦点问题是，逻辑、数学以及认识论到底是不是心理学的组成部分（Jacquette，2003：1–20；Anderson，2005）。英国数学家乔治·布尔（George Boole，1815—1864）说，逻辑学理论和语言理论具有亲密联系，然而在用符号表达逻辑命题时，符号组合所代表的逻辑定律却应该建立在心理过程定律的基础上，这样做才能向哲学语言迈进一步（Boole，1847/2009：5）。无论怎样，这一观点正是把逻辑学和心理过程联系在一起。对此，弗雷格却说，关于心理过程的任何描述，都无法先于关于数的判断，因此逻辑运算中的数绝不是心理过程的产物（Frege，1964：12–13）；另外，思维定律常常被当成心理学定律，因为思维活动经常被看成心理过程，然而"被当成"与"实际是"完全是两回事，正如"被当成真的"与"实际是真的"二者完全不同一样。围绕这类问题，反心理主义与心理主义的争论甚为激烈。

2. 心理主义与反心理主义之争的渊源

心理主义争论（也称心理主义与反心理主义之争）起源于 19 世纪末，争论的焦点是心理学在哲学中的作用问题。当时，不少思想家（宽泛意义上的哲学家）都认为，在一定意义上，某种特定形式的心理学是哲学必不可少的组成部分，像威廉·冯特（Wilhelm Wundt，1832—1920）、卡尔·弗里德里希·斯丹姆夫（Carl Friedrich Stumpf，1848–1936）、尼采、威廉·狄尔泰（Wilhelm Dilthey，1833—1911）等人，他们都或多或少地持有这样的观点，当然他们并非一直都是心理主义的坚持者。不过，在他们看来，传统哲学领域里的逻辑学、认识论、美学、伦理学等取得的不少成就，以及做出的许多重要论断，都是以心理学知识为基础的。换句话说，心理学知识能够促进哲学研究。此外，当时还有一种关于逻辑学离不开心理学的观点，认为逻辑学是"思维的物理学"，把逻辑定律看成人类理性活动的经验性概括，像西奥多尔·李普斯（Theodor Lipps，1851—1914）、克里斯托弗·西格瓦特（Christoph Sigwart，1830—1904）等人就秉持这类观点。

把心理学看成哲学的必然组成，把逻辑学看成心理学的产物，这样的观点遭到了弗雷格、胡塞尔等人的批判。弗雷格和胡塞尔是这场哲学争论的著名人物，但是这场争论的思想渊源可以追溯到穆勒的逻辑学思想上去。穆勒于1843年出版了《逻辑体系》（*A System of Logic*），也叫《穆勒名学》（1902，严复译）。该书问世之时，正值心理主义在逻辑学界出现了争论，不过争论的鼎盛时期却是在19世纪和20世纪的交接期（Godden，2005）。

穆勒的逻辑学是否具有心理主义的性质，对于这个问题，弗雷格和胡塞尔二人却意见不一。其实，穆勒的逻辑学具有两大重要观点：逻辑学是推理的科学；逻辑学是推理的艺术。作为科学，逻辑学具有描述性，而作为艺术，逻辑学却有规定性。重视描述性的逻辑学，虽然要对心理过程进行解释，但是描述性的逻辑学却是以追求真为目的，体现的是科学性，从这一角度看，穆勒的逻辑学并非以心理主义为路向。不过，穆勒还把逻辑学当成推理的艺术，而作为艺术的逻辑推理具有规定性，这样的逻辑学似乎无法独立于心理学，从这个角度看，穆勒的逻辑学仍然具有心理主义的性质。

☙ 心理主义的不同形态

心理主义具有笼统和模糊的词义，它既可以指现代分析哲学家力图摒弃的学说，又可以指在认知科学中占有一席之地的观点。这就有必要把握心理主义的各种形态，弄清各种形态的观点差别，而且还要注意，心理主义绝非一无是处。

1. 还原式心理主义

还原式心理主义（reductive psychologism）是对传统概念下的心理主义的别称，它的基本主张是逻辑学和哲学，从还原效果上看，它们应该以心理学定律为基础，或者说它们应该建立在心理学上（Pandit，1971）。还原式心理主义在现代哲学中仍然有迹可循，主要表现为把逻辑学问题、哲学问题同心理学问题混在一起。还原式心理主义是弗雷格和胡塞尔等人坚决批判的对象。

2. 方法式心理主义

方法式心理主义（methodological psychologism）是指在哲学方法论上的一种心理学倾向，即当哲学家借助于心理学概念来解释哲学问题时，他们倾向于按心理学的分类标准来确定哲学问题的类别与性质。哲学思想需要凝定成有待解释的表述，而在这个凝定过程中，利用心理学概念或者心理学定律来指导解释活动，这就是方法式心理主义。这种性质的心理主义是否可靠，这个问题存在争议。卡尔纳普的《语言的逻辑句法》就有方法式心理主义的性质。卡尔纳普在处理同样的意义是否可以由不同句子来表达，即在解决是否有同义句的问题时，一方面想要排除心理学的东西，可另一方面又承认心理学研究有助于解决这个问题（Carnap，1937/2007：42）。卡尔纳普的做法带有方法式心理主义的旨趣。

3. 指称式心理主义

指称式心理主义（referential psychologism）的基本要义是，心理过程、心理活动和心理能力构成某些心理实体，而这些实体是思维与语言中那些非心理性的组成部分，即思维与语言中所存在的所谓的非心理学性质的那部分内容，它们指称的可能是心理实体，而这些心理实体却是由心理过程、心理活动和心理能力构成的。弗雷格认为，胡塞尔的《算术哲学》所讨论的数，指称的其实就是心理实体。如果要坚持说数并不是心理实体，那么至少由数组成的述谓，或者在表达数的整体性时，却离不开心理过程的作用。弗雷格的这一观点在哲学界具有争议。

4. 认知式心理主义

认知式心理主义（cognitive psychologism）并不承认指称式心理主义的观点，而认为心理过程或者心理能力并不是算术思维或表达的指称内容，也不是具体思维与表述的指称对象。思维、理解以及表达，这些活动只是借助于心理过程来完成，即它们的指称对象并不是心理的，而如何把握意义或者如何理解等这样的认知活动是借助于心理活动来完成。认知式心理主义可以分为强势认知心理主义和弱势认知心理主义。如果使用逻辑自洽的哲学观点，来对拥有一个概念的情形进行解释时，这样的认知理论是反心理主义的理论；如果使用心理自洽的心理学观点，来对心理活动进行解释时，这样的认知理论是心理主义的理论。

∽ 心理主义的五大推论

心理主义具有不同的表现形态，但各形态却享有共同的基本假设：逻辑学是心理学的组成部分。有些形态的心理主义的基本假设，甚至还把认识论哲学、美学，甚至数学都包括在心理学范畴内，认为心理学就是它们的基础。无论它们的基本假设如何，心理主义出现了以下五大推论（Kusch，2005）。这些推论分别出自李普斯和格拉杜斯·黑曼（Gerardus Heymans，1857—1930）、冯特、西格瓦特、西奥多尔·埃尔森汉（Theodor Elsenhans，1862—1918），以及本诺·埃尔德曼（Benno Erdmann，1851—1921）等人的著述。

1. 李普斯和黑曼的推论

前提1：心理学是研究人类所有思维定律的科学。

前提2：逻辑学是探寻人类某亚类思维定律的科学。

结　论：因此，逻辑学是心理学的一部分。

2. 冯特的推论

前提1：规范性－规定性学科告诉我们应该如何行事，它们必须以描述性－解释性科学为基础。

前提2：逻辑学是关于人类思维的规范性－规定性学科，而且只有经验式心理学才适合用作逻辑学的描述性－解释性基础。

结　论：因此，逻辑学必须以心理学为基础。

3. 西格瓦特的推论

前提1：逻辑学是判断、概念和推理的理论。

前提2：判断、概念和推理是人类的心理实体。

前提3：人类的所有心理实体都归入心理学领域。

结　论：因此，逻辑学是心理学的一部分。

4. 埃尔森汉的推论

前提1：逻辑的真是以自明感（feeling of self-evidence）为检验标准。

前提2：自明感是人的心理经验。

结　论：逻辑学是关于人类心理经验的学科，因此逻辑学自然属于心理学的组成部分。

5. 埃尔德曼的推论

前提1：我们无法想象一些可替换的逻辑学。

前提2：想象性的局限是心灵的局限。

结　论：逻辑学关系着人类思维，因此这思维是由心理学来研究。

✂ 弗雷格的反心理主义

弗雷格的反心理主义主要来自他的著作《算术基础》，主要观点是：数学和逻辑并不是心理学的组成部分。基于这一主要观点，弗雷格对心理主义的批判主要有以下几点：

第一，数学与逻辑学，二者在本质上不同于心理学。数学是所有科学中最为精确的学科，可心理学却并不精确，相当模糊；数学的真并不是经验的真，数并不是对象物的附属物；逻辑是关于思想的学科，可思想既不是物理性质的，也不是观念性的；思想是非感知性的，它既不属于主体王国，也不属于客体王国，而是属于第三王国的公共物；思想具有永恒性和非时间性；思想是发现出来的，而不是创造出来的。心理学研究的思想是主体的思想，是人的思想活动规律，而逻辑学研究的思想或者思维活动规律，既不是主体的，也不是客体的。弗雷格的这些观点是对心理主义的直接反对。

第二，逻辑定律和心理定律属于两种不同性质的定律。弗雷格认为，"定律"一词具有歧义：它既可指描述性定律，也可指规定性定律，如物理学的定律是描述性的，是发现出来的，而道德定律却是规定性的，是制造出来的。逻辑学定律主要是描述性的，而心理学定律主要是规定性的。换句话说，逻辑学定律并非完全排除了规定性，同样心理学定律也并非一定拒绝描述性。

第三，逻辑学和心理学追求的真是不同的。逻辑学追求的是客观确定的真，是实际的真；而心理学，即便是所谓的逻辑心理学，所追求的也是主观认为的真，是当成的真。值得一提的是，对心理学的某些真，即对某些当成的真，若进行否定，其结果却不会让人感觉不正常，但是若对逻辑的真进行否定，其结果就会让人感觉严重不正常。就这样，弗雷格区分了两种不同的真：基于经验证据的真和基于纯粹逻辑的真。心理学的真，是以个人经验证据为基础的，而个人经验证据却并非必有稳定性，这就给心理学的真赋予了不确定性。逻辑学的真，往往是基于逻辑演算的真，而逻辑演算是以逻辑定律为保证，这就确保了真的稳定性。

弗雷格的反心理主义重点在于强调逻辑学与心理学的区别，主要表达的是他对心理主义的态度以及批判指向，却并未对心理主义的问题进行系统性探究。在批判的系统性方面，胡塞尔比弗雷格明显是略胜一筹。

∝ 胡塞尔的反心理主义

胡塞尔的反心理主义出自他的著作《逻辑研究》。在这本著作中，胡塞尔详细阐述了心理主义的一系列问题，不过胡塞尔批判心理主义的时候，先是假定心理主义的正确性，然后再观察心理主义论断的结果是否正确，最后从观察到的结果来驳斥心理主义的错误论断。

首先，心理主义错误地认为，逻辑学和心理学二者具有相同的对象。在胡塞尔看来，心理主义看似合理，原因在于它把逻辑学的对象当成实践的、规范的技术，以及当成规则性对象，从而把逻辑学的对象看成心理活动。然而，这种做法正是反心理主义所要批判的焦点：不能像心理主义那样，把逻辑学和心理学置于共同的基础上，二者的区别恰恰就在规范性质的精确性的差异上。心理学的规范不如逻辑学的规范精确。

其次，心理主义对逻辑学和心理学任务的界定不够准确。心理主义错误地认为，逻辑学作为研究应然性思维的学科，只不过是实然性思维的特殊情况而已。对此，反心理主义者认为，就算逻辑学和心理学拥有共同的对象，但是二者的任务却根本不同：心理学旨在探究管控思维的因果定律，而逻辑学的志趣不在因果定律上，而是在于求真。

再次，心理主义在宽泛的意义上坚持认为，逻辑学和心理学都是关于思维的科学。这在胡塞尔看来，心理主义对这两种学科的科学性质做了区分：心理学离开了规范性就难有所成，而逻辑学根本就不是以规范性为基础的学科。

基于以上三方面的认识，胡塞尔提出了三点具体的批判观点：第一，如果承认逻辑学和心理学二者具有相同的性质，那么就等于承认逻辑学定律如同心理学定律那样具有不确定性和模糊性，事实上，只有心理学定律才是模糊的，而逻辑学定律是精准的；第二，就算不承认心理学定律是模糊的，那么也无法先验地知道作为自然定律的心理学定律，而且如果把逻辑学定律当成自然的心理学定律，那么逻辑学定律和心理学定律二者都只是盖然性定律，这显然违背了逻辑学定律的必然性；第三，如果把逻辑学定律当成规范性定律而混同于基于经验事实的心理学定律，那么这两种定律都是以心理内容为组成，然而实质上，逻辑学定律并不是以心理事实为基础。

　　胡塞尔分析了心理主义的错误之后，提出了一些建议。这些建议的核心思想就是要严格区分逻辑和心理的论断，不可把二者混为一谈。胡塞尔的这一观点与弗雷格不谋而合，因为弗雷格提出的三大语境原则之一就是要对心理学的表达和逻辑学的表达严格区分开来。

参考文献

Anderson, R. L. 2005. Neo-Kantianism and the roots of anti-psychologism. *British Journal for the History of Philosophy, 13*(2): 287–323.

Carnap, R. 1937/2007. *Logical Syntax of Language*. Abingdon: Routledge, Trench, Trubner & Co.

Cussins, A. 1987. Varieties of psychologism. *Synthese, 70*(1): 123–154.

Jacquette, D. 2003. Introduction: Psychologism the philosophical Shibboleth. In D. Jacquette (Ed.), *Philosophy, Psychology, and Psychologism*. New York: Kluwer Academic Publishers, 1–20.

Boole, G. 1847/2009. *The Mathematical Analysis of Logic*. Cambridge: Cambridge University Press.

Dummett, M. 2014. *Origins of Analytical Philosophy*. London: Bloomsbury Academic.

Godden, D. M. 2005. Psychologism in the logic of John Stuart Mill. *History and Philosophy of Logic*, (26): 115–143.

Hacker, P. M. S. 1998. Analytic philosophy: What, whence, and whither? In A. Biletzki & A. Matar (Eds.), *The Story of Analytic Philosophy: Plot and Heroes*. New York: The Taylor & Francis e-Library, 3–36.

Hill, C. O. 1991. *Word and Object in Husserl, Frege, and Russell: The Roots of Twentieth-Century Philosophy*. Athens: Ohio University Press.

Kenny, A. 1995. *Frege: An Introduction to the Founder of Modern Analytic Philosophy*. Harmondsworth: Penguin Books.

Kusch, M. 2005. *Psychologism: A Case Study in the Sociology of Philosophical Knowledge*. London: The Taylor & Francis e-Library.

Kusch, M. 2020. Psychologism. *Stanford Encyclopedia of Philosophy*. *Stanford.edu*. Retrieved October 26, 2022, from Stanford.edu website.

Pandit, G. L. 1971. Two concepts of psychologism. *Philosophical Studies*, 22(5/6): 85–91.

Rakova, M. 2006. *Philosophy of Mind A–Z*. Edinburgh: Edinburgh University Press.

Tanesini, A. 2007. *Philosophy of Language A–Z*. Edinburgh: Edinburgh University Press.

形而上学 METAPHYSICS

"形而上学"（metaphysics）这一术语，在《现代汉语词典》中的定义是：①哲学史上指哲学中探究宇宙根本原理的部分；②同辩证法相对立的世界观或方法论（中国社科院语言所词典编辑室，2008：1525）。它用孤立、静止、片面的观点看世界，认为一切事物都是孤立的、永远不变的；如果有变化，只是数量的增减和场所的变更，这种增减或变更的原因不在于事物的内部，而在于事物的外部；形而上学也叫玄学。这个定义描绘的形而上学，其形象可恶，人们唯恐避之不及，生怕自己成了形而上学的受害人或者被他人说成是形而上学坏分子。然而，熟悉西方哲学史的人都知道，形而上学的这种定义就算不是完全错误的，也完全是片面的。

对于很多哲学概念，不同的人会有不同的定义。然而，对于"形而上学"这一概念，哲学家大致都认同的定义是形而上学是研究世界存在的学问。在哲学形态上，形而上学属于本体论哲学，致力于是与存在的研究（Macdonald，2005：3）。在哲学追问上，形而上学有两大类追问：

第一，追问现实的普遍本质，即追问是否有关于实在之物的普遍原理，追问我们是否可以从现存之物的特殊性中抽象出普遍性，追问事物之间的差别到底是由什么决定的，追问我们到底能不能仅仅依靠事物存在的事实而认识到事物的本质等；第二，追问什么是终极意义上的实在或现实，在终极意义的实在性的视域下，追问现实世界的日常经验到底与终极实在性存在什么样的差别。形而上学是许多哲学家的毕生追求。毕竟，思想的最高境界乃是形而上学。

❧ 形而上学名称的来源

从词源上看，形而上学的英文单词 metaphysics 是由希腊语的 *meta*（在之后，超越）和 *phusika*（physics，物理学）两部分组成。这个名称 *metaphusika* 首先出现于公元前 60 年，当时安祖尼克斯（Andronicus，公元前 284—前 204）在编辑亚里士多德遗留的著述，在编辑完成物理学、植物学、动物学等之后，发现还有一些著述超越了物理学和动物学这样的实在性学科，于是就把这些著述标注为 *metaphusika*，意思是 *meta ta phusika*（放到物理学之后），即现在的 metaphysics。最初，人们根据这一史实，把 metaphysics 解释为"物理学之后的学问"（Hamlyn，1984：1；Igwe，2022）。然而，亚里士多德本人并没有使用 metaphysics 这个词，不过他有四个术语相当于形而上学：第一哲学、第一科学、智慧和神学。后人在整理亚里士多德的这些著述时，就把它们统一定名为形而上学。

古希腊哲学主要以形而上学为主，而形而上学发端于四大追求：毕达哥拉斯（Pythagoras，约公元前 580—约前 500）的数、赫拉克利特（Heraclitus，约公元前 544—前 483）的逻各斯、巴门尼德（Parmenides，约公元前 515—前 5 世纪中叶以后）的存在和柏拉图的理型。坊间把这四位思想者称为形而上学的四大天王。在古希腊时期，自然科学属于形而上学的一部分，而形而上学是哲学的核心，而那时的科学属于自然哲学。形而上学旨在追问事物和存在的终极性质，以及追问事物的本质。在对形而上学这门学问进行解读时，有一种倾向是按照对规范性学科的理解方式来解读，如生物学是研究生命有机体的学问，语言学是关于语言的科学研究等。若按照这种模式来理解形而上学，我们就要注意形而上学的研究对象却并不像生物学、语言学等学科的研究对象那么具体而可以把握。即便可以简单地做出定义（Inwagen，2015：1，2）：形而上学是关于终极实在性的学问（Metaphysics is the study of ultimate reality.），但这个定义难以道出任何确定的研究对象来，因为"终极实在性"这一术语本身并不确定。无论怎样，形而上学当然有它的研究问题。

❧ 形而上学的研究问题

如果按照亚里士多德的观点来看，形而上学的学科主题（subject-matter）应该有三方面内容：①是其所是（being as such）；②事物第一原因；③不变性（Inwagen & Sullivan，2014）。自亚里士多德以降，直到 16 世纪末和 17 世纪初，这三个主题基本上会被当成形而上学的核心主题。随着西方现代哲学的产生，心灵与身体的关系问题、意志的自由问题、个人身份问题等，各自逐步进入形而上学领域，甚至于最后发展成为重要主题。大致可以说，根据问题的性质不同，形而上学可以分为"老形而上学"和"新形而上学"。

1. 老形而上学的主题

由于"是"的重要性，西方哲学甚至把"不是"也纳入形而上学范围。"是其所是"以"不是"为对立参照。不过，这种观点比较极端，在西方哲学中饱受争议。无论怎样，"是的本性""事物的第一原因"和"不变的事物"这三者是从亚里士多德那里继承下来的古老话题，因而对这三者进行追问的哲学被称为老形而上学。

现在的形而上学概念的主题范围远远大于亚里士多德形而上学的概念范围。然而，增加了新的主题，并不意味着旧的主题就不复存在。相反，亚里士多德的形而上学的主题仍然延续至今，并出现了不同样式的主题。"是其所是（或存在如是）"这样的主题一直是形而上学的主题。围绕这一论题，西方哲学从古至今出现了各种形而上学的论断。

西方哲学史上形而上学的经典论断包括：

巴门尼德的是就是，不是就不是（Being is; not being is not.）；

阿维森纳的本质先于存在（Essence preceded existence.）；

圣·安塞尔莫的实在的存在大于单独理解的存在（Existence in reality is greater than existence in the understanding alone.）；

笛卡尔的存在是一种完美（Existence is a perfection.）；

康德的是乃是逻辑谓词，而不是实在谓词（Being is a logical, not a real predicate.）；

黑格尔的是乃是一切范畴中最贫瘠与最抽象的（Being is the most barren and abstract of all categories.）；

弗雷格的对存在的确认，在事实上只不过是对数字 0 的否定（Affirmation of existence is in fact nothing but denial of the number zero.）；

罗素的普遍性不存在，普遍性只有虚存或者拥有是（Universals do not exist rather subsist or having being.）；

蒯因的是就等于是一个约束变量（或有界变量）的值（To be is to be the value of a bound variable.）。（Inwagen & Sullivan，2014）

在形而上学的概念框架下，西方哲学的核心概念包括"存在"和"是"，当然二者并不相同（俞宣孟，2001；王路，2010）。正因为"是"的重要性，西方哲学又叫作"是论"哲学。正因为"是"在西方哲学中是一个恒久的主题，而中国哲学对"是"的讨论相对不足，黑格尔、雅克·德里达（Jacques Derrida，1930—2004）等哲学家才说中国没有西方意义下的哲学。当然，中国肯定有哲学，只是在黑格尔和德里达这样的人看来，中国哲学根本不同于西方哲学。

在亚里士多德之后，老形而上学的研究主题还包括范畴（category）和实质（substance）。要理解范畴，就要理解类。如何正确理解范畴？如何正确理解类？人类对事物进行分门别类，然后还假定事物的类与类之间存在某种内在联系。事物的类在严格意义上并不是集合，而是自然类。自然类的成员拥有统一的形式，在不同时候自然类由不同的成员组成。当然，集合的成员并不一定要组成自然类。例如，一个集合的成员是所有的狗和一只猫，那么这个集合就不是一个自然类。在这种情况下，人们自然而然地会认为，所有的狗就组成了一个自然类，从而认定世界可以分为"狗"与"非狗"两部分。这种做法是把自然从其连接处切开（cut nature at the joints）。然而，属于这种意义的自然类却经不起哲学审查。如果按照自然类来确定类的概念，那么"是的各种范畴"（the categories of being）这个形而上学的论题就是一个伪论题。形而上学的范畴不是自然类的范畴。

有些类比其他类更具有综合性且更全面，如所有的狗都是动物，但所有的动物不会都是狗；所有的动物都是生命体，但所有的生命体不会都是动物。这样看来，"把事物分成类"就意味着存在最全面的类：在最全面的类中，似乎类中有类。如此一来，有些类就没有普遍类全面。如果存在这样不太全面的类，那么我们如何界别它们呢？它们是不是数量巨大甚至浩瀚无穷呢？另外，它们之间是不是有的要大一些，有的要小一些，就像十位数大于个位数一样？我们就把这些不太全面的类称为"是的各种范畴"或者"本体的各种范畴"。

论题"是的各种范畴"介乎于"是的本性"与"普遍性"之间。普遍性是中世纪形而上学的重要主题之一。如果存在普遍性，那么普遍性首先就应该是集各种普遍属性或性质为一体的事物，普遍性首先作为事物呈现出的属性或性质正是在各类事物成员中以及成员的联系中"普遍地呈现出来的"属性或性质。也就是说，普遍性本身应该是事物而不是属性或性质，当然属性或性质常被当作普遍性的例子。按照这种理解，《围城》这本小说就是一个普遍性，因为它作为一个事物，以某种模式呈现的是这部小说看得见、摸得着的许许多多的印刷副本。反过来，在众多的印书副本中任意抽取一本出来，而抽取出来的《围城》这本小说就是一个普遍性。按照这种理解，语词"牦牛"也会是一个普遍性，它呈现的是"牦牛"这词许许多多的听得见的发音。如此类推，自然类和自然种它们自身都是普遍性。

主张有普遍性存在，这种观点在称谓上有实在论（realism）或柏拉图实在论（Platonic realism）或柏拉图主义（Platonism）。不过，这三个名称及其内容本身都存在争议，人们对此褒贬不一。亚里士多德相信各种普遍性的实在性，若称他为柏拉图实在论者或柏拉图主义者，这显然具有矛盾意味。实在论仅仅作为多种哲学论题的称谓而已。与实在论观点相反的唯名论（nominalism）认为，没有什么普遍性存在，甚至没有任何"是"存在。唯名论声称，没有什么是马（being a horse）这样的普遍性事物的存在，只有作为通名的"马"这个名称而已。在唯名论者看来，说出一个"马"字，只是吐气发声说出一个名称而已，并没有说出马的普遍性。当然，实在论和唯名论各自都遭到了不同程度的批判。

实在论与唯名论之争，起于古希腊，盛于中世纪，或明或暗、或多或少地延续到现代哲学。大多数实在论者认为，普遍性包含"是的各种范畴"的一种。也许，一切普遍性归属的事物拥有一个自然类，而这个类还包含别的事物。例如，数和命题不是普遍性，但是数、命题和普遍性都是抽象对象（abstract object）这个类的成员。具体事物却不属于这个抽象的类。或许，像泰姬陵的白色性就是一个存在的事物，那么"白色性"这个对象，而不是泰姬陵这个对象，就有普遍性。这个普遍性隶属于"属性"这一类。我们可以把这个类叫作自然类，但它既不是事物的类，又不是本体范畴的类。这个类可以称为本体的亚范畴（ontological sub-category）。持普遍性的实在性观点的大多数哲学家都认为，就算普遍性不是一个本体范畴，至少也是一个"高于"亚范畴的范畴。

上述"是的各种范畴"观是老形而上学的话题吗？当然是。柏拉图的理型论（the theory of forms），在亚里士多德的《形而上学》中重现为一个重要主题。不过，柏拉图理型论的两个核心观点遭到了亚里士多德的批判：第一，理型的事物是原生的是（the primary beings），它们不具有活性，是"最实在的"事物；第二，事物的属性离开它们所在事物本身而"单独"存在（与公孙龙的"坚白论"相似，白和坚可从白石中剥离出来）。柏拉图的这两个观点遭到了批判。在亚里士多德看来，柏拉图的错误在于普遍性先于对象存在，先有抽象的理型，再有具体的对象事物。亚里士多德认为，普遍性存在于对象中，即亚里士多德认为，不能离开对象而谈论普遍性，因为普遍性无法单独存在。

柏拉图与亚里士多德之间的这种争论，即是"普遍性先于对象而在"还是"普遍性存在于对象之中"的争论。这个问题本来是13世纪、14世纪争论的热点问题，可是进入21世纪后重新成为热点争论之一。如果我们认为普遍性问题属于古老的形而上学问题，那么我们似乎要从老形而上学问题中解放出来，而根据现代哲学分析运动的主张，把形而上学问题摒弃掉；这么一来，我们只好说普遍性是否存在的问题是一个形而上学的老问题，而唯名论的观点也是一个形而上学的问题。然而，这么处理普遍性的问题，多少有点简单粗暴，属于蛮力处理法。

把普遍性问题归入老形而上学问题而试图从中得到解脱，这只是一种愿望。普遍性问题不只是普遍性是否存在的问题，它还涉及关系问题，即普遍性和特殊性的关系问题。就算承认普遍的"狗性"是一个不变的事物，而把"狗性"归入形而上学中，可是狗却是变化的事物，因此关于狗与"狗性"的关系问题，我们不能把它贴上一个形而上学的标签而弃之不理。

普遍性和实质都是形而上学的老问题，或者说老形而上学需要追问普遍性和实质这样的问题。迄今为止，关于"实质是什么"这个问题，并没有一致同意且又精确的定义。对"实质"这词的理解不同，哲学家要么追随休谟而不承认有什么实质，要么会说实质只不过是一些印象或观念。不过，喜欢使用"实质"一词的大多数哲学家都不会把下面的说法当成实质来看：①普遍性和其他抽象对象；②事件、过程或变化；③材质，像肌肉或铁或黄油这样的材质。遗憾的是，初识形而上学的人，大多倾向于把实质看成材质，这就不是哲学上的实质了。"是的本性""普遍性问题"以及"实质的本性"，这些主题都是中世纪及以前哲学家们就热议的形而上学主题。所以，老形而上学这种说法，一方面是说这些主题具有古老的历史，另一方面是说这些古老的主题一直都是形而上学的恒久主题。中世纪之后，形而上学出现了一些新的主题，因此有了新形而上学的说法。

2. 新形而上学的主题

中世纪以后，哲学家们注意到除了形而上学的古老主题以外，还有一些主题也是形而上学需要追问的问题。人们把追问新问题的形而上学称为新形而上学。新形而上学的主题主要包括模态（modality）、空间与时间、持久性与构成性（persistence and constitution）、因果性、自由与决定论、心理的与物理的（the mental and physical）等。

哲学家们注意到，在真命题这一大类中，存在着可能为假的命题和不可能为假的命题。例如，命题①："巴黎是法国的首都"，这个命题现在是真的，可是这个命题在某个时候完全可能是假的。再如命题②："在'任何大于 1 的数'与'大于 1 的数的两倍数'之间存在一个质数（即存在一个只能被 1 和其自身整除的数）"，这个命题现在是真的，而且在任何时候都可能是真的。命题①和②有区分：中世纪哲学家则把命题①称为偶然为真（contingently true）的命题，而把命题②称为必然为真（necessarily true）的命题。中世纪的模态概念主要是偶然和必然两种模式。现代哲学家把模态分为可能性和必然性。形而上学哲学家对模态感兴趣，但分化为两大阵营：指实模态（modality *de re*）和指名模态（modality *de dicto*）。

顾名思义，指实模态是关于事物的模态，这里的事物属于本体论范畴的事物，也可以是实质的模态。指实模态无疑是形而上学的主题，说它属于新形而上学，原因在于这样的指实模态会追问根本不存在的事物。指名模态是关于命题的模态，重心在于语言或逻辑本身，而不涉及事物或者本体。指名模态更多的属于逻辑范畴，而形而上学性质不明显。

指实模态可以分为两类：第一类涉及事物的存在或者人的存在。例如，当翠花这位普通女子说："我可能不存在。"对于这话，在可能状态下，我们会认为这话为真，而且如果翠花的话为真，那么翠花属于偶然存在，即翠花就只是一个偶然的存在，她完全有可能根本就不存在。相反，对于一个必然的存在，如果我们说"它可能不存在"，那么这话为假。是否有必然存在的对象，这个问题是模态形而上学的重要问题。茹斯·巴肯·马尔克斯（Ruth Barcan Marcus，1921—2012）和蒂姆斯·威廉姆森（Timothy Williamson，1955—　）对这样的问题持有不同的观点。马尔克斯把必然存在和量化模态逻辑联系在一起，声称必然存在是逻辑的一个真。不过，马尔克斯没有明确指出这个问题是形而上学的问题，威廉姆森才明确指出这是形而上学的问题。

指实模态的第二类涉及事物的属性。正如存在的事物一样，拥有属性同样要受模态化影响。例如，翠花如果用汉语普通话说"我只会讲闽南话"，在场的人几乎都会认为翠花讲普通话只是一种偶然，即讲普通话作为一种偶然属性，刚好是翠花拥有的属性。既然有偶然属性，那就有必然属性。翠花是一个物质实体，作为物质实体，这种属性应该是必然的。然而，关于事物的必然属性问题，一直是一个争议颇多的问题。如果说必然的就是本质的，或者本质的就是必然的，那么翠花到底在本质上是一个物质实体，还是非物质实体？这个问题牵扯着太多的争议。从而，模态问题是一个颇有争议的问题。

蒯因对模态的批判在哲学界影响很大。蒯因持有两个鲜明的观点：第一，指名模态只能按照分析性概念来理解，而分析性在蒯因看来也是有问题的概念；第二，指实模态无法用分析性概念来理解，因此指实模态根本就无法被理解。蒯因认为，指实模态这一概念存在问题，它不具备概念的连贯性。蒯因批评道，如果认为指实模态有意义，那么就有理由认为"骑自行车的人在本质上是双足人"，而"骑车人是双足人"这话在信守分析性的人看来，就是一个典型的分析性句子（Quine，1960：199–200）。如果说"骑车人是双足人"是分析性必然为真，那么"数学家是双足人"却不是一个分析性句子。我们继续追问，如果骑车人同时还是一名数学家，那么这个人似乎就成了必然的双足人和偶然的双足人。这明显存在问题，因此，蒯因认为指实模态大有问题。模态问题作为新形而上学的问题，有人支持，有人反对，这依然是一个充满争议的问题。

新形而上学的另一个问题就是空间和时间的问题。早在相对论把空间和时间表征为单个实体的相面或单个实体的抽象前，哲学家们把空间和时间看成紧密联系的。康德在其《超验美学》中把空间和时间当成统一体，可以用单个统一的理论来解释。康德的空间和时间论具有革命性，对空间和时间的哲学阐释极具代表性。空间和时间是一个品种中的两个成员（two members of a species），因此如果追问空间是否朝着每一个方向无限延伸，就可追问时间是否朝着其两个方向无限延伸。如果认为空间有界，是有限的，那么就可追问时间是否也是有限的。如果追问两个具有广延性的对象会不会在空间上有联系，那就可追问两个事件在时间上相互具有联系。如果追问空间是否为一个实在的事物、一个实质体、一个不依赖于其中的居住者而存在的事物，或者空间仅仅是空间居住者的关系系统，那么就可对时间进行同样的追问。有观点声称，时间就是空间，但也有观点认为，时间与空间根本没有类比性。在时间问题上，我们的认识并不具有对称性：我们往往对过去的认识要优于对未来的认识。这是何故？另外，我们为什么对即将发生的不幸之事和刚刚发生了的不幸之事持有不同态度？有何因果关系？所有关于时间的这些不对称性，在空间上却不存在。

空间与时间问题关系着普遍性和特殊性问题，因此这个问题属于新老形而上学的问题。所有关于普遍性的理论，追问的问题都是不同本体范畴的事物是如何与空间产生联系的，而所有这些问题又同时间具有类比性。

空间与时间问题还关系着持久性与构成性问题。对象的本性是占有空间还是在时间上具有持久性，这是一个形而上学的问题。在构成性方面，只是一些对象有组成部件，还是所有对象都有组成部件，这也是一个形而上学的问题。对象是通过部件的组成来占据空间，还是本身就有具有广延性的单体对象？不同对象能否位于同一区域？对象能否通过暂时的部件在变化中保持它本身的持久性？这些问题都是破费思量的形而上学问题。对于这样的问题进行追问，正是哲学追问的价值所在，有利于增加我们对具体事物的认识，甚至改善我们的存在与存在之境。

除了模态问题、空间与时间问题以及持久性与构成性问题，新形而上学还追问因果性、自由与决定论以及心理的与物质的等问题。对于这些问题，正如对于其他哲学问题一样，哲学家们各有思考，他们殊途是必然的，他们同归却只是可能的。没有定论而接受争论，这是哲学问题的特点之一，也是哲学的魅力之一。

⚛ 语言哲学的形而上学

语言哲学的形而上学这种说法凸显的是形而上学在语言哲学中的状况，而并不是说语言哲学具有特殊的形而上学问题。语言哲学是哲学，面对的形而上学当然是哲学面对的形而上学。不过，当西方哲学发展进入 19 世纪末、20 世纪初的时候，英美分析运动的兴起促使语言哲学得到长足发展，在这些哲学活动中，形而上学遭到了猛烈批判，这是事实；但是，随着西方哲学在 20 世纪中后期的发展变化，哲学追问重新回归形而上学，这也是事实。因此，我们绝不能笼统地说语言哲学的特点之一就是拒斥形而上学。逻辑实证主义或者说维也纳学派明确拒斥形而上学，但早期实在论、逻辑原子主义等并不排斥形而上学。

语言哲学的目标是要通过逻辑分析、语言分析和概念考察等手段来澄清哲学上的混乱认识，消解伪问题，追求确定性，达到澄明。形而上学问题因其晦涩和确定性不明，当然不会受到追捧，甚至会遭到批判。维特根斯坦说，当哲学家使用"知识""是""对象""我""命题"等语词时，他们本想尽量抓住事物的"本质"，然而他们在使用这些词的时候，却把这些词带离日常生活，导致了混乱，因此语言哲学家应该把这些语词从形而上学的用法中带回到日常使用中来（维特根斯坦，2020：53；PI116）。

形而上学的初衷是弄清事物的本质、把握存在、揭示普遍性、理解终极实在性等，但在观点认识上却出现了这样或那样的问题。语言哲学对此进行分析、治疗、改造等，如罗素对传统的"实质"观不满，而认为实质是不能定义或识别或知道的……实质概念作为挂接谓词的钩子令人讨厌（Russell，1948：54）。罗素对这个问题的处理方法是，消除实质这个范畴，取而代之的是把实质想象成普通对象，这样的普通对象具有一束普遍性特征（ordinary objects as bundles of universals）（Garrett，2006：43）。罗素的解决办法是否可靠，这不是那么清楚，但是语言哲学对形而上学问题进行澄清的努力却显而易见。斯特劳森的描写的形而上学（descriptive metaphysics）旨在提供两种解答形而上学问题的方法。

⚛ 简评

形而上学这一术语伴随着哲学的发展而发展，哲学家追求形上之思，这种抱负毋庸置疑。然而，哲学家在界定或者回答形而上学问题时，却难免招来他人怀疑或者批判。这却不能说形而上学问题不重要，更不能说这些问题已经彻底解决。宣称形而上学已经死亡的哲学家，其实只是基于部分问题而发此言。形而上学的主题很多，古希腊哲学开始追求的"是""存在""理型""第一原理"，中世纪的"普遍性""神""事物""非事物""实在性"，现代哲学中笛卡尔的"心灵"、霍布斯的"物质""运动"、斯宾诺莎的"实质""属性""模式"、洛克的"原生性质与次生性质之分"、莱布尼兹的"心身因果性"、康德的"时间与空间""形而上学可能性"、叔本华的"自由意志"、尼采的"权力意志""超人"、黑格尔的"绝对精神"、怀特海的"过程与宇宙"、海德格尔的"是"，等等，这些都是形而上学的主题。正如钱冠连所言，哲学因为它的形而上学难题而吓退了一些人，也正因为形而上学谜题而吸引了一些人。

参考文献

王路. 2010. 讨论"是"与"存在"的问题、方式与结论. 世界哲学，（4）: 81–92.

维特根斯坦. 2020. 哲学研究. 杜世洪导读注释. 上海：上海译文出版社.

俞宣孟. 2001. 西方哲学中"是"的意义及其思想方式. 中国社会科学，（1）: 44–54.

中国社会科学院语言研究所词典编辑室. 2008. 现代汉语词典. 第 5 版. 北京：商务印书馆.

Garrett, B. 2006. *What Is the Thing Called Metaphysics?* London / New York: Routledge.

Hamlyn, D. W. 1984. *Metaphysics.* Cambridge: Cambridge University Press.

Igwe, D. E. 2022. On the supremacy of science and nonsensicality of metaphysics: A critical consideration. *International Journal of Art & Science, 9*(3): 193–202.

Inwagen, P. V. 2015. *Metaphysics*. 4th ed. Boulder: Westview Press.

Inwagen, P. V. & Sullivan, M. 2014. Metaphysics. In Edward N. Zalta (Ed.), *The Stanford Encyclopedia of Philosophy*. Winter 2021 Ed. *Plato.stanford.edu*. Retrieved December 21, 2021, from Plato.stanford.edu website.

Macdonald, C. 2005. *Varieties of Things: Foundations of Contemporary Metaphysics*. Malden: Blackwell Publishing.

Quine, W. V. 1960. *Word and Object*. Cambridge: The MIT Press.

Russell, B. 1948. *Human Knowledge: Its Scope and Limits*. New York: Simon & Schuster.

Williamson, T. 2013. *Modal Logic as Metaphysics*. Oxford: Oxford University Press.

语言哲学　PHILOSOPHY OF LANGUAGE

语言哲学（philosophy of language）有广义和狭义之分：广义的语言哲学泛指从古至今一切借助于语言研究而进行的哲学活动或哲学追问；狭义的语言哲学（也叫现代语言哲学）主要指，在19世纪末、20世纪初西方哲学发生语言转向（the linguistic turn）之后，所形成的聚焦语言而进行哲学研究的现代哲学。在非严格意义下或者在不加类别性质限定的情况下，语言哲学这一术语主要指狭义的语言哲学，其英文术语为 philosophy of language，不同于语言论哲学（linguistic philosophy）和语言学哲学（philosophy of linguistics）等术语。

☙ 基本要义

语言哲学的基本要义是，哲学家们试图通过逻辑分析、概念分析或者语言分析等手段，来消解哲学中的伪命题或者伪问题，分析语言表述中的惑众妖术，识别语言中的理论玩偶，指出造成思想混乱的语言诱因，治疗由语言而生的心智疾病，从而达到认识世界、理解世界和表述世界的澄明之境。概而言之，在语言哲学家眼里，许多哲学伪命题和哲学伪问题反映的是思想混乱，而这些混乱状况都是因人们误用语言而造成的。

语言哲学集大成者维特根斯坦的早期哲学就明确指出，一切哲学都是对语言的批判，（语言）哲学不是理论，不是学说，而是活动，是对思想进行逻辑澄清的活动（维特根斯坦，2019：39，46）。维特根斯坦的后期哲学表达的观点则是，（语言）哲学是一场战斗，旨在利用语言资源来消灭我们理解上的惑众妖术（Philosophy is a struggle against the bewitchment of our understanding by the resources of our language.）（维特根斯坦，2019：39，46）；哲学有方法，而且不单一；哲学重疗法，而且疗法众多、目的明确：处治哲学问题就像医生处治疾病一样（维特根斯坦，2020：70，77，132）。正如治病时需要辨症施治，需要精准和精细一样，哲学活动同样需要辨症施治，做到精准、精细地处理问题。正如不能把治病只当成谈论医生和病人的关系一样，哲学也不能一味地高谈阔论，不能只在宏观层面上，大谈奢谈语言与思维、思维与存在、语言与世界等这样或那样的关系。在语言哲学家眼里，哲学就是要实实在在地分析问题和解决问题。简而言之，哲学既要追求思想的澄明境界以及语言的清晰表达，又要治疗思想上存在的、语言中反映出来的心智疾病。

○3 产生与发展

哲学家关注语言，并试图通过语言来理解人、世界以及二者的关系，这种活动古已有之，即广义的语言哲学在古代哲学中就出现了。在整个西方哲学发展过程中，语言哲学的追问精神或明或暗地一直在西方哲学的传统中延续着（Cameron & Hill，2017：1–19）。现代语言哲学从西方哲学历史进程中发展而来。从过程上看，西方哲学从追问世界本源和存在的古代本体论（ontology）哲学，发展到追问知识何以可能的近现代认识论（epistemology）哲学，再经过语言转向之后，形成了现代英美分析哲学（Anglo-American analytic philosophy）和欧陆现象学及阐释学等哲学运动和流派，而语言哲学就是从这些运动和流派中（尤其是从分析哲学运动中）产生出来的哲学形态。从 19 世纪末到 20 世纪前半叶，语言哲学取得了长足发展，在英美分析哲学运动中发展成为主要的哲学形态；语言哲学也在欧陆哲学以及其他哲学流派中占有重要地位。现代语言哲学的产生与发展主要有以下动因：

1. 自然科学的成就推动了语言哲学的发展

在 18 世纪，特别是在 19 世纪，自然科学的巨大成就给哲学研究带来了新的挑战与任务。在物理学领域，科学家们利用牛顿的万有引力定律，成功地计算出了地球的质量；法国科学家发现了气体的体积与温度的关系，揭示了气体的物理性质；科学家们发现了光的性质，测定了光速；德国和英国科学家发现了能量守恒定律，发现了分子和原子；发现了电、磁等。在化学方面，科学家们发现了许多元素；俄国科学家德米特里·门捷列夫（Dmitri Mendeleev，1834—1907）发现了元素周期律。在生物学领域，科学家们发现了细胞及细胞分裂现象；认识到生物的产生与繁殖是雄性生殖细胞和雌性生殖细胞二者结合的结果，从而建立起了遗传学说；英国人查尔斯·达尔文（Charles Darwin，1809—1882）发现了生物的进化现象。在微生物学领域里，人们发现了细菌、病毒、牛痘等；法国人路易斯·巴斯德（Louis Pasteur，1822—1895）发现了免疫现象等。几乎所有的自然科学，在 19 世纪都取得了新的成就，获得了新的发展，从而引发人们进行新的思考。面对新现象及新问题，这些学科急切需要客观、合理的描写与解释，这在哲学思想上就需要像数学一样的语言来理解人类世界，即哲学需要面对这些新情况而承担相应的任务。在这种氛围影响下，穆勒致力于逻辑体系的研究，阿尔弗雷德·怀特海和罗素致力于数学原理及基础的研究，弗雷格致力于数理逻辑的研究等，这些研究为哲学的分析运动、为语言哲学研究等准备了思想基础。

2. 唯心主义的错误认识促使哲学研究重视语言分析

英国经验主义传统让哲学研究既聚焦于对唯心主义的彻底批判，又反过来对经验主义保持一定的批判态度。哲学家们利用分析方法批判了唯心主义的一些主观论断，分析了唯心主义论断的谬误实质，对形而上学的一些荒谬观点，如"存在就是被感知""现实的世界不是真实的世界""我们看见的一切事物都只不过是真实事物的影子"等进行摒弃。为此，哲学家们对经验主义、自然科学和数学等进行合理利用，同时扩大哲学分析的范围，对形而上学、伦理学、美学等领域的主流观点进行分析和甄别，坚持的原则就是思想与语言要具有"表达的清晰性"和"逻辑的严密性"。哲学家在进行分析问题、做出论断、建立概念等工作的时候，采用的基本方法是把所分析的对象分解成细小的组成部分，然后来观察它们的重要特征，以期理解与把握部分是如何组成整体的，而整体又如何可分解成为部分的基本原理。这在学理上就是要摆脱唯心主义主观认识的束缚，力求获得客观的、合理的、确定的观点。现代语言哲学摒弃形而上学的一些不合理的论断，厌弃天马行空的语言表达，摧毁语言中漂亮的纸房子，从根子上要追求思想和语言的清晰性和确定性。用通俗的话说，在表述学术观点时，那些满嘴跑火车的人，或者说那些大概念来、大概念去的人，无论他们著述多寡，只要他们所表达的思想观点不清不楚、不明不白，他们都可能会成为语言哲学家所要批判的对象。要对形而上学的一些论断与心理主义的一些表达进行批判，这就要做语言分析。为此，达米特说，语言分析是哲学思辨的基本出发点，语言分析是进入哲学思辨的主要通道（Dummett，1978：441，442）。

3. 古典哲学的含糊性表达让人不得不追问意义的表达问题

语言哲学之所以能发展成形，有一个重要原因就是人们对古典哲学尤其是德国古典哲学的厌倦（陈嘉映，2003：15）。在这点上，从罗素的角度看，分析运动的兴起、语言哲学的发展，让人有获得解放的感觉。维特根斯坦的《逻辑哲学论》问世之后，维也纳学派的成员们对语言分析充满了激情。他们认为，对命题意义的研究将代替对认识能力的研究，传统的认识论将让位于语言分析；哲学将不再纠缠那些不清不楚的问题。在哲学面前，凡是可以表达的，就可以表达清楚；原则上没有什么不能回答的问题，而所谓回答不了的问题，根本不是什么真正的问题，而是一些无意义的语词排列。于是，什么样的表达有意义，什么样的表达没有意义，语言表达式是如何获得意义的，这些问题就成了哲学追问的基本问题。

4. 新逻辑的出现为语言哲学研究准备了分析工具

在 19 世纪末到 20 世纪初，新逻辑问世，这新逻辑是指数理逻辑。新逻辑有别于以亚里士多德三段论为代表的传统逻辑。数理逻辑先驱布尔在 19 世纪中叶建立了逻辑代数；弗雷格在 19 世纪末建立了用于命题演算的逻辑；怀特海和罗素随后建立了命题演算和谓词演算。逻辑学发展迅速，数理逻辑借助形式化手段来处理形式逻辑中的问题，能够对问题进行高度精确的表述，这就避免了自然语言表述中的不确定性和不严密性。新逻辑的出现，或者说数理逻辑的出现，为哲学家们提供了可靠的分析工具，让他们拓展甚至改变了对哲学的性质、任务和对象的看法。弗雷格把意义研究当作哲学的首要任务；罗素认为，哲学的实质是逻辑。在罗素看来，真正的哲学问题实质上都是逻辑问题。维特根斯坦的早期哲学基本上同弗雷格和罗素的哲学逻辑观相似。维特根斯坦认为，哲学家们的很多问题都是因为忽视了语言的逻辑而产生的，因此维特根斯坦说，一切哲学或者说哲学的全部任务都是对语言的批判，哲学的目的不是获得知识，而是要对各种概念和命题进行逻辑分析，以澄清这些概念和命题的意义。弗雷格、罗素和维特根斯坦等哲学家的这些思想传播开来，哲学家们以研究语言和意义的性质为核心，掀起了分析哲学运动，语言哲学从而得以产生。

☙ 中心问题

语言哲学具有批判性，而批判的对象常常是语言表达中存在的具体问题。这些问题看似零碎，常常给人片段零星的感觉，然而语言哲学所关注的诸多具体问题，直接维系着关于人、世界、思维和语言的大问题。语言哲学研究常常从具体语言问题入手，旨在揭示语言问题所涉及的普遍性道理。从具体到抽象，从微观到宏观，语言哲学研究的中心问题包括：①什么是语言？②什么是意义？③什么是理解？④什么是真？⑤语言表达式是如何获得意义的？⑥语言与世界的关系是什么？⑦语言与思维的关系是什么？这些问题以直接或者间接的表述方式出现在语言哲学著述中，是语言哲学家面临的终极问题。

☙ 代表人物

在整个西方哲学发展过程中，称得上是语言哲学家的人物有很多，即便是在现代语言哲学发展进程中，也有许多哲学思想家算得上是语言哲学家。面对这一事实，在认定哪些哲学家属于语言哲学的代表人物时，不同的学者会给出不同的名单。

根据巴里·李（Barry Lee，1944— ）的观点，下列哲学家属于语言哲学的重要思想者：弗雷格、罗素、维特根斯坦、卡尔纳普、奥斯汀、蒯因、乔姆斯基、格莱斯、戴维森、达米特、克里普克、德里达等（Lee，2011）。

在巴哈雷敏编辑的语言哲学代表文献集中，有18位语言哲学家的文献入选，这意味着他们是语言哲学的代表人物：弗雷格、罗素、塔斯基、卡尔纳普、维特根斯坦、奥斯汀、蒯因、戴维森、凯斯·唐纳兰（Keith Donnellan，1931—2015）、克里普克、普特南、盖瑞斯·伊文斯（Gareth Evans，1946—1980）、马尔克斯、乔姆斯基、达米特、泰勒·伯吉（Tyler Burge，1946— ）、米力肯等（Baghramian，1999）。

不管怎样列举，无论认定多少代表，语言哲学界大致会认同以下事实：弗雷格是语言哲学的思想先驱；罗素、摩尔和维特根斯坦是重要创始人。简略地说，弗雷格为语言哲学研究准备了分析工具，罗素为语言哲学研究提供了典型样例，摩尔是坚定的常识论者，而维特根斯坦本人则是语言哲学集大成者。维特根斯坦的早期哲学和后期哲学都带来了重要影响，特别是他的后期哲学思想，把语言哲学发展为显学，他提出语言与世界交织为一体，意义即使用等观点，是语言哲学界的重要思想遗产。奥斯汀是日常语言哲学的重要代表，他提出了言语行为理论。作为牛津日常语言哲学学派的重要代表之一的赖尔批判了笛卡尔以来的身心二元论，指出了哲学发展中的范畴错误和系统性错误。格莱斯是意义分析的重要代表，他提出了会话含义理论，总结了语言植物研究法。

此外，下列哲学家都给语言哲学做出了各自的思想贡献。克里普克为语言哲学做出了重要贡献，发展了可能世界语义论，而且对康德关于先天的就是必然的论断提出了挑战。卡尔纳普、塔斯基等提供了命题意义的判断标准；普特南倡导意义外在论；戴维森提出了阐释性意义理论；斯特劳森提出了描写的形而上学；蒯因终结了分析性，最终成为自然主义者和意义整体论者；斯坦纳克倡导二维语义论；索迈斯（Scott Soames，1945— ）批判了二维语义论；布兰顿、休·普莱斯（Huw Price，1953— ）和西蒙·W. 布莱克本（Simon W. Blackburn，1944— ）三人缔造了语用表达论；布兰顿在语言哲学研究中形成了分析的实用主义；杰克森、大卫·查尔默斯（David Chalmers，1966— ）和赫尔曼·卡佩兰（Herman Cappelen，1967— ）等人掀起了语言哲学的概念工程研究。

⚭ 主要形态

语言哲学主要从分析运动中发展壮大，若要给它进行粗略分类，那么语言哲学可以分为早期的理想语言学派（或者人工语言学派）和后来的日常语言学派。早期的理想语言学派之所以产生，主要是因为哲学家对日常语言不信任。弗雷格认为，日常语言含糊性太强，不利于思想的精准表达和清晰表达，因此需要建立人工语言或者理想语言来从事哲学研究。罗素和维特根斯坦的早期哲学等都有这样类似的观点。摩尔大力提倡捍卫常识以及维特根斯坦的后期哲学思想问世以来，特别是在牛津大学的哲学圈里，出现了重视日常语言分析的哲学运动。维特根斯坦的后期哲学以及奥斯汀等人都认为，日常语言完全适合哲学分析，日常语言是哲学研究的重要对象。

把语言哲学粗略地分成理想语言学派和人工语言学派这两大形态，虽然在学理上大致可行，但是这样的粗略分类并不利于全面认识语言哲学的发展脉络。自弗雷格的《意谓与指称》问世以来，英美哲学界掀起了分析运动，语言哲学逐渐成熟。在这发展过程中，语言哲学出现了一些不可忽视的哲学形态（见图 5）。这些哲学形态所论及的自然语言和日常语言大致相同，但也存在区别，而它们的区别主要在于参照对象不同。谈论自然语言，参照的对象是逻辑语言之类的人工创造的符号系统，而谈论日常语言，参照的对象是人们的日常活动，即人们在日常活动中使用的话语是日常语言的具体内容。自然语言聚焦的是符号系统的区别，而日常语言聚焦的是真实的话语现象。

思想渊源之一：弗雷格的思想遗产

早期实在论：罗素、摩尔等

逻辑原子论：罗素、前期维特根斯坦

逻辑实证主义：维也纳学派、艾耶尔等

自然语言分析哲学：后期维特根斯坦、赖尔等

语言哲学

日常语言学派：奥斯汀、格莱斯等

自然主义语言哲学：蒯因、斯特劳森等

语义外在论：普特南

分析的实用主义：布兰顿

概念工程：卡佩兰、查尔默斯等

图 5　语言哲学的主要形态

正如图 5 所示，语言哲学的发展经历了一系列的演变，从主张创造人工语言（也称为理想语言）来从事哲学分析，经由自然语言分析的提倡，到日常语言学派的形成而提倡用日常语言来从事哲学治疗，再到概念工程研究，这一发展过程出现了以下哲学形态：

（1）**早期实在论**：以罗素和摩尔为代表，主要任务是通过使用平实质朴的语言来厘清哲学命题的意义。

（2）**逻辑原子论**：主要以 1914—1919 年的罗素和早期维特根斯坦为代表，他们打算构建一门形式语言，其句法能够反映世界的基本组成与基本结构，这一形态不排斥形而上学。

（3）**逻辑实证主义**：主要以维也纳学派为代表，他们受早期维特根斯坦哲学思想的影响，也打算构建形式语言以便于科

学证实与判断，这期间明确地要把形而上学的语句排斥在外。

（4）**自然语言分析哲学**：以后期维特根斯坦和赖尔为代表，他们反对逻辑原子论和逻辑实证主义，主张自然语言完全可以用来分析哲学问题，而哲学的混乱是由于自然语言的误用所致，因此对哲学问题的消解，完全可以通过清理哲学家易于掉入的语言陷阱来进行。

（5）**日常语言学派**：以奥斯汀和格莱斯为中心人物，特点是专心于研究日常语言的问题研究，甚至是细枝末节的问题，他们的研究给人一种错误感觉，"只见分析不见哲学"。日常语言分析观的涌现，助推了语言哲学的日常语言学派的形成。

（6）**自然主义语言哲学**：以蒯因为代表，他的哲学是以一阶逻辑为框架，以自然主义语言观和行为主义意义论为基础，以自然化认识论的中心论题为主题的严整的理论体系，整个理论体系都蕴含着他对语言的特殊研究，语言分析与自然主义的结合是蒯因哲学的显著特征。

（7）**语义外在论**：以普特南为代表，他认为"意义不在头脑里"。语义外在论认为，词项的意义是由人之外的因素来决定的。

（8）**分析的实用主义**：以布兰顿为代表，他把分析哲学和传统哲学结合起来，即把康德和黑格尔哲学整合到分析哲学中，把美国的实用主义同分析哲学整合起来，形成了分析实用主义，他认为，意义是不可还原的规范性意义，对语词意义的考察应该同语词使用时的推论结合起来进行，因为意义与推论结为一体而密不可分。

（9）**概念工程**："概念工程"这一术语出现于 20 世纪末，散见于西方语言哲学文献里。直到 21 世纪初，这一术语逐步获得哲学家和认知科学家的关注。2018 年，卡佩兰在其专著《修理语言：论概念工程》（*Fixing Language: An Essay on Conceptual Engineering*）中明确指出，概念工程是批判性和建设性的工程，是对我们的概念使用进行检修的工程（Cappelen，2018：3–4）。2020 年，赫尔曼·卡佩兰、亚历克西斯·伯吉斯（Alexis Burgess，1980——　）和戴维·普朗克特（David Plunkett，1947——　）合作编辑出版了《概念工程和概念伦理》（*Conceptual Engineering and Conceptual Ethics*）一书，旨在讨论如何评估与改进我们的表征工具（如概念和语词），讨论的基本问题是我们应该使用什么样的概念，我们为什么使用"应该使用的概念"以及如何改进我们应该使用的概念（Burgess，Cappelen，Plunkett，2020；Burgess & Plunkett，2020：281；杜世洪，2021：2）。概念工程研究的这些基本问题指向的仍然是概念考察和语言分析的基本内容，它的新意在于概念工程研究把概念考察和语言分析推进到系统建设层面上来。

语言哲学的发展虽然出现了多种研究形态，但在各种形态中，研究的聚焦点仍是意义及意义的表达问题，以此为中心，语言哲学研究重视语言表达式所牵涉的概念范围和系统归属的勘定。21 世纪初，语言哲学研究出现了新动向，哲学界开启了语言哲学的概念工程研究。作为新的方法，概念工程研究实质上是对语言哲学既有研究方法的继承与发展。

纵观现代语言哲学的发展过程，哲学家所从事的工作是语言分析、概念考察、哲学治疗和概念工程建设。语言哲学家的工作身份则是语言分析师、概念考察师、哲学治疗师和概念工程师。

参考文献

Fennell, J. 2019. *A Critical Introduction to the Philosophy of Language: Central Themes from Locke to Wittgenstein*. New York / London: Routledge.

Lee, B. 2011. *Philosophy of Language: The Key Thinkers*. New York: Continuum.

Lepore, E. & Smith, B. C. 2008. *The Oxford Handbook of Philosophy of Language*. Oxford: Oxford University Press.

Losonsky, M. 2006. *Linguistic Turns in Modern Philosophy*. Cambridge: Cambridge University Press.

Sawyer, S. 2010. *New Waves in Philosophy of Language*. New York: Palgrave McMillan.

Stalmaszczyk, P. 2022. *The Cambridge Handbook of the Philosophy of Language*. Cambridge: Cambridge University Press.

语言转向　　THE LINGUISTIC TURN

　　"语言转向"（the linguistic turn）这一术语首先出现在维也纳学派成员伯格曼于 1952 年发表的论文《语言哲学的两种类型》（"Two Types of Linguistic Philosophy"）中，文章开篇就说，近来哲学发生了语言转向。几年后，伯格曼在 1960 年发表的论文（"Strawson's Ontology"）中说，语言转向的标志就是哲学家们通过谈论语言来谈论世界。虽然伯格曼通常被看成第一位使用这一术语的学者，但是这一术语的思想来源却离不开斯特劳森在其著作《个体：描写的形而上学论》（*Individuals: An Essay in Descriptive Metaphysics*，1959）中的相关论述。在该书中，斯特劳森创造了"描写的形而上学"这一概念，意指人类共享着具有普遍性的概念架构（或概念图式），借助这架构，人类就有能力进行指称、思考和表达，而且表达中的主词和谓词泾渭分明。基于这种认识，在斯特劳森看来，哲学研究的重要内容就是语言分析。1967 年，理查德·罗蒂编辑出版哲学论文集，定名为《语言转向：哲学方法论文集》（*The Linguistic Turn: Essays in Philosophical Method*），从此，the linguistic turn 这一术语就在学术界流传开来，它的中文译名主要有"语言转向""语言学转向"和"语言论转向"。面对这几个译名，陈嘉映认为，"语言转向"相对来讲更符合西方哲学的发展旨趣，因而在他看来，使用"语言转向"更恰当一些。

　　关于西方哲学的发展阶段划分问题，在德国学者卡尔－奥托·阿佩尔（Karl-Otto Apel，1922—2017）看来，如果以什么样的哲学活动凸显为第一哲学作为衡量指标,那么西方哲学发展的整个过程大致可以分为三大范式:本体论的形而上学(ontological metaphysics)、意识的超验哲学(transcendental philosophy of consciousness)和超验符号学(transcendental semiotics)(Apel,1998:43)。不管是否受到阿佩尔的影响,多年来,哲学界一直倾向于遵从阿佩尔的三分法,把西方哲学的发展阶段分为古代的本体论哲学、近现代的认识论哲学和现当代注重语言研究的各种哲学流派,最为典型的有从分析哲学运动中发展出来的语言哲学、从欧陆现象学和解释学发展出来的语言哲学、美国实用主义语言哲学、马克思主义语言哲学等。

语言转向主要是指,19世纪末、20世纪初,西方哲学家特别是英美哲学家对语言特别关注,意图通过语言分析来解决哲学问题,完成哲学本应完成的任务,于是哲学就发生了转向。在发生语言转向之后,涌现出来的语言哲学究竟是不是第一哲学,这个问题在哲学界人言人殊,但不可否认的是,20世纪前半叶,英美哲学家聚焦语言问题进行哲学研究,掀起了分析运动,形成了一些哲学流派,从而促使语言哲学得到长足发展。

❀ 哲学范式的转变与特点

西方哲学经历了几次转向,但每次转向并不是彻底放弃先前的哲学范式,而是对先前的哲学范式进行扬弃。对此,阿佩尔说,三大哲学范式相继凸显与发展,这并不是偶然性产物,相反,它们先后分别凸显出来,本身就可归因于哲学中必然的内在联系与哲学中完整的发展体系。哲学范式的转变,不是因为前一个范式行不通了,才转向另一个范式,而是因为作为第一哲学的哲学活动发生了改变,发生转变之后,新的范式凸显为第一哲学,而旧的范式仍然存在于哲学活动中。简而言之,本体论、认识论和语言论各自凸显为第一哲学时,或者各自成为主要的哲学活动主题内容时,哲学就有相应的风格与特点,但与此同时,当它们任何一个范式单独凸显为第一哲学时,其他范式就或隐或现地仍然存在于哲学活动中。

　　古代的本体论以断定的方式（the assertive style），来确定存在和世界的本源，主要回答"世界的本源是什么""世界是什么""存在是什么""存在的基本形式是什么"等这样的本体论问题。在风格特点上，追问"何为存在"的古希腊本体论哲学具有明显的断言性。比如，被誉为西方第一位哲学家的泰勒斯（Thales，约公元前 624—前 547），他就断言世界的本源是水；阿那克西曼德（Anaximander，约公元前 610—前 546）断言世界的本源是无限；赫拉克利特断言说，泰勒斯和阿那克西曼德都错了，世界的本源既不是水，也不是无限，世界的本源是火，火具有永恒性和神圣性，一切流变性的东西都因火的作用而发生变化；巴门尼德断言说，世界的本源是"一"，只有"一"是永恒不变的，多变的万物都是从"一"中产生出来的；受巴门尼德的影响，柏拉图认为，事物分为可变与不变，世界是由不变的理念（或理型）构成，一切可变的东西都是可感觉的现实的东西，它们是理念的摹本，属于摹本的可感觉到的现实的东西，永远都无法达到理念的完美性。

　　认识论哲学是对本体论哲学的发展，采取的追问方式多为探究性（the inquisitive style）。认识论哲学不再像本体论哲学那样采取断定方式来认识世界和描述世界，而是调转方向而追问认识的主体到底是怎样知道世界与存在的，认识主体是怎样知道什么东西存在的。认识论哲学追问认识（或知识）何以可能，即从追问"世界的本源是什么"转为追问"如何知道世界的本源"，从追问"何为存在"转向追问"如何知道何为存在"。在风格特点上，认识论哲学既有假设性（hypothetical），又有怀疑性（skeptical）。比如，一方面，笛卡尔虽然认识到了主客二分，但是却坚持主体的独立地位，并且做了主体同一性的假设，即认为所有的主体都具有相同的心智框架，主体之间可以彼此相互通达；另一方面，笛卡尔却怀疑一切可以怀疑的东西，凡是不具有确定性的东西，在笛卡尔看来，都值得怀疑，怀疑本身却是不可怀疑的和确定的，怀疑的目标是为了获取确定性。虽然笛卡尔自认为"心灵"（mind）这一概念是确定的，但这一概念到底还是具有假设性。此外，莱布尼兹的单子（monad）、康德的物自体（noumena）、黑格尔的绝对精神（absolute spirit）、叔本华的自由意志（free will）等这些概念都具有高度的假设性。

语言转向发生之后，语言哲学则是以分析（the analytical style）作为哲学追问方式。不过，语言哲学仍然可以被看成本体论哲学和认识论哲学的发展，注重追问在"何种意义"上才能够认识到存在是什么，在"何种意义"上才能清晰表述所获得的认识或知识。达米特说，语言转向之后的哲学注重语言分析，其根本原因在于语言分析是哲学思辨的基本出发点，语言分析是进入哲学思辨的主要通道（Dummett，1978：441，442）。在风格特点上，语言哲学兼具批判性（critical）和摧毁性（destructive）。正如维特根斯坦所说，一切哲学都是对语言的批判；哲学的任务就是要把语词从形而上学的理想用法状态中，带回到现实生活的粗糙大地上，以便正视语词的现实用法，让语言从休假状态回到语言本来的工作状态上来，这就要摧毁语言表达中出现的无根无由的各种纸房子（houses of cards），要把这些纸房子所在的语言地面清理干净，把十足的废话彻底揭示出来，把理解碰在语言界限上而撞出的肿包完整地揭示出来，从而揭示那些毫无根据的假设性概念的本来面目，以至像医生治疗疾病那样治疗哲学问题，让思想与语言表述一道都达到澄明之境。从维特根斯坦的角度看，语言哲学家从事的是治疗性（therapeutic）活动。

概括起来讲，本体论哲学推出的是断言式观点，即断定有某种形而上学的对象存在。认识论哲学凸显的是追问精神，推出的观点具有假设性、怀疑性等特点。语言哲学强调分析，在哲学观点上具有批判性和摧毁性，但同时也有治疗性和建设性。

○ 哲学范式的内在联系

关注哲学范式的相继出现与凸显，其实就是关注哲学的发展史。对哲学发展史的书写，哪怕是简略地书写，都会因为书写者采取的角度不同而出现不同的书写结果。在一定程度上，梳理哲学范式的转换过程，实质上就是对哲学史进行改造或重建。阿佩尔在其著作《哲学的转换》（*Towards a Transformation of Philosophy*，1973）中指出，完全可以根据语言哲学来重构西方哲学的历史，而且语言分析占据了 20 世纪第一哲学的地位（Vandevelde，1998: xv）。在阿佩尔看来，哲学范式之间存在着内在的必然联系，各个范式相继出现并凸显，构成了哲学发展的完整体系。

既然语言分析在 20 世纪凸显为第一哲学，那么完全可以把语言分析作为哲学范式之间的内在联系，来重构与书写西方哲学的历史。安东尼·肯尼（Anthony Kenny，1931—　）说，虽然西方哲学的历史并不是从亚里士多德开始的，但是西方哲学的历史书写却是从亚里士多德开始的（Kenny，2010: 8）。同样，阿佩尔把西方哲学分为三大范式，第一范式也认为亚里士多德是本体论哲学的核心人物。

第一范式属于本体论哲学，其第一哲学活动就是追问事物的本质。根据语言分析这一内在线索，亚里士多德在其专题论文《解释篇》（"On Interpretation"）中确立了一个三元关系：事物（*pragamata*），心理表征（*pathemata*）和声音（*phone*）。追问事物的本质不仅是一切本体研究的首要任务，而且还是理性表征的最终目的。为此，声音（或者语词）的作用，毋庸置疑自然就是这个三元关系必不可少的成分。不过，语词到底具有什么样的哲学地位，这本身是一个颇具争论的话题，柏拉图的《克拉底鲁》（"Cratylus"）篇对此有所论及，但是整个古希腊哲学似乎并没有对语言表现出十分强劲的兴趣。无论怎样，本体论哲学的焦点并不在语言上，语言只为概念的表征和思想的表述服务：概念通过语言获得传递甚至保存，语言似乎只是载体。这样一来，在古代本体论哲学范式中，语言分析并不会凸显为第一哲学活动。

第二范式属于认识论哲学，其第一哲学活动就是对心灵和意识的分析。这种范式可以被认为是始于笛卡尔的哲学，笛卡尔调转了古希腊哲学的追问方向。古希腊本体论哲学关注的焦点是事物的本质，哲学家们朝外看，眼光投向认识的客体；笛卡尔则要求朝内看，即把关注焦点投放到认识的主体上来。认识论哲学最为根本的原则就是，认识主体的内在经验可以作为标准，来确定什么是确定的、什么是明显的。在笛卡尔看来，至为确定的不是事物的存在或者处于外部世界的人，而是人在明确地感知什么得以存在，主体的知觉问题成了哲学研究的焦点问题。外部世界只是作为主体内在推论的结果而具有确定性，但外部世界无所谓有什么真正意义上的确定性，因为确定性是主体意识的固定性表征。康德促成了认识论哲学的完善性发展，把认识论哲学理解成超验哲学。

从哲学的整体画面来看，认识论哲学并不是对古希腊哲学的彻底抛弃，而是揭示了本体论哲学的盲区。然而，就概念分析而论，笛卡尔的认识论哲学却存在明显的问题：主体同一性这一假设概念，是以机械论为基础的，这样一来，对物理过程的机械认识势必会导致对感觉经验的机械认识。然而，机械认识却与人的自然认识或者日常认识相冲突。要解决这个问题，就需要认识概念框架，就需要认识到主体是如何思维以及如何表达思维的，因而语言分析在认识论哲学中就不能完全被忽视。另外，从康德对纯粹理性的批判来看（Williams，1993：3-7），虽然关于语言的专门论述不多，但是康德实际使用的"概念"一词，却是以某种语言技巧为本，牢牢地认识到了语言的重要性。粗略地讲，康德把知觉、经验、知识、概念和语言等建立起了统一的联系，倾向于认为外在经验与内在语言密不可分。

在西方哲学的本体论范式和认识论范式中，凸显为第一哲学的自然不是语言哲学。语言哲学凸显为第一哲学，是因为哲学发生了语言转向，"语言成了我们关于世界结构的知识的可能性和有效性的关键条件"（…language is the crucial condition for the possibility and validity of our knowledge of the structure of the world.）（Apel，1994：83）。在阿佩尔看来，英美分析哲学运动的兴起，催生了第三范式，即语言哲学范式。维特根斯坦的语言哲学和卡西尔甚至海德格尔的语言哲学具有趋同性，而实用主义的语言哲学在这个趋同性中起着中介作用。这似乎是说，现当代西方哲学都有语言哲学的发展与凸显，语言分析成了第一哲学活动，各种流派的语言哲学汇聚成语言论哲学。本体论哲学、认识论哲学和语言论哲学三者联系为一体，各有凸显的时候。现代语言哲学主要指英美分析哲学运动中产生出来的语言哲学，是语言论哲学的典型。

✂ 语言转向的动因与影响

关于语言转向的动因这一议题，哲学界并没有统一的观点，但语言转向的影响却是确定无疑的。促成语言转向的动因大致包括以下五点：

①新逻辑的发现，为语言分析奠定了基础，准备了分析工具；②现代科学的进步，为哲学分析带来了现实影响，哲学分析要为寻求知识的确定性服务；③唯心主义哲学的观点，为语言分析提供了批判对象，唯心主义的不少论断让人处于困惑之中；④语言学发展成现代科学，为语言分析提出了哲学思想的要求，现代语言学作为成熟的学科，需要哲学思想的指导；⑤心理主义的主观论断与解释，为语言分析提出了客观要求，语言与命题的意义急需客观研究。

语言转向让哲学从本体论和认识论转向语言论，语言分析凸显为第一哲学活动，这无疑是语言转向对哲学自身发展的影响。语言转向之后兴起的哲学活动，还为政治学、历史学、社会学、诗学以及文学评论等带来了启示，这些学科内部相继出现了各自的语言转向。

ଔ 简评

语言转向是现代哲学发展或演化的结果，它是哲学研究发生主题转移的标志。哲学研究的每一次转向或者说每一次主题转移都是与时代背景相关。哲学研究的转向，并不像商人的生意转向，因为商人的经营转向完全可能是因为旧的生意做不下去了，或者赚不了钱了，而不得不转向经营。对于哲学研究发生的转向而言，我们不能就此断言哲学的各次转向是因为先前的哲学研究行不通了，而哲学家们不得不调转研究方向。若做如此断言，即认为是从前的哲学活动做不下去了，就主动转向，这么断言就具有片面性，因为哲学的每一转向都是继承与发展，是扬弃性的转向。在语言转向之后，哲学研究虽然聚焦于语言分析、概念考察、哲学治疗和概念工程建设，但是整个哲学研究并不能离开本体论和认识论。

参考文献

Apel, K.-O. 1994. *Selected Essays. Vol. 1: Towards a Transcendental Semiotics.* E. Mendieta (Ed.). Atlantic Highlands: Humanities Press.

Apel, K.-O. 1998. *Towards a Transformation of Philosophy*. G. Adey & D. Fisby (Trans.). Milwaukee: Marquette University Press.

Bergmann, G. 1952. Two types of linguistic philosophy. *The Review of Metaphysics*, 5(3): 417–438.

Bergmann, G. 1960. Strawson's ontology. *The Journal of Philosophy*, 57(19): 601–622.

Dummett , M. 1978. *Truth and Other Enigmas*. London : Duckworth.

Kenny, A. 2010. *A New History of Western Philosophy*. Oxford: Clarendon Press.

Rorty, R. 1967. *The Linguistic Turn: Essays in Philosophical Method*. Chicago: The University of Chicago Press.

Strawson, P. F. 1959. *Individuals: An Essay in Descriptive Metaphysics*. London: Meuthen.

Vandevelde, P. 1998. Foreword: "The a priori of language in Apel's transcendental philosophy". In K.-O. Apel (Ed.), *Towards a Transformation of Philosophy*. G. Adey & D. Fisby (Trans.). Milwaukee: Marquette University Press, xi–xxxviii.

Williams, T. C. 1993. *Kant's Philosophy of Language*. Lewiston: The Edwin Mellen Press.

语义外在论　　SEMANTIC EXTERNALISM

语义外在论（semantic externalism）是语言哲学与心智哲学的重要主题之一。语义外在论的基本主张是，指称词项的意义以及由指称词项所表达的信念内容并非由（或并非完全由）说话者的内在因素决定，而是要受到指称环境以及说话者所处语境的重要影响（Kallestrup，2012）。简言之，语义外在论旨在说明，个体心灵的运行内容并不是由个体内在因素（包括大脑）决定。语言哲学界关于语义外在论的讨论主要以普特南的观点为主，讨论的目的旨在探索社会因素以及物理环境对语言和心智的影响。语义外在论根源于描述论和指称论，发端于弗雷格和克里普克的著述，兴起于普特南的孪生地球这项思想实验。语义外在论是索引式思维、认识的怀疑论、自我知识和心灵因果关系等重要议题的核心内容。

语义外在论的对立面是语义内在论。语义外在论和语义内在论所形成的两大对立阵营，分歧的焦点在于意义何以成为个体化的东西（How meaning is individuated）（Kallestrup，2012：2）。内在论者主张意义完全由说话者的内在特征所决定。对此，外在论者反驳说，意义至少有一部分内容是由说话者的外在因素所决定。在语言哲学和心智哲学中，内在论与外在论之争已有 40 多年的历史（Goldberg，2007：1）。在学理上，语义外在论属于反个体论（anti-individualism），是对语义内在论或语义个体论的摒弃。语义个体论把心灵属性及内容当成个体内在属性的随附（supervene），而外在论者对此表示坚决反对（Nuccetelli，2003：1）。外在论者认为，两个不同的个体或许会拥有相同的内在属性，但是他们拥有的心灵属性的内容却会不同，其原因在于心灵属性的内容并不是完全由个体内在属性所决定。

○ 语义外在论的思想渊源与问题思考

关于语义外在论的讨论，虽然兴起于 20 世纪六七十年代普特南的论述，但是就 20 世纪西方哲学而言，这个论题在思想渊源上至少可以追溯到海德格尔、让 - 保罗·萨特（Jean-Paul Sartre，1905—1980）和维特根斯坦等人那里去，即他们表达的思想观点类似于普特南的语义外在论。萨特认为，意识并无自身的内容，意识呈现为意向性的心灵行为，在本质上依赖于它指向的外在对象。海德格尔让我们思考人的实在性（human reality）：它作为"此在"（dasein）归人拥有，但它不是生物有机体，而是自然和社会实践中的网络体系。因此，在海德格尔看来，人类的心灵并不是以身体作为寓所。就此而论，海德格尔算得上是外在论者（Lafont，2005）。维特根斯坦在其《哲学研究》中明确表示，用符号来表达某种意义，其实质并不在于某种内心状态或过程。当然，海德格尔、萨特和维特根斯坦所表达的这些相近观点，算不上严格意义上的语义外在论。不过，他们关于意义的思考为语义外在论的发展提供了思想基础。无论怎样，语义外在论旗帜鲜明地反对笛卡尔传统的内在论。值得注意的是，乔姆斯基继承的是笛卡尔的内在论思想，因而他明确地对外在论提出了批判。

无论是内在论还是外在论，它们要回答的基本问题都是：语词的意义从何而来？对于这个问题，穆勒提供的质朴回答则是，语词具有指称对象，即在穆勒看来，具有指称对象的语词就有意义。这是关于"意义从何而来"的第一条主张：指称决定意义。

然而，弗雷格和罗素等人却指出，自然语言中有许多没有指称对象的语词，它们仍然会表达意义。这说明意义并非必然绑定在指称对象上，即意义能够独立于物理因素而存在。那么意义是内在的吗？如果站在笛卡尔的立场看，意义属于心灵的内容，即属于心灵内在属性的内容。人们通过意义来指称外在之物。这是关于"意义从何而来"的第二条主张：意义决定指称。

关于"意义从何而来"的这两条主张相互对立：指称决定意义和意义决定指称。虽然这两条主张各自都有自身的解释力，但是它们各自都会遇到难以解释的问题。蒯因在其《经验主义的两个教条》中指出，语句"布鲁图斯杀害了恺撒大帝"为真，但是如果把"杀害"换成"降生"，那么这个语句就会为假，或者如果这个世间是另外一个样子而具有不同的历史进程，那么这个语句仍然会为假。这说明什么呢？这说明语词的意义是与一系列的关系或活动联系在一起。既不是指称决定意义，也不是意义决定指称。把语词放到比其大（或高一级）的语句中，语词的意义则是由一系列条件来决定。语句的意义成了语句的内容，而语句本身依赖于一些真值条件。于是，关于"意义从何而来"的第三条主张则是：句子的内容决定句子的真值条件。应该说关于"意义从何而来"的这三条主张，正是语义内在论和外在论二者争论的根本问题。

∞ 语义外在论的思想实验与论证说明

普特南关于语义外在论的论证堪称经典（Farkas，2009；Raatikainen，2020）。普特南在其经典论文《"意义"的意义》的前半部分直接发问："意义是在头脑里吗？"（Putnam，1975：223）普特南说，心理状态并不决定语词的外延。为了说明这一观点，普特南利用科幻式的叙事方式讲述了一个名为孪生地球的思想实验。

1. 孪生地球

假定在银河系某处存在一个行星叫"孪生地球"。孪生地球与我们现在居住的地球极为相似，简直就是地球的复制品。孪生地球上的人们也讲英语，也有讲英语的美国人、英国人和加拿大人等。不过，孪生地球的特殊性之一就是他们所说的水与我们地球上的水具有不同成分，即孪生地球上的水的成分不是 H_2O，我们暂且把孪生地球上所谓的水的成分写成 XYZ。孪生地球上那个成分为 XYZ 的水，同我们地球上的水具有同样的味道、同样的温度和压力分布，即除了化学成分不同，孪生地球上的水的其他性质与我们地球上的水完全一样。

设想我们地球上的一架宇宙飞船来到了孪生地球，地球人听到孪生地球人所说的水后，自然而然就会推定成地球上的水，因为水的意义就是地球上的水。然而，当地球人发现孪生地球上的水的成分是 XYZ 时，地球人就会纠正先前的错误推定，而汇报说：在孪生地球上，水的意义是 XYZ。同样，当孪生地球的人坐飞船到了我们的地球时，最后发现：在地球上水的意义是 H_2O。

需要注意的是，水的外延并不是问题所在。语词"水"拥有两个不同的意义：第一，在孪生地球上使用的语词"水"，意谓的是"水$_{TE}$"，这时我们叫成"水"的并不是水；第二，在地球上使用的语词"水"，意谓的是"水$_E$"，这时孪生地球人叫成"水"的并不是水。在"水$_E$"的意谓里，水的外延是 H_2O 分子的集合，而在"水$_{TE}$"的意谓中，水的外延则是 XYZ 的集合。

时间穿越回到 1750 年，那时的化学水平还不够发达，地球人和孪生地球人都不知道各自口中的水的化学成分。地球人"奥斯卡$_1$"讲英语，孪生地球人"奥斯卡$_2$"也讲英语，假设他二人的外貌、思想和情感等都完全相同，而且假定他二人并无关于水的信念。然而，在地球上，1750 年语词"水"的外延和 1950 年"水"的外延相同；而在孪生地球上，1750 年语词"水"的外延和 1950 年"水"的外延相同。1750 年，"奥斯卡$_1$"和"奥斯卡$_2$"虽然心理状态相同，但是对水的理解却不同，尽管按当时的科学水平，需要再过 50 年之后才能发现他们所理解的水并不相同。因此，这足以说明水的外延并不是说话者心理状态的一种功能。

事实上，在 1750 年，某个讲英语的人完全可能把 XYZ 叫成"水"，而他的后来人在 1800 年却不会把 XYZ 叫成"水"，而这并不意味着水的意义在这 50 年间发生了变化。这里的意谓是，在 1750 年我们误以为 XYZ 拥有密西根湖中水的同样关系。

普特南的孪生地球这一思想实验旨在说明，意义并非完全由大脑决定，而且意义并非都在大脑中。要是意义都由大脑决定，大脑就应该非常可靠而不会出错，那么 1750 年的地球人早就应该决定出水的外延来，而且孪生地球人早就不应该把 XYZ 混同于 H_2O。同样，意义若是完全由大脑决定，那么地球人来到孪生地球时，见到了成分为 XYZ 的东西，就不应该把这个东西同地球上的水混为一谈。

2. 论证说明

普特南的孪生地球这一思想实验的前提是外在论中有两个不同的因素，普特南把这两个因素称为语言劳动部（division of linguistic labor）与环境的贡献（the contribution of the environment）。忽视语言劳动部就是忽视认知的社会维度，而忽视大多数语词的索引性就是忽视环境的贡献。语言劳动部和环境的贡献，二者预设的是语言不属于个人所有。内在论者夸大了个人心灵属性的作用。普特南说，把语言认知看成纯属个人的事情，这就忽视了世界的作用（Putnam, 1975: 271）。传统的语言哲学正如传统哲学一样，忽视了群体的人和整个世界。在普特南看来，语义外在论具有两个相应的变量：社会外在论和物理外在论。

从社会外在论的视域看，个人语言中语词的外延应该与他人语言中同一语词的外延相同。也就是说，"榆树"的外延不应该因人不同而发生变异。一方面，就算某个人分不清"榆树"和"山毛榉"这两种不同的树，但也不能因为个人用词不当（即把"山毛榉"说成"榆树"）而改变"榆树"的外延；另一方面，在同一个言语社群里，我们没有必要去要求每一个成员对某个语词拥有相等的识别能力。这就是说，并非每个成员都能识别"榆树"，或者知道"榆树"是榆树的充分必要条件。同理，并非每个成员都必须知道自然种类语词的充分必要条件，即个体成员对"老虎""水""黄金"等这些自然种类语词所含的全部信息，并不一定都知道。

普特南关于语义外在论的上述论证说明在性质上具有内容外在论（content externalism）的特点。孪生地球这一思想实验在表面上聚焦在大脑对外在事物的不同性质的认知上，或者说地球人和孪生地球人把不同的液体都处理成了似乎同样的水。在深层里，大脑无论怎样运转，都无法改变其外在之物的性质，地球人即便把孪生地球的 XYZ 叫成"水"，也无法把 XYZ 改变成 H_2O，即水的内容属于外在的。对此，普特南说："任凭你怎样切饼，其意义反正不在你的头脑里。"（Putnam，1975：227）个人心灵状态的内容依赖于个人大脑之外和身体之外的各种条件。个人头脑里有没有关于水的概念或有没有关于关节炎的概念，这取决于个人所处环境和社会世界。

❀ 语义外在论面临的挑战

在哲学领域，外在论反对笛卡尔主义。然而，对生成语言来说，语义外在论却遭到了乔姆斯基的批判。从乔姆斯基的生成语言学思想来看，语义外在论与心灵主义相冲突。乔姆斯基继承的是笛卡尔的心灵观，因而在看待语言时，乔姆斯基属于内在论者。乔姆斯基的基本观点是，语言是个人与生俱来的内在能力，个人获得的语言形式大部分由内在因素决定（Chomsky，2009：101–102）。针对普特南的孪生地球实验，乔姆斯基设想出一个相应的思想实验来驳斥普特南的观点。

乔姆斯基设想有三个杯子，杯子1是从自来水管中接满了水，而这时刚好有一个小茶袋掉进了杯子1，于是杯子1装的就不再是水了，而是一杯茶；杯子2是从水库接的水，而这座水库刚好是用茶作为新型净水剂，于是杯子2装的是水，而不是茶（Chomsky，2000：128）。这时，有一种观点是这两个杯子装的是一样的液体，而另有一种观点是这两个杯子装的是不同的液体。无论持哪一种观点，杯子1装的是茶，而杯子2装的只是水。乔姆斯基说，面对这两个杯子，普特南会说杯子2的茶不纯，杯子1是纯茶，而不是纯水。乔姆斯基进一步说，如果杯子3装的是纯 H_2O，而且刚好有一个茶袋掉进杯子3了，那么杯子3装的就成为茶了，而不是水了，只不过杯子3的水分子 H_2O 的浓度要高于杯子1和杯子2。

乔姆斯基的这项思想实验要说明的要义是什么呢？普特南的语义外在论摒弃了个人心灵的作用，认为要确定水的意义，就要在语义上顺从外在之物的性质。对此，乔姆斯基明确反对，即乔姆斯基并不赞成依靠外在之物的语义顺从。当谈论水的性质时，我们应该顺从化学家的观点，但是在谈论水的意义时，化学家并不是可靠的权威。水分子 H_2O 只是一个技术术语，它在语义上甚至句法上根本不同于我们的语言表达。乔姆斯基想要强调的是，我们之所以能够进行语言表达，如把杯子1的液体当成茶，而把杯子2的液体当成水，是因为这种意义甄别是个人内在能力的体现，而不是外在之物，如杯子1和杯子2里面装的液体决定的。乔姆斯基的核心观点是个人的内在能力（innate capacity）决定着意义。顺着乔姆斯基的思路，我们自然会说"下雨了"，而不太可能说"下H_2O 了"，不过根据个人的内在能力，我们当然可以把 H_2O 拆开来表达，于是似乎可以说"下雨了，先下的是'H_2'，然后接着下的是'O'"。如果按照普特南的外在论的观点，下雨根本不会是先下"H_2"然后再下"O"。

在乔姆斯基看来，语言是人的内在官能，是心灵的模块；语言作为心理范畴归属于个人，个人获得语言是生物成熟和心理成熟的结果，而不是适应社会规约的结果（Szabó & Thomason，2019：274）。外在论和内在论看似两大对立的阵营，但实质上二者具有互补性。

ೞ 简评

　　语义问题并不是单一维度的理论视角就能完全解决的问题。语义外在论和内在论各自的聚焦点不同。从普特南的角度看，如果语句的意义决定语句的真值条件，那么不可避免的思考路向就是意义必须依赖于个人心灵之外的外在因素。乔姆斯基聚焦的是个人语言的生成特征，语言的创造性在于个人具有内在的语言能力。值得注意的是，乔姆斯基并不否认语言的社会性。同样，语义外在论者并非要彻底摒弃内在论。语义外在论者旨在表明，语义并非完全由大脑内在因素所决定。

参考文献

Chomsky, N. 2000. *New Horizons in the Study of Language and Mind*. Cambridge: Cambridge University Press.

Chomsky, N. 2009. *Cartesian Linguistics: A Chapter in the History of Rationalist Thought*. 3rd ed. Cambridge: Cambridge University Press.

Farkas, K. 2009. Semantic internalism and externalism. In E. Lepore & B. C. Smith (Eds.), *The Oxford Handbook of Philosophy of Language*. Oxford: Oxford University Press, 1–14.

Goldberg, S. 2007. *Internalism and Externalism in Semantics and Epistemology*. Oxford: Oxford University Press.

Kallestrup, J. 2012. *Semantic Externalism*. London / New York: Routledge.

Lafont, C. Was Heidegger an externalist? *Inquiry*, 48(6): 507–532.

Nuccetelli, S. 2003. *New Essays on Semantic Externalism and Self-Knowledge*. Cambridge: The MIT Press.

Putnam, H. 1975. The Meaning of "Meaning". In H. Putnam (Ed.), *Mind, Language and Reality. Philosophical Papers.* Vol. 2. Cambridge: Cambridge University Press, 215–271.

Raatikainen, P. 2020. In defense of semantic externalism. *Electronic Journal for Philosophy*, 27(2): 57–70.

Szabó, Z. G. & Thomason, R. H. 2019. *Philosophy of Language.* Cambridge: Cambridge University Press.

语义最小论　SEMANTIC MINIMALISM

语义最小论（semantic minimalism）在概念组成上包含两个元素：语义和最小论。最小论的英语名称为 minimalism，它所表达的概念在不同学科和不同领域中具有不同的称谓：社会科学和建筑学多称之为"极简主义"，而美学、艺术、绘画、服装设计等领域多称之为"简约主义"。从思想性质上看，最小论和紧缩论（或收缩论）甚至还原论等具有相似性或重叠性。最小论、极简主义以及简约主义等享有的基本旨趣是"化繁为简"，即在最基本或最小单位上追求某种确定性。

在语言学领域谈论 minimalism，首先让人想起的是乔姆斯基生成语言学的最简方案；而在哲学的寻义求真中，语义最小论是 20 世纪末和 21 世纪初涌现的热点论题。格莱斯认为，一个有意义的语句有两个层面的内容：语句本身的意义和说话者的意义。在一定程度上，格莱斯看到了语义与语用的区分，但是二者之间的界限却并不清晰。大卫·卡普兰（David Kaplan，1933—　）聚焦指示语词的语义问题，声称有些语词只能在语境中获得语义。同时，他又发现有些语义不会受到语境的影响。于是，语义最小论试图从形式角度来探讨不受语境影响的语义内容。语义最小论的基本观点是，在某种程度上有些语义内容并不会受到语境的影响，或者有些语义内容极少受到语境的影响，即不受语境影响的或者极少受到语境影响的语义内容就是最小语义。

语义最小论旨在把语境敏感性问题还原到最小范围内而寻求最不受或极少受语境影响的语义内容。

‍ 语义最小论的基本要义与不同观点

语义问题是语言哲学的中心问题之一。语义到底由什么决定呢？理想语言哲学家和日常语言哲学家出现了分歧，他们争论的焦点是，语义到底是由真值条件决定的还是由语词的具体使用决定的，这个问题一直处于争论中。在争论的过程中，逐步发展为字面意义论与语境论之争。20 世纪末和 21 世纪初，从字面意义论中发展出了语义最小论，目的是捍卫语义最小论的基本观点：有些语义内容或者表达成分并不受或极少受到语境的影响。

1. 语义最小论的基本要义

语义最小论的基本要义是在某种程度上至少有某些确定的语义内容并不会受到语境的影响，或者属于某个层面的语义内容极少受到语境的影响。这个基本要义可以作如下表述：就某个语境 C 中的某完整句 S 而言，S 是从说话者口中道出，成为一个发话单位 U，如果 U 中的 S 含有的成分具有固定的指称对象而且表达成分没有歧义，那么这就会表达一个确定的命题，这个命题就是 U 的最小语义内容（Cappelen & Lepore，2006：425）。例如，在《三国演义》某个场景中，作者说出"张飞有一张黑脸"，如果把"张飞"的指称对象固定下来，那么这句话"张飞有一张黑脸"表达的命题就是"张飞有一张黑脸"。这个命题会在每个实际发话"张飞有一张黑脸"中获得表达，即只要有人说出"张飞有一张黑脸"这句话，表达的命题内容就是"张飞有一张黑脸"。

然而，语义最小论的这一思想要义却是语言哲学家争论的焦点。例如，围绕"张飞有一张黑脸"这一语句，有的观点会认为，就算"张飞"具有固定的指称对象，但句中的"脸"却具有语境敏感性（Stanley & Szabó，2000）；而另外的观点则是（Travis，1996），句中的"黑"具有语境敏感性。不过，把"脸"或"黑"认定成具有语境敏感性的成分，这并非是语言哲学家全体一致的看法。有人赞成，有人反对，而且各有理由。语言哲学家大致一致捍卫的观点是，像"一些""有些""某些"等这样的量词则肯定具有语境敏感性。

总的来说，语义最小论明确反对把不属于"卡普兰的基本集合"之内的语词及意义认定为具有语境敏感性（黄林慧、杜世洪，2018）。"卡普兰的基本集合"包括的内容如下：人称代词及其各种形式的格和数的变化（如单数、复数、主格、宾格、属格等）、指示代词（如这里、那里等）、副词（如这里、那里、现在、那时、今天、明天、以前、从此时起、以后等）、表明时态的形容词（如实际上的、当前的等）、普通名词（如敌人、局外人、外国人、移民、便宜、本族人等）、普通形容词（如外国的、当地的、国内的、民族的、进口的、出口的等）以及相应的副词等（Kaplan，1989a，1989b）。从严格的语义最小论立场看，不属于"卡普兰的基本集合"的语词或变量，并不是语义最小论关注的焦点。

2. 语义最小论的不同观点

语义最小论的基本观点却遭到了激进语境论者、关联论者、温和语境论者和语义相对论者的反对。反对者认为，字面义是话语意义产生和计算的一部分，完整的话语意义形成过程应该包含语用充实和推理（黄林慧、杜世洪，2018）。对此，语义最小论旨在表明的观点是，一个语句 S 的语义内容是所有基于 S 的不同发话 U 共同享有的内容，即无论语境怎样变化，无论发话 U 如何不同，只要是基于 S 发话 U，那么就应该拥有一个不受语境影响的语义内容，这个内容就是语义最小论所认定的最小命题内容（Cappelen & Lepore，2005：143）。当然，语义最小论承认，最小命题内容不可能完全离开语境。

语义最小论发端于字面意义理论，认定的观点是话语的字面意义是由句子中的词汇和句法特征决定的，语境具有一定的影响作用，但是语境的影响作用来自词汇和句法本身，即语境并不能单独作用而给发话 U 赋予某种意义。语义最小论的这一核心观点来自卡佩兰、厄内斯特·勒珀尔（Ernest Lepore，1950— ）、爱玛·博尔格（Emma Borg，1969— ）、杰森·斯坦利（Jason Stanley，1969— ）等。不过，他们的语义最小论并不是完全相同。一般来讲，最小语义论分为强式最小论、弱式最小论、温和最小论与极端最小论。

1）以博尔格为代表的强式最小论

一般认为，以博尔格为代表的属于强式最小论者（Borg，2004，2012）。博尔格使用"最小语义学"（minimal semantics）这一术语，认为主观的、宽泛的语境特征与形式语义理论总体目标不相容。针对语境论者认为真值条件不足以确定文字意义的观点，博尔格提出了反对意见，列出了语义最小论的四条原则：

> 第一，符合语法的陈述句的语义内容是可做出真值评价的内容；第二，句子句法结构与词汇内容可充分决定其语义内容，即构成成分的意义及其组合方式可穷尽句子意义；第三，自然语言中语境敏感性表达式的数量是有限的；第四，不把握说话人当下意向，也可能再现句子的语义内容，即要掌握语义内容，就会涉及语词解读而非心理解读；说话人的意向不仅不适合形式化，而且还与语言意义的模块化理解相冲突，其原因是说话人意向是多变的；比如说话人说"我饿了"，可能有各种意向，想要食物，或者想要结束会议，或是为了其他原因，而所有这些都不会导致句子的形式特征发生变化；因此，当说出语句时，说话人所表达的意向显然是超越了任何的形式手段。

2）以卡佩兰和勒珀尔为代表的弱式最小论

卡佩兰和勒珀尔在其著作《非敏感语义学》（*Insensitive Semantics*，2005）中表达了他们的语义最小论观点（Cappelen & Lepore，2005）。他们的观点是：在一定层面上会存在受语境影响最小的语义内容，也就是说，有些语义内容在很大程度上不会受到语境的影响，即对于在语境 C 中说出基于完整语句 S 的任何话语 U 来说，如果明确固定了其中明显的索引成分或指示成分的对象而且消除了表达的歧义，那么就存在一个命题，这个命题就是发话 U 的最小语义内容。

卡佩兰和勒珀尔认为，就语义内容而言，语义最小论与言语行为多元论维系在一起，即所有句子都表达一个真值命题，并且所有句子的语义敏感性仅在语词上被触发，这些句子所表达的命题不需要由说话人的语境特征来决定，也不由说话人的意向来决定。针对"语境转换"（context shifting）现象，卡佩兰和勒珀尔认为，我们的直觉牵涉各种情况下执行的言语行为所表达的命题。卡佩兰和勒珀尔提出言语行为多元论，认为每一句话都表达了命题。这些言语行为所表达的命题，可能会关涉语义命题之外的多种因素，如说话者或解释者的信念、事实、说话者或解释者的背景假设和逻辑关系等。

卡佩兰和勒珀尔的语义最小论基于以下四点：第一，语境敏感性表达式的数量是有限的，即仅限于"语境敏感性表达式基本集"中的表达式；第二，所有语义语境敏感性由语法触发；第三，句子的语义独立于使用语境，句子可表达一个完整的真值条件命题，也就是说，虽然语境在确定基本集中表达式的意义时起作用，但语境对句子的字面含义（真值条件）的语义影响有限；第四，语义内容不等同于言语行为内容，语义内容是言语行为内容的一部分。

3）以斯坦利为代表的温和最小论

斯坦利认为，语境对话语真值条件意义的作用都可以回溯到语法或逻辑形式上（Stanley，2007）。他假设存在一系列的"隐含"指示语，提供额外的语境敏感性语法触发。由于存在隐藏的变量，我们需要语境实例化，所以句子的逻辑形式比句子表层形式更复杂。此外，斯坦利还认为，话语的真值条件不受任何形式的强语用影响。表达式的语境敏感性由表达式的句法控制，受其语义的控制，只允许自下而上的语用因素来影响句子的真值条件内容，反之，自上而下的语用充实不会影响所言，只有当句子本身的逻辑形式需由句子语用补充时，说话者的意义在句子的真值条件方面才能起到一定作用。

斯坦利指出，语境敏感性具有句法根源。他提出了隐性变量，即语句所表达的意义会受到一些隐性变量的影响，如可能会受到时间量词（如过去、未来、现在等的约束）或语境特定赋值等的影响。隐性变量由语境提供的位置来达到语义饱和，从而使命题更充实。这是一个语义上受控的可变赋值的过程，而不是一个自由充实过程。

斯坦利的语义最小论的大部分工作旨在提出一种符合内容直觉判断的语义理论，旨在为语境转换论所涉的真值变化提供语义层面的解释。不过，这会导致语境敏感性表达式数量的增加。在他看来，语境敏感性表达式不仅包括明显的指示语、索引词、代词、非句法断言等，还包括诸如"许多、那、这本书、一些学生"等量词，以及"高的、小的、富有的"等可分级形容词（Stanley，2007）。在他看来，即使无法解释所有的语境变量，但至少可以确定出一些变量来，而且需要明确的是，在某些情况下语法变量可由语义来解释。

4）以巴赫为代表的极端最小论

语义最小论力图把语境敏感性问题还原到最小范围内，从而探讨最不受或极少受语境影响的语义内容。在这点上，巴赫属于极端的最小论者。巴赫驳斥了弱式最小论者所赞同的基本集合，认为卡普兰的基本集合还应该收缩范围，只有三类索引语词具有语境敏感性：第一类是自动索引词，如"我""今天"等，它们依赖语境而获得语义内容，说话者一旦说出它们，它们就在语境中自动获得语义内容；第二类是酌情索引词，如"现在""当时""那时""我们""你们"等，它们是取决于说话者的指称意向或者取决于说话者的酌情考虑，即说话者说出它们之后，它们的语义内容不是自动获得，而是要根据具体情况认定，这就存在一定的自由度，即存在语义内容的变化；第三类是隐性索引词，如"天在下雨了""张三准备好了""李四是个影迷""医院在左边"等，这些表达的语义内容具有隐藏部分，即"什么地方在下雨""张三准备好什么了""李四是谁的影迷""医院到底在什么的左边"等，有部分语义内容并不明显，而是隐藏着（Bach，2006）。

在巴赫看来，真正意义上的语境敏感性表达只属于自动索引词这一类，而其他两类（酌情索引词和隐性索引词）虽然要受到语境因素的影响，但是它们并非完全意义上的依赖于语境。也就是说，后两类语词进入使用时，它们只有一部分内容具有语境敏感性，而另外一部分语义内容甚至最为关键的那一部分语义内容取决于说话者的指称意向。这就不能把说话者的指称意向绑定在语境中。酌情索引词和隐性索引词并非具有严格意义上的语境敏感性。因此，在巴赫看来，卡普兰的语境敏感性的基本集合包括的语词类别太多，有些根本不能纳入语境敏感性的范畴中。

ଓ 语义最小论面临的问题

语义最小论受到的质疑主要来自语境论。语境论者由于受到后期维特根斯坦、奥斯汀、塞尔、塞拉斯等所推崇的意义，即使用和言语行为理论思想的影响，从他们的立场看，言语行为内容在确定句子的字面意义方面起着重要作用，而语义最小论并不能产生命题或并不能在心理上给予实在性内容。对语义最小论的主要反对意见如下：最小论是错误的语义理论，具有不完整性和不适当性，从根本上不足以确定文字语义内容或给出正确、直观的语义内容。换句话说，语义最小论的主要问题是其主张在句义层面有基本意义，可以据此判定真值，但是实际上这种剥离语境意义的句义不够精细。在不够精细的情况下，所有陈述句都会具有十分粗略的真值。

1. 语义最小论的不完整性

为什么说语义最小论会被指控成不具有不完整性呢？语境论者认为，如果句子的语义解释只在句子的形式特征上完成，句子所表达的命题完全由语言规则决定，那么即使在分析所有由语法触发的语境敏感性对命题产生的贡献之后，自然语言的句子也不能表达完整的命题。

为了更充分地说明语义最小论具有不完整性，语境论者提出了未言说成分。简单来说，未言说成分只是命题的一个组成部分，不会出现在句子中，但对解释句子字面意思来说是必需的，因为它们为话语分配真值条件或使话语具有更直观的关键因素，以便更好地适应我们对说话人所说的和声明的无反思意识的判断。试看①"正在下雨"和②"钢不够坚固"这两句。虽然①和②合乎语法，但它们在语义上是不完整的，无法表达命题，若要使"正在下雨"表达一个命题，则需要一个命题组成部分，即一个正在下雨的位置。同样地，为了使②表达一个命题，则需要提供对什么来说钢是足够坚固的。在没有未言说成分的情况下，像①和②这样的句子将不能表达一个真值可评估的实体，即命题。再如，假设早上小华被问到是否想要吃点东西，她回答说："我吃过早餐了。"在这种情况下，字面上没有体现她不饿，而是暗示她不饿，不想吃。应该如何解释"我吃过早餐了"的意义所表达的内容，以及将指称指派给李华，如何知道这话是表示她不饿呢？在推理的过程中，如果要得到她不饿，不想吃的命题，我们必须首先确定其字面含义，然后使用关联、数量、质量等对话准则推断出与其意义相对应的另一个命题。这时，未言说成分进行自由语境充实的中间过程。

总的来说，未言说成分具有以下功能：第一，补充句子，即将语义不完整状态的话语提升为真值可评价的命题；第二，充实句子中句法特征所表达的意义，使得说话人所表达的命题符合听者理解的命题；第三，信息中介，即通过未言说成分，语言使用者可以从句子的句法特征所表达的意义中识别说话人的意思。

2. 语义最小论的不恰当性

不恰当性是指语义最小论的字面语义内容在涉及人类交际和心理的更广泛的陈述中是"不适当的"。这一质疑涉及人们在交际中何时及如何使用语义和语用的心理资源。由于语义最小论者认为，话语的字面义与说话人在特定语境中所主张、断言等的直观判断有所差异，那么我们对于说话人所言的直觉判断似乎是一种非字面义，而语境论者认为，我们可以有意识地直观判断说话人什么时候使用话语字面义或非字面义。

语境论者认为，任何可行的语义理论都应该将真值条件直观地对应于我们有意识地认为是句子的字面含义，而语义最小论的问题在于，真值条件的最小化解释有时与说话人在语境中说出的句子字面意思的语言直觉相冲突。换句话说，语义意义理论应该与我们关于语言问题的直接的、无反思的判断句子字面含义的语言直觉相关联。然而，由于直觉往往是理论的载体，我们无法直接通过将这种直觉应用到现实来解决问题，因为这将导致人们考虑一个又一个尚未触及的问题，所以语义最小论的解释力有问题，属于不恰当的理论。

∝ 简评

　　语义最小论与语境论的争论，让我们更加了解语义最小论的理论实质，也促使我们思考以下问题：语义最小论的不完整性和不恰当性二者是抛弃最小论的理由吗？语义最小论的核心观点是不合理、不确定的吗？对语境敏感性的讨论是否应先限定语境的类别？概念性质和直觉信息之间的关系、语义构成（特别是心理的）性质与思想同现实之间的关系到底如何？这些问题值得深究。语义最小论是在贯彻弗雷格的命题思想和罗素的逻辑原子论思想的基础上，发展出来的具有形式化路向的理论。在弗雷格的命题思想基础上，语义最小论试图寻找确定的命题成分或者说不受语境改变的语义内容，这一旨趣是值得肯定的。在罗素的逻辑原子论的基础上，语义最小论明确提出，存在一种基本命题，尽管实现该命题的发话形式 U 在变化，但该命题的语义内容却不会受到或最少受到语境的影响。

　　语义最小论看上去是对维特根斯坦的意义在于使用的观点进行挑战，而就语言游戏的组成语步而言，语义最小论的核心思想却可被看成对维特根斯坦的后期哲学思想的补充或拓展。虽然不少的理论者从一开始就认为语义最小论是注定不可能成功的，质疑其各种理论观点，但语义最小论与交际活动概念相一致，涉及的不仅仅是理解话语的字面含义。当说话人说出一个句子时，确实传达远超出她所说的话语或是超出她所理解的意向，但不会忽视逻辑形式在语言加工中的作用，相同句子、不同话语的共同点以及交际涉及提高速度、效率和方便性的会话规范的交际事实。语义最小论提供了关于语境论的诠释性观点，这无疑有助于充实关于意义和语境之间关系的讨论。语义最小论的最小命题是跨语境交际存在的最佳解释。此外，这种层次在解释某些系统和创造性的语言特征方面起着关键作用。

参考文献

黄林慧，杜世洪. 2018. 语义最小论：问题与反思. 当代语言学，（3）: 386–400.

Bach, K. 2006. The excluded middle: Semantic minimalism without minimal propositions. *Philosophy and Phenomenological Research, LXXIII*(2): 435–442.

Borg, E. 2004. *Minimal Semantics*. Oxford: Oxford University Press.

Borg, E. 2012. *Pursuing Meaning*. Oxford: Oxford University Press.

Cappelen, H. & Lepore, E. 2005. *Insensitive Semantics: A Defense of Semantic Minimalism and Speech Act Pluralism*. Malden: Blackwell Publishing.

Cappelen, H. & Lepore, E. 2006. Précis of insensitive semantics. *Philosophy and Phenomenological Research, LXXIII*(2): 425–434.

Kaplan, D. 1989a. After thoughts. J. Almog, J. Perry & H. Wettstein (Eds.), *Themes from Kaplan*. New York / Oxford: Oxford University Press, 565–614.

Kaplan, D. 1989b. Demonstratives: An essay on the semantics, logic, metaphysics, and epistemology of demonstratives and other indexicals. In J. Almog, J. Perry & H. Wettstein (Eds.), *Themes from Kaplan*. New York / Oxford: Oxford University Press, 481–564.

Stanley, J. & Szabó, Z. 2000. On quantifier domain restriction. *Mind and Language*, (15): 219–261.

Stanley, J. 2007. *Language in Context: Selected Essays*. Oxford: Oxford University Press.

Travis, C. 1996. Meaning's role in truth. *Mind*, (100): 451–466.

语用表达论　PRAGMATIC EXPRESSIVISM

语用表达论（pragmatic expressivism）根源于德国语言哲学传统，它与现代英美分析哲学和语言哲学具有丝丝缕缕的联系与区别。语用表达论的代表人物有布兰顿、普莱斯、布莱克本等。根据普莱斯的观点（Price，2019：133–134），语用表达论在语言哲学中出场，所秉持的思想观点是，有些言称（claim）的功用并不在于描述世界的某个方面，而是旨在表达心理状态，即表达归为信念的心理状态；这种心理状态可被称为情感状态（affective state）。有些言称在形式上看上去像语言描述，但在实质上，我们决不能把它们当成关于事实的描述，它们完全可能是某种情感的表达，抑或是关于某种期待的表达（Price，1989：1，6）。这种非事实陈述或者非世界描述，在形式上具有语义性质，但在实质上彰显的是语用性质。关于它们的研究乃是语用表达论的核心内容。

在哲学追求上，语用表达论似乎没有什么终极抱负，因为它既不对理性进行深究，也不在乎真之追求。然而，语用表达论作为新的哲学形态并非无根之木、无源之水。在哲学渊源上，语用表达论继承了康德、黑格尔、美国实用主义、尼采、海德格尔和维特根斯坦的思想财富。最为典型的代表人物当数美国匹兹堡哲学学派的哲学家布兰顿，而且正是布兰顿本人创造了"表达论"（expressivism）这一术语，并最后确定为"语用表达论"（Brandom，Price & Blackburn，2022：51）。语用表达论分为局部表达论和整体表达论（Price，2013）。局部也好，整体也罢，无论是哪一种，无论二者各自正遭受着何种批评，语用表达论注定是语言哲学中不可或缺的重要主题。

☙ 语用表达论的基本要义

语用表达论者共同享有的基本观点是，有些陈述语句在具体使用中，并不是地地道道的事实陈述句，而是以某种具体的发话方式表达出来，意在表达某种要义或者某种功用（Price，2011：7），这样的陈述句可被称为伪事实陈述句。伪事实陈述句容易造成真值判断的混乱。因此，只有剔除这些伪事实句，真值判断以及真值条件认定才能在不平衡中获得确定。值得注意的是，表达论和虚构论（fictionalism）具有重要区别：前者的陈述句看上去像事实句，而后者明显是违实句或虚构句。例如，语句"虐待儿童其罪大于虐待宠物"属于表达论的伪事实句，而"姚大汉头枕珠峰，左脚踏在太平洋西岸，右脚踏在大西洋东岸"这样的表达属于违实句或虚构句。伪事实句和违实句二者的重要区别在于，违实句多为荒谬表达，明显为假。骗子之所以能让人上当受骗，是因为他们的话语往往不是违实句，而是伪事实句，即伪事实句可用来欺骗或操纵他人。

在字面上，属于表达论的伪事实句在很多情况下并不为假，因为在很多情况下，表达论的伪事实句旨在表达带有形而上学性质的伦理观点，而对伦理情况进行表达，往往会诉诸情感或者假以情感进行表达。墨子在其《小取》篇中说："杀盗，非杀人也。"把墨子的话转换成现代汉语陈述句就是："杀盗贼不是杀人。"这句话在伦理上虽有对错之争，但是在实际语用场景中，这话表达的是仇盗恨贼之情。说话人有没有真的杀了盗贼，单从话语表达是无法判断的，即这话的重点不在符合事实与否。另外，在吃斋念佛的唐玄奘看来，"贼也是人呢"（杜世洪、吴亚军，2021）。说出这话，唐玄奘并非一味陈述事实，而是明明白白地在表达他的悲悯之情。

ॐ 语用表达论的思想根源

语言哲学界认为，表达论的英文术语"expressivism"来源于布兰顿的创造，但它的思想根源却可追溯到德国浪漫主义哲学上去。布兰顿在其代表著作《使之外显：推理、表征与话语信守》（*Making It Explicit: Reasoning, Representing and Discursive Commitment*，1994）中提到，康德坚持认为，概念在本质上会出现在判断之中，而判断在本质上会出现在推理或论辩之中（Brandom，1994：92）。对此，布兰顿认为，康德的这一认识是正确的。不过，康德的微妙之处或者复杂之处在于，康德所持的表征概念，在很大程度上是与判断之间的推论关系整合在一起。康德之所以这么做，是因为按照德国哲学传统，语义解释的顺序是先有经验概念，再有推理活动，即把经验概念当成推理活动的核心组成。然而，这一顺序在黑格尔那里却发生了逆转，即黑格尔认为，判断的形成过程正是推理活动率先发挥作用，而概念的整个发展过程是从推论活动中逐渐完成的。

康德和黑格尔的这些认识指明的观点是，一个具有陈述形式的判断并非必然直接取决于经验概念的实在性，而是在很大程度上以及在很多情况下，陈述性判断取决于推理活动及其相应的信守（commitment），如规范信守和推理信守等。推理活动所信守的内容，如理性、规范等属于内隐的内容，而具有陈述形式的判断则是让推理所信守的内容连同内隐的内容一起外显出来。"使之外显"就是话语形式（陈述性判断）把内隐的内容外显出来，即作为外显的话语带出的是内隐的推理、表征与话语信守。

在布兰顿看来，黑格尔的语义概念都属于推论性的，而且黑格尔的主要兴趣在于语义中的推论。不过，黑格尔认为，语义中的推论并非主要从表征中产生，而主要源于理性主义者的洞见与浪漫主义表达者（the romantic expressivist）的认识之间的结合（Brandom，1994：92）。布兰顿认为，黑格尔把推论看成浪漫主义哲学家对表征主义的摒弃，其结果可以被看成实现启蒙的推理论和"浪漫的表达论"的综合（Brandom，1994：93）。值得注意的是，这是语用表达论的思想根源之一。

语用表达论的另一思想根源在于美国实用主义哲学、海德格尔的早期思想以及维特根斯坦的后期哲学。布兰顿认为，语用表达论植根于广义的实用主义哲学，如皮尔斯和詹姆斯的实用主义哲学。同时，在黑格尔哲学与浪漫主义哲学相联系的基础上，布兰顿采取了不同的研究路向。布兰顿在其著作《道出理性：推理论概要》（*Articulating Reasons: An Introduction to Inferentialism*，2000）中说：

> 起初，浪漫主义的表达论者（像实用主义者一样，古典的和当代的都如此）在概念内容上都是同化论者。我推出的表达论者的方法属于例外论者（exceptionalist），关注的是概念内容的特殊区别性。理性主义者的实用论（rationalist pragmatism）给理性追问赋予显耀地位，把理性理解成给予者，为行为、表达和相应从事的实践状态给予概念内容……而理性主义者的表达论（rationalist expressivism）在于它把表达某个内容理解为让它外显，让它处于形式中，而在这形式中，这表达既可为理性服务，又可应理性之需；在这形式中，这表达既

可作为推论的前提，又可作为推论的结论。（Brandom，2000：
11）

从上述观点看，布兰顿提出的语用表达论表明的是语言哲学具有推论性。我们人类的行事与那些"无概念使用的生物"的行事，二者之间的区别在于我们在概念使用中做出推理的言说。因而，布兰顿的语用表达论聚焦的是让事物外显，即让它们为推理服务。在布兰顿看来，语用表达论不同于浪漫主义的表达论。语用表达论聚焦的是概念内容的特殊区别性，而浪漫主义的表达论则把概念内容同化为语言内容。对此，布兰顿指出概念性并不等于语言性，因为概念性拥有具体的特征，而且在推理中有特定的作用。

∝ 语用表达论的不同观点

迄今为止，语用表达论主要出现了三类不尽相同的观点，分别以布兰顿、普莱斯和布莱克本为代表。

1. 布兰顿的观点

布兰顿的语用表达论仍然带有浪漫主义色彩。他认为，知识应被视为一种代理，即行为的一种。正是行为中的制造（making）而非发现（finding）才是人类参与世界的各种活动。这些活动疑似拥有规律、模式和演绎规则。然而，抽象的原则只有植根于具体的行为表达中才不会空洞。生活世界的实在性是由活生生的经验加以揭示的（Brandom，2011：41）。科学实践活动与在科学实践中产生出的理论，二者都以日常生活为源头，都与日常生活相适应，离开日常生活，科学实践和科学理论都难以理解。

如此一来，实用主义者和浪漫主义者共同摒弃一个观点，即拒绝把普遍性当作理解的特征。我们参与世界而进行活动，即在世界中我们从事的基本的、局部的、暂时的以及由环境决定的关于事物的认知，这些活动所展现的所谓的本质特征，都是来自偶尔的普遍化结果的流露。基于这种认识，实用主义者和浪漫主义者都认为，必然性是特别的或例外的。属于特别的或例外的必然性，要有可理解性，就必须以人类生活的大量偶然性为背景。离开人类生活的大量的偶然性，我们就难以理解必然性。

在布兰顿看来，无论是对浪漫主义者来说，还是对实用主义者来说，知识的形式是行为（doing）而不是对象（object），知识是知道如何做（knowing how）而不是知道某物（knowing that）。知识植根于具体场景，或者借用维特根斯坦的术语来说，知识植根于具体的生活形式。尽管布兰顿的语用表达论把实用主义和浪漫主义融合在一起，但是布兰顿所持的实用主义仍然与浪漫主义有明显的区别。浪漫主义和实用主义都摒弃抽象，都把语言视作实践活动，但二者摒弃抽象的路向却不同。浪漫主义把拒绝抽象当成拒绝理性，从而倾向于字面上的绝对性。布兰顿的实用主义却认为，语言实践是赋予理性的游戏活动，从而在游戏活动中不能摒弃理性。因此，布兰顿的语用表达论并不像浪漫主义那样反对理性。

2. 普莱斯的观点

与布兰顿不同的是，普莱斯在对待语用表达论和浪漫主义表达论时，采取的路向不尽相同。普莱斯用"油灯隐喻"和"投影仪隐喻"来阐述二者的区别（Price，2011：28）。在普莱斯看来，浪漫主义者把语言当成油灯而不是镜子，即把语言当成实在性或现实性的生产者，而不是反映者。

普莱斯说，如果不把语言比喻为望远镜，那么可以把语言比喻成其他什么东西呢？（Price，2011：28）关于这个问题，具有浪漫主义色彩的传统表达论者把语言当成油灯。在普莱斯看来，这个比喻还应该更精密一点，可以想想数据投影仪，它把内在的意象投射到外在的屏幕上。如果再进一步，还可以想象全息数据投影仪，它可以在空中投射出三维影像。这种投射不是投在外在的、未加修饰的世界，相反，整个投射的影像是自由独立的，就是我们当成事实的总和。根据这一比喻，世界的各种事态，正是以一切方式成为我们看成事实的样子。

上述观点正是普莱斯和布兰顿的区别所在。布兰顿把他的语用表达论深深地植根于哲学的历史传统中，而普莱斯对哲学的历史传统却并不如此依赖。普莱斯认为，语言既不是望远镜，也不是镜子，而是投影仪，因为投影仪让我们观察到的世界更加完善。浪漫主义者把语言比喻成油灯，这有一定的解释力。但是，普莱斯认为，全息投影仪才是语言的恰当隐喻。作为全息投影仪的语言，在塑造世界时并不像油灯或传统的投影仪那样需要投影背景。普莱斯想表达的意思是，根本没有用镜子反映出来的什么世界，没有用望远镜观察出来的什么世界，也没有用油灯点亮出来的什么世界。这世界是什么？这世界是全息投影投射而成，投射就是世界。基于此，我们可以看出，普莱斯的语用表达论的核心观点是，没有什么现成的世界等待着语言去反映、观察等，语言表达了世界，即世界是表达而成。

值得注意的是，普莱斯提出全息投影这个隐喻来，目的是要坚决反对表征论。他呼吁应该放弃语言用作被动的表征这一观点，而应该走向主动的联系观：语言至少可以作为引导，起着塑造世界的作用（Price，2013：52）。在思想根源上，普莱斯继承维特根斯坦的思想，从而摒弃绝对论，即拒绝承认存在绝对的自然世界而作为话语的基础。然而，摒弃这一绝对观，就意味着我们的世界活动就失去了绝对的基础，这就会掉入相对主义的陷阱：一切都是相对的。这个问题应该如何解决呢？普莱斯未加阐述，不过布莱克本对此进行了专门讨论。

3. 布莱克本的观点

如何避免落入相对主义的陷阱呢？布莱克本认为，可以借助于规范（norm），应该思考规范的差异性（Blackburn，2007：161）。在布莱克本看来，似乎存在两种不同规范：关乎事实应答性（answerability）的规范，以及关乎人与人之间的和谐相处或紧密团结的规范。这实际上区分了"规范性事实"和"规范性实践"。一方面，我们的话语应该满足事实要求；另一方面，我们的话语也应该满足实践要求。这两者有什么不同？

实际上，布莱克本在这里触及一个重大问题。如果说我们的话语应该满足实践要求，从维特根斯坦的立场看，这无疑是没什么问题，即不存在"应该满足实践"这样的要求。在任何一个确定的语言游戏里，每个游戏中的人必定要遵守某种规则，否则该游戏就无法进行。如果说我们的话语应该满足事实要求，那么这里就面临着哲学的一个大问题：我们能够说服某人在离开具体的语言游戏之后而还要求他遵守规则并且继续参与游戏吗？这根本不可能。不过，在相对主义者看来，这却有可能，因为相对主义者认为，满足要求或遵守规则都是相对的，不存在遵守与不遵守的问题，于是遵守规则反而成了可有可无了。布莱克本如此追问，即追问脱离实践之后是否还可以遵守规则，这事关规则何以存在的问题。按照布莱克本的思路，我们似乎可以追问：我们可以要求一位下象棋的人来遵守踢足球的规则吗？另外，我们有什么理由来声称足球比象棋好呢？面对这些问题，我们是依靠事实来解决，还是依赖某种绝对基础或者形而上学的某种公理？

面对这些问题，布莱克本借助于解释（explanation）这一概念来化解。在他看来，就算我们不能说我们的游戏表征事实，但我们可以说，在具体的场合下，我们的游戏提供了大多数的有效解释（Blackburn，2007：177）。语词对于事物是否具有充足解释的问题，既是让柏拉图的克拉底鲁（Cratylus，生卒年不详）心生疑惑的问题，也是让尼采倍感困惑的问题。在布莱克本看来，我们的语词能够充足地表征事物本来的状态，而且语词的中心作用在于要求我们所说的最能解释我们的说法。这好比电压能够解释电压测量的结果，或者真正的悬崖能够解释地图上的悬崖标记一样。显然，布莱克本把"充足解释"这个概念从本体论性质转化为语用论性质。

何以理解布莱克本把本体论问题转化为语用论问题呢？关于充足解释，即解释语词反映世界的问题，本体论者认为，语言是世界的反映。在语用表达论者看来，尤其是在布莱克本看来，语言让我们在世界中做事。语言不是镜子，而是通向世界实践活动的钥匙。

☞ 简评

语用表达论到底留给我们什么值得推崇的内容呢？语用表达论在处

理语言和世界的关系问题上，首先，摒弃表征论，排斥自然主义和实在论，因为在语用表达论者看来，不存在表征的世界或反映的世界。其次，语用表达论者尽量避免相对主义观点，而坚持认为具体实践及相应的规范是语言的核心。实在论和自然主义只要不坚持表征论的思想，而作为一种建构论倒有可取之处。最后，在语用表达论者看来，我们无法回到形而上学性质的绝对观念上去，语言没办法让我们经验到形而上学的王国。我们无法消除建构论者所创造的虚幻，但是我们的经验却离不开虚幻或者伪事实表达。如果不是这样，任何谎言就难以可能。

在布莱克本看来，如果说语言表征具有忠实性，那么语言表征就在于它为行动提供理性，为推理提供框架。语词依赖于实践，依赖于活动。在实践观或语言活动观视域下，诗人或者具有革命性的科学家，他们会在语词使用上突破常规或传统，创造出新的表达来，而这些新的表达不属于公众常识所有，在一定程度上属于诗人或科学家私有。普莱斯意在为语言寻找同质性，让语言的同质性成为理性交易活动的中心。围绕语言同质性这一中心，一切基于偶然事实的语言使用都可被看成所有语言形式的必然性质。布莱克本总结道，虽然我们可以区分建构性表达，识别伪事实陈述，但是当这些表达同真实信念或者同故事述说连在一起时，我们就倾向于接受。信念与虚构同样是我们日常生活的语言游戏。

参考文献

杜世洪，吴亚军. 2021. 直言判断类断言言语行为的认知语用探索. 语言、翻译与认知，（1）: 27–40.

Blackburn, S. 2007. *Truth: A Guide*. Oxford: Oxford University Press.

Brandom, R. 1994. *Making It Explicit: Reasoning, Representing and Discursive Commitment*. Cambridge: Harvard University Press.

Brandom, R. 2000. *Articulating Reasons: An Introduction to Inferentialism*. Cambridge: Harvard University Press.

Brandom, R. 2011. *Perspectives on Pragmatism: Classical, Recent, and Contemporary*. Cambridge/London: Harvard University Press.

Brandom, R., Price, H. & Blackburn, S. 2022. Pragmatic expressivism. In P. Mills (Ed.), *A Poetic Philosophy of Language: Nietzsche and Wittgenstein's Expressivism*. London / New York: Bloomsbury Academic, 51–72.

Price, H. 1989. *Facts and the Function of Truth*. New York: Basil Blackwell.

Price, H. 2011. *Naturalism Without Mirrors*. Oxford: Oxford University Press.

Price, H. 2013. *Expressivism, Pragmatism and Representationalism*. Cambridge: Cambridge University Press.

Price, H. 2019. Global expressivism by the method of differences. In M. J. Frápolli (Ed.), *Royal Institute of Philosophy Supplement*, 133–154.

指称 REFERENCE

　　指称（reference）通常是指语言与世界或者思维与世界之间建立起的"中心联系"，或者说指称是在表征符号与对象之间建立的一种关系（Batterman，2005：288；Michaelson，2019）。从通俗意义上看，谈论某物或思考某物就需要指称某物。然而，20世纪的分析哲学和语言哲学却发现，这样的认识大有问题。在哲学活动中，认识上出现的问题正是语言哲学要着力分析的主题，即指称是语言哲学的首要主题。为什么呢？首先，关于世界的哲学认识，会在命题中获得表达，而命题的主词维系的是对象，即对象必须在命题中获得表达，这就离不开指称。其次，人们生活的世界是由具体事物组成的，而对每个具体事物的谈论或思考，势必需要指称。关于指称的重要性，弗雷格和罗素都持有这样的观点：认识世界就会形成知识，而绝大多数知识都是以命题形式呈现出来的，并且命题的表达离不开名称，而这名称就势必涉及指称。简单地说，指称是人类就世界所进行的思考、理解、表述、行事及创造等一切活动的基本组成。指称若有问题，那么哲学思想就有问题。

指称存在什么问题呢？大致可以说，指称问题可以分为两大类：源于直接指称观（朴素指称观）的问题和来自间接指称观的问题。围绕指称问题，洛克、穆勒、弗雷格、罗素、斯特劳森、唐纳兰、克里普克和塞尔等哲学家各有其论，而且观点分明。不过，就指称问题而言，弗雷格和罗素拓展出了语言哲学的两大发展路向，为其他哲学家开辟了研究路径。在学理上，关于指称的研究，大致可以分为"描述主义"与"非描述主义"（Batterman，2005：288）。在思想创见上，20世纪后半期以来，关于指称的研究出现了突破或者说革命，如指称因果论、二维语义论、语境敏感论、最小意义论、新描述主义等。

∽ 直接指称论

使用语言来谈论世界，最直接的活动就是识别或者指示出所谈论的对象。日常语言既存在关于实际对象的谈论（实谈），又不乏离开实际对象的空谈。不过，区分实谈和空谈的标准都是建立在实存对象的基础上：把"有无实存对象"作为判断标准，我们自然就可区分出什么是实谈和空谈。在这种思想背景下建立的指称论属于实在论者的直接指称论。

穆勒是直接指称论的代表。穆勒的逻辑体系要求，用作命题主词的每一个专名，都应该拥有对应的实存对象。典型的实存对象是客观物理世界所存在的，而在主观世界里，有些心灵对象也有客观实在性。无论实际的对象还是抽象的对象，它们都有名称。名称分为专名（proper name）和通名（general name），或者具体一点，名称可分为个体名称和类别名称：玫瑰既可以是某个特定对象的个体名称（individual name），又可以是玫瑰的大类名称（特殊情况下的通名）；自然语类名称（natural kind term），如山、水、岩石、动物、植物等，在特定的条件下既可以称为个体名称，也可以称为大类名称。指称实在论者会认为，名称与具有实在性的对象的关系是指称关系。穆勒坚持这样的观点，专名和通名都可作为命题的主词，直接指称实存对象。

穆勒的直接指称观是为其逻辑体系服务的，自然而然地就要求指称具有实际存在的对象。然而，经验主义哲学家洛克却认为，名称是用来指称心灵中的观念。心灵对外界事物或者客观对象产生观念，心灵会加工出抽象的观念，会把简单的观念加工成复合观念。在这个思想基础上，名称所指称的是心灵中抽象的观念。洛克的指称论又称为观念指称论。

指称论是关于语词意义来源的理论。从穆勒的直接指称论看，有实存对象的专名有外延但没有内涵，而从洛克的观念指称论来看，表达观念的专名凸显的是内涵。穆勒的直接指称论和洛克的观念指称论，作为意义理论正是语言哲学所要批判的对象。

∽ 描述主义的指称论

在思想基础上，直接指称论和指称观念论都具有规定性或者说约定性，即规定了名称（尤其是专名）和对象之间的指称关系。例如，"北京"这一名称所指代的城市，就是一种规定或约定；"秦始皇""鲁迅""黄山""珠穆朗玛峰"等都有相应的规定性指称对象。从穆勒的直接指称论和洛克的指称观念论来看，这些约定很自然，不会存在什么问题，而且在他们看来，"鲁迅"和"《狂人日记》的作者"、"珠穆朗玛峰"和"世界最高峰"这两对名称都是专名，每一对都有相同的指称对象；就指称对象而言，这两对名称各自都表示相等关系："鲁迅"和"《狂人日记》的作者"相等，"珠穆朗玛峰"和"世界最高峰"相等。然而，描述主义的指称论者，如弗雷格、罗素等，对此却要大力批判，即在他们看来，规定性指称存在明显的问题。弗雷格和罗素都认为，名称的意义并非局限在指称对象的自身上，否则就无法回答"空名的意义是什么""同指异述的意义有何区分"以及"复合名称有无统一的意义"等问题。

1. 弗雷格的意谓与指称

在弗雷格看来，追问名称的意义是什么，就要考察名称所关系着的一个区分：意谓与指称。穆勒聚焦在名称的意义与指称的直接关系上，而未能像弗雷格这样认识到名称的"呈现方式"——意谓。关于"珠穆朗玛峰"和"世界最高峰"这对具有相等关系的名称，穆勒没有深究二者的区分，而在弗雷格看来，二者虽然具有相同的指称对象，但二者具有不同的呈现方式，因而就有不同的意谓，即像"鲁迅"和《狂人日记》的作者"这一组表达式，二者指称相同，但意谓不同，因为二者的呈现方式不同。显然，穆勒没有考虑名称的语境，而弗雷格却把名称和指称对象的关系置于命题的语境中，提出呈现方式这一概念来解决名称（特别是空名）的意义问题。这样一来，在穆勒看来，没有实存对象的空名，不能作为命题的主词，也就没有意义，而在弗雷格看来，空名和实名都有各自的呈现方式，自然就有意谓，从而表达相应的意义。

弗雷格关于意谓与指称的这个区分能够填补穆勒的直接指称论所留下的空白，即能够回答"空名的意义是什么""同指异述有何意义区分"等这样的问题。任何名称只要有呈现方式，它就有意义；同一对象的不同名称或描述，即同指异述，显示的是不同的呈现方式，有不同的意谓。

2. 罗素的描述语理论

罗素赞同弗雷格对穆勒的批判，但不赞同弗雷格所做的意谓与指称的区分。罗素提出了描述语理论，其中的特称描述语理论为语言哲学提供了范式。描述主义的指称论主要以罗素的特称描述语理论为典型。

罗素站在认识论立场，在逻辑原子论的思想指引下，提出真正的专名只有"这（个）"和"那（个）"，而通俗意义上的其他名称以及带有限定词的名词短语，都是描述语。专名指示直接亲知的知识，而描述语指示间接知识。名称并不携带直接知识。名称是缩略的或者说伪装的描述语。具有定冠词 the 的描述语是特称描述语，它包含着表达唯一性的三个子命题：最多存在一个"什么"，最少存在一个"什么"，存在的这个"什么"就具有如此这般的性质。

弗雷格把能用作命题主词的一切名词、名词短语或者其他功能相同的表达式都当成专名。对此，罗素认为，弗雷格不够细致，没有细究它们彼此的差异。在罗素看来，"鲁迅"与《狂人日记》的作者"、"珠穆朗玛峰"与"世界最高峰"这两组指称对象相等的同指异述，它们的区别不是弗雷格所说的呈现方式的区别，而是存在底层逻辑形式的区别，即"鲁迅"的逻辑形式和"《狂人日记》的作者"的逻辑形式，二者根本不同。按照这种分析方法，像"当今法国这个国王"这样的没有实际指称对象的特称描述语，虽然具有表达唯一性的结构，但是在它暗含的三个子命题中，至少有一个命题的逻辑值为假。这就可以说，只要"当今法国这个国王"在命题中用作主词，那么该命题就为假。于是，像"当今法国这个国王""金山""飞马""插翅虎"等没有指称对象的描述语，它们用作主词就会表达假命题。于是，迈农悖论句"这座金山不存在"就是假命题，其悖论性质就会在罗素的特称描述语理论视域下得到揭示与消解。

根据罗素的描述语理论，语词的意义并不是穆勒的指称对象，也不是弗雷格的意谓与指称，而是在逻辑命题中所表示的命题函式，即意义就是命题函式。

3. 斯特劳森的语用意图指称论

罗素消解了迈农悖论，拒斥了弗雷格的意谓与指称的区分。然而，对于名称的指称问题，特别是关于指称的意义问题，罗素并没有给出令人信服的解答。斯特劳森对此进行了批判。

斯特劳森一方面完全认可兰姆赛对罗素《论指称》一文的高度评价，即认可罗素的分析方法，而且认为罗素的分析方法很精致，具有启示意义。然而，另一方面他却认为，罗素的描述语理论存在严重的错误。为什么斯特劳森对罗素的方法非常认可，而对罗素的描述语理论却持批判态度呢？

斯特劳森在其《论指称行为》（"On Referring"，1950）一文中指出，罗素的错误根源在于把指称行为或提及行为（mentioning）当成了意义。罗素的错误表现在以下三个方面：第一，错误地表征了单称特称短语的函式及性质；第二，违背了人们对单称特称描述语的理解习惯；第三，忽视了单称特称描述语在使用中的语用、语境和交际性质（Strawson，1950）。在斯特劳森看来，指称实际上是一种行为，而行为本身具有实施主体，即表达式本身不会自动去实施指称行为，而是人这个行为主体运用表达式去实施指称行为。这道理正如美国步枪协会的口号一样，"枪不杀人，而是人杀人"（Lycan，2008：20）。斯特劳森的这些观点体现的是语用思想，而不是罗素的逻辑原子论思想。

斯特劳森说，人们通常使用的指称表达式具有唯一的指称使用（the uniquely referring use），主要有四类：第一，单称指示代词，如"这（个）"和"那（个）"；第二，专用名词，如"威尼斯""拿破仑""约翰"等；第三，单称人称代词和非人称代词，如"你""我""它"等；第四，带有定冠词的名词短语，如"这桌子""这位老人""法国这个国王"等（Strawson，1950）。

在指称行为中，这四类表达式有三种使用情况：第一，作为一个表达式；第二，使用一个表达式；第三，实际说出一个表达式。作为一个表达式，该表达式是恒定的。使用一个表达式，该表达式就会有不同人在不同语境中的使用。实际说出一个表达式，该表达式就有直接语境。例如，"当今法国这个国王聪明绝顶"，这句话可以作为一个恒定的表达式，也可以由不同时代的人在不同的语境下针对不同的法国国王使用这个表达式，还可以在某个直接语境中实际说出这句话。哪怕是当今法国属于共和制国家，已经没有法国国王了，如果有人直接说出"当今法国这个国王聪明绝顶"这话来，这句话并不是罗素所说的假命题。罗素似乎不允许人们误用指称表达式，而在实际语用中，人们可能就会把法国总统或法国总理说成"当今法国这个国王"。这里的指称实际上是语用行为，即指称实际上是指称行为，传递的是行为主体的语用意图。行为主体意图指称"当今法国这个总理"，却误用了"当今法国这个国王"这个表达式。

斯特劳森的语用意图指称，强调的是一个表达式用法相同，但适用对象可能不同。要确定表达式的意义，不是要考察表达式的函式，而是要考察表达式由什么样的行为主体用来表达什么样的意图，而且要考察行为主体所在的语境以及针对的对象。一句话，在斯特劳森看来，指称表达式的意义是由语用意图以及语境所决定的。

❧ 非描述主义的指称论

关于指称，弗雷格、罗素和斯特劳森他们三人各自提出的观点具有描述主义性质，即认为名称具有描述性，能用在命题中而接受命题的真假判断。对于这一认识，奥斯汀在其《真》（"Truth"，1950/1970）一文中说，哲学家们囿于逻辑命题真假判断这一标准，老是坚持认为所有命题要么为真，要么为假，从而倾向于认为语言都是描述性的，名称都是描述性的，甚至连"我知道"这样的表达式都会被当成描述性的（Austin，1970：103，131）。这种执拗所导致的后果就是描写之谬。后来，人们根据奥斯汀的这一观点，把弗雷格、罗素和斯特劳森等人关于指称问题的讨论定名为描述主义（Hare，1972：55）。描述主义的指称论本来是对穆勒主义（Millianism）进行批判，而坚持穆勒主义的哲学家，如马尔克斯等却对描述主义的指称论提出了批判。唐纳兰、克里普克、塞尔等人明确反对描述主义。

1. 唐纳兰的两种用法论

美国哲学家唐纳兰对意义与指称的研究，引发了关于指称问题研究的"连锁反应"（Baghramian，1999：178）。在指称问题上，穆勒、弗雷格、罗素和斯特劳森等人都提出了各自的观点，而且这些观点相异相冲。唐纳兰的打算是要把这些观点综合起来，他聚焦在特称描述语的讨论上，批判了罗素和斯特劳森，提出了他的观点：特称描述语具有两种用法——指称和归因。

唐纳兰在其论文《指称与特称描述语》（*Reference and Definite Descriptions*，1966）中指出，罗素和斯特劳森在特称描述语的解释上"都有罪"，因为他们未能认识到特称描述语的两种功用（Donnellan，1966）。根据描述语的不同使用情况，描述语可以分为两类：用于指称的描述语（the referential use of reference）和用于归因的描述语（the attributive use of reference）。他认为，在特称描述语问题上，罗素的指称论聚焦的是归因性质，而斯特劳森的指称论聚焦的是指称性质。归因性质是指特称描述语的内在构造属性，具有量化性质，而指称性质是特称描述语的外在语用情况，具有整体性。在解释真正的专名时，罗素似乎认识到了专名的指称性质，而认为"这（个）"和"那（个）"不具有归因性质，即无法给它们添加任何属性。一句话，特称描述语具有指称用法和归因用法。

如何识别特称描述语的指称用法和归因用法呢？唐纳兰举例说，在句子"The murderer of Smith is insane."中，主语 The murderer of Smith 既可能属于指称用法，又可能是归因用法。那么，它到底属于哪种用法呢？这取决于说话者在具体情况下所要表达的意图，而并非是句子结构有歧义，也不是句中语词和语义有歧义。

唐纳兰指出，罗素和斯特劳森关于特称描述语的解释并不正确：罗素忽略了特称描述语的指称性质，而斯特劳森未能区分指称性质和归因性质，从而混淆了特称描述语的指称用法与归因用法。虽然唐纳兰对罗素和斯特劳森的批判，无疑会受到描述主义指称论者的批判，但是唐纳兰关于特称描述语的两种用法论有启示作用。唐纳兰为意义与指称的因果外在论提供了思想启示，这是他的一项贡献。

2. 克里普克的历史因果指称论

美国哲学家克里普克在其著作《命名与必然》中明确反对弗雷格和罗素的观点。在指称问题上，克里普克认为，罗素的描述主义观和弗雷格关于意谓决定词项指称的观点，二者都是错误的，而且"很多人都说弗雷格和罗素的理论错了，但是这些人只是放弃了弗雷格与罗素的理论外壳，却保留了理论的精神"（Kripke，1972：29，30）。那么，弗雷格和罗素的理论到底存在什么问题呢？克里普克说，他们的问题其实已经由弗雷格自己明明白白地吐露出来了：日常语言具有松散性和乏力性，无法精准地确定名称的意义。

克里普克明确指出，罗素的特称描述语理论把名词短语进行了量化处理，但并不能揭示专名的性质；弗雷格和罗素对专名进行了描述性分析，但他们的做法无法成功；名称不可能是伪装的描述语。为什么呢？原因有三点：第一，有无数例子都可说明，名称并不是用来识别唯一性的描述语或描述语束（cluster of descriptions）；第二，人们知道如何使用某个专名，而并不需要知道这个专名与一整套描述语到底有何联系；第三，有些名称、专名和具体的自然种类词项，它们是严格指代语（rigid designator），而不是伪装的描述语。

克里普克提出了严格指代语和非严格指代语这对概念。所谓严格指代语，就是在一切可能世界中，在任何时候，它都指代同一存在的对象，如三国时期的"曹操"无论在什么场合下都是指代曹操。大多数描述语却不是严格指代语，即它们是非严格指代语，因为它们在不同的可能世界里指代不同的对象，如"当今美国总统"在不同的可能世界里指代不同对象；又如，"世界杯冠军"对应的是不同可能世界的全世界范围的冠军。

根据克里普克的观点，通俗意义上的专名，如地名、人名、事名和物名等，它们和指称对象的关系是从命名开始，经过历史传递，经过人与人之间的传递而确定下来的。这样的专名在具体使用中形成了历史因果链，如"亚里士多德"这个名字指称亚里士多德这个人，是经过漫长的历史因果链形成的。亚里士多德是严格指代语，它在任何可能世界里都指代亚里士多德这个人。

克里普克不仅提出了历史因果指称论，而且还对康德关于"先天的真就是必然的真"和"后天的真就是偶然的真"这两句断言，提出了挑战。克里普克认为，既有"先天的偶然的真"，又有"后天的必然的真"。例如，像"启明星就是长庚星"这句判断，表达的是经验观察的结果，因而是后天的必然的真；像"巴黎的标准米尺有一米长"这句判断，表达的是先天的偶然的真。句子"水是 H_2O"必然为真，但是这个真却是通过科学发现而来的后天的真。另外，"水"和"H_2O"都是严格指代语，因而语句"水是 H_2O"在所有的可能世界里都为真。因为这些观点，克里普克堪称"语言哲学研究突出贡献者"，他对康德关于"先天的真就是必然的真"和"后天的真就是偶然的真"的挑战，打破了康德这两句论断所拥有的 200 多年的统治，即在克里普克之前，人们一直把康德的这两句论断当成永恒的真。

3. 塞尔的言语行为指称论

美国语言哲学家、语用学家塞尔在其专著《言语行为——语言哲学论述》(*Speech Acts: An Essay in the Philosophy of Language*,1969)第4章明确指出,作为言语行为的指称存在不少问题值得研究(Searle,1969:72)。不过,塞尔的研究聚焦在单称特定指称(singular definite reference)上,因为他认为,不把单称特定指称的问题弄清楚,就无法弄清其他类别的指称。塞尔讨论指称问题,主要以罗素的描述语理论为批判对象。

首先,塞尔说指称表达式在大多数情况下都是指专名,但是当我们考虑单称特定指称问题时,就会发现有些专名确实是指称表达式,而有些专名却明显不是指称表达式,还有一些则处在二者之间。塞尔以"Cerberus does not exist."为例而声称,句中的 Cerberus(塞伯拉斯)根本不具备指称性,因为在希腊神话中冥府女神赫卡特的宠物叫塞伯拉斯,它有三个头和一个龙尾,而现实世界中根本就没有塞伯拉斯。

其次,塞尔指出,哲学家们在讨论特称描述语时,常常谈论 the king of France、the man 等这样的表达式,而几乎不讨论 the weather、the way we live now、the reason why I like beans 等这些表达式,这就令人生疑(Searle,1969:72)。另外,塞尔认为,运用罗素的描述语理论,把语句"The weather is good."转写成"($\exists x$)(x is a weather $\cdot$ (y)(y is a weather $\rightarrow y = x$) $\cdot$ x is good.)"这一表达式,几乎没有任何意义,因为人们倾向于认为 the weather 起到的表达作用几乎等于整个语句"The weather is good."的作用。

再次,语句"He left me in the lurch." "I did it for his sake."中的 the lurch 和 his sake,它们根本没有指称什么。然而,在同样的句式,如"He left me in the building."和"I did it for his brother."中,the building 和 his brother 却有指称。那么,我们凭什么标准来界定这两组句子中的名词有无指称呢?在塞尔看来,这个问题很复杂,值得深究。

最后,指称的复杂问题还涉及明确的指称(categorical reference)和假定的指称(hypothetical reference)。这就需要区分专名的使用(use)

和提及（mention），例如，在"S1 苏格拉底是位哲学家。"和"S2'苏格拉底'有四个汉字。"这两句中，S1 和 S2 的苏格拉底具有不同的用法。普通人基本上不会认为 S2 的"苏格拉底"具有指称性，但是极端指称论者则会认为，S2 的"苏格拉底"表达的是不同类别不同性质的指称。对此，塞尔并不认同。

基于以上问题，塞尔提出三个基本问题：第一，实施"明确的特定指称"的必然条件是什么？第二，一项特定指称的意义是什么？第三，指称这一命题行为在"言外行为"中有什么作用？为了回答这三个问题，塞尔提出了完全通达的指称（fully consummated reference）和顺成的指称（successful reference）以消除歧义，前者是指听话者能够完全清晰而又绝不含糊地识别出所指对象的指称，后者是指说话者顺势表达出的而听话者未必就能够识别出所指对象的指称（Searle，1969：82）。塞尔研究的重点是完全通达的指称的必要条件：

条件1：必须有一个且只有一个对象，而这对象是说话者发话中的指称表达式所指称的。

条件2：必须赋予听话者足够的方式来识别说话者发话中的指称表达式。

这两个条件是如何运用的呢？例如，句子"The man insulted me."中的 the man 要成为完全通达的指称，必要条件就是至少有一个人而且至多有一个人存在，而且这个人能够被听话者完全识别出来。听话者要识别出指称对象来，就要完全回答是"谁？""哪一个？""什么？"这些基本问题。例如，在语句"The man who robbed me was over six feet tall."中，听话者要把说话者表达的 the man 完全识别出来，光靠语句给出的信息则行不通，必须依赖发出这句话的语境信息。这就可以说，指称其实具有语用性质；指称行为则是言语行为。

指称的识别原则在实质上就是可表达性原则的特殊情况，而可表达性原则的要义是：凡能意谓，就能说出。这里的"意谓"就是"意图指称"。说话者在具体的语境中说出的表达式若要指称某个对象，就必须满足以下条件：第一，包含真实唯一对象的描述词项；第二，该对象要呈现出来；第三，提供足够的呈现方式或者描述方式，以便单独识别该对象（Searle，1969：92）。

在以上讨论基础上，塞尔提出了指称规则（rules of reference）的理想模式：假定说话者 S 在语境 C 中面对听话者 H 说出指称表达式 R，那么 S 若要通达无误地实施识别单称指称的言语行为，则当且仅当下列七个条件都得到满足：

（1）具有正常的输入和输出条件；

（2）说出的指称表达式 R 只是说出的语句 T 中的一部分；

（3）说出语句 T 是要实施某个言外行为；

（4）存在某个对象 X，以至要么是 R 包含 X 的识别性描述，要么是 S 能够给 R 提供关于 X 的识别性描述；

（5）S 意图达到说出的 R 能让 H 识别出或者界定出 X；

（6）S 意图达到说出的 R 对 H 来说能够识别出 X，途径是通过 H 认识到 S 要让 H 识别出 X 的意图，而且他（即 S）意图通过 H 关于 R 的知识以及对语境 C 的意识而让这（即 H 的）认识得以成功地获得；

（7）关于 R 的语义规则是这样的，即 R 要在 T 中正确无误地从 C 里说出，当且仅当前面（1）至（6）的条件都得到满足。（Searle，1969：94，95）

上述七条规则是塞尔提出的指称规则，而且这些规则是有序的规则，不可调换它们的内部秩序。这些规则是对指称实质的揭示，它们可用来识别单称特定指称，即满足以上七个条件的指称就是完全通达的单称特定指称。

∞ 指称问题研究的发展动态

指称问题的研究绝不是单纯的语词层面的研究，即指称不是传统语法意义上的问题。指称问题凸显在逻辑研究中，如穆勒的研究，而后进入哲学家的视野，出现了描述主义的指称研究，如弗雷格、罗素、斯特劳森的研究等。描述主义的研究受到了克里普克、唐纳兰、塞尔等非描述主义者的批判。然而，指称问题并没有因为出现了新的研究视角就真的得到了彻底解决。指称问题的研究一直是语言哲学的重要主题。克里普克先是从反描述主义的立场，对指称问题进行了批判，但后来克里普克却倡导"新描述主义"研究。

指称问题的研究出现了新的研究视角：二维语义论、语义最小论、语境论、认识论以及概念工程研究。例如，索迈斯在批判弗雷格和克里普克的指称研究的基础上，把指称研究带到认识论领域（Soames，2002），试图为指称问题提供新的研究范式。杰克森、查尔默斯等把指称问题置于二维语义视域下进行了新的探讨（Biggs & Geirsson，2021：7），正在形成新的研究范式。在卡佩兰等人提出的概念工程视域下（Cappelen，2018），指称问题不只是意义问题和知识问题，而且还涉及价值问题。这些研究视角为指称问题研究指出了新的路向。

参考文献

Austin, J. L. 1970. *Philosophical Papers*. 2nd ed. J. O. Urmson & G. J. Warnaock (Eds.). Oxford: The Clarendon Press.

Batterman, R. W. 2005. Reference. In D. M. Borchert (Ed.), *Encyclopedia of Philosophy*. Vol. 8. 2nd ed. New York: Thomson Gale, 288–290.

Baghramian, M. 1999. *Modern Philosophy of Language*. Washington, D. C.: Counter Point.

Biggs, S. & Geirsson, H. 2021. *The Routledge Handbook of Linguistic Reference*. New York / London: Routledge.

Cappelen, H. 2018. *Fixing Language: An Essay on Conceptual Engineering*. Oxford: Oxford University Press.

Donnellan, K. 1966. Reference and definite descriptions. *The Philosophical Review*, 75(3): 281–304.

Hare, R. M. 1972. *Essays on the Moral Concepts*. Berkeley / Los Angeles: University of California Press.

Kripke, S. 1972. *Naming and Necessity*. Oxford: Basil Blackwell.

Lycan, W. 2008. *Philosophy of Language*. 2nd ed. New York: Routledge.

Michaelson, E. 2019. Reference. *Stanford Encyclopedia of Philosophy*. *Stanford.edu*. Retrieved November 11, 2024, from Stanford.edu website.

Searle, J. R. 1969. *Speech Acts: An Essay in the Philosophy of Language*. Oxford: Alden & Mowbray.

Soames, S. 2002. *Beyond Rigidity: The Unfinished Semantic Agenda of* Naming and Necessity. Oxford: Oxford University Press.

Strawson, P. F. 1950. On referring. *Mind, 59*(235): 320–344.

关键术语篇

悖论 PARADOX

悖论（paradox）通常指某项陈述或某个命题看上去有可靠的前提，也有貌似合理的推论，可最后导致的结论却难以接受或自相矛盾。一个悖论往往是一项逻辑上自相矛盾的陈述。悖论分为数学悖论、逻辑悖论和语义悖论。逻辑悖论和语义悖论可统称为逻辑语义悖论。

悖论具有悠久的历史，早在古希腊哲学中就存在一些著名悖论，如芝诺悖论、沙堆悖论、连锁悖论等。关于芝诺悖论，相传巴门尼德率先讲述了阿基里斯与乌龟赛跑的故事，而巴门尼德的学生芝诺把这个故事拓展为几个悖论：飞矢不动、有限的距离却有无限的平分等。在学理上，芝诺悖论是关于运动和距离的悖论。

现代语言哲学的著名悖论有罗素悖论、理发师悖论、说谎者悖论、摩尔悖论等。关于现代语言哲学的悖论，陈嘉映认为，一个悖论之所以成为悖论，它常常有三个特点：第一，该命题是一项全称命题；第二，该命题属于否定命题或者具有否定意谓；第三，该命题常常不自指。把握住这三个特征，我们基本上可以消解语言哲学中的多数悖论。例如，关于说谎者悖论的分析，该悖论表示的是一个克里特人说："所有克里特人都是说谎的人。"对此，我们可做如下分析：首先，这个悖论使用了全称量词"所有"；其次，说谎的人传递的是否定意谓，即所有克里特人都不讲真话；最后，说这句悖论的克里特人没有把自己纳入"所有克里特人"之中。经过这样的分析，说谎者悖论的逻辑语义能够得到充分的理解。

本体论 ONTOLOGY

本体论（ontology）研究的是何物存在或者存在是什么等这样的问

题。在追问形式上，"什么是是""什么是存在""存在是什么""Being
是什么"等问题都是本体论问题，其结构为"什么是 *X*"或"*X* 是什么"。
西方古典哲学中的大多数问题都属于本体论问题，如"神是否存在""普
遍性是什么""世界的本源是什么"等。

从典型意义上看，本体论问题是关于对象的追问。例如，追问世界
是由什么组成的，或者世界的组成对象是什么，或者世界存在什么等，
对于这类本体论问题，柏拉图的回答是，世界是由理型（或者称为理念）
组成的，而进一步追问理型或理念到底是什么，柏拉图却说理型或理念
是无法描述的。在柏拉图看来，现实世界的一切对象都是对象之理型的
摹本，如我们看到的桥，它只不过是作为理型之桥的摹本。

本体论追问的不只是关于对象存在的问题，而且还追问实体之间的关
系与普遍性质的存在问题。例如，共相与殊相之间的联系是什么，这是本
体论问题；整体与部分之间的关系问题，这仍然是本体论问题。本体论是
形而上学的核心主题，追问何物存在，或者追问有什么关系存在以及有什
么普遍特征存在，这些追问都具有本体论性质。本体论问题难以用本体论
的方式来回答，因而本体论问题可以通过认识论来描述或阐释。

本质 ESSENCE

本质（essence）这一概念可以通过充分必要条件来理解。例如，要
理解<u>鲨鱼</u>，其必要条件就是鲨鱼必须是鱼，但必须是鱼却不是鲨鱼是鲨
鱼的充分条件。鲨鱼之所以是鲨鱼，是因为这里必定要有充分必要条件
存在，这个既充分又必要的东西就是鲨鱼的本质。本质是必然属性，本
质之外的属性就是偶然属性。自苏格拉底以降，许多哲学家都坚持这样
的本质观，可是维特根斯坦对此却另有看法，他认为根本无法找到本质
属性，最好不要谈论本质，而应该考察事物之间的家族相似性。

学术界有一种观点，认为维特根斯坦是一个反本质主义者。不过，这一观点存在争议。事实上，维特根斯坦并没有摒弃本质这一概念，而是觉得无法说清本质是什么。《哲学研究》第 371 节说："本质由语法表达出来。"这似乎在说，本质属于概念性属性，本质具有逻辑属性而不是形而上学属性。就如何认识本质而论，维特根斯坦算得上语言唯心主义者，他倾向于把概念性和形而上学性之间的区分消除掉。另外，后期维特根斯坦提出"家族相似性"这一概念来消解对本质的追问。

必然的与偶然的

NECESSARY VS. CONTINGENT

必然的（necessary）与偶然的（contingent）二者是关于形而上学的一对概念区分工具。它们涉及的问题是世界如何存在，世界的存在到底是依赖于我们的知识抑或是独立于我们的思想。具体而言，对于世界中属于自然种类（如水、金属、电子等）的物质而言，它们既有必然属性，又有偶然属性。例如，在语句"从本质上看水是 H_2O"或"水分子是 H_2O"中，道出的是必然属性；而在语句"水的温度变化大"或"水是女孩的特质"中，道出的是偶然性质，因为水的温度值以及用水来描述女孩，这并非必然如此。

在思想根源上，必然的与偶然的关涉的是形而上学的实在论（metaphysical realism）：世界如其所是而是，这是必然的；而世界则是我们改造的对象，这却成了偶然的陈述，属于我们如何看待世界的问题。语言表达中，会出现混淆：把必然的与偶然的混为一谈，如"所有员工都请假了，那么我的公司必然就垮了"。这就是把必然与偶然混在一起了。

在现实生活中，我们的命题表达会有必然的命题与偶然的命题。

当我们说"2 + 2 = 4"，那么我们说出的必然为真；而当我们说"这款手机是天下最好的手机"时，这句话难以必然为真，这只是关于偶然性的表述。

重言与自相矛盾
TAUTOLOGY AND SELF CONTRADICTION

重言与自相矛盾（tautology and self contradiction）刚好构成表达的两极：重言式语句必然为真，而自相矛盾的语句必然为假。然而，在日常语言中，重言和自相矛盾却自然而然地联系在一起。如果我们说"这罪犯违法了"，这在逻辑上属于重言式表达，因为这里的主词是"这罪犯"，既然是罪犯，当然就违法了。

然而，语句"这罪犯违法了"却不同于语句"罪犯就是罪犯"。它们的不同点在于，前者可以否定，且否定之后该句可以接受，如"这罪犯没有违法了"。后者"罪犯就是罪犯"却无法否定，因为否定之后，就成了自相矛盾的表达了。试想一下，语句"罪犯就不是罪犯"在逻辑上合理吗？不过，值得注意的是，从类上看，语句"罪犯就不是罪犯"属于自相矛盾的表达，但从例上看，语句"这罪犯就不是罪犯"看上去自相矛盾，可仔细推敲，它却具有可接受性。在这种情况下，"这罪犯是罪犯"和"这罪犯不是罪犯"，二者本来处于重言与自相矛盾所构成的两极，可实际上，二者连在一起形成了自相矛盾的表达。对此，弗雷格会说，它们都有各自的呈现方式，而呈现方式就传递了特定的意谓。

重言与自相矛盾，这对区分工具的哲学价值在于：在实际的话语理解中，某些有效的论题会成为重言式表达，而看上去自相矛盾的表达可能在表层逻辑上具有荒谬性，但在语用情景中却有明确的意谓。

淡薄概念与浓厚概念

THIN CONCEPT VS. THICK CONCEPT

淡薄概念（thin concept）与浓厚概念（thick concept）这对关于伦理或价值判断的区分，来源于伯纳德·威廉姆斯（Bernard Williams，1929—2003）。关于"概念"一词，威廉姆斯继承的是弗雷格的概念观，即认为在命题中作谓词的部分就是概念，它在语句中的呈现方式是：谓词是用来修饰主词的；主词相当于弗雷格所说的对象，可以独立存在，而谓词相当于弗雷格说的概念，处于不饱和状态，不能独立存在，必须依附于对象或主词。例如，我们可以单独说出"玫瑰花"，它是一个对象，可以独立存在，而我们不可无缘无故地说"是红的"或"红的"，因为这是弗雷格意义下的概念，需要依赖对象。于是，"玫瑰花是红的"就表达了一个命题。

威廉姆斯认为，伦理判断或价值判断往往会涉及概念（即谓词）的使用，像"好的""坏的""对的""错的"等，这些概念属于淡薄概念。如果我们说"他的语言哲学功底是好的"，这时我们使用的是淡薄概念，在轻描淡写中对"他的语言哲学功底"做了宽泛的评价与判断。但如果我们说"他的语言哲学功底是扎实可靠的"，这时相对而言，"扎实可靠的"就成了浓厚概念。如果我们评价得越宽泛，那么我们表达的概念就越淡薄；反之，我们评价得越详细，那么我们表达的概念就越浓厚。

淡薄概念和浓厚概念二者具有相对性，会因为情况不同而发生变化。"杀人是错误的"与"杀盗是正确的"，这两个语句在理解上具有相对性，值得细究。如果把"错误的"改成"残酷的"，把"正确的"改成"法律允许的"，这是把淡薄概念改为浓厚概念了，但仍然留有值得深究的相对性。

定义 DEFINITION

定义（definition）这一概念关涉的问题是，定义到底是什么以及如何定义。亚里士多德认为，定义包含两个成分或者说需要做到两点：首先，指明待定义的对象或事物的类别；其次，找出它的特征。例如，要就人做出定义，首先指明人属于动物，然后指出人的特点是具有理性。于是，人的定义就是具有理性的动物。

日常生活中，人们对一个词进行定义，往往寻求字典或词典的帮助，或者按照字典或词典释义的方法来进行定义。分析哲学家虽然不会从字典意义来谈论"定义"的意义，但一般会从弗雷格、罗素和维特根斯坦等人的相应观点来谈论定义。弗雷格论及了两种定义：其一，外显性质定义法，即根据语词的分析性来做出外显性的定义，如光棍汉有外显的分析性，于是光棍汉的定义是未婚的成年男子；其二，语境定义法，即根据语境赋予的信息给语词做出定义，当然被定义的语词往往同定义内容分属于不同的范畴。

罗素认为，字典或词典给出的意义只不过是描述性的意义，而不是"定义"本身应该具备的意义。传统上，定义一个词的意义就是分析这个词的概念关系，找出定义的本质。《哲学研究》对这一传统提出了挑战，虽然维特根斯坦并不否认"本质"，但是他认为"本质"定义观却疑点重重。正是基于维特根斯坦的这种观点，蒯因把定义看成同义性的不同表述，即在蒯因看来，定义的基础是同义性。在蒯因的基础上，我们认为，定义具有三要素：同义性、分析性和参数设置。

二维语义论
TWO-DIMENSIONAL SEMANTICS

二维语义论（two-dimensional semantics）是一个"语义理论大家

族"（也叫二维语义论家族）的统称，这个家族拥有不同的理论成员，但各理论成员都享有大致相同的理论旨趣：在现实世界或事实的基础上，增加一个考察维度，即利用双维度来进行表达式的语义考察。二维语义论的思想根源是克里普克的可能世界语义论，是对可能世界语义论的发展。主要代表人物包括卡普兰、斯坦纳克、伊文斯、大卫·刘易斯（David Lewis，1941—2001）、杰克森、查尔默斯等，他们各自都提出了具体的二维语义论。

1. 简单二维语义论

二维语义论的基本信条是，传统的内涵语义论只赋予语句单一的内涵，即一个语句的真值依赖于相应的事实；对此，二维语义论的简单观点是，除了事实这个维度，还应有语义维度，即一个语句的真值不仅取决于事实，而且还取决于语义。这是二维语义论家族的众多理论成员中观点至为简朴的二维语义论，也称为简单二维语义论。

简单二维语义论认为，语句的真值应由两个维度来决定：语句表述的事实和语句表达的语义。例如，"这棵树绿叶满枝""这座城市是山水之城和百馆之城"等，这两句话各自的真值取决于它们相应的事实和语义。

2. 复杂二维语义论

与简单二维语义论相比，查尔默斯的二维语义论相对来说比较复杂。查尔默斯的二维语义论的基本要义是：一个表达式的外延依赖于世界的不同可能状态。依赖方式有两种：其一，某表达式在"实际世界"中得以说出，它的实际外延依赖于实际世界的特征；其二，某表达式在"反事实世界"中得以评估，它的反事实外延依赖于反事实世界的特征。与这两种取决方式相对应，表达式就有相应的两种语义内涵，这两种内涵用不同的方式把表达式的外延与世界的可能状态联系起来。这就出现了二维语义内涵框架，基于此，表达式的语义内涵维系着意义的两个维度，对应着关于可能性思考的两种不同方式：第一，把可能性考虑成实际的，即把可能性考虑成实际世界可能就是如此的一种表征方式；第二，把可能性考虑成反事实的，即承认实际世界是固定的，而把可能性考虑成这世界完全可能会这样但实际不是这样。

根据二维语义论，一个语言表达式，无论是名称还是语句，它们都有各自对应的语义变化的概念实质。语义金三角所呈现的三大联系（弗雷格联系、康德联系和卡尔纳普联系）正是解释语义变化概念实质的思想维度。

范畴 CATEGORY

语言哲学家谈论的范畴（category）有三类：语法范畴、逻辑范畴和语义范畴。首先，语法范畴常常指语法书描写的词类范畴，主要指动词、名词、副词、形容词等。其次，逻辑范畴是指语句的逻辑形式的描述范畴，如单称词项、逻辑量词、逻辑主词、逻辑谓词、模态算子等。最后，语义范畴是指哲学家在讨论语句成分的可替换性时，两个成分或语词所表达的范畴。在对某个语句进行成分替换时，最直接的想法是原有成分应该同它的替换成分属于同一个范畴。然而，在实际情况中，在进行语句成分替换时，往往出现非同一个范畴的成分替换。

语言哲学家谈论的范畴总是与具体的表达式联系在一起。其实，范畴是西方哲学发展过程中存在争议的概念，这个概念难以准确界定。最为复杂的是亚里士多德所谈论的范畴和康德所讨论的范畴。大致可以说，亚里士多德所讨论的范畴意指事物的范畴，属于非组合性的事物，范畴可能是实质、数量、质量、关系、影响、处所等。然而，在讨论范畴的表达情况时，亚里士多德却用范畴来谈论谓词。范畴的本体性和述谓性成了西方哲学争论的焦点，最为典型的问题是"范畴具有普遍性吗？"康德的范畴观继承了亚里士多德的观点，然而康德关注的是判断的逻辑条件问题。在康德看来，所有判断都可能关涉量、质、关系和模态。康德的范畴观具有超验性质，即他要用超验推演来证明判断之范畴的存在。

对于范畴这一难题，赖尔试图找到界定和区分不同范畴的方法，最后却发现日常表达中充满了范畴错误。

范畴错误 CATEGORY MISTAKE

赖尔在其《心的概念》中提出范畴错误（category mistake）这一概念。赖尔本想找到界定和区分范畴的方法，可最后却发现日常话语中充满了范畴错误。为什么会这样呢？原因之一就是人们根据名称去寻找其指称对象，可名称本身的指称性并不确定，即名称完全可能是描述性的名称，这样一来，名称与述谓就会纠缠在一起。

另外，指称对象并非总是清楚确定。赖尔的意思是，当把对象与属性混在一起时，就会出现范畴错误。范畴错误的直观形式是，把一个范畴归属在另一范畴，即把不同性质的东西描述成另一范畴的东西。赖尔的经典例子是，当你带友人参观你所在的大学，你们一群人游览了所有建筑大楼，如果这时你的友人发问："这大学在哪呢？"这时就有范畴错误。当然，信奉转喻的人会说，部分可以表达整体，大学的大楼表达的就是大学。认知语言学所讨论的转喻性思维尤其是隐喻性思维不乏赖尔所说的范畴错误。

再有，把不同属性或者谓词归属于不同性质的对象，如把"瞎了"归属于"石头"，而说成"石头瞎了"，这样的表达就有范畴错误。显然，赖尔提出范畴错误这一概念来，并不是要建立表达的规范，而是指明日常语言充满了这样或那样的范畴错误，具有范畴错误的表达可能会导致理解的混乱。

分析的与综合的

ANALYTIC VS. SYNTHETIC

分析的（analytic）与综合的（synthetic），二者是关于语言分析与命题陈述的一对概念区分工具。哲学中有分析命题和综合命题之分，这一区分是由康德提出的。分析性命题的特点是，命题的主词包含谓词，从而使整个命题所表达的意义可以从命题内部分析出来；即当一个语句的意义由语句自身决定，而不需要经验作为依据，那么这样的语句就是分析性语句。相反，当一个命题的意义取决于经验时，这个命题属于综合性命题。

用康德的话说，如果一个命题或判断在结构上是一个包含主词概念和谓词概念的陈述句，那么这个命题或判断属于分析性的；如果主词概念和谓词概念二者之间没有包含关系，那么这样的陈述句表达的是综合性命题或判断。例如，"红苹果是红的""光棍汉是未婚的成年男子"，这样的陈述句就是分析性的；而"所有苹果都是红的""上海单身男人的平均寿命是 81 岁""重庆是桥都"等这样的陈述句是综合性的。

对分析与综合之分，学术界有一种简便的解释法：凡是只从句内成分就能分析出整个句子意义的句子就是分析性的；凡是无法从句内成分本身，而需要依赖经验才能得出句子意义的句子就是综合性的。如此一来，构式语法的构式应是综合性的，而不是分析性的。

概念工程　　CONCEPTUAL ENGINEERING

"概念工程"（conceptual engineering）这一术语出现于 20 世纪末。

大部分学者认为，其理论灵感来源于卡尔纳普的解明（explication）方法：用一个新的精确概念，即解明项（explicatum），代替一个被人熟知却模糊的前科学概念，即待解明项（explicandum）。为什么要以新概念代替旧概念？概念工程研究者认为，我们应该质疑所使用概念的合理性，对现有概念持批判的态度，而不是一味地全盘沿用。这种质疑可以追溯至尼采，尼采曾警示我们要"对所继承的概念保持绝对怀疑的态度"。

对现有概念进行批判，就是重新审视现有概念是否足够完善。如不完善，我们就需寻找更为精确的概念来改进它。鉴于此，卡佩兰将概念工程定义为对概念使用进行评价和检修的工作。它至少涵盖了对概念的设计、实施和评估三个方面的内容，其中包括设计新概念的概念新工程和修补旧概念的概念再建工程（conceptual re-engineering）。概念工程有广义和狭义之分：广义的概念工程是指对概念进行修正、替换、引介或消除的实践；狭义的概念工程仅限于修正某些已有的概念。

简而言之，概念工程旨在改良我们使用的概念。概念工程研究者主张，哲学家的工作不再是一味地追求对概念的描述，而是要对概念进行评价，要改良有缺陷的概念或设计新概念，以便用于服务具有特定目的的理论或实践。

概念工程的相关研究正方兴未艾，而且其研究内容可分为两个类别：一类名为语义论，另一类称作心理论。持语义论的学者认为，概念工程的主题是语词的意义，概念工程就是改变所使用的语词的意义。卡佩兰提出的"俭约框架"是语义论的典型代表。根据该框架，实施概念工程就是"改变表达式的外延和内涵"。然而，持心理论的学者则声称，概念工程更应关注解释心理和语言行为的心理结构。根据该观点，概念被理解为信念或某种心理状态，是范畴化的基础。如果想改变人们的语词用法，或者人们关于事物的分类，那么我们就应该改变他们持有的概念。概念工程注重三大改变，即改变人们对事物的分类方式，改变人们采用的推理模式以及改变语言特定表达的使用情境。

概念文字 CONCEPT-SCRIPT

概念文字（concept-script）是弗雷格在其著作《概念文字》（*Begriffsschrift*，1879）中提出的概念。这是用来表达概念的，即要用文字表达概念，就要用一种公式语言来表达思想。概念文字是以算术为蓝本的、表达纯粹思想的公式型语言。弗雷格的概念文字有以下三点理据：第一，有意义的语句陈述具有客观的概念内容；第二，这概念内容恰恰在日常语言里无法得到充分表征；第三，完全能够设计出公式系统来充分且清晰地表述任何陈述语句的概念内容。弗雷格的概念文字表达了三大观点：首先，哲学的任务是确定哲学陈述的客观内容；其次，哲学的任务是批判概念内容在日常语言中的不完善与不充分的表达；最后，哲学的任务是用充分的公式语言，来准确地翻译客观的概念内容。

基于以上认识，弗雷格推出真值函数，力图用函数和论元这样的工具来分析语句所表达的概念内容。数理逻辑的析取、合取、否定、量词等概念来自于弗雷格。依靠这些逻辑手段，弗雷格率先在逻辑学中进行语句的多重普遍性问题的分析工作。不过，现代逻辑学家使用的逻辑表达式虽然源于弗雷格，但是在表达公式的形态上却没有严守弗雷格所采用的公式语言。

感觉资料 SENSE DATA

感觉资料（sense data），也叫"感觉与料""感觉数据""感觉材料"等。然而，后三个称谓或多或少会令人生疑："与"字来路不明，"数据"太过专业，而"材料"多为物质性材料。因此，为了避免这些问题，我们不妨把 sense data 译作"感觉资料"，毕竟"资料"兼有抽象与具体的信息意谓。

感觉（sense）关系着感知（perception），而在感知过程中存在两种能够被人意识到的对象（objects of awareness）：第一，物理或物质对象（如桌椅、书本、山川河流等）和生命有机体（如动物、植物和人类），这类能够被意识到的对象统称物质对象（material objects）；第二，在感知过程中还存在一种能够被意识到的对象，即一些 data（译作"资料"），也称为 sensa（单数是 sensum）。sensa 相当于 sense data，二者都可译作"感觉资料"。感觉资料是指在感知过程中，人们直接意识到对象的形状、颜色、大小、软硬、冷暖、气味、声音等，这些就是被感知的资料。例如，放在我们面前的一本书，它作为感知的对象给予我们的感觉资料有封面的颜色、书的厚度、大小、装订的式样等，这些都是感觉资料。

摩尔率先详细讨论了感觉资料，但在思想源头上，罗素、艾耶尔等人都对感觉资料有所论及。摩尔关于感觉资料的论证被人称为"感觉资料论"。感觉资料论需要直接面对的问题是：我们就一个对象进行感知，为什么不是直接感知到它的整个物质体而是感知到它的感觉资料？这个问题颇具争议，而且在这个问题的背后存在大问题：在认识世界的哲学活动中，我们到底是把握住了对象（如世界）本身，还是把握的不过是对象的属性（即感觉资料）？打个比方说，我们拥有一辆轿车，这到底是拥有轿车这一对象的全部，还是只不过是拥有了该轿车的一些属性？这个问题具有争议性。

函数 FUNCTION

函数（function）这一概念来自数学。函数是决定两个变量之间的关系的表达式、规则或定律，即一个变量（自变量）与另一个变量（因变量）之间存在一种变化关系，而决定这个变化关系的则是某个规则、某个定律或者某种表达。函数这一概念的现代定义由德国数学家彼德·G. L. 狄里克雷（Peter G. L. Dirichlet，1805—1859）于 1837 年给出。该定义的大意是，如果变量 y 与变量 x 具有的关系是单向的决定或影响关系（即只要自变量 x 取值发生变化，那么因变量 y 就会发生相应变化）。这就是说，一旦给 x 赋值，y 就会根据某种规则而得出相应的值，这个值是由 x 的取值与某种规则决定出来的。在这种情况下，y 则被看作自变量（也称为独立变量）x 的函数。函数关系的符号表达式是：$y = f(x)$。

现代语言哲学的函数概念是以数学中的函数概念为基础。罗素在回答什么是意义时，给出的答案是意义就是函数。在日常生活中，假定张三的心情 y 是由某种变化因素 x 决定的，那么变化因素 x 一旦发生变化，张三的心情就会发生变化。假如变化因素 x 是现金收入，那么 x 一旦变化，张三的心情 y 就会发生变化。在这种情况下，张三的心情与他的收入之间就存在函数关系：$y = f(x)$。书写成日常语言则是，张三的心情取决于张三的收入量，即心情与收入之间存在某种关系规则，这个关系规则决定着张三的心情与收入之间的变化关系。在函数视域下，语句"贾宝玉爱林黛玉"就不再局限在主词加谓词这样的命题结构，而是由"爱"维系的两个变量：贾宝玉和林黛玉。这就是说，语句"贾宝玉爱林黛玉"是函数 L(x, y) 赋值的结果，即 L$(\ )$ = 爱，x = 贾宝玉，y = 林黛玉。

还原论 REDUCTIONISM

还原论（reductionism）的核心是还原。还原具有两种理解：宽泛意义上的还原和严格意义上的还原。在宽泛意义上，某个语言表达式或者某个实体经过还原之后，它仍然保持本色不变，即不会变成其他别的什么实体或表达。例如，"上海是座大城市"，这一表达式可以在宽泛的意义上还原成"上海大"和"大上海"，还原后的这两个表达式仍然具备原来那个表达式的基本内容。

还原到底是什么意思呢？严格意义上的还原是不能改变任何内容。这就是说把某个复合体或整体进行简化，而得到的简化后的东西仍然能够表达该整体或复合体的实质。对于语言表达式而言，"雪是白的"可以还原成"白雪"和"雪"，而还原后的"雪"仍然是白的。这是语义还原，可是把"雪是白的"还原成"雪"，这在结构上出现了差异。还原前的对象和还原后的对象，二者不能出现大的差异，否则就不是还原。一句话，语言哲学中的还原是指把一个复杂表达式简化成一个简单的表达式而又不会丢失任何重要的内容，这就是严格意义下的还原。

陈嘉映在《无法还原的象》（2005）中说，美是无法还原的。我们不能把一位美女（如古代的西施）还原成一堆碳原子和一堆氢原子。科学追问离不开还原，如物理学、生物学和化学等都崇尚还原。可以说，我们所知的功能语言学的语法隐喻观，它就有还原论的基本理念。然而，语言表达、语义表达等在什么情况下可以还原呢？哲学家在理解世界和表述世界时，可能会把整个世界还原成某种个体，这样的还原有没有问题呢？这些问题值得深究。

家族相似性　　FAMILY RESEMBLANCE

家族相似性（family resemblance）这一概念在尼采的《善恶之外》（*Beyond Good and Evil*，1886）第 20 节中有所论及。维特根斯坦在其手稿《大打印稿》（*Big Typescript*，1976）第 58 节中用它来批判教条主义，后来在《哲学语法》（*Philosophical Grammar*，1974）和《哲学研究》中，维特根斯坦用家族相似性来批判本质主义。维特根斯坦认为，在似同非同的一些对象或事物中寻找它们共同拥有的本质，这是形而上学的难题。人们可以使用"本质"这一语词，但是人们根本无法说清楚本质到底是什么。与其用"本质"一词，还不如用家族相似性来认识事物或对象之间的联系。甲、乙、丙、丁等这些事物或对象，它们联系在一起，并不是因为拥有某种共同的本质，而是它们各自之间具有某种或某些相似性，就像家庭成员之间具有相似性一样。这是家族相似性的基本要义。

就语言而言，维特根斯坦认为，语言的本质这一说法存在难以回答的问题。人们力图理解语言的本质，但实质上只能认识到一些联系或者相似性。为什么呢？因为语言根本没有什么可以说清楚的本质。在《哲学研究》第65节，维特根斯坦针对其早期哲学著作《逻辑哲学论》第4.5节和第6节中的观点进行批判，认为不存在命题的总形式。人们用语言来表达一个命题或一些命题，就像从事语言游戏一样，不同的命题归属于不同的游戏，或者归属于不同的语步，这些游戏之间没有共同的本质，而是具有一些相似性。于是，维特根斯坦的《哲学研究》第67节明确指出家族相似性才是同一族中各成员拥有的联系。本体论哲学追问的本质或者说形而上学追问的本质，在维特根斯坦看来应该加以批判，取而代之的是家族相似性。

经验论的教条

DOGMAS OF EMPIRICISM

在现代语言哲学中讲述经验论的教条（dogmas of empiricism），自然要包括蒯因所讨论的经验论的两大教条以及戴维森在批判蒯因时所提出的经验论的第三个教条。蒯因于1951年在《哲学评论》（*The Philosophical Review*）上发表了《经验论的两个教条》（"Two Dogmas of Empiricism"）。这篇经典论文开篇就直接界定经验论的两大教条的性质，这在语言哲学界颇具影响力。

蒯因说，现代经验论受到来自两大教条的很大限制。第一个教条是从根本上割裂了分析的真和综合的真，即把分析性和综合性截然割开。

分析的真是指独立于事实的真，或者说分析的真所基于的意义并不需要事实作为基础，而综合的真却以事实为基础。第二个教条是还原论：该教条持有的信念是，每一个有意义的陈述都等值于其指称直接经验的词项的逻辑构造（construct），即该还原论信奉的教条是，有意义的一大句话总是能被还原成一个词项，当然该词项在逻辑上是以直接经验为基础。蒯因说，这两个教条都站不住脚，因而摒弃这两个教条会有两个结果：一是弱化思辨性形而上学与自然科学之间的原以为的界线；另一个是转向实用主义。

分析的真与综合的真，这对区分根源于康德，而蒯因认为，这个教条妨碍了对陈述的意义实质的考察。蒯因批判了他所说的两个教条，而蒯因的学生戴维森在蒯因的批判之后，在其 1973 年发表的《谈谈概念图式这个观念》（*On the Very Idea of A Conceptual Scheme*）一文中提出经验论的第三个教条：经验内容与概念框架的区分。陈嘉映认为，戴维森所批判的经验论的第三个教条，在思想根源上源于蒯因，但在批判目标上瞄准的是蒯因。

可能世界 POSSIBLE WORLD

可能世界（possible worlds）这个概念大致可以说源于莱布尼兹，直到 20 世纪后半叶才成为分析哲学和语言哲学的重要议题。克里普克、大卫·刘易斯、雅柯·辛提卡（Jaakko Hintikka，1929—2015）、尼可拉斯·雷舍尔（Nicholas Rescher，1928—2024）等哲学家利用可能世界这一概念解决形式语义学和模态逻辑的问题。其中，比较典型的问题有：违实句的真值条件问题、模态语句的必然性与可能性、二维语义论等。

可能世界这一概念的核心意义是，实在性（或现实性）不能仅仅被理解成物理存在的总和，而应被看成可以想象的一切存在的总和。现实中，我们用感官感受到的所谓的真实世界，仅仅是可能世界之一。例如，2020 年，特朗普输掉了连任美国总统的选举，这个实际发生的事件只是可能世界的事件之一；若是 2020 年特朗普本人赢得了选举，2023 年的美国总统就是特朗普，然而这也只是可能世界之一。

可能世界的哲学基础是宇宙不是由单一世界组成，不是一元的，而是多元的，宇宙是由多种不同的世界组成，而多种不同的世界则是可能世界。语言使用中，实际的（actual）、实在的（real）等描述的是谈论的中心世界，而还存在其他的世界可能替换现实的世界。可能世界的关键是可进入性（accessibility），而且凡是遵守逻辑排中律和非矛盾律的世界都是可能世界。

可能世界需要面对的问题有：实际世界如何只凭某种可能而成了实际世界？实际世界有自洽的实际存在，那么其他世界难道只能存在于想象中吗？这类问题属于大问题，一时难以得到充分解答。

克里普克的维特根斯坦

KRIPKE'S WITTGENSTEIN

克里普克的维特根斯坦（Kripke's Wittgenstein）简称为克里普肯斯坦（Kripkenstein）。克里普克在其 1982 年出版的《维特根斯坦论规则与私有语言》（*Wittgenstein on Rules and Private Language*）一书中，围绕维特根斯坦关于意义的问题和私有语言问题进行了堪称新颖的解读，而且哪怕是他误解了维特根斯坦或者偏离了维特根斯坦的本意，学术界仍然认为克里普克在误读中却做出了独特的贡献，于是学术界就把克里普克的误读赋予一个名称，叫克里普肯斯坦。

克里普克主要聚焦维特根斯坦在《哲学研究》第 138 至 243 节中的论述，而且思考出一条颇受争议的路线来，旨在怀疑意义的实在性和语言理解问题。克里普肯斯坦认为，就意义和遵守规则而言，说话者的行为、心灵或社交生活等这些方面的事实，并不能从形而上学的层面来决定或构成说话者所用语词的意义，而且也并无上述这些方面的事实能从形而上学的层面来确定说话者正确使用语词与这些语词所传递的意义之间的联系。克里普肯斯坦进一步强调，如果我们坚持认为，意义在实质上是事实性的事情，那么我们就会面对一个怪异的结论：除了语词本身外，根本就没有任何可以当作意义的事物。

克里普克对意义的实在论持有怀疑态度，而且他把这种怀疑归功在维特根斯坦头上。在他看来，我们确实可以用语词来意指某些事物，但是意义绝不是事物本身，因为意义在于言语社群成员共同拥有意义归因，即把意义归因在某些事物上，也可以不把意义归因在任何事物上。在汉语文化语境中，如果一个人道出"绿帽子"一词，那么我们当然就能够明白他说的"绿帽子"有何意义。这里的条件是我们刚好遵守了"绿帽子"传递的意义所需的相应规则。这样一来，语词的意义归因言语社群共同遵守规则的结果，因而我们可以说根本没有私有语言存在。克里普克的这种论证却背离了维特根斯坦关于私有语言的论证。

维特根斯坦和克里普克都说私有语言不存在，二人结论相同，但是二人的论证理据却相差甚远。无论怎样，克里普肯斯坦所提出的论点与断言值得深究。

空名 EMPTY NAME

空名（empty name）是语言哲学讨论的起点之一和热点之一。按照穆勒的直接指称论（the theory of direct reference），每个名称都有一个对应的指称对象，尤其是在逻辑表达中，做主词的名称不能是空名。那什么是空名？空名分为几大类？这两个问题貌似幼稚，但它们却关系着深层的哲学思想。

　　一般来说，在现实生活中，人称专名、地理专名以及自然种类词项，它们绝大多数都会被当成有指称对象的名称。虚构名称、科幻名称以及现实不可能的名称等，都是没有指称对象的名称，它们在绝大多数情况下都是空名。本·卡普兰（Ben Caplan，1986—　）在《语言哲学和语言学简明大辞典》（*Concise Encyclopedia of Philosophy of Language and Linguistics*，2009）中举例说，加拿大的著名影星基努·李维斯（Keanu Reeves，1964—　）的上衣口袋里有个打火机，这打火机叫斯巴克（Sparkie），这时有三种情况：第一，李维斯确实有一个打火机在衣服口袋里，而且就叫斯巴克；第二，李维斯根本没有任何打火机，他只是空口白说而已；第三，李维斯有打火机，但名称不叫斯巴克。这里的第二种情况，斯巴克就是空名，只有名称，没有指称对象，而且世界上没有任何打火机名叫斯巴克。那么问题来了，第三种情况是空名吗？这是语言哲学的一个争论点。

　　更重要的是，虚构的名称虽然在现实世界里找不到指称对象，但是虚构的名称毕竟在很多情况下都有意义。这个问题怎么解决呢？另外，在迈农悖论"这金山不存在"这一表达中，"这金山"当然是空名，可是这空名并非没有意义。这些都是语言哲学的争论点。穆勒、迈农、弗雷格、罗素等把这些问题置于不同情形下做了相应的解释。

蒯因的土著兔子　　QUINE'S GAVAGAI

　　蒯因的土著兔子（Quine's Gavagai）是语言哲学的著名思想实验之一。蒯因在其于1960年出版的著作《语词与对象》第2章"翻译与意义"中创造出一个单词 Gavagai（大概是指土著人口中的兔子）。蒯因设计出这个思想实验，目的是要考察语词与它们所表征的对象之间的关系，考察翻译与意义之间的影响因素，从而驳斥意义确定论。蒯因说，考虑一下这种情况：一位语言学家，在没有任何翻译的情况下，只身来到一个土著部落。这位语言学家根本不懂土著部落的语言，却要编撰一部关于这个部落语言的翻译词典。于是，他仔细观察和收集土著部落的一切话语数据，而且似乎只能获得表层的客观数据，如观察到土著人的行为举止、听到或看到土著人的说话场景等。有一天，一只兔子飞快跑过，见此情景，土著人大声说出"Gavagai"来，于是这位语言学家就把土著的话记录下来，并试着将其翻译成"兔子"。那么问题来了，Gavagai 当真就是指兔子吗？这就引出了翻译的不确定性问题。欲知更多信息，请参阅本书核心概念篇之"思想实验"。

类与例 TYPE VS. TOKEN

类与例（type vs. token）这对概念区分的工具，在思想上来源于柏拉图。在柏拉图看来，我们使用一个语词，尤其是名词，会有两种解读或用法：一种指向理型，另一种指向具体的事物。例如，在语句"张三想买一辆林肯牌轿车"中，语词"林肯牌轿车"既可能是这个牌子的任何一辆轿车，又可能是具体的一辆林肯牌轿车，即张三心中已经确定了一辆实实在在的轿车，这轿车也许正是他邻居将要售卖的林肯牌轿车，也许是某个销售商展位上的某辆车。

在日常语言中，或者语言学、词汇学中，上位词相当于这里所说的类，而具体的下位词，尤其是有确定个体的下位词，就相当于这里所说的例。例如，花是上位词，属于类，而我家后院的那盆玫瑰花，属于下位词，因而是例。"大家快报名吧。我们要推选出一位领唱人。"对于这句话，有两种解读：第一，待推选的领唱人选还没确定，任何人都可能成为领唱人，那么这时"领唱人"属于类；第二，合唱团指挥确定了某人担任领唱，那么这时的"领唱人"就是例了。

语言使用免不了涉及类与例的使用。如果不加区分，那么就完全可能产生理解上的混淆，甚至问题。

论理词 DIANOETIC WORDS

论理词（dianoetic words）是陈嘉映为语言哲学提供的一个新概念，是陈嘉映关于"哲学何为"所做的独特思考的集中反映。陈嘉映认为，哲学在于说理或论理，语言哲学尤其如此。哲学家拥有一套词汇，而且把这套词汇专门用来论理。

哲学或者语言哲学进行专门而系统的论理，其论理的核心在于使用论理词。哲学家特别爱用的、特别爱讨论的多半是这些语词：仁、礼、道、物质、心灵、分析、综合、平等、自由、经验、体验、感觉、实在、真、符号、形式、本质、原因、理由等，这些是典型的论理词。可列举的论理词还有很多，黑格尔的《逻辑学》可谓集论理词之大成。尤其值得提及的是，不少不起眼但十分要紧的小词，如一般说来、真正说来、从哲学上说、实际上、直接、间接等，这些词也属于论理词。

我们看看下面的表达就可以对何为论理词有个大致印象与初步理解，注意（1）中的"寻找"和（2）中的"平等"：

（1）"寻找钱包"与"寻找自我"。
（2）"把蛋糕分为平等的两份"与"人生来平等"。[1]

在日常语言中，像"飞""书"等这样的语词，我们虽然很难定义，但它们的用法似乎很清楚，我们几乎从小就不曾用错过，也不会为它们

---

1 陈嘉映 .2010. 论理词与论理 . 哲学分析，（1）: 1–16.

的用法发生争论。然而像平等、自我、利益、权利、正义、文化、幸福等这样的词，似乎每个人都有多多少少不同的理解，而且不同的理论家会对它们给出各自的定义来，而这些定义或多或少存在差异。例如，吸进来、呼出去的气（空气的气），我们都知道它的意思，而在宇宙理论中，关于气的确切意思，理论家们争论不已。台上正在发言的是谁？这话我们一听就懂。可是对于"我是谁？"这话是什么意思，我们就不那么清楚了，实际上"我是谁？"可以有很多不同的意思，也可能根本没意思。

陈嘉映所说的论理词，与人们所说的哲学概念有大面积重合；近义的用语还有理论概念、抽象概念、形式语词等。逻辑经验主义斥之为"没有任何意义"的"形而上学专用术语"，如本原、上帝、理念、本质、自我、绝对、自在自为的存在，这些语词显然都是论理词。哲学概念这个用语有一些优点，有时我们也用得上。不过，哲学概念这个语词的意思似乎不那么明确，即使问哲学系的师生什么叫哲学概念，恐怕也人言人殊。而且，按流行的分科，哲学被设想为和化学、生物学、语言学平行的一门学科，人们也难免把哲学概念想成和化学概念相平行，仿佛它要么是哲学专用的，要么在哲学里有个特殊定义。然而，在陈嘉映看来，实情却非如此。为什么呢？在语言哲学中，很多时候，我们更愿意说词，而不是说概念。这样一来，我们似乎应该采用论理词，而不用哲学概念。

罗素悖论　　RUSSELL'S PARADOX

罗素悖论（Russell's paradox）是罗素本人发现的一个集合悖论。罗素悖论表达的基本意思是，某些集合，如所有酒杯组成的集合，并不是它们自己集合中的元素或成员。换句话说，对于任意一个集合 A 而言，该集合 A 有两种情形：一种情况是，A 是其自身的元素，即 A $\in$ A；另外一种情况是，A 不是自身的元素，即 A $\notin$ A。根据集合论的概括原则，如果把所有不是自身集合元素的集合拢在一起，组成一个关于集合类的集合 S，那么这个集合 S 还是不是它自身的元素呢？这就出现悖论了，这就是罗素悖论或者罗素类型悖论。

罗素悖论具有集合论悖论和语义悖论的性质。1908 年，罗素提出了分支类型论，目的是既要避免集合悖论，又要避免语义悖论。罗素悖论是语言哲学的重要议题，围绕它出现了不少争论。有人认为，罗素悖论只是罗素的悖论，与其他悖论不搭界；而更多的人则认为，罗素悖论和理发师悖论等价。

理发师悖论正如罗素悖论一样非常著名。理发师悖论的基本意思是，某镇仅有一名理发师，而且这位理发师给自己定下了一条规矩：只给那些不给自己理发的人理发。我们若解读这条规矩，且对照理发师本人来说，这就有问题了：这位理发师该不该给他自己理发呢？

为什么说理发师悖论与罗素悖论等价呢？原因是可以做如下替换，我们可以把理发师要理发的每个人当作一个集合，这个集合的元素就是理发师要理发的对象；理发师若宣称他是自己对应的集合中的元素，即都是本镇不给自己理发的人，而且镇里所有不属于自身对应集合的人都属于理发师对应的集合；那么，理发师是否属于他自己对应的集合呢？即理发师到底是属不属于"不给自己理发的人"这个集合呢？这就成了悖论。

对于罗素悖论，维特根斯坦在《逻辑哲学论》第 3.333 节中提供了解决方案，维特根斯坦认为，任何命题不能包含自身，同样一个函数也不能包含自身。若把自身代入，就会自相矛盾。

逻辑实证主义　LOGICAL POSITIVISM

逻辑实证主义（logical positivism）与维也纳学派联系在一起，二者具有大致相同的哲学志趣和旨趣。在思想根源上，逻辑实证主义继承了孔德和马赫的实证主义，以维特根斯坦的早期哲学作为思想指导，以《逻辑哲学论》为学派宝典，在 20 世纪二三十年代的奥地利维也纳形成了理想语言阵营（the ideal-language camp）。受 20 世纪初自然科学的影响，逻辑实证主义力图实现科学知识的理想化，主张用科学的标准来衡量意义。逻辑实证主义提出了意义实证论（the verification theory of meaning），又叫意义经验论（the empiricist theory of meaning）。逻辑实证主义认为，一切非科学的观点或陈述是没有意义的，一项陈述要有意义，条件是要满足证实原则。

逻辑实证主义的证实原则包括两点：第一，重言式表达能够满足逻辑分析的要求，因而具有分析性意义，即重言式表达的意义存在于逻辑分析中；第二，任何非重言式表达要有意义，条件是它要在经验上获得证实。基于这两条证实原则，逻辑实证主义声称，无法进行逻辑分析或者无法进行经验证实的任何陈述，都没有科学概念上的意义。因此，逻辑实证主义把形而上学的一切陈述都视为在科学上没有意义的陈述。

逻辑实证主义的创办人是石里克，而核心人物有纽拉特、费格尔、魏斯曼、卡尔纳普等。艾耶尔把逻辑实证主义推广到英国哲学界。洪谦（1909—1992）作为维也纳学派唯一的中国人，继承了逻辑实证主义的哲学思想。欲知详情，请参阅本书核心概念篇之"维也纳学派"。

命题态度　　PROPOSITIONAL ATTITUDE

命题态度（propositional attitude）在结构上表示的是一个心理上的二元关系：相信某个命题的主体与命题本身的关系。除了相信以外，还有意欲、打算、知道、发现、以为、担心、害怕等心理动词，它们都可以用来联结主体与命题的关系。用日常语言来说，命题态度是指某个人和某个命题的关系，而这个关系的联结纽带则是某个心理动词。"张三相信火星上存在生命体""那个岛国希望世界上其他国家都赞成这个计划""我认为明天要下雨"等，这些表达都是命题态度的典型例子。

含有命题态度的语句在结构上包括三个成分：主体（人）、心理动词和命题。在形式完整的语言表达中，含有命题态度的语句显而易见。然而，命题的语句表达并非一定要有心理动词的外显，即有时没有明确使用任何心理动词，却也会呈现出命题态度来。语气、语气助词、语调等都可用来传递命题态度。例如，在汉语中，含有命题态度的语句"我猜想你是学会的新任会长"，对于这种说法，在实际的说话中也可能会是"你是学会的新任会长呗"。即后者的"呗"完成了"我猜想"的功用。

弗雷格关于同义互换的谜题在实质上关系着命题态度的表达。当语句"鲁迅是周树人"关涉两个名称和同一个指称对象时，这里并不一定是同义性的重言式，而可能是隐含着说话人的命题态度，即"（某人相信）鲁迅是周树人"。不过，这个问题存在争议。毕竟，命题态度关涉的不只是二元关系问题。另外，明确的断言，也可能会有命题态度的显现或隐含。

模态   MODALITY

语言哲学的模态（modality）有四种情况：必然性、偶然性、可能性和不可能性。必然性和可能性是模态的基本情况。模态可以分为真势模态（alethic modality）、认识模态（epistemic modality）和道义模态（deontic modality）。

真势模态关涉的是必然的真，如在语句"如果张三是光棍，那么他必然是未婚成年男子"中，"他必然是未婚成年男子"表达的是真势模态。语句"他必然是未婚男子"叫作真势模态句。

认识模态关涉的是信念中的确定性与非确定性，至于到底有没有确定性，这取决于认识条件，即认识模态具有条件限制。例如，语句"他可能要迟到""张三会在考试中得高分""李四能够明白老师说的话""这个条件看来是真的"等模态句，都表达的是认识模态。

道义模态关涉的是道义、责任、义务、伦理、公德等。道义模态词包括应该、许可、必须、要、会等。"张三应该认真学习""李四必须按时完成任务"等，这些属于道义模态句。

在日常生活中，我们的话语中存在模态混淆的表达，如把可能性当成必然性。当某人说"我改天请你吃饭"，该句话可能是认识模态句，也可能是道义模态句，反正不要把它理解为真势模态句。当主管领导拒绝雇员请假而质问请假人："公司雇员今天都请假了，那公司还运转不运转？"这时主管领导属于误把可能性当成现实的必然性，属于模态表达不清。

普特南的孪生地球

PUTNAM'S TWIN EARTH

普特南的孪生地球（Putnam's Twin Earth）是语言哲学和心智哲学的著名思想实验之一。普特南在其于 1975 年发表的文章《"意义"的意义》中提出一个问题：意义是在头脑中吗？为了回答这个问题，普特南运用"孪生地球"这个思想实验，来驳斥"意义的心理状态决定论"。通过"孪生地球"这个实验，普特南力图证明的观点是：意义是由（头脑）外部环境决定的，是由事情的真来决定的。欲知更多信息，请参阅本书核心概念篇之"思想实验"。

确定性 CERTAINTY

语言哲学所讨论的确定性（certainty）来自维特根斯坦专文《论确定性》（"On Certainty", 1972），而且维特根斯坦在《哲学研究》第320至第324节中，讨论了确定性的理据。确定性是指人或对象（尤其是具有命题性质的对象）具有"确定的"或者"确实的"性质。

在哲学思辨活动中，"确定的"可以分为认识论上确定的、心理上确定的、形而上学上确定的、逻辑上确定的以及伦理上确定的。

维特根斯坦的确定性主要是指认识论上的确定性，并认为确定性在语言使用中占有重要地位。维特根斯坦论证确定性的出发点是对摩尔运用常识来批判怀疑论而做的回应。摩尔认为，人们可以根据经验知识或者常识来声称"我知道什么"，这具有确定性，可以证明外部世界确实存在，从而可以有力驳斥怀疑论。对此，维特根斯坦认为，摩尔的观点既有正确的一面，又有错误的一面。摩尔的正确性在于，属于认识论的知识性断言在具有经验基础或者相应条件下是确实的，毋庸置疑。可是摩尔没有注意到，经验证据并不保证"我知道什么""我认为什么""我肯定什么"这样的确定性。主观上的宣称"我知道""我相信"等，有时并不需要什么条件或者经验证据。

在维特根斯坦看来，摩尔对唯心主义怀疑论的批判有可取的出发点，但存在严重偏差，因为摩尔的常识观，如声称自己有两只手这样的常识观，是极为基础的基础，怀疑论者也具备这样的常识。打个比方来说，关于河流而言，怀疑论者要怀疑的是河流的变化，而对河床是否存在并不怀疑，而摩尔却用河床的确实存在（在实际论证中，摩尔用的是手的确实存在）来反驳怀疑论者的观点，这就出现了批判上的偏差。确定性在语言中表现为两种认可：纯粹的交际认可和知识定义的认可。在纯粹的语言交际中，确定性的获得并不一定需要摩尔所说的常识。

认识论 EPISTEMOLOGY

本体论和认识论（epistemology）是哲学的两大分支，也是哲学界无法回避的两大概念。如果说本体论关涉的是存在，那么认识论关涉的则是存在的基础以及如何认识存在。如果说本体论关涉的是"存在的性质"和"是的性质"等这样的问题，那么认识论关涉的是"知识的性质"和"获取知识的不同方法"等这样的问题。在表达形式上，本体论问题可呈现为"什么是 X"或"X 是什么"，而认识论问题则会呈现为"关于 X 你知道什么""你是如何知道 X 的"以及"X 是何以可能"等。关于本体论和认识论，实证主义和实用主义给予了不同的解释。实证主义认为，本体确实存在，真也确实存在，而且可以通过认识论的方法来衡量本体与真。实用主义认为，本体是变化的，真存在于商谈中，而且可以通过主观解释来获取知识。

认识论认为，知识有四大基础：神的启示、经验、逻辑（与理性），以及直觉。知识何以可能呢？例如，我相信现在的时间是晚上 9 点 35 分，而我的信念可以从我的钟表时间得到理据支撑，此外在这个时间，我经常要闭门读书，于是我相信现在是晚上 9 点 35 分，这个有充分的理据。有理据的信念就是知识。然而，这一观点却饱受争议。

日常语言哲学
ORDINARY LANGUAGE PHILOSOPHY

语言哲学分为日常语言哲学（ordinary language philosophy）和逻辑实证主义哲学。语言哲学的最初形态是逻辑实证主义，即用逻辑分析来处理哲学问题。在早期发展中，语言哲学家，如弗雷格等倡导使用人工语言或者逻辑语言来处理哲学难题。受到维特根斯坦后期哲学的影响，20 世纪四五十年代的剑桥大学特别是摩尔等人注意到日常语言在哲学思考中的重要性。剑桥大学为日常语言哲学的诞生奠定了基础，牛津大学的哲学家们获得启示而助推了日常语言哲学的发展，形成了日常语言学派（the School of Ordinary Language Philosophy）。语言哲学从早期的逻辑分析转变到日常语言分析。

日常语言哲学学派的早期代表有摩尔、约翰·维斯顿（John Wisdom，1904—1993）、马尔科姆、爱丽丝·安布罗斯·拉泽萝维斯（Alice Ambrose Lazerowitz，1906—2001）等人，而后期代表人物包括赖尔、奥斯汀、斯特劳森以及其他哲学家。日常语言哲学的基本主张是日常语言与现实具有不可分割的联系，因而可以通过考察日常语言来处理哲学问题。然而，日常语言哲学并没有发展出统一的学说。无论怎样，日常语言哲学代表新的哲学方法论，为语言哲学研究的语言分析、概念考察和概念工程研究指明了方向。

涉名归因

DE DICTO ATTRIBUTION

信念归因分为涉名归因（*de dicto* attribution）和涉实归因（*de re* attribution）。关键术语"信念归因"中提及的例子是"张三相信鲁迅还活着"。在这个例子中，从罗素的立场来看，只要认定"鲁迅还活着"等同于"周树人还活着"，那么语句的"相信"并无语义转移，即没有从张三的相信转移到陈述句的鲁迅。当然，根据罗素的特称描述语观，鲁迅和周树人二者都是缩略式特称描述语。罗素的这种解读，必然要招来非议。为什么呢？因为仅仅把"鲁迅还活着"归因到信念持有者张三那里，并不能触及语言表达式背后的实情。即仅从涉名归因的角度看，如果认定"鲁迅还活着"为假，那么就没有理由认定"周树人还活着"为假，除非认定鲁迅不等于周树人。

简言之，涉名归因不考虑所涉指称对象的实际存在，而只是在名称上考虑涉名归因的指称与陈述的关系。再举一个例子来说明这一点，对于语句"张三相信电影明星是守法的"而言，如果在这里只做涉名归因，那么"电影明星"并不指称任何具体的明星，只要是明星都符合张三的相信。反之，如果"电影明星"涉实，即具体指称现实生活中某位电影明星，那么这里就是"涉实归因"。

涉实归因　　　　*DE RE* ATTRIBUTION

信念归因分为涉名归因和涉实归因（*de re* attribution）。对于语句"张三相信电影明星是守法的"而言，如果只做涉实归因，那么"电影明星"就要指称某位特定的明星，即张三相信现实生活中某位电影明星是守法的。在这样的解读中，"相信"涉及语义属性的转移，聚焦在"涉实归因"关系的指称对象上。其实，涉名 *de dicto* 和涉实 *de re* 是一对概念区分的工具，它们后面可以跟不同的术语，如 *de re/dicto* attitude、*de re/dicto* modality、*de re/dicto* belief、*de re/dicto* reading 等。

涉实与涉名　　　　*DE RE* VS. *DE DICTO*

涉实和涉名（*de re* vs. *de dicto*）这对区分常与一对对相互区别但又相互联系的概念连用。涉实指的是"涉及或者关于某个事物或对象"，而涉名意指"涉及或者关于语词或说法"。一个涉实的信念是指该信念关涉着某个特定的事物，涉及该事物的特征或属性，而一个涉名的信念是指该信念所表征的内容的承担者为真。例如，语句"张三相信他的邻居是名运动员"既可做涉名信念来理解，又可做涉实信念来解读。若做涉名解读，该信念的情形是张三并未接触或者看到过他的邻居，张三根本不知道他的邻居的基本情况，只是凭着信念而相信他的邻居是名运动员。若做涉实解读，情况却相反，张三了解他的邻居，知道他的一些情况，相信他的邻居是名运动员。简言之，涉名信念只关乎信念内容及信念内容的承担者（但并不识别出承担者是谁），而涉实信念却关乎信念所指称的对象，该对象是特定的、具体的。对于语句"一切果必然有一个因"或者"凡果必有因"，这里可以解读成涉名陈述，也可以解读成涉实陈述。

生活形式 FORM OF LIFE

生活形式（form of life）是维特根斯坦哲学的重要概念之一。维特根斯坦在其《哲学研究》第23节中说，语言游戏这一术语表达的意谓是，用语言讲话正是活动的组成部分，或者说是一种生活形式。在《哲学研究》第19节，维特根斯坦明确断言：想象一门语言意谓的是想象一种生活形式。学术界认为，维特根斯坦从奥斯瓦尔德·斯宾格勒（Oswald Spengler，1880—1936）于1918至1922年出版的两卷本著作《西方的没落》（*The Decline of the West*）中的生活形式这个概念获得启示，并借用这个术语来表达他的语言观。

语言游戏这个概念重在指出语言是活动，而生活形式重在指出语言活动离不开非语言环境，或者非语言活动。要理解语言游戏或者语言活动，就要考察非语言活动或者语境。为什么呢？因为语言活动是同其相应的非语言活动交织在一起。由此可知，语言本身不能从生活形式中剥离开来，语言是同其相应的生活形式交织在一起。

生活形式这一概念重在批判语言工具观和语言自洽论。语言并不是离开生活形式的一套工具，语言更不是一套独立于生活而存在的自洽系统。从这点看，维特根斯坦的语言观具有自然主义的意味，反映的是人类文化性，而非生物性。不过，维特根斯坦并不是自然主义的决定论者，而倾向于是文化相对论者。一方面，维特根斯坦认为，人类能够相互理解彼此的语言，哪怕是虚构的文本，其基础在于人类具有相似的行为体系作为参照系统，即人们根据自己的行为和他人的行为二者之间的相似性来理解彼此不熟悉的语言。另一方面，维特根斯坦在《哲学研究》第2 部分第 223 节中说："就算狮子可以说人话，但我们也无法理解狮子。"原因在于，人类的生活形式同狮子的生活形式相差甚远。

实验语言哲学

THE EXPERIMENTAL PHILOSOPHY OF LANGUAGE

实验语言哲学（the experimental philosophy of language）是在 21世纪之初，在实验哲学兴起之后而相应出现的新型的哲学研究。实验哲学聚焦的首要主题是直觉、判断、自由意志、价值等，其目的是通过实验研究而期望获得关于这些主题的相对确定的认识。在方法论上，实验哲学是关于元哲学的实验考察。随着实验哲学对上述主题研究的推进，语言哲学也逐渐重视实验研究。

实验语言哲学重在通过实验手段来收集实验数据，以期望为语言哲学中那些处于争论而尚无定论的观点提供某种支撑。在实验语言哲学家眼里，指称问题仍然留有讨论的空间，如对同指异述、感觉资料、使用语提及等主题中还存在不少尚待确证的观点。实验语言哲学研究的先行者多为少壮之人，也有少许中老年人，其中的少壮者都不愿意透露年龄。这群人包括埃多尔德·马切里（Edouard Machery）、荣·马隆（Ron Mallon）、肖恩·尼克尔斯（Shaun Nichols）、史蒂芬·史迪奇（Stephen Stich，1943—　）、大卫·博多拿巴 – 普劳（David

Bordonaba-Plou）等。近年来，语料库方法进入了语言哲学研究。这表明，实验语言哲学在方法论上具有多样性，即实验语言哲学研究不会像自然科学的某些研究那样始于实验而止于实验。

实验语言哲学属于近 20 年来兴起的新生事物，今后的发展如何，目前难有定论。不过，用实验手段来获得相对确定的认识，这不只是哲学家的想法。

使用与提及　　USE VS. MENTION

使用与提及（use vs. mention）是一对工具语言（或叫元语言）的区分。使用某个表达式和提及某个表达式，二者表达的意谓完全不一样。然而，这一对区分却会导致心灵和语言表征方面的认识混淆。我们不妨比较下面一组表达，尤其要注意"翠花"这个词的不同用法：

（1）翠花是位好姑娘。
（2）翠花是个好名字。
（3）翠花是两个上下结构的汉字。

在语句（1）中，翠花属于使用；语句（3）中的"翠花"明显属于提及；那么语句（2）中的"翠花"是使用，还是提及？区分表达式的使用和提及，似乎可以用对象语言（object language）和工具语言（meta language）来区分：使用 = 对象语言，而提及 = 工具语言。但问题是，一个语词的使用与提及，二者是否反映不同的心理状态？二者的心理表征是否一样？另外，对于语句（2）而言，"翠花"反映的心理状态以及对应的心理表征又是怎样的呢？

仅凭内省式的思辨，这些问题似乎很难得到准确的解释；不过，利用涉名与涉实这对概念区分工具，我们就会得出如下解释：（1）的翠花属于涉实，而（2）和（3）的翠花都属于涉名。这样一看，语句（2）似乎得到了充分的解释，然而语句（2）隐藏着一个悖论。如果要把这里的悖论显示明显一点，那么试看下面的语句：

　　　（4）这句话是假的。
　　　（5）这句话是错的。

　　面对语句（4）和（5），我们不难发现其中的悖论性质，但是前提是要把（4）和（5）置于真假（或对错）判断中，才能发现其中的悖论。它们真的是悖论吗？刘易斯做了相应的解释：语句（4）和（5）具有双层表达，说话者属于一层，而分析者属于另外一层。说话者站在使用的层面，而分析者站在提及的层面。层面不清，则会认识不清。

私有语言论题

THE PRIVATE LANGUAGE ARGUMENT

　　私有语言论题（the private language argument）是语言哲学中的重要议题。维特根斯坦在其《哲学研究》第 243 节中立论道：私有语言是不可能存在的。从逻辑上看，私有语言只能归属一个人，而除了这个人能说、能写这门所谓的私有语言外，没有任何人能够使用。在这种情况下，我们可以设想一下，这个人发明了私有语言，目的是用来对他个人的内心感受进行命名。于是，每当这个人有某种内心感受时，他都造出一个词来命名这个感受。我们可以把这个人所定的名称叫作 S，而 S 只归属于这个人使用，其他人根本不懂 S，就算其他人从这个人口中学到了 S，但是其他人也无法理解到底什么是 S，因为其他人根本没有这个人的内心感受。

　　也许有人会说，这个人的私有语言属于独在者的语言，其他人可以通过内省来感受这个人的感受，而且在不断重复的过程中有望掌握 S，以期学会这个人的私有语言。然而，维特根斯坦却说，这只能是幻想。

为什么呢？问题不在于当事人的错误记忆，而在于当事人声称的同样的感受却完全是不同的感受和不同的事件。于是，其他人使用 S，表达的完全不是发明私有语言那个人的感受。因此可以说，私有语言根本不可能存在。

维特根斯坦为什么要设计一个私有语言论题呢？维特根斯坦的目的是要批判根源于笛卡尔的心理表征论的认识论和心智哲学的相关论断。有趣的是，克里普克错误理解了维特根斯坦的私有语言论题，而且克里普克的误解倒也带来了新的价值。因此，"克里普克的维特根斯坦"本身却成了值得玩味的哲学议题。

溯因推理　　　　　　　　　　　　ABDUCTION

溯因推理（abduction）源于皮尔斯，但思想根源可追溯到亚里士多德的相关论述。溯因推理的基本要义是，从抓来的一堆堆证据中形成一套套推理，而从推理中得出最佳解释。简而言之，溯因推理是一个过程，它包括两层内容：其一，从"结果性现象"到"原因性本质"的推理；其二，从"一套套推理"到"最佳解释"。英语单词 abduction 的直接意思就是"绑架"，即在推理中要捆绑一些证据过来，进行推理，直到找到最佳解释为止。

例如，在人迹罕至的森林里，有一座小木屋，而小木屋的门窗都是从内部锁死关严了的，可是小木屋的屋梁上吊死了一个人，呈现为自缢状，而且桌上还有一张纸条，字迹是死者本人的，写的内容大致是说死者要上吊自杀。对于这个案子，什么才是最佳解释呢？

对于这个情况，我们就要借助溯因推理。语言哲学家，如蒯因等对溯因推理提出了独特的见解：面对结果性现象来做解释，总是会找到一堆堆证据，给出一套套不同的解释，可问题是只有一套解释才是最佳的，才是符合实情，才是现象背后的本质。对于上述这个案子而言，第一套解释，直接根据所观察到的信息来得出结论：死者属于自杀。然而，这套解释可靠吗？第二套解释，假设是中情局的特工，技术高超，从屋顶进入现场，把死者弄成自杀状，然后又从屋顶离开。这套解释有无道理呢？第三套解释，死者不是故意上吊自杀，而是要排练自杀行为，因而一个人躲在木屋里练习上吊自杀，结果出现意外，导致现在的后果。第四套解释，那就是某种灵异生物弄死了木屋的人。这套解释可靠吗？

面对一套套解释，溯因推理该如何进行呢？应该遵循什么原则呢？这是语言哲学的思考问题。目前为止，关于溯因推理，哲学界提出了四条原则，来指导或检验推理的可靠性：①从简原则，即尽量采取最简单的解释，避免复杂性，而寻找最直接的原因；②一致原则，即尽量与权威观点保持一致，特别是要尊重既往类似案子的权威；③可验证性或可预测性原则，即找出的证据要有可验证性，而且能够根据证据来做出预测，如对于第三套解释，认为死者死于排练中的意外情况，那么这就要验证这种解释的可靠性，死者是演员吗，木屋里有无剧本，剧本中有无上吊情节，排练要求有无计划等；④全面原则，即证据要能解释全部情况，不留解释空白，不留待解释项，需要解释的都要解释。对于具体问题而言，溯因推理虽然旨在追求最佳解释，但在解释的确定上，仍存在不定因素。例如，就李约瑟难题而言，我们尚未确定地回答李约瑟之问：为什么科学和工业没有在近代中国产生？

溯因推理可用来诊断问题的起因，在语言哲学中可用来诊断概念混淆的起因，消除哲学中的谬误。

同指异述

CO-DENOTATIONAL DESCRIPTIONS

随着语言哲学转向关注社会语言事实，同指异述（co-denotational

descriptions）成了不可回避的讨论主题。什么是同指异述呢？对同样的社会语言事实进行不同的语言表述即同指异述，这是语言哲学研究的崭新主题。

同指异述不同于语言变异，因为语言变异关涉的是不同言语社群习惯性的语音差异、措辞偏好差异、句法差异等，而同指异述关涉的是同一言语社群或个人对同样的表述对象进行特意的、非习惯性的不同表达；此外，语言变异不关涉价值取向，而同指异述涉及价值取向。社会语言事实是群体行动的各种方式、思想观念、社会力量以及群体良知在语言上的表现。同一表述对象有不同的表述方式，这就成了同指异述。

尼采说："每个语词都是具有陈见的判断。"（Every word is a preconceived judgment.）这已经说明同指异述现象有语词类、语句类和语篇类，它们的特征呈现为事实判断的差异性、价值判断的差异性和情绪表达的差异性。尽管有这些类别和特征，但一切同指异述都应当符合事实。事实是实际情形中是其所是的实体或实体之间的客观联系。行动方式、思想观念、社会力量和群体良知必定有坚实的事实基础，没有事实作为基础，它们就没有实际价值。社会语言事实的价值重估应该是正向的（即正向价值重估），应该是群体正向心理的反映（即持续价值重估）。

兔鸭图　　　　　　　　　　DUCK-RABBIT

维特根斯坦利用约塞夫·加斯特罗（Joseph Jastrow，1863—1944）的兔鸭图（duck-rabbit）来谈论相面观察和感知。观察或观看一个对象，往往会注意到其中一个相面，而忽略另外的相面。《哲学研究》第2大部分中的兔鸭头正好说明这个道理，我们看到的是鸭，它却可能是兔，反之亦然。这种感知现象可以被称作相面感知。一个对象物具有多重相面，而我们在感知对象物时完全可能只感知到一个相面。《哲学研究》第 2 大部分第 8 节和第 261 节说，相面观察这一概念和经验语词意义之间具有联系，有些人会忽略这个联系。

唯名论　　　　　　　　　　　　NOMINALISM

　　唯名论（nominalism）的出现是要反对唯实论与柏拉图主义，它们之间争论的焦点在于如何看待存在和抽象实体的性质问题。唯名论与唯实论的争论兴盛于中世纪，这个时期的争论主要聚焦于共相问题。彼德·阿伯拉尔（Peter Abelard，1079—1142）、奥康的威廉（William of Ockham，1288—1348）等中世纪哲学家坚持认为，凡是存在的事物都是以殊相存在，而认为共相只是语言表达式而已，这些表达式根本没有什么确定的对象作为对应。

　　现代语言哲学对唯名论和唯实论的讨论仍然是以中世纪的观点为基础，不过语言哲学的唯名论可被称为现代唯名论（modern

nominalism）。现代唯名论直接断定：抽象实体根本不存在，而凡是存在的事物都是具体的对象。根据现代唯名论，纯数学的对象，如数、集合、函数、几何空间等都是抽象的实体；另外，形而上学和语义学中的一些名称，如命题、意义、属性、关系等都是抽象的对象。如果说这些抽象对象真的存在，那么它们的确定性不在于它们的对象（实际上它们没有确定的对象），而在于它们的名称，即只有名称存在而已。

对于现代唯名论的论断，弗雷格做了修正，认为抽象对象具有存在的地位。弗雷格说，纯数学的真关涉的是独立于心灵的抽象实体，即数学中的各种真并不依赖于心灵而独立存在。弗雷格旨在表达的观点是，能够充分说明的思想和语言必须接纳语言表达式的意义表达，而无须到世界去寻找语言表达式的具体存在对象。弗雷格触及了抽象名称的意义问题。在弗雷格看来，任何表达式只要有呈现方式，那么它们的呈现方式就是它们要表达的意谓。

唯名论关心的是抽象名称的存在对象问题，并认为抽象名称只是名称，没有具体对象存在。现代语言哲学则把这个问题推进一步，而围绕抽象名称的语义问题。古德曼、蒯因、卡尔纳普等都对抽象实体问题做了相应的讨论。卡尔纳普认为，我们应该在理论框架内部承认抽象实体的存在地位，不必纠结抽象实体在外部实际世界中有无存在。

唯实论　　　　　　　　　　　　　REALISM

相对于唯名论而言的 realism 叫作唯实论，而在大多数情况下realism 译作实在论。广义的实在论具有许多形态或版本，如科学实在论、伦理实在论、语义实在论、美学实在论等。在西方哲学发展的早期以及中世纪哲学中，唯实论旗帜鲜明地反对唯名论。唯实论的基本观点是共相具有实在的、客观的存在。

在现代哲学中，唯实论反对的是唯心主义（idealism，也叫唯心论），因为唯心主义的核心观点可表述为：根本不存在物质对象和客观实在；只有在人的知识和意识中，才具有这些对象和实在性。语言哲学讨论的唯实论，主要聚焦于常识唯实论（common sense realism）。摩尔继承了苏格兰哲学家托马斯·里德（Thomas Reid，1710—1796）的常识论和实在论思想，提出外部世界的实在性。对于摩尔的论断，现代哲学却认为，摩尔属于幼稚的实在论（naïve realism）。不过，唯实论与唯名论相互对立，这点却不容置疑。

唯心论 IDEALISM

唯心论（idealism）在辩证主义哲学中叫作唯心主义，与唯物主义（materialism）相对应，而在现代语言哲学中应该使用"唯心论"这一名称，其思想起源于德国唯心论者（the German idealists）。唯心论的哲学主张是心灵与精神财富才是整个世界的基础。

唯心论反对的是自然论（naturalism），即唯心论反对自然论的观点。自然论的观点是心灵与精神财富来源于物质事物与物质加工，或者说心灵与精神财富可以还原成物质事物及物质加工。德国唯心论的代表有莱布尼兹，他主张直接批判的是古希腊唯物论者伊壁鸠鲁（Epicurus，公元前341—前270）的观点，即认为伊壁鸠鲁把心灵当成物质来理解，这完全是错误的。莱布尼兹的唯心论是形而上学的唯心论，主要有两条主张：其一，物质必然是复合性的，因而物质不可能是独立的实在物；其二，单体物质（即非复合性物质）也叫单子，是感觉性的存在，而且它们并非一定是意识的产物。基于此，莱布尼兹建立起了形而上学的实在世界，而且认为我们使用感知外部世界的感官，如同盲人使用拐棍。

与莱布尼兹处于同一个时期的乔治·贝克莱，在唯心论的道路上用另一种方式来理解物质世界。贝克莱的唯心论归属于非物质论（immaterialism）阵营。贝克莱的基本主张是我们直接感知到的东西只不过是感觉（sensations）和观念（ideas），而感觉与观念必然是感知的对象。为此，贝克莱发出断言：存在就是被感知。

唯心论具有许多学说，现代语言哲学对贝克莱的唯心论做了彻底的批判，如摩尔运用常识对"存在就是被感知"做了详细的批判性分析。

维特根斯坦的甲壳虫实验
WITTGENSTEIN'S BEETLE IN THE BOX

维特根斯坦的甲壳虫实验（Wittgenstein's beetle in the box）是语言哲学著名的思想实验。欲知详情，请参阅本书核心概念篇之"思想实验"。

先验的与后天的
A PRIORI VS. A POSTERIORI

先验的（a priori，也叫先天的）与后天的（a posteriori，也叫经验的），这两个概念属于认识论的一对概念区分工具。先验的就是指先于经验的或独立于经验的，而后天的属于经验的。先验的与后天的这对区分具有五个方面的意义：第一，指认识论的判断理据之分；第二，指两类命题之分，即先验命题和经验命题之分；第三，指先验知识和后天知识（或者经验知识）之分；第四，指先验论元和经验论元之分；第五，指概念或观念的两种获取方式，即先验方式和后天方式（或者经验方式）。

先验的和后天的常常与知识联系在一起，这就有了先验知识和后天知识。几何知识属于典型的先验知识，如关于三角形的知识，即平面三角形内角的角度值的总和是 180 度，这一知识是先验的。先验知识属于先验的真。后天知识是关于经验事实的知识，如"这个地区这个季节的平均风速是每小时 60 公里"，这一知识属于后天的经验知识。

先验的往往是分析性的，而后天的往往是综合性的。然而，不同的哲学对这种区分却有不同的认识，如下所示：

1. 一切经验事件都有起因

（1）笛卡尔：这是分析性的先验知识。

（2）休谟：这是综合性的后天知识。

（3）康德：这是综合性的先验知识。

2. 7 + 5 = 12

（1）笛卡尔和休谟：这是分析性的先验知识。

（2）康德：这是综合性的先验知识。

3. 北京是中国的首都

（1）莱布尼兹：这是分析性的先验知识。

（2）笛卡尔、休谟和康德：这是综合性的后天知识。

由此可以看出，就认识论而言，先验知识与后天知识二者到底在什么时候属于分析性的，什么时候属于综合性的，这在哲学界存在争议。克里普克对此提出了新的看法。

信念归因　　　　BELIEF ATTRIBUTION

信念归因（belief attribution）是指对信念何以产生以及信念归属的解释。对信念句的讨论是语言哲学的重要议题。对于信念的表达，仅从日常语言的表达形式看，一个陈述句既可以表达事实判断和价值判断，又可以表达真（truth）或信念（belief）或看法（opinion）。人有求真的欲望，可是人们往往把看法当成信念，或者把信念当成真。人们的知识系统本应是一个充满真的系统，可现实情况却是有些人的知识系统没有真，全都是一些看法或信念。信念归因意指在使用信念语句"某人相信p（一项陈述）"时，其中的语义属性和逻辑属性是否会归因到某人的信念、欲望、知识、情感等上面，即信念归因关涉的基本问题是："相信"是否会识别出某种联系？涉名归因（de dicto attribution）和涉实归因（de re attribution）二者如何区分？

"相信"是关系性的吗？这个问题是哲学争论的焦点。在语句"张三相信鲁迅还活着"中，"相信"具有及物动词的语义地位，它识别出一个信念持有者张三和所相信的这个信念（鲁迅还活着）之间的关系。语法学家对这个语句的分析是，"相信"是个及物动词，可以跟名词（如张三相信公司的决策）、指示代词（李四相信这个）和陈述句（张三相信鲁迅还活着）。弗雷格和罗素认为，语法学家的分析仅停留在语言表层，而对"相信"所嵌入的信念归因存在模糊认识。这里的问题是，"相信"中嵌入的指称会是一种思维方式，或者一种非嵌入式的意义或指称。究竟是什么呢？这就需要区分涉名归因和涉实归因。

严格指称　　　　RIGID DESIGNATION

严格指称（rigid designation）在微观层面上是关于名称与现实的

问题，而在宏观层面上反映的是语言与现实、语言与思维、语言与文化等这三个方面的大问题。因此，对严格指称的研究绝不是所谓的细琐问题。

名称与严格性（names and rigidity）这两个语词各自带有多重思考进路与发展取向。普通人不会觉得名称有什么值得深究的地方，而哲学家却发现名称关联着人、世界、思维、语言、文化等多个维度。普通人凭直觉认为名称是约定俗成的，而且多数情况下是任意的或偶然的。于是，在普通人看来，"乔治·华盛顿"与"美国总统"二者等值，即都是两个专名。然而，在语言哲学家眼里，这里至少会涉及严格性问题。

严格性属于语义严格性，根据克里普克的严格指称观（theory of rigid designator），乔治·华盛顿只能是乔治·华盛顿，这个名字在任何时候、任何可能世界里都只能指称美国第一任总统。为什么呢？根据克里普克的历史因果链理论（causal-historical theory），名称的确定与传承具有历史因果性，即一个名称一旦确定，被人接受了，就会在历史过程中原样传承下去。

乔治·华盛顿算得上严格指称，可是"美国总统"却不是严格指称。前者只有一个指称对象作为名称的认领者，而后者却有数十个，从华盛顿到拜登，都是美国总统。这就引发一个问题：并非所有的名称都会是严格指称，有些看上去像专名的词项却是一个通名。另外一个问题是：并非所有的名称都是名称，或者并非所有名称都是严格意义上的名称。有些名称只是携带有一簇属性。

就严格性而言，严格性本身还具有不同程度的严格性，而且还可以划分出不同种类，如基于事实的严格指称（*de facto* designation）和基于法定的严格指称（*de jure* designation）等，这些都值得深究。

意义使用论　USE THEORIES OF MEANING

意义使用论（use theories of meaning）来自维特根斯坦的后期哲学思想。维特根斯坦在其《哲学研究》第 43 节中说：意义这个词具有许多用法，在意义的诸多用法中，至少有一种情况，当然不是所有情况，这种情况是可以用语词的使用来解释语词的意义，这就可以说"意义在于使用"。

后来，维特根斯坦在《哲学研究》第 316 节至第 362 节解释"想"的意义时，认为无法从观察他人的思考中来获得关于"想"的意义，正确的做法是考察"想"的用法，正如不知道"下棋"的意义时，就要观察其他棋友如何进行实际的下棋，即在实际使用中来获得下棋的意义。这就是说，一个不知道如何下中国象棋的人，他 / 她并不知道"车"的意义，他 / 她若要知道"车"的意义，那就必须从真实棋局中观察"车"的使用。

维特根斯坦的意义使用论批判的是传统的意义理论。弗雷格、罗素以及早期维特根斯坦都是从传统的意义理论出发，期望到达新的意义理论。弗雷格认为，意义在于语词的呈现方式，而罗素认为意义是命题函数，早期维特根斯坦并非跳出传统的意义观。传统的意义观的基本要义是，语言是一套符号系统，它的本质就是陈述或表征外部物理世界和内部心理世界。这种意义观至今还备受语法学家、语言学家所推崇。至少这种意义观还没有被彻底抛弃。

自从维特根斯坦提出意义使用论，语言哲学出现了不同变体的意义使用论，奥斯汀、斯特劳森等人提出的理论都可纳入意义使用论内。现代语用学的思想根源来自弗雷格、维特根斯坦、奥斯汀、斯特劳森等人。

隐喻与哲学 METAPHOR AND PHILOSOPHY

　　隐喻与哲学（metaphor and philosophy）这两个概念放在一起，自然会牵出不同维度的观点来。隐喻作为修辞手段，以增强表达效果，这是人所共知的。把隐喻当成思维系统或者思维结构看待，这是认知语言学家雷科夫和哲学家约翰森二人共同提出的著名观点。然而，语言哲学对隐喻另有解读。

　　关于隐喻的理解，目前有五大典型观点：①语义转扭观；②语用转扭观；③比较论者说；④蛮力算法观；⑤认知语言观。在这五大维度中，语义转扭观和蛮力算法观，二者同语言哲学合拍。

　　语义转扭的基本要义，就是隐喻把语词原来的语义加以掩盖或去除，然后给它赋予新的意义；隐喻是语词和语词意义二者互动的结果。例如，乔治·奥威尔（George Orwell，1903—1950）的小说《一九八四》（*Nineteen Eighty-Four*，1949）中的名句"Big Brother is watching you."，其中 Big Brother 作为焦点语词承担了新的意义，而在小说创造的特定情境中，该句本身被赋予了新的语义，从而成了隐喻。值得注意的是，语义转扭观看待句子的意义，显然遵循的是组合原则。根据组合原则，复合语句的意义是一个由其各种成分意义与其成分形成复合整体所遵守的句法规则之间的函数关系，即复合语句的意义是一个函数关系，这种函数关系体现为成分意义和句法整体规则二者的互动关系。

　　蛮力解释观这个名称来源于计算机科学和逻辑学中的蛮力算法，大意是进行穷尽式的简单枚举。根据蛮力解释观，一个隐喻之所以是隐喻，是因为一切都出现在话语中，听话者的任务就是利用自己的理解能力，以全新的方式去看待话语中的每一个语词。隐喻理解涉及的是语词的框架效应（framing effect），而非推理或计算。根据蛮力解释观，说话者说出一个隐喻性句子时，不会特意去意指任何不寻常的东西，而且该隐喻性句子中的任何成分都有其自身的功能。戴维森在讨论隐喻时，所持的观点就是典型的蛮力解释观：隐喻或者一个句子的隐喻性意义具有独立的存在地位，解读隐喻不需要超越语句本身而去做漫无边际的联想，而是就所用语词进行重新解读；隐喻句子中的语词并不是隐喻正要发芽的种子，而是隐喻业已成熟的果子。

根据以上两个解释观，雷科夫和约翰森的概念隐喻论存在一些值得生疑的地方：首先，源域和目标域的本体地位存疑；其次，映射的实质仍然存疑；最后，概念隐喻论是用隐喻解释隐喻，这让人感觉基础不稳。无论怎样，隐喻是哲学和认知科学需要深究的主题，尤其是隐喻所牵涉的语义属性和形而上学的本体问题，尚待细考。

语境原则　　　　　CONTEXT PRINCIPLES

弗雷格和维特根斯坦各自都提出了语境原则（context principles）。弗雷格在《算术基础》中提出语境三原则：第一，永远要严格区分心理的和逻辑的，要严格区分主观的和客观的；第二，决不能孤立地追问一个语词的意义，而只能在命题的语境中去询问其意义；第三，决不可忽视概念与对象的区别。

维特根斯坦在《哲学研究》中对弗雷格的语境原则进行了反思与批判。弗雷格认为，一个语词必须处在命题中或者说在命题的语境中才有意义。例如，"奶牛"一词，孤立地看，它没有意义，但是在"奶牛在田间吃草"中，这里的"奶牛"就获得了意义。维特根斯坦认为，弗雷格的这个原则没有意义，而且漏洞较多，因为"奶牛"一词单独使用时也会有意义，如发出"奶牛"一词来，完全可能是在说"这就是奶牛"。另外，在语句"奶牛搞黄了宗教"中，这"奶牛"却没有意义。《哲学研究》第 43 节和第 500 节对此有所论述，从中可以看出，维特根斯坦所说的语境原则并不是弗雷格的语境原则，而应该是语词使用在生活中的语境原则。

语言论哲学 LINGUISTIC PHILOSOPHY

泽诺·温德勒（Zeno Vendler，1921—2004）在其于 1967 年出版的著作《哲学中的语言学》（*Linguistics in Philosophy*）中区分了语言论哲学（linguistic philosophy）、语言学哲学（philosophy of linguistics）和语言哲学（philosophy of language）。温德勒认为，语言论哲学是对自然语言或者人工语言的结构和功能进行概念考察，并试图找出相应的原理或规律；语言哲学主要追问语言的本性、语言与现实的关系、语言与真的关系、语言与思维的关系等；语言学哲学则像物理哲学、心理哲学一样属于具体学科的哲学。然而，温德勒的区分重在强调语言论哲学、语言学哲学和语言哲学的区别，而对它们之间的联系未做界定。

塞尔在其编著的《语言哲学》（*The Philosophy of Language*，1971）的导言中强调，语言论哲学同语言哲学联系紧密，不能断言二者完全不同。塞尔认为，如果要加以区别，那么大致可以说语言论哲学侧重于哲学方法、语言分析方法、概念分析法等方法论问题；而语言哲学侧重于语言的普遍性问题，如意义、指称、言语行为、逻辑必然性等主题。

援引罗姆·哈瑞（Rom Harré，1927—2019）于 1965 年所编辑出版的《语言论哲学的原理》（*The Principles of Linguistic Philosophy*）中所表达的观点，我们能了解到魏斯曼关于语言论哲学的看法。在魏斯曼看来，语言论哲学不是成套的学说，而是聚焦语言，进而寻找批判的方法与原理。语言论哲学的聚焦点投放在语言中，重点聚焦在具体语言使用中所反映出来的具有哲学意义的问题上，重在寻找语言的批判方法。现在英美哲学界倾向于认为，现代语言论哲学同古代本体论哲学和近现代认识论哲学举手并肩。值得注意的是，在这种认识下的语言论哲学实质上就是语言哲学。

语言批判　CRITIQUE OF LANGUAGE

维特根斯坦在《逻辑哲学论》第 4.0031 节中断言：哲学都是对语言批判（critique of language）。维特根斯坦所说的语言批判这一观念来源于弗里兹·毛特纳（Fritz Mauthner，1849—1923）。

毛特纳生于 1849 年，年轻时在布拉格德语大学学习法律，但毕业后一辈子都没有从事法律工作，他的主要工作就是写作。毛特纳之所以成名，是因为他发起了对语言的批判。毛特纳认为，在哲学史上，亚里士多德过分迷信语词，既没有弄懂普遍语法，又没有认清具体的句法，就连语词本身，亚里士多德也没有分清词类之间的区别及意义到底是什么。这样一来，亚里士多德的语词式语言观给后来的哲学界带来了灾难性的影响。毛特纳言辞犀利，思想很激进，他倡导应该以休谟的怀疑态度来批判语言。毛特纳说，通过语言来认识世界，这是不可能的，因为语言并不是获取世界知识的足够充分的工具。毛特纳进一步说，语言只是一种抽象，语言并不具有实际的存在，正如人不可能两次踏进同一条河流，人也不可能两次进入同一门语言，为什么呢？因为语言在根本上是使用性的，语言在于运用，根本没有确定的实际存在。

毛特纳关于语言批判的思想影响了维特根斯坦，但是维特根斯坦说，全部哲学就是语言批判，但不是毛特纳意义下的语言批判。维特根斯坦倡导的语言批判是关于语言能做什么和不能做什么的批判，是关于为什么语言能如此这般和为什么语言又不能如此这般的批判。"批判"一词在哲学中的基本要义是揭示表层现象背后的深层原理，从具体的语言使用现象中探索出哲学道理来。

语言学哲学 PHILOSOPHY OF LINGUISTICS

语言学哲学（philosophy of linguistics）同语言哲学既有联系，又有区别。从严格意义上看，我们不可把二者混为一谈。顾名思义，语言学哲学是关于语言学的哲学，而语言哲学主要是从现代英美哲学发展演化出来的语言哲学，即自语言转向之后，西方哲学研究出现了分析运动，而在这场分析运动中，哲学家们聚焦语言分析，从事哲学活动，并力图从语言着手来消解或者解决哲学发展过程中出现的这样或那样的问题。语言哲学研究的首要问题是意义和指称。

语言学哲学聚焦的是科学哲学在语言学中的运用与发展，它重视语言学的方法论与普遍性的研究。重要主题包括语言的可学习性、语言变化与演化、语言能力与运用、语言生活，以及语言学理论的表达力与解释力等属于语言学理论研究领域的论题。概而言之，语言学哲学主要追问语言学作为规范学科的原理性问题和方法论问题，它属于具体学科的哲学，类似于数学哲学、生物哲学、化学哲学等。现代语言哲学家，如奥斯汀、格莱斯、乔姆斯基、史蒂芬·A. 平克（Steven A. Pinker, 1954— ）、德雷克·毕克顿（Derek Bickerton, 1926—2018）等人，他们为语言学哲学做出了显著贡献。

按照维特根斯坦的观点，具体学科中出现的普遍性学说可以被称为"哲学理论"，即哲学家在语言学哲学领域所持的观点可以被称为理论，如言语行为理论、会话含义论等，而在哲学门中，哲学家的学说应该被称为哲学思想，而不宜被称为哲学理论，即按照维特根斯坦的想法，从事哲学研究，不宜采用"哲学理论"这样的字眼，我们最好不用"康德的哲学理论""休谟的哲学理论""柏拉图的哲学理论"等这样的名称。原因何在？因为理论归属于具体学科，而哲学思想却超越了具体学科。

语言游戏　LANGUAGE GAME

　　语言游戏（language game）的德文词是 *sprachspiel*，20 世纪 30 年代，维特根斯坦就用它来表达语言游戏。在《哲学研究》第 7 节中，维特根斯坦把语言活动同下棋类比。在思想根源上，维特根斯坦把语言活动类比成下棋，这具有形式论的意味。在维特根斯坦看来，日常语言由一系列活动组成，每个活动具有相对的对立性，同时具有相应的组成与规则。正如数学符号在算术运算中具有系统性和形式特征一样，语言活动中的语言使用也具有相应的特征。一个表达单位或者语词相当于一枚棋子。语词的意义如同棋子在下棋活动中表达的意义一样。棋子本身没有意义，棋子的意义存在于实际的下棋活动中。同理，语词本身没有意义，语词之所以具有意义，是因为语词在语言游戏中的实际使用。

　　基于上述类比，维特根斯坦由此认为，整个语言正如游戏一样。当然，整个语言可以分成不同的游戏。在《哲学研究》第 23 节中，维特根斯坦指出，讲话或者使用语言就是活动，或者是活动的组成部分，也可以说语言活动是生活形式的组成内容。语言游戏没有统一固定的形式，因为生活形式本身就是多样的。不过，语言游戏正如下棋一样，必定要遵循规则，而且规则是在具体活动中形成的或者约定的。遵守规则是自然而然的，遵守语言游戏的规则也是自然而然的。语言游戏有长有短，如发布一条命令、执行命令、描述一个对象、讲述一件事、汇报一项工作、提出一条假设、编造一个故事、讲个笑话、唱支曲子、猜谜语、翻译某个文本、致谢、诅咒、打招呼、祈祷等，这些都是不同的语言游戏。

　　语言游戏这一概念表达的意思有：语言活动是生活形式的组成，甚至可以说语言活动与生活形式交织在一起；语词在使用中才获得意义；语言活动具有相应的规则；语言活动同非语言活动具有联系；正如具体的下棋具有棋步一样，具体的语言游戏具有语步。

语义上行　　　　　SEMANTIC ASCENT

　　语义上行（semantic ascent）或称为语义升格、语义上溯等，是蒯因在 1953 年出版的《从逻辑的观点看》（*From a Logical Point of View*）这一著述中提出的概念。它的基本意思是从关于世界中存在对象的谈论，上升到关于语言中表达属性的谈论，即从关于世界对象的表达上升为关于语言属性的表达。这样做的目的是避开谈论作为本体的对象，而间接回答关于本体对象是否存在的问题。这样一来，存在这一概念就成了语义问题。例如，如果追问意向性（intentionality）是什么，从本体对象的角度看，这就难以给意向性做出准确的定义，但是通过一系列关于意向性的描述或报道（report），意向性这个概念就升为语义属性的表达。

　　蒯因的语义上行这一概念把关于世界的存在转化为关于世界的描述，即关于何物存在的问题被译成了语词的意义表达问题。当然，何物存在并不取决于语词本身。不过，语义上行这一概念存在争议，有人认为，语义上行是把存在问题搁置一边，而不是解答何物存在这一问题。

语义实在论　　　　SEMANTIC REALISM

　　语义实在论（semantic realism）的思想基础源于实在论，而实在论的通俗理解是信奉事实的或现实性的陈述而摒弃不实际的或虚幻的陈述。实在论以客观世界的存在为基础，拒斥不存在的心灵现象。对于外部世界，实在论具有两个观察维度：存在纬度和独立维度。存在纬度是指实在论者断定事物，如桌子、山河、星辰等实际存在，而独立纬度是指一切存在的实体都是客观地不依赖于人的心灵而存在。

在哲学思辨活动中，实在论则是着眼于宏观的物质世界及其属性，而以此为基础来讨论伦理学、美学、科学、数学、语义学等学科中的诸多话题所关涉的本性和道理。根据二分法，理论思考要么是实在论的，要么是非实在论的或反实在论的。实在论和非实在论（抑或是反实在论）各有许多不同的理论形态。

语言哲学所讨论的语义实在论派生于弗雷格的观点，其基本主张是有正常理解能力的说话者，他对陈述句的理解取决于他对真值条件的把握。根据这一观点，达米特发展出了成熟的语义实在论。那么，到底什么是语义实在论呢？

根据达米特的观点，P 是一项有效的可决定的陈述，条件是 P 所陈述的内容是我们能够在有限的时间内寻找到关于这项陈述的肯定或否定的依据。从语义上看，一项陈述有意义，条件在于我们能够找到实在性的理据。当然，达米特的语义实在论颇受争议。"克里普肯斯坦"在探讨意义时，就对语义实在论提出了怀疑。

哲学语法　PHILOSOPHICAL GRAMMAR

维特根斯坦喜欢使用"语法"（grammar）一词来表达他独有的语法概念，即哲学语法（philosophical grammar）。维特根斯坦认为，从事哲学活动的先决条件就是不要相信学校教的常规语法。为什么呢？学校教的常规语法作为命题的表现形式，却常常遮蔽命题的逻辑形式。在《逻辑哲学论》中，维特根斯坦用逻辑语法来表达命题的内在规则。然而，在《哲学研究》中，维特根斯坦的语法概念却是指在正确使用语词的情况下决定意义的标准或规则。维特根斯坦说，确定一个语词的意义就是指明这个语词的语法。在《哲学语法》第 55 节中，维特根斯坦指出，语言和现实之间的联系是由语词的定义来确定的，而语词的定义标准则属于语法。

维特根斯坦的哲学语法关涉的是语言使用的深层理据或逻辑，而不是语言符号表层的联系规律。在这个基础上，哲学语法既可应用于语词，又适用于命题表达。维特根斯坦说，要理解"意谓"这个词的语法，我们就必须扪心自问使用一个语词意欲表达的标准是什么，这似乎可以说，哲学语法是确定意义的标准。语法是在语言中描述语词的使用，如语词"知道"的语法并不是意识状态的描述，而是关于知道这词的使用的描述。哲学语法是语言的记账本，这些记账本必定指明语言的各种实际交易。

真或真理 　　　　　　　TRUE OR TRUTH

英文单词 truth 可译为"真"或"真理"，不过在现代语言哲学中，人们却把它译作"真"，而且汉语中的"真理"一词似乎成了某些哲学家刻意回避的用词。无论怎样，真或真理是哲学的中心主题之一。从古代本体论哲学以降，直到现代语言哲学，真（抑或真理）一直都是哲学家为之殚精竭虑的重要概念。亚里士多德说，人在本性上具有求知的欲望，而这求知的崇高境界却是对真或真理的追求。真或真理具有多种定义。亚里士多德在其《形而上学》（1011b25）中就"何为真""何为假"给出的经典定义是：把是者说成不是，或者把不是说成是，这就为假；而把是者说成是，或者把不是说成不是，这就为真。亚里士多德的定义虽然让人疑惑不已，但是他的断言"真是理论和实践的目的"却指明了真的重要性。

放在存在论视域中，亚里士多德关于真的定义则可表述如下：把存在说成不存在，或者把不存在说成存在，这就为假；而把存在说成存在，或者把不存在说成不存在，这就为真。

关于真的谈论，英语用词有 truth、true 和 truthfulness，而对应的汉语用词则有"真（真理）""真的（为真）"和"真实"。用法上，"真的"用于描述一项陈述或一个命题，即这项陈述是真的，或这个命题为真。"真（真理）"并非出于直观判断，而是用来描述对实在性进行终极追求而力图达到的目标，即"真"具有本体论性质，属于形而上学的概念。"真实"是一个基本概念，它可能包含"真"，主要用来谈论理论思考和实践行为的性质或状态。

关于真的理论，主要有符合论、融贯论、紧缩论、实用论、构造论、共识论、语义论、真值条件论等。在语言哲学中，真之多种理论都倾向于把真当成思想和话语的属性来考察。这样就把真或谬误归于真之承担者：语言项（如语句、陈述、断言等）和心理项（如判断、信念等）。

真之符合论
THE CORRESPONDENCE THEORY OF TRUTH

真之符合论（the correspondence theory of truth）是真之新古典论的代表理论之一，它的基本要义是真在于同事实相符合。根据真之符合论，一个真之承担者（如命题"雪是白的"）为真，条件是当且仅当该承担者符合事实。宽泛地讲，在真之符合论者看来，真就是关系属性，维系着真之承担者和世界的关系。

在现代语言哲学中，真之符合论可表述为：所说或所信要为真，条件是要与实情相符。真之符合论的基本思想在摩尔和罗素的早期哲学思想中有所体现，且符合论具有不同版本的理论。为人熟知的两个版本是符合论的相关论和一致论。

相关论把真之符合关系看成语句或主张或信念或命题的整体都与事实的整体或事态的整体完全相符；而一致论则认为符合是真之承担者同世界只有部分相符。

真之紧缩论

THE DEFLATIONARY THEORY OF TRUTH

真之紧缩论（the deflationary theory of truth），顾名思义，是紧缩论者关于真的理解。它的基本要义是关于真的一切有意义的陈述仅仅是关于表达式"……是真的"或"……为真"所扮演的角色的说明，而且表达式"……是真的"或"……为真"本身既没有形而上学的实体性质，也没有实际的解释作用。

真之紧缩论是对真之古典论和新古典论的直接批判。紧缩论者认为，符合论、融贯论等拥有一个共同的错误观点，即错误地认为真拥有某种真的本性，从而错误地去探寻真的本性。基于错误认识的真之理论，在紧缩论看来，都不值得信任。

紧缩论的一个典型变体是真之代语句论（the prosentential theory of truth）。真之代语句论的倡导人包括多纳塞·格洛弗（Dorothy Grover，1936—2017）、约瑟夫·L. 小坎普（Joseph L. Camp Jr.，1942—2013）、纽耳·D. 贝尔纳普（Nuel D. Belnap，1930—　）等人。他们认为，表达式"……是真的"或"……为真"根本就不是真正的述谓，并没有在逻辑或者语义上赋予谓词的地位。它们的作用只不过是指代某项陈述句，如对于"雪是白的"这项陈述，用代语句就可以写成"这句话是真的"，在这里"是真的"并不是真正的谓词。

真之理论　　THEORIES OF TRUTH

谈论真之理论（theories of truth），我们常常要从亚里士多德开始。亚里士多德关于真的定义以及相关论述，常被看成真之经典理论或真之古典论，而现代哲学关于真之讨论多被当成真之新古典论。新古典论的典型理论包括真之符合论、融贯论和实用论。

真之新古典论直接追问"真的本性是什么"。要回答真之本性是什么，就要把真当成形而上学或认识论的概念。这样阐释真的本性，就成了某个形而上学的具体运用，于是真就继承了某种形而上学的预设。

除了真之古典理论和真之新古典论之外，真之理论还有其他理论，如实证主义者的真之理论、真之等同论、真之最小论、真之紧缩论等。

真之认识论

EPISTEMIC THEORIES OF TRUTH

真之认识论（epistemic theories of truth）试图用认识论概念来对真加以定义，而所采用的概念有知识、信念、接受性、证实、证据和视域等。这些概念在定义真时并非一定要全部用上，而是根据定义的情况与特点分别采用其中的某个概念。于是，凡是以前述某个概念为核心的真之定义，都可归入真之认识论。例如，若采用证实的方法来定义真，那么真之证实论就是真之认识论的一种。根据证实，真这一概念则成了一项需要证实的事情。

证实论的基本观念是在某项断言的现有证据与其真之间存在密切联系，以至真在原则上无法超出证实的范围。这可以做如下理解：要断定某个语句为真，其实就是断定该语句具备可证实的条件。达米特就持有真之证实的信念。在思想基础上，达米特提出真之证实论，目的之一是要批判反实在论（anti-realism）。真之认识论还有许多版本，如视域论、超验视域论、实用论等。

真之融贯论

THE COHERENCE THEORY OF TRUTH

真之融贯论（the coherence theory of truth）属于新古典论之一，它的基本要义是一个信念的真，在于它与其他信念融贯为一体。这里强调的是单个信念的真，在实质上却是由其他多个信念所组成的群体的成员之一。多个信念所组成的群体呈现为一个集合或者一个整体。把信念的真置于集合中来考虑，这么做最大的优点在于可以消解怀疑论者的怀疑，因为这样的真就不再需要独立的事实作为基础。

融贯论的不同版本在斯宾诺莎、康德、黑格尔等人的思想中有所反映，而在现代语言哲学中，逻辑实证主义者纽拉特继承的就是真之融贯论。另外，石里克、罗素及其同事都对融贯论持有肯定态度。他们声称一个任意的命题集合，如来自神话传说或虚构小说的命题，可被看成真，原因就在于这些单个命题完全同它所在的集合相融贯。

真之融贯论强调不要孤立地去追问单个命题或信念的真，而是要看这个命题或信念是否与其所在的整体相融贯。只要能融贯，哪怕是虚构的陈述也为真。

真之冗余论

THE REDUNDANCY THEORY OF TRUTH

弗兰克·P. 兰姆赛系统地阐述了真之冗余论（the redundancy theory of truth）。在兰姆赛看来，断定某项陈述、语句、命题等为真，其实质正是断定该项陈述、语句、命题等。例如，断定句"'煤是黑的'是真的"，其实就是等于断定"煤是黑的"，因此谓词"是真的"在这里属于冗余成分。

兰姆赛认为，谓词"是真的"或"是假的"是多余的表达，可以把它们从所有语境或使用情形中删除，而不会导致任何实质性的语义损失。在他看来，谓词"是真的"或"是假的"出现在句子中，其作用只是出于强调或者证明某个命题正处于推论中。

兰姆赛的观点与弗雷格相似。弗雷格认为，使用"是真的"来定义真，这样的理论难以解释到底什么是真。断定某语句是真的，并没有指出什么是真。冗余论有不少版本，不过所有的真之冗余论在形而上学中都无足轻重。

真之施为论

THE PERFORMATIVE THEORY OF TRUTH

真之施为论（the performative theory of truth）又叫真之履行论，它源于斯特劳森。施为论的基本观点是，如果断言"'雪是白的'是真的"，那么这就是要实施一个言语行为，或者叫作履行相应的言语行为。这个行为就是赞同或发表意见等，即给出"雪是白的"这项断言的信号。为什么说这是言语行为呢？因为断言"雪是白的"，并断定这是真的，就等于在行为上做出了赞同、同意或宣布，这与点头表示赞同一样。在斯特劳森看来，断定某项陈述是真的实际上就是履行某种相应的行为。

然而，施为论让人感觉有点古怪，因为有些断言并不是以陈述事实的方式给出。例如，在西式婚礼的场合下，当新郎回答牧师说："我愿意！"新郎这是在宣布他作为合法丈夫的责任，是履行一种行为。

斯特劳森认为，说一个陈述为真，并不只是就该陈述进行陈述，而是履行了像同意、接受或赞成该陈述等这样的行为。当某人说"下雨了"，他断定的只不过是"天正在下雨"；而当他说"下雨了，这是真的"，这时他却有施为，即履行了同意、接受或赞成"下雨了"这项陈述所带来的行为。显然，在斯特劳森看来，真之施为论中的谓词"是真的"并不是冗余的。

真之实用论

THE PRAGMATIC THEORY OF TRUTH

真之实用论（the pragmatic theory of truth）属于新古典论之一，它根源于美国实用主义哲学。人们认为，皮尔斯就是真之实用论的倡导者。皮尔斯声称真是探询的目的，即一切思想追问的最终目的都是真。在皮尔斯和詹姆斯看来，真在于对信念的满意。实用论的基本要义则是真在于有用，因而应该根据有用性来定义真。

真之实用论转移了真的考察维度，即从语句成真的条件转移到语句的效果或目的。实用论者重在考察实践活动和语言行为中的真，即如果在施为中追问某项陈述或信念的真，那么这个真关涉的则是效果、目的和用处。

受皮尔斯和詹姆斯的实用主义的影响，戴维森、布兰顿等语言哲学家都支持真之实用论。戴维森认为，真在于言说中，而言说自有其目的或效果。布兰顿认为，真在哲学追问中不再像从前那样具有重要地位，因为从实用主义立场看，与其追问真还不如追问意义。

真之语义论

THE SEMANTIC THEORY OF TRUTH

真之语义论（the semantic theory of truth）的特点是把真当成语义概念。塔斯基在其论文《真之语义观和语义学的基础》（"The Semantic Conception of Truth and the Foundations of Semantics"，1944）以及《形式语言中的真之概念》（"The Concept of Truth in Formalized Languages"，1956）中，对真进行了定义。塔斯基力图找到正确的定义方法而不容他人质疑。于是，他认为，关于真的定义在形式上一定要正确，而且要满足下列限制：形式正确的真的定义必须蕴含具有这种形式的一切语句，而且该语句形式能够获得例证说明。

塔斯基的形式定义句是：p 为真当且仅当 p。塔斯基称这个表达式为真之语句（the T-Sentence），可简称为"T- 语句"。按照"T- 语句"的定义方法，塔斯基认为，亚里士多德的真之定义不无道理，但是只有把每个"T- 语句"定义出来，才能获得全部的真。为什么呢？因为每个"T- 语句"只是真的一部分，如果把所有的组成部分都定义出来，那么在有限的语言中就会得到全部真之定义。

塔斯基的"T- 语句"定义法，其思想基础是条件满足，而满足则是对象与谓词之间的关系。例如，如果谓词是"……是黄的"，那么"重庆的出租车"则能满足谓词"……是黄的"。根据满足来定义真，其结果就是形式语言的真之定义具有形式上的精确性而且能够蕴含所有"T- 语句"。

塔斯基的目的并不是揭示真的本性，而是要把真之概念置于安全之地而不受怀疑。然而，如果按照塔斯基的"T- 语句"来定义真，那我们必然会遇到一些难题。

整体论　　　　　　　HOLISM

　　语言哲学讨论的整体论（holism）主要有心灵整体论和语义整体论，二者享有的观点是：信念内容的身份或者语句的意义是由其所在信念之网或者在其他语句所处的环境决定的。语义整体论的基本要义如下：①在某个系统中，复合体的组成元素的特征或特性，是由该元素与复合体内其他元素的关系来决定的；②一个句子的语义是由该句子与其他句子所组成的关系来决定的；③句中单词的词义是由该单词与其他单词的关系来确定的。④整体具有"浮现特征"，但是整体的浮现特征并不是由个体成分的特征之总和来决定的；⑤个体成分形成整体后具备的浮现特征是个体成分并不具备的特征。

　　语义整体论常与语义分子论和语义原子论形成对照。语义分子论认为，语义是由相对较小的语言成分决定的，而不是由整个语句所形成的网络决定的。例如，"光棍汉"的语义并不受它所处语境中其他语句的影响，即无论它用在多少语句网络中，"光棍汉"的语义仍然是"未婚成年男子"。语义原子论则认为，语义根本不是由语句关系决定的，而是由语言成分自身独立的意义成分决定的。

　　在语言哲学研究中，语义整体论会触及综合性与分析性这对区分。另外，整体论本身还涉及个体论（individualism）的讨论。随附性问题自然而然会卷入整体论与个体论的讨论。刘易斯、蒯因、克里普克和维特根斯坦等在这方面具有直接或间接的讨论。

自然种类词项　　NATURAL KIND TERMS

　　自然种类词项（natural kind terms）是指那些用来指示自然种

类（物理种类、化学种类和生物种类）的语词。语言哲学的描述论
（descriptivism）和名称因果论（causal theories of names）与自然种类
词项直接相关。描述论认为，自然种类词项所表示的指代关系是由相应
的描述语决定的，而名称因果论认为，自然种类词项所拥有的指代关系
是语言使用者根据自然种类的样例来定名，然后传承下来的。

自然种类词项引起的哲学思考关涉名称因果论与方法论的个体论之
间的争论：名称是否由认知属性（cognitive properties），包括个体词项
的语义属性（semantic properties），决定的呢？自然种类，如岩石、水、
金属、鸟、野兽等，它们名称的来历是根据个体而来，还是根据群体共
有属性而来，抑或是属于任意性的定名？这些问题颇有争议。在争议中，
就出现了自然种类一元论和多元论的讨论。

自然种类一元论认为，只有唯一的方式把世界的自然种类分门别
类。一元论的思想基础在于物质的终极性质是由某种不可再分的单位决
定的，而自然种类都可还原成某种不可再分的细小单位。这一观点当然
会引来批判。自然种类多元论则认为，世界存在多种分类方式，自然种
类也自然可以分成相应的类别，即分类方法决定类别。例如，我们的生
物分类系统既可根据种群生长历史来划分，也可根据种群所在的生态系
统来划分，还可以根据典型性状来划分，从而形成一个等级系统，如低
等植物、高等植物等。

自然种类词项牵涉不少哲学问题，如本质论问题、种类簇、属性簇、多
重实在论、文化决定论等。从形而上学角度看，自然种类还涉及"类"是否
具有实在性的问题。总之，自然种类词项并非像看上去那么简单而确定。

组合性　　　　　　　　COMPOSITIONALITY

组合性（compositionality）也叫组合性原则（the principle of

compositionality），其基本要义是语句的整体意义取决于该句的语义成分，即语句内的组成成分在语义上组合在一起，构成语句的整体意义。例如，"张三喜欢李四"，该句的语义是由"张三""喜欢"和"李四"这三个成分组合而成。组合性原则的解释力在于它为语言理解的能产性和系统性提供看似确定的解释，而且根据组合性原则，人们既能理解含有新词的语句，又能理解复杂的语句。复杂性和意义二者是如何联系在一起的？支持组合性原则的人会直接回答，因为复杂的语句自然而然会有语义上的复杂性，而且这复杂性依赖于语句的组成成分。这个观点是语义学至为基本的观点。

然而弗雷格、罗素等人认为，组合性原则并不总是具有可靠的解释力，尤其是当语句的意义取决于说话者的意图和语境时，组合性原则就无法解释语句的意义。根据组合性原则来解释语言理解的能产性与系统性，这种做法要受到不少限制。

遵守规则　　　　FOLLOWING RULES

遵守规则（following rules）是《哲学研究》的重要议题。就语词使用规则而论，传统的教条观认为，规则是抽象实体，它超越一切具体使用情形，了解规则就是把握抽象实体而且知道如何使用所把握的规则。维特根斯坦对这个教条发起批判。他认为，遵守规则并非是先要掌握一套抽象实体，遵守规则是人们在活动中或者在语言游戏中自然而然地遵守规则。

《哲学研究》第185至第243节指出："我们让一名小学生写出一个数列，如加2的数列，而且他可以一直写到1 000以上，可是后来他写出1 004、1 008、1 012等。"这时，我们会认为这个学生写错了，在1 000以前写对了，都是加2，而在1 000以后，他写出的每个数却不是加2，但却显示出新的规则来。可问题是，这个学生如何学会规则？我们又靠什么标准来判定他是否遵守规则？我们是靠直觉来运用规则吗？

对于这些问题，维特根斯坦并未直接回答。我们会倾向于两种观点——柏拉图式的规则观和心灵主义规则观，可是维特根斯坦却要把我们从以上认识中解放出来，要义是在规则的实际运用中，不要一上来就认定有某种内在的或者外在的（规则）权威存在。这一讨论在第201节达到了高潮："一条规则不能确定任何行动方式，因为我们可以使任何行动方式与这条规则相符合。"既然我们可以使某种行动方式符合规则，我们也就可以使它违背这条规则，这样一来，我们的行动就无所谓是否符合规则。无所谓符合，也就无所谓矛盾。《哲学研究》第202节说："因此遵守规则是一种实践。""以为在遵守规则却并不一定就是在遵守规则。""因此，我们不能私自遵守规则，否则认为自己在遵守规则就和实际遵从规则成为一回事了。"关于"遵守规则"的讨论，牵涉维特根斯坦的"私人语言论证"。

附 录

英—汉术语对照

concept as function 概念函式观

concept as mental representations 概念心灵表征观

concept-script 概念文字

conceptual analysis 概念分析

conceptual core 概念核

conceptual engineering 概念工程

connotation 涵指 / 内涵

constructive conceptual analysis 建构式概念分析

context principles 语境原则

critique of language 语言批判

Davidson's program 戴维森纲领

Davidson's semantic program 戴维森语义纲领

de dicto attribution 涉名归因

de re attribution 涉实归因

de re vs. *de dicto* 涉实与涉名

definition 定义

denotation 延指 / 外指

deontic status 道义状态

description 描述语 / 摹状词

descriptive fallacy 描述之谬

descriptive metaphysics 描写的形而上学

descriptive semantics 描述语义论

descriptivism 描述主义 / 描写论

detection conceptual analysis 诊断式概念分析

dianoetic words 论理词

direct reference 直接指称

discursive being 话语存在

discursive commitment 话语信守

disposition 心性 / 倾向性

dogmas of empiricism 经验论的教条

duck-rabbit 兔鸭图

elementary proposition 基本命题

empty name 空名

entitlement 行权

epistemic theories of truth 真之认识论

epistemology 认识论

essence 本质

explanation 解释

explication 阐明

explicit 外显的

expressivism 表达论

extension 外延

extensional context 外延语境

fact 事实

factionalism 虚构论

family resemblance 家族相似性

following rules 遵守规则

form of life 生活形式

function 函数

general name/term 通名

grammatical metaphor 语法隐喻

相矛盾

T-convention T 约定

the Anglo-American philosophy 英美分析哲学

the assertion sign 断言符

the barber's paradox 理发师悖论

the Canberra plan 堪培拉方案

the causal-historical theory 历史因果论

the classical theory of concept 概念的经典论

the coherence theory of truth 融贯论

the correspondence theory of truth 符合论

the customary sense 习惯性意谓

the deflationary theory of truth 紧缩论

the diagonal proposition 对角线命题

the early philosophy of Wittgenstein 维特根斯坦的前期哲学

the experimental philosophy of language 实验语言哲学

the Frege puzzles 弗雷格难题

the indirect sense 间接意谓

the later philosophy of Wittgenstein 维特根斯坦的后期哲学

the liar's paradox 说谎者悖论

the linguistic turn 语言转向

the mode of presentation 呈现方式

the nature of meaning 意义的本性

the paradigm of philosophy 哲学范式

the performative theory of truth 施为论

the pragmatic theory of truth 实用论

the principle of compositionality 组合性原则

the private language argument 私有语言论题

the prosentential theory of truth 真之代语句论

the prototype theory of concept 概念的原型论

the redundancy theory of truth 真之冗余论

the semantic theory of truth 真之语义论

the set of context 语境集合

the speaker presupposition 说话者预设

the state of affair 事态

the theory of proper name 专名理论

the theory theory of concept 概念的理论理论观

the Vienna Circle 维也纳学派

theoretical virtue 理论美德

theories of truth 真之理论

therapeutic 治疗的

thin concept vs. thick concept 淡薄概念与浓厚概念

thing 事物

thought experiment 思想实验

true or truth 真或真理

truth value 真值

truth value gap 真值鸿沟

two-dimensional semantics 二维语义论

type vs. token 类与例

use theories of meaning 意义使用论

use vs. mention 使用与提及

verification principle 证实原则

Wittgenstein's beetle in the box 维特根斯坦的甲壳虫实验

汉—英术语对照

悖论 paradox

本体论 ontology

本体论成本 ontological cost

本体论吝啬 ontological parsimony

本体论信守 ontological commitment

本质 essence

必然的与偶然的 necessary vs. contingent

表达论 expressivism

表征 representation

布兰顿的意义理论 Brandom's theory of meaning

阐明 explication

常识 common sense

陈述 statement

呈现方式 the mode of presentation

澄明 clarity

重言与自相矛盾 tautology and self contradiction

戴维森纲领 Davidson's program

戴维森语义纲领 Davidson's semantic program

淡薄概念与浓厚概念 thin concept vs. thick concept

淡化 shading

道义状态 deontic status

定义 definition

断言 assertion

断言符 the assertion sign

断言实践 assertional practice

对等 identity

对角线命题 the diagonal proposition

对象 object

对象语言 object language

二维语义论 two-dimensional semantics

翻译的不确定性 indeterminacy of translation

反描述论 anti-descriptivism

范畴 category

范畴错误 category mistake

非适配性 incompatibility

分析的与综合的 analytic vs. synthetic

分析性 analyticity

分析哲学 analytic philosophy

弗雷格难题 the Frege puzzles

概念 concept

概念抽象对象论 concepts as abstract objects

概念的经典论 the classical theory of concept

概念的理论理论观 the theory theory of concept

概念的原型论 the prototype theory of concept

概念分析 conceptual analysis

概念工程 conceptual engineering

概念函式观 concept as function

概念核 conceptual core

概念能力观 concept as abilities

概念属性集合论 concept as a set of properties

概念文字 concept-script

概念心灵表征观 concept as mental representations

感觉资料 sense data

个体名称 individual name

观察句 observation sentence

规范 norm

规范表象主义 normative phenomenalism

规范性态度 normative attitude

规范语用学 normative pragmatics

规则 rule

函数 function

涵指 / 内涵 connotation

话语存在 discursive being

话语信守 discursive commitment

还原论 reductionism

还原式概念分析 reductive conceptual analysis

回指 anaphora

回指信守 anaphoric commitment

基本命题 elementary proposition

家族相似性 family resemblance

间接意谓 the indirect sense

建构式概念分析 constructive conceptual analysis

解释 explanation

经验论的教条 dogmas of empiricism

卡尔纳普的语言哲学思想 Carnap's ideas of philosophy of language

卡法 quum

堪培拉方案 the Canberra plan

看法 opinion

可能世界 possible world

克里普克的维特根斯坦 Kripke's Wittgenstein

克里普克的哲学主张 Kripke's philosophical claims

克里普肯斯坦 Kripkenstein

空名 empty name

蒯因的土著兔子 Quine's Gavagai

蒯因的哲学论题 Quine's philosophical themes

宽容原则 principle of charity

兰姆赛语句 Ramsey-sentences

类与例 type vs. token

理发师悖论 the barber's paradox

理论美德 theoretical virtue

理型 ideal form

历史因果论 the causal-historical theory

联想性概念 associated conception

论理词 dianoetic words

论元 argument

罗素悖论 Russell's paradox

罗素的特称描述语理论 Russell's theory of definite description

逻辑融贯 logical coherence

逻辑实证主义 logical positivism

马尔科维奇的意义辩证论 Markovic's dialectical theory of meaning

迈农悖论 Meinong's paradox

描述的知识 knowledge by description

描述语 / 摹状词 description

描述语簇 cluster of descriptions

描述语义论 descriptive semantics

描述之谬 descriptive fallacy

描述主义 / 描写论 descriptivism

描写的形而上学 descriptive metaphysics

命名 naming

命题 proposition

命题函数 propositional function

命题态度 propositional attitude

摹状词 / 描述语 description

模态 modality

摩尔的哲学分析 Moore's philosophical analysis

内涵 intension

内隐的 implicit

普特南的孪生地球 Putnam's Twin Earth

亲知的知识 knowledge by acquaintance

确定性 certainty

认识论 epistemology

认知同义关系 cognitive synonymy

日常语言哲学 ordinary language philosophy

容许原则 principle of tolerance

涉名归因 de dicto attribution

涉实归因 de re attribution

涉实与涉名 de re vs. de dicto

生活形式 form of life

实验语言哲学 the experimental philosophy of language

实证主义 positivism

使用与提及 use vs. mention

事实 fact

事态 the state of affair

事物 thing

数据累积 scorekeeping

说话者预设 the speaker presupposition

说谎者悖论 the liar's paradox

私有语言论题 the private language argument

思想实验 thought experiment

溯因推理 abduction

T 约定 T-convention

塔斯基的真之理论 Tarski's theory of truth

替换推论 substitution inference

通名 general name/term

同指异述 co-denotational descriptions

图式 schema

兔鸭图 duck-rabbit

推论主义 inferentialism

外显的 explicit

外延 extension

外延语境 extensional context

唯名论 nominalism

唯实论 realism

唯心论 idealism

维特根斯坦的后期哲学 the later philosophy of Wittgenstein

维特根斯坦的甲壳虫实验 Wittgenstein's beetle in the box

维特根斯坦的前期哲学 the early philosophy of Wittgenstein

维也纳学派 the Vienna Circle

物质 / 实质 substance

习惯性意谓 the customary sense

先验的与后天的 a priori vs. a posteriori

心理构件 psychological construct

心理主义 psychologism

心灵意象 mental image

心性 / 倾向性 disposition

心智疾病 mental illness

信念 belief

信念归因 belief attribution

信守 commitment

信息原子观 informational atomism

行权 entitlement

形而上学 metaphysics

虚存 subsistence

虚构论 factionalism

渲染 coloring

延指 / 外指 denotation

严格指称 rigid designation

严格指代词 rigid designator

意识形态信守 ideological commitment

意谓与指称 sense and reference

意义的本性 the nature of meaning

意义使用论 use theories of meaning

隐喻与哲学 metaphor and philosophy

英美分析哲学 the Anglo-American philosophy

应答性 answerability

有序对 an ordered pair

语法隐喻 grammatical metaphor

语境集合 the set of context

语境原则 context principles

语言论哲学 linguistic philosophy

语言批判 critique of language

语言实践 linguistic practice

语言学哲学 philosophy of linguistics

语言游戏 language game

语言哲学 philosophy of language

语言转向 the linguistic turn

语义立场 semantic stance

语义谜题 semantic puzzles

语义能力 semantic capacity

语义上行 semantic ascent

语义实在论 semantic realism

语义外在论 semantic externalism

语义最小论 semantic minimalism

语用表达论 pragmatic expressivism

元语言／工具语言 meta-language

原初阐述 radical interpretation

原初翻译 radical translation

原初还原论 radical reductionism

原子命题 atomic proposition

哲学范式 the paradigm of philosophy

哲学混淆 philosophical confusions

哲学语法 philosophical grammar

真或真理 true or truth

真之代语句论 the prosentential theory of truth

真之符合论 the correspondence theory of truth

真之紧缩论 the deflationary theory of truth

真之理论 theories of truth

真之认识论 epistemic theories of truth

真之融贯论 the coherence theory of truth

真之冗余论 the redundancy theory of truth

真之施为论 the performative theory of truth

真之实用论 the pragmatic theory of truth

真之语义论 the semantic theory of truth

真值 truth value

真值鸿沟 truth value gap

诊断式概念分析 detection conceptual analysis

整体论 holism

证实原则 verification principle

知觉 perception

直接指称 direct reference

指称 reference

指物定义 ostensive definition

治疗的 therapeutic

专名 proper name

专名理论 the theory of proper name

自然种类词项 natural kind terms

自然主义 naturalism

组合性 compositionality

组合性原则 the principle of compositionality

遵守规则 following rules